I

君士坦丁堡深仇 400 年

俄土战争 （1877—1878）

The

Russo–Turkish

War

[英] R.G. 巴恩韦尔　[美] F.V. 格林

著

王晋瑞

译

吉林出版集团股份有限公司

图书在版编目（CIP）数据

君士坦丁堡深仇400年：俄土战争：1877—1878 /
(英) R.G.巴恩韦尔, (美) F.V.格林著；王晋瑞译.
长春：吉林出版集团股份有限公司, 2025.6. — ISBN
978-7-5731-6865-8

Ⅰ. E512.9；E374.9

中国国家版本馆CIP数据核字第2025Q8B545号

君士坦丁堡深仇400年：俄土战争（1877—1878）

JUNSHITANDINGBAO SHENCHOU 400NIAN: E-TU ZHANZHENG（1877—1878）

著　　者	[英] R.G.巴恩韦尔　[美] F.V.格林
译　　者	王晋瑞
总 策 划	韩志国
策划编辑	齐　琳
责任编辑	刘诗宇　聂福荣
封面设计	@框圈方圆
开　　本	720mm×980mm　1/16
字　　数	603千
印　　张	50.25
版　　次	2025年6月第1版
印　　次	2025年6月第1次印刷

出　　版	吉林出版集团股份有限公司
发　　行	北京吉版图书有限责任公司
地　　址	北京市西城区椿树园15-18号底商A222
	邮编：100052
电　　话	总编办：010-63109269
	发行部：010-63106240
印　　刷	固安兰星球彩色印刷有限公司

ISBN 978-7-5731-6865-8　　　　　　　　　　　　　定价：206.00元

本书根据 R.G. 巴恩韦尔所著《俄土战争（1877—1878）》及 F.V. 格林尼所著《俄军鏖战土耳其（1877—1878）》之第 9—12 章译出

目 录

序言
001

第 1 章
俄国古代史
003

第 2 章
从彼得大帝到尼古拉一世
031

第 3 章
从尼古拉一世到亚历山大二世
073

第 4 章
俄国的农民
099

第 5 章
俄国的交通出行
119

第 6 章
俄国的教会
135

第 7 章
俄国的神职人员
149

第 8 章
走遍俄国
163

第 9 章
俄国的贸易与工业
193

第 10 章
俄国的村社
215

第 11 章
俄国的城市和商业阶层
231

第 12 章
俄国的首都
251

第 13 章
俄国的行政管理制度
267

第 14 章
地方自治局或地方行政机构
285

第 15 章
土耳其人的起源
299

第 16 章
奥斯曼土耳其人
313

第 17 章
君士坦丁堡的沦陷
329

目 录

第 18 章
奥斯曼帝国的衰落
359

第 19 章
反抗奥斯曼帝国的统治
377

第 20 章
土耳其的行政管理制度
389

第 21 章
君士坦丁堡和博斯普鲁斯海峡
417

第 22 章
土耳其的基督教徒
443

第 23 章
战争导火索
463

第 24 章
在塞尔维亚和黑山的战争
489

第 25 章
争取和平
507

第 26 章
成立新议会
543

第 27 章
战争爆发
549

第 28 章
亚洲战场
585

第 29 章
保加利亚的战事
613

第 30 章
穿越巴尔干
643

第 31 章
攻打普列文
673

第 32 章
围攻卡尔斯
691

第 33 章
古尔科纵队在索非亚附近穿越巴尔干山脉
711

第 34 章
古尔科纵队挺进菲利波波利及在周围的一系列战役
735

第 35 章
在希普卡山口大败土耳其军队
749

第 36 章
进军君士坦丁堡及冬季战役述评
763

出版后记
烽火燃史鉴　文库启新章
791

序　言

　　当前，喜欢思考的人都将目光投向了在东欧为争夺博斯普鲁斯海峡霸权而爆发的战争，关注着多瑙河畔的斯拉夫民族如何一步步地摆脱土耳其统治的枷锁。占有君士坦丁堡是俄国长期以来的愿望，该愿望不仅源于其政治野心，还源于其将斯拉夫族东正教兄弟从异教徒的奴役下解救出来的决心。过去俄国基督教徒在鞑靼人统治下的处境与目前基督教徒在土耳其人统治下的处境非常相似。俄国在被鞑靼人征服后的一段时间里，就像现在的保加利亚一样，处于被统治地位，后来才获得了类似于现在的塞尔维亚和罗马尼亚所获得的权利和地位，最终完全独立。因此，俄国人长期以来一直是斯拉夫解放运动的先锋。俄国是第一个倒在鞑靼人铁蹄下的斯拉夫民族，也是第一个自我解救成功的斯拉夫民族。俄国人没有忘记这一点，难怪他们会对现在正努力实现独立的同族人充满同情。

　　土耳其人已在欧洲安居了400多年，却与其亚洲祖先在风俗习惯上几乎没有什么不同。虽然自穆罕默德二世的大炮轰开君士坦丁堡城墙的一个缺口（这一标志着东罗马帝国覆灭的缺口至今仍然存在）的那天起，土耳其人就无可争议地成了地球上这片最美丽富饶的土地的主人，但他们中大多数人仍然保留着从库尔德斯坦山区带来的原始风俗习惯。他们既没有吸收欧洲邻居的进步思想，也没有采纳其文明礼仪，更没有获得其渊博知识。他们与近代欧洲民主的商业社会近在咫尺，交往不断，但仍然是虔诚的穆罕默德思想的追随者。当他们把十字架安放在圣索菲亚教堂的穹顶上时，他们已经向俄国军队敞开了进入教堂的大门。

　　笔者旨在向读者简明扼要地介绍俄土两国之间的关系，说明导致两国目前冲突的各种原因是如何一步步形成的，并对两国的社会状况、家庭生活、风俗习惯和地理环境进行一番真实而生动的描述。为了写好本书，笔者努力搜集了一切可以获得的信息，并从积累的大量资料中挑选出了最有可能引发公众兴趣的内容。这么做的目的是使本书包含的内容更加全面、资料更加充分。

第**1**章

俄国古代史

Early
History
of
Russia

　　俄国最早的编年史只是简略地记录了众多野蛮的游牧部落在俄罗斯这片土地上的发展历程。很久以前，这些由萨尔马提亚人（Sarmatians）和斯基泰人（Scythians）组成的游牧部落就对罗马帝国的边境构成了威胁。甚至早在居鲁士大帝（Cyrus the Great）统治波斯帝国之前，他们就已入侵了当时的文明世界，尤其是亚洲南部地区。他们居住在希罗多德所描述的顿河和第聂伯河之间的地区。根据斯特拉博（Strabo）和塔西佗（Tacitus）的说法，罗克索拉尼人（Raxalani，后又被称为罗斯人）是居住在该地区萨尔马提亚部落中的佼佼者。希腊人很早就在这里建立了殖民地。2世纪，哥特人从波罗的海迁徙而来，定居在顿河流域，并将势力慢慢延伸到了多瑙河一带。

　　5世纪，大量迁徙而来的阿兰人（Alans）、匈人（Huns）、阿瓦尔人（Avarians）和保加利亚人逐渐占领了上述地区。后来，又有斯拉夫人（Slavi，又称斯拉夫尼亚人）迁入，不过这些同属萨尔马提亚族的斯拉夫人选择了继续向北迁徙。6世纪，深受阿瓦尔人压迫的可萨人（Khozari）迁至伏尔加河和顿河之间的地区，征服了克里米亚，建立了可萨汗国，与拜占庭帝国结为盟友。上述部落和其他许多游牧部落不断西进，迫使匈人迁至潘诺尼亚（Pannonia），而他们则占领了顿河和阿兰塔河（Alanta）之间的地区。芬兰族裔的乔德斯人（Tchoudes）或伊奥胡迪人（Iohudi）占据了俄国北部地区。所有上述部落都以放牧和狩猎为生，具有典型的游牧民族特征。

　　来自多瑙河北部的斯拉夫人在第聂伯河流域慢慢发展壮大，并与南方的邻国发展贸易，到5—6世纪时，已经形成了文明社会的生活习惯，接受了基督教信仰。他们在之后被称为俄国的国家建起了两座城市——诺夫哥罗德和基辅，这两座城市很早就在商业方面发挥着重要作用。然而，富足的他们不久便引起了可萨人的不安，也因此被迫卷入了与可萨人长期战争的旋涡，而诺夫哥罗德还要面对另一个更加可怕的敌人——瓦兰吉亚人（Varagians）。瓦兰吉亚人活跃在波罗的海沿岸，靠抢劫为生，以前征服过库尔兰人（Courlanders）、利沃尼亚人（Livonians）和爱沙尼亚人（Esthonians）。这些瓦兰吉亚人曾以丹麦人和撒克逊人的身份先后征服过英格兰，后来顺理成章地成了斯堪的纳维亚民族的一部分。一些著名的作家认为，"罗斯人""罗西斯人"或"俄罗斯人"这样的族群名称就是这些大胆的入侵者先叫起来的。无论该说法是否正确，我们可以肯定的是，在那些至暗的年代里，众多蛮族割据一方，彼此间经常发动残酷的战争，使人们陷入悲惨的境地。斯拉夫人意识到自己欣欣向荣的公国有可能遭到这些好战海盗的毁灭后，被迫答应将公国的管理权交给他们，以求平安。862年，著名的瓦兰吉亚首领留里克（Rurik）带领自己的族人在拉多加湖一带定居，并逐渐与这片土地上生活的斯拉夫人融为一体，为现在的俄罗斯帝国奠定了基础。

留里克是一位疾恶如仇、公正英明的统治者，对手下拥有领地的贵族一视同仁，总是以严明的规章约束他们的行为。879年，留里克去世，留下独子伊戈尔（Igor）。由于伊戈尔当时尚未成年，留里克的亲戚奥列格①（Oleg）作为摄政大臣接管了公国事务。这位摄政王似乎早有扩大领土的打算，意欲吞并斯拉夫人在基辅一带的定居点。为此，他迅速组建了一支声势浩大的远征军。奥列格带着年轻的伊戈尔王子，率领那支庞大的军队首先占领了卢比奇（Lubitch）和克里维茨克

---

① 据传是留里克的外甥或养子。——译者注

（Krivitsches）的都城斯摩棱斯克（Smolensk），拉开了战争序幕。攻克了几座城镇后，奥列格率军继续向基辅挺进——占领基辅才是他的终极目的。但奥列格觉得公然冒险进攻并不明智，于是想出了一条妙计：他将大部分兵力留在身后，其余兵力藏在航船上，从斯摩棱斯克沿第聂伯河而下。奥列格隐瞒了自己的真实身份，假扮成商人，称自己受摄政王和伊戈尔之命要前往君士坦丁堡处理重要事务。他派手下前往基辅会见两位首领——奥斯霍尔德（Oskhold）和迪尔（Dir），请求他们允许他的商队取道基辅前往希腊。他还以身体不适为由，称自己无法亲自拜见两位首领，只能以朋友和同胞的身份邀请他们前来，想当面向他们表达敬意。两位首领竟信以为真，接受了奥列格的邀请。可他们刚踏入摄政王的营地，就被早已埋伏好的瓦兰吉亚士兵包围了。怀抱伊戈尔的奥列格向基辅的两位首领投去盛气凌人的目光，厉声喊道："你们既非王储，也非王储后人。睁大眼睛看看，这可是留里克的儿子！"这些话实则是奥列格与手下约好的信号。他的话音刚落，士兵们便冲向两位首领，把他们摁倒在奥列格的脚下。基辅百姓被这一胆大包天、奸诈无比的行为吓得惊慌失措，没有做任何抵抗便向入侵者打开了城门。自此，两个斯拉夫公国实现了统一，由同一位君主统治。

就这样，奥列格掌握了通往东罗马帝国门户的钥匙，开启了攻占君士坦丁堡的宏伟计划。他把伊戈尔留在基辅后，率领8万名士兵分乘2000艘木船沿第聂伯河开启了征程。君士坦丁堡的臣民在港口的海面上拉起了一条巨型铁链，希望能阻止敌人登陆。但入侵者将木船拉上岸，在船底装上轮子后，将木船改装成了战车。在帆的助力下，木船载着士兵们直奔君士坦丁堡而去，不久便抵达君士坦丁堡城墙之下。据说，皇帝利奥（Leo）并没有率领军民英勇抵抗，而是试图用投毒的方式退敌。不过，该计划没有奏效，他被迫以向奥列格赔款的方式暂时换得了令人不齿的和平。奥列格则实现了他的愿望，带着丰厚的战利品班师回朝。臣民们对奥列格取得的辉煌战果大加赞扬，认为是上天赋予了他超凡的力量。

奥列格执掌大权长达33年。在他摄政期间，伊戈尔几乎没有参与过任何朝政管理。直到奥列格于912年去世后，年届不惑的伊戈尔才真正拥有了王权。掌权不久，伊戈尔就展现出了与奥列格相同的好战气质。在被奥列格征服的民族中，有一些想趁伊戈尔掌权之际恢复独立地位，但均被镇压，并接受进贡的惩罚。然而，伊戈尔不久就遇到了强敌——佩切涅格人（Petchenegans）。佩切涅格人是一个迄今都鲜为人知的民族，他们放弃了在亚伊克河（Yaik）与伏尔加河流域的定居点，侵入了俄国南部地区。

伊戈尔发现无法用武力战胜佩切涅格人后，与他们结为了盟友。

岁月流逝，伊戈尔渐渐步入了暮年。然而，其手下官员贪得无厌，总想征服更多民族，掠夺更多战利品。于是，他们鼓动伊戈尔前去讨伐德列夫利安人（Drevlians），最终目的是向他们索要更多贡品。在这次非正义的讨伐中，伊戈尔一开始大获全胜，带着向德列夫利安人强行征收来的贡品满载而归。他让大部队带着战利品先返回基辅，自己则带着剩余的将士再次进入敌区，想再搜刮一些战利品。不过，这次他们不幸落入了敌人的陷阱。拼死一搏的德列夫利安人在科罗斯坚（Korosten）附近设下了埋伏圈，彻底歼灭了伊戈尔的队伍。伊戈尔被俘后随即被处死。上述事件发生于945年。

奥列格在世时，伊戈尔娶了一位叫奥丽加（Olga）的公主。奥

俄国南部地区的村庄

丽加生性勇敢，颇具英雄气概。伊戈尔与奥丽加育有一子，即斯维亚托斯拉夫（Sviatoslaff）。由于伊戈尔驾崩时斯维亚托斯拉夫年纪尚小，王后奥丽加便接管了朝政大权。她上台后的首要任务是向德列夫利安人复仇，而德列夫利安人觉得压迫他们的伊戈尔已死，他们没有必要再与罗斯人为敌了，希望与其重归于好。奥丽加用仁慈的面纱掩盖了她的真实计划，表面上接受德列夫利安人的提议，还接待了他们派来的使者，却随即下令将其秘密处死。同时，她还邀请德列夫利安公爵派一个更大的代表团来基辅，随后以同样的方式处死了他们，并叮嘱手下守口如瓶，不可将这两起谋杀事件的消息传到德列夫利安人那里。之后，奥丽加又亲率一支队伍访问德列夫利安人部落。此举看似是为了庆祝双方成功结盟，实则隐藏着巨大的阴谋。奥丽加抵达德列夫利安人的都城后，宣布要在城内举办一场盛大的宴会，并邀请数百名德列夫利安部落的重要人物参加，然后又将他们秘密杀害。这只是她下决心对这个不幸的民族实施恐怖报复的第一步。她还想要踏平整个德列夫利安部落，尤其想把伊戈尔丧生之地科罗斯坚城夷为平地。但她久久都未能攻占科罗斯坚城，因为城内居民团结一心、英勇抵抗——害怕一心复仇的奥丽加给他们带来噩运。最后，奥丽加承诺不再攻城，但条件是居民们必须把城内的所有鸽子都送给她。居民们按她的要求照办了，但奥丽加命人在鸽子尾巴上绑上火柴点燃后，将其放飞。这些鸽子很快就飞回了城内的住所，致使城内迅速燃起了熊熊大火。可怜的居民好不容易才从大火中逃出城，却落入了驻扎在城外的罗斯士兵的包围圈，最终惨遭杀害。这般残忍的事情虽然在蛮族史上并不罕见，但足以让后人在提到奥丽加的名字时难抑憎恶之情。尽管如此，这位王后却是蛮族部落里自称信奉基督教的第一人。她虽未能说服儿子跟着她信奉基督教，却影响了一些臣民。

奥丽加很可能在信奉基督教之后不久便不再执掌政权，因为我们发现斯维亚托斯拉夫于957年就完全接管了朝政，而他母亲奥丽加又过了很多年才去世。斯维亚托斯拉夫被视为俄国的英雄之一。如果说对鲜血的渴望、对危险的蔑视、对奢靡生活的漠视是英雄的必备特质，那么斯维亚托斯拉夫称得上名副其实的英雄。他常年生活在条件极其简陋的军营，但正是这样的经历让他与手下将士结成了同甘共苦的牢固关系，为他实现长期以来雄心勃勃的计划赢得了一批坚定的支持者。

斯维亚托斯拉夫第一次远征讨伐的是可萨人。我们在上文中提到过这个民族，他们来自里海沿岸和高加索地区，最终定居在黑海东岸。可萨人曾逼迫基辅人和生活在奥卡河（Oka）及伏尔加河沿岸的维亚季奇人（Viateches，斯拉夫族的一支）向自己纳贡。斯维亚托斯拉夫一心想把维亚季奇人献给可萨人的贡品据为己有，于是向可萨人发动了战争，并最终击败了他们，占领了他们的都城萨克尔〔Sarkel，即别尔哥罗德（Belgorod）〕，实现了自己的梦想。一些历史学家认为斯维亚托斯拉夫消灭了可萨人。值得注意的是，自那以后确实再也没人提及可萨人的事情了。

斯维亚托斯拉夫英勇善战的名声传到了君士坦丁堡。当时，拜占庭帝国正在遭受匈牙利及其曾经的盟友保加利亚的联合侵袭。在这种情况下，拜占庭帝国皇帝尼基弗鲁斯二世（Nicephorus II）向罗斯公国的首领请求援助。双方达成一项附属条约后，斯维亚托斯拉夫便率领一支大军迅速赶来为其新盟友解围。他很快就攻占了多瑙河沿岸保加利亚人居住的大部分城镇。然而就在这时，有情报传来称，佩切涅格人集结了一支大军，侵入了罗斯公国，正在围攻都城基辅，将斯维亚托斯拉夫的母亲和儿子困在了城内。于是，斯维亚托斯拉夫不得不率军快速回撤，前去解救自己的家人。

击败围攻者并迫使他们签署和约后，斯维亚托斯拉夫决定在多瑙河畔建立自己的领地，并将这些领地分封给自己的孩子。他把基辅分给了亚罗波尔克（Yaropolk），把德列夫利安人的领土分给了奥列格①，把诺夫哥罗德交给了私生子弗拉基米尔（Vladimir）管理。然而，当他再次回到保加利亚人的定居点后，发现形势已发生了巨大变化。保加利亚人趁他的军队撤离之际，收复了大部分城镇，并且做好了抵御外敌的准备。斯维亚托斯拉夫的军队逼近佩列亚斯拉维茨（Pereiaslavatz）的城墙时，保加利亚人奋勇杀出城，与罗斯人展开了殊死搏斗。罗斯人一开始伤亡惨重，节节败退，但很快便重整旗鼓，开始绝地反击，一举扭转了战局。斯维亚托斯拉夫攻占了佩列亚斯拉维茨城，不久就恢复了他之前失去的一切。

就在这一时期，约翰·齐米斯西斯（John Zemisces）通过宫廷政变谋杀了尼基弗鲁斯二世，登上了皇帝宝座。新皇帝派遣使者前去会见罗斯大公斯维亚托斯拉夫，要求他遵守当时与尼基弗鲁斯二世签订的条约，即以盟友身份而非以主人身份占领保加利亚，并敦促他尽快撤离。斯维亚托斯拉夫当然不愿放弃他刚刚得到的领地，准备用武力与对方解决这一领土争端。然而，斯维亚托斯拉夫没有听从作战经验丰富的军官的建议，坚持要取道凶险的第聂伯河返回都城基辅，结果没

---

① 上文出现的奥列格的曾孙。——编者注

能活着回去。佩切涅格人在第聂伯河大瀑布附近布下阵，拦住了罗斯人的去路。整个冬季，斯维亚托斯拉夫都采取守势，队伍的战斗力也因饥荒和疾病而锐减。直到972年春回大地时，他才率军试图强行突破敌人的封锁，却以失败告终，他本人也在战斗中丧生。

我们可以认为，基辅的统治者亚罗波尔克继承了父亲的王位，但由于当时政局动荡，他在位的时间非常短。亚罗波尔克先是和二弟奥列格爆发了战争，并击败奥列格，将其无情杀害。看到亚罗波尔克的权势和野心日渐膨胀，三弟弗拉基米尔惶惶不安，主动放弃其领地，逃往北方。诺夫哥罗德随即落入亚罗波尔克手中。弗拉基米尔逃到北方后，得到了瓦兰吉亚人的支持，很快便集结了一支强大的军队，准备讨伐篡位者亚罗波尔克。在亚罗波尔克毫无防备的情况下，他率军直扑基辅。事实上，亚罗波尔克手下的一位谋士是弗拉基米尔的亲信，他不断向亚罗波尔克传达假消息，让其对自己的处境放松了戒备。这位谋士还谎称基辅的臣民对亚罗波尔克不满，想方设法劝他搬出了都城。群龙无首的基辅人在面对弗拉基米尔的大军时，没有做任何抵抗便向他敞开了城门。直到此时，亚罗波尔克仍然被这位谋士蒙骗，居然听从他的建议，决定当面和三弟讲和，但他还没来得及出城谈判，就被身边的瓦兰吉亚随从暗杀了。这次谋杀很可能就是弗拉基米尔策划的。980年，弗拉基米尔获得了父亲留下的所有罗斯公国的领土。

弗拉基米尔一世靠暴行登上了王位，而他对罗斯公国的统治更是将暴行延续了下去。虽然他曾向布洛德（Blude）许诺，要给他至高的荣誉和地位，但他一上台就除掉了这个出卖他长兄的奸诈之徒。曾帮他登上王位的瓦兰吉亚人请求他允许他们前往希腊寻找财富时，弗拉基米尔一世当面同意了他们的请求，私下里却将消息泄露给了拜占庭帝国皇帝。结果，这些人遭到逮捕，进了监牢。

弗拉基米尔一世发动了多场战争，将几个邻近的邦国都纳入了自己的统治范围。他占领了波兰的部分领土，迫使保加利亚人〔居住在今喀山（Kazan）一带〕对其俯首称臣，征服了紧邻基辅公国的佩切涅格人和可萨人，紧接着又统治了卡利什（Kalisch）和弗拉基米尔（Vladimir），即现在的加利西亚（Galicia）和卢博米里亚（Lubomiria）。他还征服了远至立陶宛的梅默尔（Memel），占领了今利沃尼亚（Livonia）的大部分领土。

完成扩张大业后，弗拉基米尔一世请求拜占庭帝国皇帝巴西尔二世①将其妹妹安妮（Anne）嫁给自己。巴西尔二世同意了他的请求，但要求他必须接受基督教信仰。弗拉基米尔一世一口答应了下来。从此，整个罗斯帝国成了君士坦丁堡的一个教区。据俄国史料记载，弗拉基米尔一世在受洗之日还获得了"巴西利乌斯"的教名，2万名臣民也和他在同一天接受了洗礼。接着，罗斯人推倒了多神教的圣像，建起了许多教堂和修道院，还大面积建造城镇；艺术也开始在罗斯帝国②繁荣起来。就是在这一时期，斯拉夫字母首次传入了俄国。弗拉基米尔一世派传教士深入保加利亚族群中传播基督教，但收效甚微。他还将希腊艺术引入了罗斯公国，并在和平年代里对教授艺

---

① 巴西尔二世（Basil II, 958—1025），绰号"保加尔人屠夫"，拜占庭帝国皇帝，统治帝国长达半个世纪（976—1025）。960年，巴西尔与其弟君士坦丁被罗曼努斯二世加冕为共治皇帝。——译者注

② 罗斯公国，最早的东斯拉夫人国家，大约在9世纪末由留里克王朝建立，以基辅为中心。基辅罗斯是东斯拉夫人的文明摇篮，对后来的俄罗斯、乌克兰和白俄罗斯的文化和历史有深远的影响。罗斯公国在12世纪达到鼎盛，13世纪初因鞑靼人的入侵而衰落。罗斯帝国，在这里指鼎盛时期的罗斯公国。——译者注

术的讲师予以重奖，鼓励他们培养艺术人才，推动艺术发展。正因为
上述的这些历史功绩，罗斯诸国的僧侣们称颂他为最有智慧、最虔诚
的君主。弗拉基米尔一世在其统治范围内积极热忱地推动基督教的发
展，为自己赢得了"圣徒"的美誉。后来的历史学家综合考虑他在当
时的品行美德后，一致同意尊称他为"弗拉基米尔大帝"。

　　弗拉基米尔一世的儿子雅罗斯拉夫一世（Yaroslav I）也是一位功绩
卓著的君主，为推动艺术发展做出了巨大贡献。他在位长达35年，于
1054年驾崩，享年77岁。诺夫哥罗德的圣索菲亚教堂就是他下令建造
的，以大量绘画和镶嵌工艺的内饰闻名于世，据说其中的一些艺术
品一直保留到了今天。雅罗斯拉夫一世在位期间，攻城略地、抵御
外侵，取得了辉煌成就。他甚至曾远征拜占庭帝国，与君士坦丁九
世[①]开战（虽然以失败告终）。他也因此享誉整个欧洲，为后人敬重。他
的3个女儿分别嫁给了法兰西国王、挪威国王和匈牙利国王，他的长
子（先于他去世）娶了英格兰撒克逊王朝最后一位国王哈罗德二世（Harold
II）的女儿。

　　雅罗斯拉夫一世驾崩之前，和大多数君主一样，将其帝国分给
了儿子们。他的孙子弗拉基米尔·莫诺马赫（Vladimir Monomachus）在11
世纪初驾崩之前，也和他一样，将帝国分给了自己的儿子们。总体
而言，罗斯帝国君主子孙兴旺，整个帝国内部也因此纷争不断，最
终只有诉诸武力才能彻底解决。这种解决方式也符合当时的民族和
时代特性，被后世的君主沿用多年。弗拉基米尔·莫诺马赫驾崩前
一年，一场大火几乎将基辅化为灰烬，从遗留的大量教堂和房屋的

---

① 原文是Constantine XI，与史实不符，应该是Constantine IX的笔误。——译者注

废墟判断，基辅曾经是一座规模宏大、富丽堂皇的大都市。弗拉基米尔·莫诺马赫的继任者接替王位后，罗斯帝国又遭受了一场更严重的灾难——一场可怕的饥荒席卷了双子都城中的诺夫哥罗德。大饥荒过后，幸存者寥寥。由于缺少埋葬死者的人手，诺夫哥罗德的大街上到处都是腐烂的尸体。

这段灾难期过后，罗斯人又卷入了与波兰人、立陶宛人、波洛维茨人（Polovetzes）及楚德人①（Tchoudes）连年不断的战争中。除了尤里一世（Yury I）于1157年建造弗拉基米尔城并将其定为新都城外，这段历史时期的罗斯帝国内没有再发生过什么特别重大的事件。然而，有一支比上文提到的所有蛮族和部落都要令人恐怖的敌对民族势力正在逼近莫斯科地区。这便是成吉思汗的长子术赤所率领的鞑靼人。1223年前后，术赤带领族人从咸海及里海沿岸地区一路西征到了第聂伯河一带。切尔克斯人（Circassians）和波洛维茨人试图阻止蒙古大军的进犯，但徒劳无功，最终不得不向他们的宿敌罗斯人求援。面对来犯之敌，唇亡齿寒的罗斯人组建了一支联军，奋勇南下，赶到了卡尔卡河（Kalka），与蒙古军隔岸对峙。不过，渡河成功的罗斯联军没有抵挡住蒙古铁骑的猛烈进攻，再加上基辅大公背信弃义，没有率军渡河支援，导致罗斯联军惨遭屠戮，10万人的大军中仅有十分之一的士兵成功逃脱。随后，鞑靼人顺利渡河，一路势如破竹，攻入都城基辅，残忍屠戮5万名居民。此后，鞑靼人继续北上，一路烧杀掠夺。到塞维尔斯基（Severski）后，他们才掉头踏上了东归之路，与当时驻扎在布哈拉（Bokhara）的成吉思汗会师。

① 即今爱沙尼亚人。——译者注

　　13年后，成吉思汗的孙子拔都汗（Batow Khan）再次率领蒙古铁骑进犯罗斯人的领地。为了征服罗斯诸国，他采取了各种各样的残忍手段，就连臣服他的城邦也不放过。通过这种方式，拔都汗先后征服了梁赞（Riazan）、佩里斯拉夫尔（Periaslavl）和罗斯托夫（Rostov）等10多座城市。罗斯诸国的王公们向来好战，这次却对外敌的入侵熟视无睹，没有组建任何军队予以抵抗。更有甚者，弗拉基米尔大公尤里二世（Yury II）竟然在这么关键的时刻还在忙着参加一个贵族的婚礼。后来他才突然意识到自己已身陷绝境，于是匆忙召集了一队人马，率领他们出城迎敌。他自认为弗拉基米尔城固若金汤，敌人在短时间内无法攻陷，便将家人托付给城内的一位贵族。但他想错了——鞑靼人很快就攻入了弗拉基米尔城，并纵火烧死了躲避在教堂里的公主、王妃及各路显贵。听到这个悲惨的消息后，悲愤的尤里二世打算率军与敌军拼个你死我活，但这场血腥的战斗只持续了很短的时间。罗斯人虽然表现得英勇无畏，但很快就被兵力强大的鞑靼人歼灭了，尤里二世也在此战中丧生。此后，再也没有什么力量能够阻止残忍无情的鞑靼人继续前进了。他们一路向北，在离诺夫哥罗德城不到60英里^①的时候，突然掉转方向，莫名其妙地撤离了罗斯诸国的领土。

　　鞑靼人的入侵让罗斯公国的南部和中部地区陷入了悲惨境地，也为其他外族敌人提供了乘虚而入的机会。雅罗斯拉夫二世（Yaroslav II）统治时期，瑞典人于1242年纠集丹麦人和利沃尼亚人组成了一支兵力强大、纪律严明的军队，侵入了罗斯公国，要求诺夫哥罗德向他们俯首称臣。雅罗斯拉夫二世的长子亚历山大（Alexander）拒绝向侵略者

---

① 英制长度单位，1英里≈1609.344米。——编者注

臣服，率军从都城出发，在没有任何盟军的帮助下前去迎击来犯之敌。在著名的涅瓦河战役中，亚历山大率军大败侵略者，赢得了涅瓦河英雄的美誉，还被后人称为民族英雄。在这场战役中，亚历山大的英雄气概激发了罗斯将士的斗志。他们同仇敌忾，最终战胜了敌人。为了纪念他的功绩，后世的俄国人在军队中设立了亚历山大·涅夫斯基勋章。

从1238年尤里二世驾崩到1328年伊凡一世（Ivan I）于弗拉基米尔城继承王位的90年里，罗斯帝国一共换了14位君主。在此期间，罗斯人不仅要艰苦卓绝地抵御包括鞑靼人、利沃尼亚人、立陶宛人、瑞典人和波兰人在内的外族入侵，还不得不承受几大城邦国家频繁内战带来的痛苦。这一历史时期的俄国呈现出来的面貌就如同一片阴暗的森林，没有半点帝国该有的样子。武力取代了正义，无论是罗斯人还是鞑靼人的权贵势力都可以肆无忌惮地压榨这片土地上的人民，掠夺他们的财产。出门在外的旅者没有安全感可言，静待家中的女性也同样没有安全感。抢劫就像传染病一样蔓延，家家户户都难以逃脱遭劫的噩运。更让罗斯人屈辱的是，鞑靼人在这么做的同时还以他们的保护者自居。乌兹别克汗[①]扶持伊凡一世做了诺夫哥罗德、弗拉基米尔和莫斯科三地的大公，并赋予了他收缴贡赋的大权。伊凡一世的父亲曾开疆拓土，极大改善了莫斯科的生活环境。伊凡一世继承了父亲的基业，不仅定都于此，还将主教区设立于此。莫斯科也因此迅速发展成了罗斯帝国的中心城市。伊

① 乌兹别克汗（Ozbeg Khan, 1282—1341），金帐汗国第九代大汗，又称月即别汗。——译者注

凡一世在位 13 年，政绩卓著；其间，社会安定，人民生活条件不断改善。出于安全考虑，他还下令绕莫斯科城建造了一道木墙，以加固由木料和石头修建的城墙。快到生命尽头时，他决定开启隐修生活，于 1341 年驾崩。到伊凡二世（Ivan II）统治时期，莫斯科已发展成一座繁荣的大都市。

伊凡二世于 1358 年驾崩后，德米特里三世（Dmitri III）继承王位，于 1363 年驾崩。随后，德米特里四世（Dmitri IV）继承了王位。14 世纪末，在德米特里四世的领导下，罗斯人组建了一支 40 万人的军队，在顿河一带与金帐汗国的鞑靼人展开了决战。这场激烈的战斗持续了 3 天，以鞑靼人惨败结束。后世将这场战役称为"巨人战役"（Battle of the Giants）。不过，罗斯人在此役中也付出了沉重代价——德米特里四世在战后检阅军队时惊讶地发现，自己的将士只剩下了 4 万人！德米特里四世因此役赢得了顿河英雄的美誉。但此役过后，鞑靼人再次进犯，德米特里四世因被其他罗斯王公出卖而被迫投降，莫斯科城也落入了残忍的侵略者手中。侵略者入城后，烧杀掠夺，无恶不作。整座城市几乎化为灰烬，除莫斯科大公用石头建造的房屋和城墙外，其余建筑均不复存在。

莫斯科大公国大主教对德米特里四世的性格做了如下描述："他懂得如何屈尊降低君王的架子，在司法执行方面不偏不倚。他乐于促进民族和平事业，愿意为臣民谋福祉。他虽然学识不高，但生性正直善良，这也弥补了他在教育上的缺失。因此，他完全有资格进入俄国历史上著名君主之列。"正是这位莫斯科大公主张用石头建成了现在的克里姆林宫，并用带有塔楼的城墙将其保护了起来，还用石头砌筑的护城河在城墙外形成了第二层保护屏障。

莫斯科街景

1389年，瓦西里一世（Vassili Ⅰ）在继承了德米特里四世的莫斯科大公国王位后，也注定要面对帖木儿统治下的鞑靼人的入侵。但这些鞑靼人从未侵犯至都城莫斯科：每当瓦西里一世率军准备在奥卡河附近迎击来犯之敌时，入侵者都会突然掉头撤离战场，就像他们的祖先之前在另外两次战争中的做法一样。罗斯人认为，这似乎是圣卢克（St. Luke）所画的圣母玛利亚画像发挥了退兵作用。然而，后来帖木儿帝国的鞑靼人联合立陶宛人攻打到了莫斯科城下，发起了围攻。虽然当时的瓦西里一世与家人正在科斯特罗马（Kostroma），并不在都城，但莫斯科城内的军民团结一致，击退了来犯之敌。这次围城战的失败激怒了鞑靼人，致使他们在撤退时对莫斯科城周边的乡村地区进行了洗劫，还对手无寸铁的农民大开杀戒。这一时期，诺夫哥罗德首次发行了货币，取代了之前皮革的地位。20张马丁皮的价值相当于1格里夫纳[①]，即1磅[②]金子或银子，在基辅为9.25盎司[③]，在诺夫哥罗德为13盎司。

瓦西里一世统治期间，罗斯人从鞑靼人手中收回了喀山，罗斯诸国遭遇了3次瘟疫和饥荒；一场大火将古都诺夫哥罗德的大部分建筑烧毁后，一场地震又紧跟着几乎将这座城市化为废墟。瓦西里一世驾崩后，莫斯科大公国因王位继承问题起了内部纷争，争权的双方是瓦西里一世的儿子瓦西里二世及其叔叔兹韦尼哥罗德的尤里（Yury of Zvenigorod）。后经双方同意，王位继承一事交由金帐汗国来裁定——大

---

① 乌克兰官方货币。——编者注
② 英制重量单位，1磅≈453.59克。——编者注
③ 英制重量单位，1盎司=28.35克。——编者注

汗支持瓦西里二世即位。然而，一场内战旋即而至，兹韦尼哥罗德的尤里迅速篡夺了王位，又在发现自己遭到同党和家人的背弃后把王位还给了侄子，自己则回到了卡利什的封地。

紧接着，罗斯人和鞑靼人之间又爆发了一系列错综复杂的战争。其中有一件事情至关重要：叛臣莫贾斯克（Mojask）亲王伊凡（Ivan）被瓦西里二世的政敌舍米亚卡（Chemiaka）收买，他在瓦西里二世从鞑靼人那里返回罗斯时，将其诱骗至特罗伊茨科耶（Troitzkoi）修道院，随后在那里将其抓捕，押回了莫斯科，他还挖掉了瓦西里二世的双眼。不过，几年后，瓦西里二世又恢复了王位，于1462年驾崩。其间，马赫第提克（Makhmet）率领鞑靼人再次占领了喀山。

继瓦西里二世之后登上莫斯科大公国王位的是伊凡三世（Ivan Ⅲ）。这位新任君主做的第一件事就是发兵攻打喀山汗国，经过两场残酷的战役，他最终将其灭国。伊凡三世即位之后做的第二件事便是征服诺夫哥罗德。他也大获全胜，顺利地将诺夫哥罗德公国纳入了自己的统治范围。在接受了诺夫哥罗德臣民的效忠宣誓后，伊凡三世带着著名的诺夫哥罗德市政大钟回到了莫斯科，并将其悬挂在克里姆林宫前的塔楼上，提醒罗斯人要时刻对他保持忠诚。

伊凡三世的下一个也是最艰巨的任务就是消灭阿合马（Achmet）统治下的金帐汗国。阿合马大汗要求伊万三世像他的先祖一样继续向金帐汗国缴纳贡赋。伊凡三世不愿再忍受这种屈辱，于是向盖有金帐汗国封印的诏书大吐口水，还下令将传送诏书的汗国使者全部处斩——只留一个活口回去向阿合马大汗报信。阿合马大汗原本准备在第二年向伊凡三世实施报复，但看到伊凡三世在奥卡河对岸率军严阵以待后，便率大军撤了回去，随后又绕道立陶宛，希望在立陶宛人的帮助

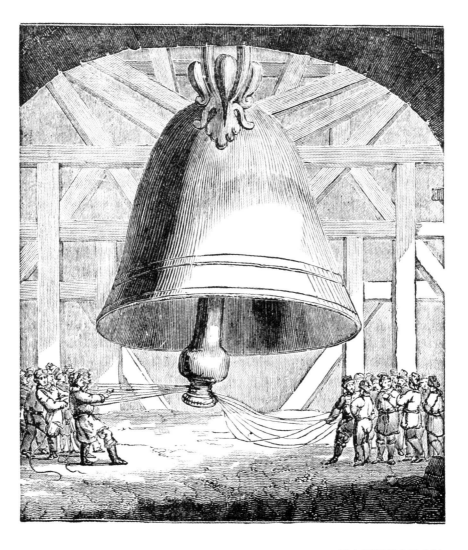

诺夫哥罗德市政大钟

下攻入莫斯科大公国。然而，他们的一队人马在半路上遭遇罗斯人的伏击后败北。阿合马大汗率领的另一队人马则和诺盖鞑靼人相遇，经历一番激战后再次失败，阿合马大汗也丢掉了性命。阿合马大汗的盟友波兰国王卡齐米日四世（Casimir IV）也是伊凡三世的仇敌——不仅因为这场战争，还因为他曾试图毒死伊凡三世。因此，波兰也遭到过伊凡三世的讨伐。

实力强大、雄心勃勃的伊凡三世分别与教皇、奥斯曼苏丹、丹麦国王、波兰国王及威尼斯共和国总督签订了和平条约，对他们派来的使者以礼相待。最终，他成了"诺夫哥罗德、弗拉基米尔、莫斯科及全俄罗斯的大公"。与拜占庭帝国的公主索菲亚（Sophia）成婚后，伊凡三世将国徽由"马背上的圣乔治"改为"双头黑鹰"。事实上，可以说伊凡三世才是现代俄罗斯帝国真正的奠基人。史学家卡拉姆津（Karamsin）曾这样描述伊凡三世："他并不像他的孙子那样是一位残忍的暴君。他虽然生性严厉，但知道如何用理性的力量让自己变得柔和下来。不过，据传，当他大发雷霆时，一个眼神就足以把身边胆小的女人吓晕；向他请愿的人都不敢靠近他的宝座；甚至连受邀和他共同进餐的王公贵族们和他待在一起时也会瑟瑟发抖。"这样的描述并未夸大其词。这些王公贵族要求他把王位传给孙子德米特里时，他回答说："我想把俄罗斯给谁就给谁！"最后，他剥夺了德米特里的继承权，将王位传给了他与第二任王后所生的儿子——瓦西里三世。伊凡三世在位43年，于1505年因重病驾崩。

伊凡三世驾崩后，罗斯人、波兰人、鞑靼人和诺夫哥罗德人之间再次爆发了战争。直到瓦西里四世（Vassili IV）驾崩、伊凡四世（Ivan IV）统治12年之后，帝国内部的暗战与斗争才暂时得到了抑制。伊凡四世是俄罗斯帝国的第一位沙皇，他娶了罗曼·尤里维奇（Roman Yuryvich）的女儿安娜斯塔西娅·罗曼诺芙娜（Anastasia Romanovna）做皇后。有活泼开朗的安娜斯塔西娅陪伴在自己身旁，伊凡四世在统治初期并未表现出其性格残暴的一面来。在这一时期，他和蔼可亲、平易近人，待人无论贫富都一视同仁。在皇后的指引下，伊凡四世将聪明才智全部用到了为臣民谋幸福的事业上。不过，他很快就意识到，要想维护自己的统治地位，就必须先打败鞑靼人。然而，他又觉得自己目前的军队没有接受过正规训练，恐怕不是鞑靼人的对手。于是，他在1545年组建了一支装备精良的射击军①，命名为"斯特雷利茨"（Strelitzes），意为"离弦之箭"，但实际上，士兵们手中的武器是火枪，而非原来的弓箭。之后，他率军攻破喀山，俘虏了喀山大汗。他还在维堡（Viborg）附近的一场战役中击败了瑞典国王古斯塔夫·瓦萨（Gustavus Vasa）。在随后的一系列战争中，伊凡四世侵入利沃尼亚，攻占了多尔帕特（Dorpat）、纳尔瓦（Narva）等30多个战略重镇。因为波兰国王拒绝将女儿嫁给他，伊凡四世便向波兰开战。然而，他对波兰发动的战争以失败告终。王公大臣们将战争失利的原因归结为以下两个方面：对外国将领的调遣欠妥，以及皇后安娜斯塔西娅的突然离世。皇后去世后，伊凡四世性情大变，其残暴的一面暴露无遗。在随后的日子里，他因屡次残暴之举而得到了"恐怖的伊凡"这一绰号。除了对外人罄竹难书的暴行，他甚至在一次狂怒中失手杀死了自己的儿子。之

---

① 16世纪中叶由沙皇伊凡四世组建的一支火枪手部队，最初由招募而来的城市和农村的自由居民组成，主要装备是火枪，是俄国第一支常备火器部队。射击军成立之初是一支精锐部队，不仅负责警卫任务，还参与战斗和政治活动。随着时间的推移，射击军逐渐演变为终身制和世袭制，成了拥有特权的军事阶层。——译者注

后，他虽然努力通过向修道院捐赠大笔钱来赎罪，却终因悔恨与悲痛而死。在生命的最后时刻，他还削发做了修士。

在立法方面，伊凡四世的政绩远胜之前的历任君主。1550年，他组织贵族编纂了一部被后世称为《百条律书》的法典。在他统治时期，一艘由理查德·钱塞勒（Richard Chancellor）指挥的英格兰北冰洋探险船在德维纳河（Dwina）口停了下来。伊凡四世得知该消息后，马上派人邀请钱塞勒到莫斯科，热情地款待了他，还托他将一封信转交给伊丽莎白一世。他在信中表示，希望俄国能与英格兰建立商业关系，并希望英格兰能输送匠人和工人到俄国来发展。令人奇怪的是，即使在当时，伊凡四世在纳尔瓦建立的集市上也到处可以看到英格兰、荷兰和法兰西的舶来品，其中一些商品的售价甚至低于它们在本国出售时的价格。伊凡四世虽然有自己的宗教信仰，但对其他宗教信仰持宽容态度，允许神圣罗马帝国的商人在莫斯科成立路德教会。不过，每次与外国使臣握过手后，他会在对方辞别后的第一时间洗手。

卡拉姆津说："在人们的记忆中，伊凡四世的辉煌声誉盖过了他性格上的缺陷。呻吟声已停止，受害者已化为尘埃；往事已过，新事接踵而来。人们提到这位俄国君主时，想到的是他征服了3个蒙古汗国。关于他残暴之举的证据都尘封在公共档案馆里，而在俄国人民眼中，他征服的喀山、阿斯特拉罕（Astrakhan）和西伯利亚则是他荣耀的不朽纪念碑。俄国人视他为俄国强大国力和辉煌文明的创造者，拒绝接受或刻意淡忘伊凡四世同时代人称他为暴君的事实。人们虽然仍然称他为'恐怖的伊凡'，但对于他的残暴行为只有一些模糊的印象，且多半是将他与他的祖父伊凡三世混淆，因为伊凡三世虽然有同样的绰号，但当时的人们对他更多的是赞誉而非谴责。不过，历史是不会像普通人那样轻易地将君主犯下的恶行一笔勾销的。"

伊凡四世于1584年驾崩，在位长达51年，是迄今为止统治俄国时间最长的君主。

伊凡四世驾崩后，身体和智商都令人担忧的费奥多尔一世(Feodor I)即位，并于1598年驾崩。之后，鲍里斯·戈东诺夫(Boris Godunoff)即位，他是费奥多尔一世的妻兄，在费奥多尔一世还在世时就将其弟德米特里害死了。因此，费奥多尔一世的驾崩宣告着统治俄国8个世纪之久的留里克王朝的终结。留里克王朝终结后，俄国经历了一系列自然灾害和内乱。1604年，一位冒充德米特里的俄国修士率领顿河流域的波兰人和哥萨克人在战场上与鲍里斯·戈东诺夫对峙了一年，最终击败鲍里斯·戈东诺夫，登上沙皇宝座。

这场内乱并不是鲍里斯·戈东诺夫统治时期俄国经历的唯一灾难。1600年，俄国发生了大面积饥荒，灾民纷纷拥入莫斯科，国库的存粮被抢食一空，首都遭到了有史以来最大的破坏。据说，由于饥饿难耐，竟然出现了母亲杀死并吃掉自己孩子的可怕现象。有记载称，一位妇女在极度饥饿的情况下，用牙齿紧紧咬着抱在怀中的儿子不松口。还有人坦言，他们曾把3个人诱骗至自己家中，然后将他们分别杀死后吃掉了。莫斯科街头躺满了尸体——共计12.7万多具，很多天都没人处理，后来才被埋到郊外的田野里。这一死亡人数并没有包括先前已被分别埋葬在莫斯科城内400座教堂地下的大批饿死的难民！一位亲历者称，这场可怕的饥荒一共从原本人口稠密的都市夺去了50万人的性命，但当时的莫斯科因为全国各地饥民的拥入，人口总数还有所增加。在这场极其恐怖的灾难中，鲍里斯·戈东诺夫不得已采取了暴力手段，逼迫贪婪的商人打开粮仓，并以平时一半的价格出售给拥入莫斯科的饥民。

然而，祸不单行。第二个冒充德米特里的人出现了，后来又有其他冒充者出现。这类事件造成的结果是，波兰人于1610年占领了莫斯科，他们带着波兰国王西吉斯蒙德（Sigismund）的儿子瓦迪斯瓦夫（Vladislaus）进入城内。贵族们同意拥立瓦迪斯瓦夫做新任沙皇，但前提是他必须接受希腊正教。波兰人的大肆掠夺激发了俄罗斯人的民族情感，诺夫哥罗德的富商米宁（Minim）号召民众拿起武器反抗入侵者，并请求波扎尔斯基（Pojarski）将军担任军队统帅。波扎尔斯基一口答应了下来。随着各地兵源和资金纷纷到位，以及大批哥萨克人和斯特雷利茨禁卫军的加入，波扎尔斯基的军队实力大增。他们首先攻向雅罗斯拉夫，随后又围攻莫斯科，攻克基泰戈罗德（Kitai Gorod），大肆屠杀波兰人。困在城内的居民饥饿难耐，最终被迫投降；瓦迪斯瓦夫也放弃了对俄国的统治。1818年，克里姆林宫城墙下的空地上竖起了一座精美的纪念碑，以纪念米宁和波扎尔斯基两位民族英雄。纪念碑上的画面是：激情澎湃的米宁正在呼吁同胞把外敌赶出俄国，波扎尔斯基则在一旁认真倾听着米宁鼓舞人心的讲话。

将瓦迪斯瓦夫赶出俄国后，皇位空了出来。当时的俄国民众尚未形成共和思想，所以王公贵族们推选大主教罗斯托夫（Rostof）的儿子米哈伊尔·罗曼诺夫（Michael Romanoff）为新任沙皇。这位当时只有16岁的沙皇开启了罗曼诺夫王朝统治时期。米哈伊尔·罗曼诺夫登基后，俄国的内乱和外战仍在继续。经过英格兰、法国和荷兰的调解，沙皇与瑞典国王古斯塔夫斯二世达成了停战协议，不过协议内容对俄国不利。1616年1月26日，交战双方签署了和约，俄国将因格利亚（Ingria）、卡累利亚（Carelia）、利沃尼亚和爱沙尼亚割让给了瑞

出征的哥萨克人

典，瑞典则将诺夫哥罗德还给了俄国。后人解释说，可能是沙皇热爱和平，才签署了这样的和约。在这一时期，波兰人仍然控制着斯摩棱斯克，继续蹂躏俄国人，他们一度兵临莫斯科城下，还对莫斯科城发动了一次夜袭，但被俄军击退了。俄军围攻斯摩棱斯克城两年，依然没有将其从波兰人手中夺回。在此期间，欧洲第一次出现了龙骑兵。俄军也组建了这样的新兵种。在抗击外敌的战争中，沙皇还得到了神圣罗马帝国军队和法国军队的帮助，这些外援军队也成了俄国组建军队时的范本。米哈伊尔·罗曼诺夫还雇用了外国教官，逐步将俄军打造成了一支训练有素的军队。

1645年7月，米哈伊尔·罗曼诺夫驾崩，皇太子阿列克谢（Alexis）继任沙皇。他统治期间发生的重大事件有：顿河流域哥萨克人的入侵、阿斯特拉罕城的叛乱与又一个伪德米特里的出现。这一时期，有荷兰和英格兰的造船师来到俄国。俄国第一艘根据科学原理建造的舰船由一位叫巴特勒（Butler）的荷兰造船师在迪迪洛夫（Didiloff）打造而成，后被命名为"雄鹰"号。

第2章

从彼得大帝到尼古拉一世

Peter
The
Great
To
Nicholas

让彼得一世（Peter Ⅰ）继承帝国皇位是大多数俄国贵族不愿接受的事情，该想法尤其遭到了已故沙皇费奥多尔三世（Feodor Ⅲ）的首相加利津（Galitzin）亲王的反对。加利津亲王精明能干，始终在维护才华横溢、能言善辩的索菲娅公主的利益。伊凡五世（Ivan Ⅴ）虽然身体和智商都令人担忧，却是皇位合法继承人。索菲娅表面上支持弟弟伊凡五世登基，暗中却早已制订了一个能保证自己继承皇位的计划。这样一来，她不仅赢得了加利津亲王的信任和赏识，还把斯特雷利茨禁卫军拉拢到自己的阵营。这群狂傲不羁的士兵聚在一起，公然支持伊凡五世，宣称要拥立他为下一任沙皇。3天的时间里，这支禁卫军在莫斯科城内四处游荡，犯下了严重暴行——他们怀疑几位主要官员对索菲娅一手遮天的做法不满，便将他们抓起来全部处死。然而，这并没有帮助索菲娅公主实现所有目的，因为伊凡五世和彼得一世虽然同父异母但情同手足，伊凡五世坚持要与彼得一世共享皇位。王公贵族们最终同意了该提议。1682年5月6日，伊凡五世和彼得一世共同加冕成为俄国沙皇，索菲娅公主被任命为摄政王。

由于伊凡五世生性愚笨，加上彼得一世尚未成年（当时只有10岁），所有皇权实际上都掌握在索菲娅及其大臣加利津亲王手中，尽管到1687年伊凡五世和彼得一世的名字终于出现在了帝国颁布的法令中。索菲娅刚刚确立起自己的威望，斯特雷利茨禁卫军就发动了叛乱，威胁要将她废黜。这次叛乱的起因是，禁卫军的指挥官科万斯科伊（Kovanskoi）亲王要求索菲娅将她的一个妹妹嫁给他的儿子，但遭到了拒绝。这次叛乱让整个莫斯科陷入了恐怖的阴霾之中。索菲娅带着两位年轻的沙皇躲到了离首都大约12里格^①的一座修道院里。斯特雷利茨禁卫军还没有追到这里时，已有一大批士兵（多数为外国士兵）集结在这里保护他们。最终，科万斯科伊亲王被捕，并被立即斩首。他的部下起初还扬言要对那些杀害他们长官的人进行报复，但在看到叛乱头目都被相继处死之后，也不得不乖乖投降。

索菲娅忙于平息叛乱，这给了彼得一世的支持者一个可乘之机，让他们得以继续实施颠覆索菲娅统治的计划，而俄国与奥斯曼帝国关系的破裂也加速了该计划的进程。当时，奥斯曼帝国正在与波兰和神圣罗马帝国同时交战，这两个大国都请求俄国和它们结盟，共同对付奥斯曼帝国。索菲娅一派反对与波兰和神圣罗马帝国结盟，但彼得一世的秘密支持者影响力非常大，他们让大多数人相信与奥斯曼帝国开战对俄国有利，甚至说服了加利津亲王亲自率军出征。如此一来，他们的主要对手就被支走了。加利津亲王集结了一支近30万人的大军，向奥斯曼帝国边境进发。在与敌军发生的两次战役中，俄军兵力共损失近4万人，其中阵亡士兵只占一小部分，身染疾病而死的士兵占了大多数。

就在加利津亲王深陷南方的战争中时，彼得一世则在俄国的贵族中不断巩固自己的势力，并渐渐展露出了卓越的领导才能，这些都为他后来在北方战争中建立丰功伟业奠定了基础。彼得一世平常住在距莫斯科城不远的一个村庄里，身边围着一大批既有地位又有影响力的年轻人，他把这些人称作他的玩伴。彼得一世表面上是在和伙伴们玩军事游戏，实际上是在蓄积自己的力量。他成功消除了索菲娅的戒备

---

① 英制长度单位，1里格≈4.828千米。——译者注

心，等她发现他的阴谋时为时已晚。

1689年，年满17岁的彼得一世下定决心要剥夺索菲娅在治国理政方面的一切权力，从而确立自己的独立统治地位。不久，双方便公开决裂。在发现无法正面战胜沙皇一派的势力后，索菲娅便试图暗杀彼得一世，但她的阴谋还是败露了。最终，双方达成和解，条件是索菲娅必须放弃摄政王的所有权力，并退隐至一座修道院中，在那里度过余生。在当时那个年代，索菲娅公主称得上是一位极具品位、文学造诣极高的女性。她在卷入国家阴谋、深陷政治动荡之中时所创作的一部悲剧作品至今仍在流传。曾奉索菲娅之命暗杀彼得一世的斯特雷利茨禁卫军指挥官被斩首示众，加利津亲王被流放到了阿尔汉格尔斯克（Arkhangelsk）。彼得一世终于坐上了梦寐以求的沙皇宝座，独揽帝国大权。伊凡五世虽然仍在名义上和他共享皇位，但早已自愿辞去了所有治国理政的工作，直至1696年驾崩时一直过着默默无闻的隐退生活。

彼得大帝的野心是发动帝国扩张战争，以此巩固其统治地位。因此，他登上皇位的第一件事就是向奥斯曼帝国开战，却因操之过急而以失败告终。在夺取亚速的战争中，彼得大帝付出了3万名将士战死的代价。直到1699年奥斯曼帝国求和，俄国才完全占领了亚速。1700年，彼得大帝在围攻纳尔瓦（Narva）时被当时只有17岁的瑞典国王卡尔十二世（Charles XII）率领的8000名精兵击败。在随后的其他战役中，俄军也屡遭重挫，尽管如此，顽强的彼得大帝毫不气馁，最终获得了北方战争的胜利。1705年，彼得大帝率领俄军夺取了纳尔瓦城。1709年，俄军在波尔塔瓦（Poltava）战役中大获全胜。经此一役，彼得大帝不仅展现出了杰出的作战指挥才能，还将瑞典逐出了欧洲强国之列。

1711年，彼得大帝再次率军南征奥斯曼帝国，结果却在普鲁特 (Prut) 河畔陷入了敌军的重重包围之中。由于军需供给跟不上，形势对俄军极其不利。弹尽粮绝之后，彼得大帝被迫委屈求和，除向敌军指挥官奉上皇后的珠宝之外，还答应让当时流亡在奥斯曼帝国的瑞典国王卡尔十二世取道俄国返回瑞典。

从这之后一直到1718年，彼得大帝都在大力推行他最初制订的帝国西扩计划。1712年至1714年，他将瑞典人赶出了芬兰，随后又对斯德哥尔摩附近的沿海城镇发动了数次毁灭性打击，还击退了瑞典海军。最后，两国于1721年签订了《尼斯塔特和约》，俄国不仅夺回了爱沙尼亚、利沃尼亚、因格里亚、卡累利亚和芬兰的一部分地区，还得到了达戈岛 (Dago)、摩恩岛 (Moen) 和厄塞尔岛。

消除了来自波罗的海国家的威胁后，彼得大帝又开始向东扩张，于1724年从波斯国王手中夺取了位于里海沿岸的打耳班 (Derbend)。但这次胜利并不光彩，因为波斯军队只有6000人，而俄军有1.1万人，这还没有算支持他的卡尔梅克人 (Kalmucks) 和哥萨克人的数量。这也是彼得大帝战争生涯的最后一次胜利了：他在喀琅施塔得 (Kronstadt) 港跳入冰水中试图营救落水的几名船员时受了风寒，从此身体每况愈下，于1725年驾崩，享年52岁。彼得大帝晚年的家庭生活很不幸，他的第二任妻子叶卡捷琳娜一世 (Catherine I) 对他不忠，儿子阿列克谢成了他的仇敌。最后，他原谅了妻子，却把儿子送上了法庭。据传，他在监狱中亲手处死了自己的儿子，一些史料也证实了这一点。

我们已经讲过，彼得大帝的野心是不断进行帝国扩张，从而巩固自己的统治地位。当然，我们从他身上也可以看到鲜明的民族特征——坚韧不拔和意志坚定的精神品质，这样的品质能让他在面对重重困难时毫不退缩。在外国军官的帮助下，彼得大帝成功组建了一支纪律严明、实力强大的军队。他建立了俄国的第一支海军军队，即便是经验丰富、实力强大的瑞典海军也对俄国海军忌惮三分。他还建造了圣彼得堡这座可以称为漂浮在涅瓦河上的都市。此外，彼得大帝还在全国各地积极开凿运河，建设其他各种公共设施，捐资开办大学和学院，并与包括中国在内的几乎世界上的所有国家都建立了商业往来。彼得大帝身上那种异乎寻常的吃苦耐劳精神也同样令人敬佩。他近乎偏执地认为，凭借一己之力及他在各方面的天赋，俄国完全可以完成其他国家用了数百年时间才建立起的伟业。他还幻想着能迅速培养起国民对礼仪和机械艺术的欣赏水平，并将他们在这些方面的品位提升到与文明国家人民相当的程度。彼得大帝将自己的全部精力都倾注到了这份理想上，尽管最终不一定能够实现。不过，使帝国富强的强烈愿望，以及丰富的物产资源迅速让俄国的政治环境和物质条件发生了翻天覆地的变化。

彼得大帝不仅心灵手巧，还通晓机械知识。他不顾国内贵族和神职人员的反对，毅然离开俄国，前往其他欧洲国家学习那里的先进技术和发明，甚至在荷兰一家最大的造船厂当起了工人。他不仅会造船，还能驾驶自己制造的船出海航行。他造的一艘船现在还陈列在圣彼得堡的中央海军博物馆内，从中可以看出他高超的木工技艺。夏天，他通常早上4点起床，6点要么在元老院，要么在海军部。由于他的工作涉及众多行业，臣民们都认为他是一位多才多艺的沙皇。彼得大帝还享有节俭的美誉，这是一种在君主身上很难看到的品质。他甚至会抽时间研读文献，将几部著作译成俄语，其中包括勒·克莱克（Le Clerc）的《建筑学》和斯图姆（Sturm）的《水坝及磨坊的建造艺术》。这些手稿留存至今。

彼得大帝访问伦敦期间，经常出现在平民中。有一次，一个搬运工在搬货物时碰到了他，令他非常不悦。卡马森勋爵（Lord Carmarthen）担心二人发生冲突，便愤怒地对那个搬运工说："小心点，看不出这位是沙皇吗？""沙皇？"这个健壮的搬运工撇了撇嘴道："这里的人都是沙皇！"有一天，彼得大帝和卡马森勋爵一起走进威斯敏斯特大厅。大厅里一如往常，有戴假发穿长袍的人在争论着什么。彼得大帝问这些都是什么人，当被告知他们都是律师时，他感到万分惊讶。"律师！我们全国只有两个，回去后我先绞死一个！"

彼得大帝性情暴躁，身上难免有一些恶习。他早年受到了身边风流成性、阿谀奉承之人的影响，成年后又成了穷兵黩武的独裁君主。不过，讨论彼得大帝的恶习就偏离了本书的写作目的。俄罗斯文明的起源可以追溯到彼得大帝统治时期。但我们只要稍微了解一下早期几位沙皇的统治历史，就会发现，他们在许多方面已经为彼得大帝建立丰功伟业打下了坚实的基础。尽管俄国的早期历史可以用野蛮和黑暗来形容，但自沙皇统治以来，俄国已经在发展公共教育，推行宗教宽容政策，促进商业发展，开展法治建设。这一时期，一些仁慈善良、举止优雅、胸怀宽广的皇子接连英年早逝，让俄国失去了不少优秀的君主。他们虽然没有彼得大帝那样的雄心壮志，但同样心系国家发展。如果他们做了沙皇，俄国就不会如此激进，也不会有外族大批涌入，国家可能不会发展得太快，但肯定也会繁荣强盛起来。彼得大帝统治时期，俄国没有出台过基于广义的正义原则的法典。他虽然出访过英国和荷兰，但只是向它们的海军取经，并未学习这两个国家先进的管理制度，自然也没能改善俄国的管理制度。陪审团审判制度似乎根本没有引起他的注意。虽然英格兰的阿尔弗雷德大帝（Alfred the Great）和沙皇一样统治的都是农奴制国家，但那是9世纪的事情，现在已是18世纪了。

彼得大帝在世时修改了皇位继承顺序，所以在他驾崩后皇后叶卡捷琳娜一世继承了皇位。叶卡捷琳娜一世是一个利沃尼亚农民的私生女。做了几年神职工作后，她嫁给了一名瑞典龙骑兵。不久，这名龙骑兵离家远征，再没有回来。后来，她和俄国将军鲍尔（Bauer）住到了一起，但究竟是作为仆人还是情妇，就不得而知了。当时，缅什科夫（Menchikoff）伯爵也为她着迷，让她做了自己的情人。后来，她备受彼得大帝青睐，从一开始的情妇变成了后来的皇后。

叶卡捷琳娜一世在治国理政方面表现得温和而谨慎。她削减了每年的人头税，召回了大部分被彼得大帝流放到西伯利亚的臣民，拆掉了所有绞刑架，销毁了各种刑具，结清了军队的欠款，恢复了哥萨克人在彼得大帝统治时期被剥夺的特权和豁免权。她还与神圣罗马帝国皇帝缔结了一份盟约，即任何一方在遭到外敌入侵时，另一方都应派遣一支3万人的军队前去援助，并保证彼此间的财产不受侵犯。在叶卡捷琳娜一世短暂的统治时期，俄罗斯帝国的疆界延伸到了外高加索（Trans-Caucasus）地区。她还创立了俄国科学院。不过，叶卡捷琳娜一世一生嗜酒成性，终因饮酒过度患病，于1721年5月17日在当政仅两年后驾崩，享年41岁。

叶卡捷琳娜一世把王位传给了彼得二世（Peter II），也就是阿列克谢的儿子、彼得大帝和他的第一任皇后费奥多罗芙娜的孙子。彼得二世继位时年仅12岁，他统治时间短暂，没有任何建树。其间，大权主要由权臣缅什科夫掌握。叶卡捷琳娜一世曾让缅什科夫将他的女儿嫁给彼得二世。缅什科夫出身卑微，但野心极大，在彼得大帝统治时期获得其赏识，出任帝国政府要职，后来成了叶卡捷琳娜一世统治时期的实际掌权者。不过，他的政敌也越来越多，这些政敌最终设计将他全家都流放到了西伯利亚。至此，缅什科夫的仕途也走到了尽头。

彼得二世身边的大臣们善弄权术，不想培养他做帝王的能力，而是放任他纵情玩乐，让他把时间和精力都用在了打猎和其他体育项目上。1730年1月，年仅15岁的彼得二世感染天花后驾崩。人们推测，他是因为疲劳过度才导致身体虚弱，从而增加了感染天花的风险。

尽管彼得大帝和叶卡捷琳娜一世曾凭借专制权力下诏更改了传统的皇位继承法，但彼得二世驾崩后，帝国元老院和各大贵族还是冒险放弃了他们之前确立的皇位继承顺序。由于彼得大帝已没有男性子嗣，按照叶卡捷琳娜一世的意思，彼得大帝长女的儿子荷尔斯泰因（Holstein）公爵可以继承皇位。但出于政治考虑，俄国人选择了彼得大帝同父异母的兄长伊凡五世的次女库尔兰女公爵安娜（Anne），而将安娜仍在世的姐姐梅克伦堡公爵夫人排除在外，因为她与神圣罗马帝国的一个王室有盟约关系。

1735年，俄罗斯帝国与奥斯曼帝国关系破裂，一方面是因为自《普鲁特和约》签订以来，两大帝国一直相互忌妒；另一方面是因为俄国不断受到克里米亚汗国鞑靼人的侵扰，而当时的克里米亚汗国是奥斯曼帝国的附属国。一支俄军攻入克里米亚后，洗劫了部分地区，杀了许多鞑靼人，但由于过于冒进而给养又没有及时跟上，结果在损失了近1万人的兵力之后，被迫撤退回国。这次失利并没有让俄国气馁。1736年，俄国又派马尼克（Munich）元帅率领一支军队挺进乌克兰，同时派拉西（Lascy）率领另一支军队前往攻打亚速。两位将军均大获全胜：鞑靼人被彻底击败，亚速城再次被俄国人夺回。第三次战役发生于1737年，当时俄军还得到了一支奥地利军队的支援。马尼克元帅率军围攻奥恰科夫（Otchakov），奥恰科夫守军投降；拉西则灭掉了克里米亚汗国的军队。然而，两支军队都没有获得实际利益，奥地利和俄国将军之间还起了争执。1739年，马尼克元帅率领一支庞大的军队越过布格河（Boug），在斯塔武恰内（Stavutshain）附近的一场激战中击败奥斯曼军队，占领了摩尔达维亚（Moldavia）首府雅西（Jassy），并控制了整个地区。俄军的节节胜利迫使奥斯曼帝国提出了和谈请求。然而，在1739年底签署和约时，也许是受了奥地利阴谋诡计的影响，俄国再次让出了亚速城和摩尔达维亚地区，只获得了在顿河上建造防御要塞的权利。

安娜一世在中欧争夺战的过程中做出了关键性的决定，这也让后人记住了她的名字。她联合神圣罗马帝国皇帝查理六世（Charles VI），挫败了法国扶持斯坦尼斯劳斯（Stanislaus）登上波兰王位的计划，帮助其竞争对手萨克森（Saxony）选帝侯奥古斯特（Augustus）争得了波兰王位。然而，安娜一世的主要功绩是建立了丝绸和羊毛制造业，促进了俄国的商业发展。她做的最荒唐的一件事是建造了一座冰宫，并让手下的一位加利津亲王和夫人到那里过新婚之夜。所有家具——包括婚床，以及4门礼炮都是用这种冰冷的材料做成的。

安娜一世在位10年，于1740年驾崩。紧接着，她不满一岁的姨外孙伊凡六世（Ivan VI）继承了皇位。伊凡六世的母亲是梅克伦堡的安娜，父亲是不伦瑞克的安东尼·乌尔里希（Anthony Ulric）亲王。梅克伦堡的安娜与丈夫因伊凡六世年幼而成了摄政王，但他们的执政引发了本国及欧洲一些大国的不满，尽管他们带领俄国战胜了瑞典。1709年出生的伊丽莎白·彼得罗芙娜（Elizabeth Petrowna）是彼得大帝与叶卡捷琳娜一世的女儿。1741年12月，她在军方的支持下发动政变，夺取了皇位。

梅克伦堡的安娜和丈夫及儿子都被囚禁起来，不久她和丈夫被流放到德维纳河（Dwina）入海口的一座小岛上——德维纳河最终流入白海。1747年，梅克伦堡的安娜在那里难产而死。伊凡六世先是被关在奥拉宁堡（Oranienburg）的一个修道院里，逃跑未遂后，又被转移到施卢塞尔堡（Schlusselburg），之后被残忍杀害。

伊丽莎白一世即位后，于梅克伦堡的安娜短暂摄政时期爆发的俄瑞战争仍在继续，俄国人一路高歌猛进，大获全胜。俄军占领了阿博（Abo），控制了芬兰的大部分地区。最终，在进行了一系列和瑞典王位继承问题有关的谈判之后，俄瑞两国于1743年达成了一项和平协议，条件是伊丽莎白一世必须答应归还所占领的芬兰领土。然而，在帝国的东部边境，俄军战事就没那么顺利了，彼得大帝从波斯国王手中夺取的几个省份又均被纳迪尔·库利（Nadir Kouli）可汗收复了。

伊丽莎白一世即位后不久，便决定挑选自己的皇位继承人，最终选择了荷尔斯泰因-戈托普公爵和彼得大帝次女安娜所生的儿子查理·彼得·乌里克（Charles Peter Ulric）。被选为皇储的查理·彼得·乌里克随即来到俄国，加入了希腊教会，受封为俄罗斯大公，成了帝国皇位继承人。

随后，伊丽莎白一世便开始积极参与欧洲的政治活动。神圣罗马帝国皇帝查理六世驾崩后，他的女儿匈牙利女王玛丽亚·特

摩尔达维亚印象

蕾莎（Maria Theresa）就开始任由进取心极强的普鲁士国王腓特烈大帝（Frederick the Great）摆布了。腓特烈大帝从奥地利王室手中夺取了西里西亚省，挑起了"七年战争"。后来，一个代表公主玛丽亚·特蕾莎发声的强大同盟站了出来，但同盟成员更多的是对腓特烈大帝的军事扩张不满，而非真正同情她的处境。腓特烈大帝说话口无遮拦，曾写诗讽刺路易十五（Louis XV）强势且报复心重的情妇蓬帕杜（Pompadour）夫人，致使路易十五转而支持奥地利王室。值得一提的是，同样是因为这样的小事，腓特烈大帝也遭到了伊丽莎白一世的报复。腓特烈大帝曾对伊丽莎白一世的母亲发表过一些难听却不失客观的评价，结果致使俄国向其开战。两国成为仇敌，战争也异常惨烈。在一次战斗结束后，还能看到两国受伤的士兵抱在一起，即使快要没命了，还在用嘴撕咬对方。马尼克元帅在向伊丽莎白一世汇报战况时称，这是以损失一半兵力为代价换来的胜利，"再获得一次这样的胜利，我就只能独自走到圣彼得堡来向陛下汇报了"。然而，伊丽莎白一世执意要将仗打下去。1762年1月5日，就在俄军快要击败腓特烈大帝，并占领其领土时，伊丽莎白一世却突然驾崩。伊丽莎白一世在位21年，享年53岁。

伊丽莎白一世在建筑方面的品位为圣彼得堡的建筑风格增色不少。她还在圣彼得堡设立了绘画雕塑学院。然而，伊丽莎白一世是一个典型的伪善者。她装出人道主义者的姿态，废除了死刑，假惺惺地对在俄普战争中伤亡的将士表达哀痛之情，却私下里设立星室法庭——在那里根本没有正义和仁慈可言。她两面性的人格在对贝斯特切夫（Bestucheff）伯爵夫人和拉普金（Lapookin）伯爵夫人残忍的惩罚中体现得淋漓尽致。她们仅仅因为泄露了一些有关女皇私情的秘密，就被公开鞭笞并割掉了舌头。

伊丽莎白一世驾崩后，她的外甥查理·彼得·乌里克继承皇位，史称彼得三世。彼得三世对普鲁士国王腓特烈大帝充满了崇拜之情，登基伊始便立即同普鲁士讲和，并把腓特烈大帝当作自己为人处世的榜样，在做事原则和具体行为上似乎一直在效仿他。比如，他颁布了数项明智的法令，取缔了为审查政治罪犯而专门设置的秘密委员会，放宽了军队的纪律，给了贵族出国旅行的自由，下调了利沃尼亚港的关税，降低了食盐的价格，通过设立贷款银行减轻了人们还高利贷的压力，还采取了其他一些有益的措施。他甚至改掉了自己那些在俄国并不受人们待见的癖好，但据说他想要在俄国进行一场大刀阔斧的改革，废掉一些连彼得大帝都不敢触碰的规矩。比如，试图剪掉神职人员庄严的大胡子，废除一些早已深入人心、广为流行的军事仪式。然而，他优柔寡断，性格非常软弱，根本没有自己的主见，只会盲目听从身边那些不停教唆他的人的意见。此外，他举手投足间都散发着普鲁士人的气质，这在俄罗斯贵族眼中简直就是一种犯罪。他主要的娱乐消遣就是玩木偶军事游戏，他并不想主动了解俄国、俄国人民及他们的习俗。据说，他完全听信身边人的谗言，认为俄国人都是智障者和野兽，不值得去关注和了解，只需按照普鲁士军队的纪律把他们训练成战斗机器即可。这种思想一直支配着他的整个行为，为后来其政权的覆灭埋下了祸患的种子。

1745年，彼得三世迎娶了神圣罗马帝国安哈尔特–采尔布斯特（Anhalt-Zerbst）公国的索菲娅公主。索菲娅公主出生于1729年，也就是后来的叶卡捷琳娜二世。除上述明显的缺点之外，彼得三世还沉溺于下层社会中令人不齿的荒淫行为，而叶卡捷琳娜二世即便在婚前也并不太守贞洁。因此，二人成婚后彼此不忠的情况时有发生，并且每次他们都会互相指责。屡屡受到丈夫的冷暴力后，叶卡捷琳娜二世行事变得更加肆无忌惮，而彼得三世对此也视而不见——人们认为他一定是疯了。叶卡捷琳娜二世既有才华又有野心，总在想方设法赢得臣民的拥护。她经常和许多重要贵族在一起聚会，慢慢地将反对彼得三世的朝臣都聚拢到了自己身边。她虽然城府颇深，但深得公众尊敬和爱戴。这让彼得三世对她和他们的儿子充满了厌恶之情。彼得三世深爱自己的情妇，于是决定先与叶卡捷琳娜二世离婚并将她监禁起来，然后再将情妇沃伦佐（Woronzow）伯爵夫人立为皇后。叶卡捷琳娜二世发现危险后，很快对形势做出了判断：要么自己被永久监禁，甚至面临被秘密处死的命运；要么自己主动出击，将丈夫赶下皇位。于是，智慧彻底战胜了愚笨，她立即采取果断措施，仅用3天时间就取得了政变的胜利。彼得三世被捕，随后被关进了离圣彼得堡20英里的罗普沙宫（Ropscha）。但仍有许多臣民不满意这种新的国家秩序，认为只要彼得三世还活着，国家就不会安宁。因此，皇后虽然没有正式下诏，却默许彼得三世的宠臣阿列克谢·奥拉夫（Alexis Orlaff）亲王将其秘密杀害。1762年7月，倒霉的彼得三世在登上帝国皇位仅6个月后便遭暗杀，终年34岁。次月，他的皇后庄严地登上了沙皇宝座，史称叶卡捷琳娜二世。

叶卡捷琳娜二世是俄国历史上功绩最显赫的一位君主。即位之初，她通过干涉波兰内政引发了波兰内战。最终，俄国入侵并征服波兰，又瓜分了其部分领土。1769年，土耳其向俄国宣战。土耳其军队一开始占据有利形势，但在德涅斯特河（Dniester）惨败后被迫放弃了乔克津（Choczim）。在此期间，著名的切斯梅（Tchesme）战役爆发了，土耳其舰队全军覆没。这次胜利主要归功于几位在俄军服役的英格兰将领的杰出指挥，他们是埃尔芬斯通（Elphinstone）上将、格雷格（Greig）上将和达格代尔（Dugdale）上尉。

在随后的一场战役中，俄军攻破了由将近6万名土耳其人和鞑靼人防守的佩雷科普（Perecop）防线，从土耳其人手中夺取了地理位置重要且富饶的克里米亚半岛。此时，鲁缅采夫（Rumyantsev）在多瑙河流域也取得了几场胜利。然而，获得这些胜利所付出的代价也是巨大的。俄土交战之际，瘟疫也从土耳其军队传入了俄军，俄军又将瘟疫带回了都城莫斯科，造成了莫斯科每天800多人死亡的惨状。随着寒冬来临，疫情才逐渐平息。

也是在这个时期，定居在阿斯特拉罕北部、伏尔加河大草原一带长达半个世纪的50多万名卡尔梅克（Calmuck）蒙古人（我们在第一章中曾提到过）突然决定要离开俄国的领土，返回他们在大清帝国边境的老家。据说，这些蒙古人是受了叶卡捷琳娜二世的侮辱后，才有了这次异乎寻常的大逃亡。

几次谈判均告失败后，1773年俄土两国再次开战。最终，鲁缅采夫率领的俄军大获全胜，但也付出了惨重代价。1774年，两国签订了和约。和约规定：俄国享有黑海的自由航行权；基尔本（Kilburne）、埃尼卡莱（Enikaleh）、亚速海的港口城市塔甘罗格（Taganrog）及布格河与第聂伯河之间的一大片土地割让给俄国；俄国占领的其他土地还给土耳其；土耳其向俄国支付400万卢布的战争赔款；双方承认克里米亚的独立地位。1784年，克里米亚与塔曼岛（Taman），以及高加索的库班（Kouban）部分地区一道并入了俄国版图。不久之后，叶卡捷琳娜二世及北方各国君主因嫉妒英国强大的海上实力，与法国联合起来，计

卡尔梅克祭献

划共同对抗英国。后来发生的一件十分离奇的事加速了这次计划的实施。英国大臣发现他们准备实施该计划后，便委托波将金（Potemkin）将该大臣起草的一份请愿书呈递给女皇，波将金答应了下来。但波将金外甥女的法语家庭教师设法将这封信弄到了手，并让法国大臣在页边空白处写了反驳的批注后，又悄悄放回了波将金的口袋里。对此毫不知情的波将金将请愿书呈递给了女皇。叶卡捷琳娜二世以为那些批注就是她这位宠臣的意思，于是立即与瑞典和丹麦结盟，并答应出动俄国海军支持盟军的行动。

1787年，叶卡捷琳娜二世在波将金的陪同下，率领一支庞大的队伍浩浩荡荡地进驻克里米亚。1788年，俄国再次对土耳其发动战争。不久，瑞典国王古斯塔夫斯三世（Gustavus III）乘机率军进犯俄国，不过此举没有产生实质性的结果。1790年，俄瑞两国签署了一份和约。同年年底，伊斯梅尔（Ismail）在苏瓦罗（Suwarrow）的第九次进攻中失陷，君士坦丁堡迫于俄国强大的军事实力，于12月22日宣布停战。在这个紧要关头，西欧列强组成联军前来援助，使土耳其避免了亡国的命运。1791年，俄国被迫放弃侵占土耳其的领土，但1784年条约中规定的领土仍归俄国所有。据统计，截至本书写作的当下，俄国与土耳其之间的战争造成了70万人死亡，其中奥地利人13万，土耳其人37万，俄国人20万。

大约也是在这个时期，俄国和奥地利、普鲁士开始了瓜分波兰的阴谋。战争持续了好几年，以两次华沙围攻战告终。在第一次围攻战中，科希丘什科（Kosciusko）被俘；在第二次围攻战中，波兰人在失去科希丘什科指挥的情况下遭到敌军的猛攻，而后战败。1794年11月9日，波兰作为一个国家覆灭。1795年，波兰剩余部分遭到了第三次瓜分——俄国的领土西扩至维斯瓦河。1796年11月17日，叶卡捷琳娜二世在其统治的第35年驾崩，享年68岁。俄国向达吉斯坦（Daghestan）和里海沿岸扩张的计划也由此搁置。

叶卡捷琳娜二世当政后，高效合理地行使了君主权力。她的治国才能为世人公认，尽管她将主要精力放在对外扩张上，但并没有忽视帝国内政。在所有问题上，她都比前任沙皇更有远见。在她当政期间，有将近7000名儿童在圣彼得堡接受了公费教育。叶卡捷琳娜二世会见过帕拉斯（Pallas）、欧拉（Euler）和格梅林（Gmelin），亲自考察各地的风土人情，还邀请达朗贝尔（D'Alembert）担任孙子亚历山大大公的家庭教师，但遭到了拒绝。她同意废除国家秘密刑侦衙门，通过将帝国学院分为不同科系，来促进其发展，同时使各科系的管理更加高效。她支持创办学校，大搞城镇建设，大力吸引外国的各种能工巧匠前来俄国定居，并鼓励他们在俄国设计规划和修建完成同样宏伟实用的公共建筑和设施。为了遏制腐败，她提高了官员的俸禄，废除了许多皇室特权。她还颁布了一项法令，禁止地主将农奴送往矿山或帝国的偏远地区，除非是发展农业所需。然而，她的婚外情摧毁了她作为女性的名声，她对波兰的强取豪夺也破坏了她作为君主的美名。尽管如此，不守妇道和虎狼之心并不能完全抹杀叶卡捷琳娜二世的历史功绩。正如前文所述，她在内政方面既追求高远，又力求实用；她在追求物质和精神享受的同时，也会抽出时间学习文学和写作。事实上，她本人就起草了许多法令，并将其翻译成了德语；她还创作了几部戏剧及几本对儿童进行道德启蒙的故事书。叶卡捷琳娜二世自年轻时就风姿绰约，直到生命尽头，她身上都没有完全失去年轻时的风韵。她赢得了许多法国哲学家的赞美，与伏尔泰和达朗贝尔保持着书信联系；她还向英国伟大的演说家查尔斯·詹姆斯·福克斯（Charles James Fox）要了一尊他的半身像，供在了德摩斯梯尼（Demosthenes）和西塞罗（Cicero）的中间。彼得三世被害后，人们发现腓特烈大帝在写给他的几封信中强烈建议他做出改变，感觉完全是在为被他抛弃的皇后发声。这些信让叶卡捷琳娜二世在执政期间处理内政时非常重视俄国的国情。出于政治目的，她采取了非常宽容的宗教政策；作为一名慷慨的女皇，她对手下效忠之人总是给予丰厚的报酬。尽管她在位期间也犯过许多无法原谅的罪行，但她对俄国文明发展的贡献超过了之前的所有沙皇。

叶卡捷琳娜二世的儿子保罗大公继承了她的皇位，史称保罗一世（Paul I）。保罗一世在叶卡捷琳娜二世驾崩之后登上皇位时已经42岁了。多年来，保罗一世一直过着隐居的生活。显然，叶卡捷琳娜二世认为他没有能力管理国家事务。众所周知，叶卡捷琳娜二世一直把他排斥在治国理政的权力圈外，因此他对帝国的所有事务可以说是一无所知。然而，就在女皇母亲驾崩的第二天，保罗一世就在全国人民的欢呼声中登上了圣彼得堡的沙皇宝座。

在加冕礼上，保罗一世颁布了一项皇位继承法。该继承法规定，皇位先由男性继承，然后才轮到女性继承，而不能由在位沙皇任意指定。这位新沙皇做的第一件事就是将他父亲彼得三世的遗骸从圣亚历山大涅夫斯基教堂（St. Alexander Nevski）移出，让民众瞻仰3个星期后，将其迁入圣彼得和圣保罗大教堂，与叶卡捷琳娜二世安葬到一起。怀着对朋友无比敬重的心情，保罗一世释放了1794年战败以来一直饱受牢狱之苦的科希丘什科。

1798年之前，保罗一世统治下的俄国几乎没有发生过什么重要的政治事件。1798年，俄国和得到英国资助的神圣罗马帝国签署了一项反法盟约，陆军元帅苏沃洛夫（Suwarrow）率领一支约5万人的俄军进入奥属北意大利，参与了抗击法国的战斗。1799年6月22日，保罗一世在圣彼得堡与英国签订了一份攻守同盟条约。随后，一支俄国舰队开赴英国，在雅茅斯（Yarmouth）与英国舰队会师，当年夏天就开始了赴荷兰作战的艰难征程。

此后不久，保罗一世开始表现出精神错乱的迹象。他对一些功绩卓著的大臣和支持者时而恩宠有加，时而大发雷霆。对被废黜的波兰国王斯坦尼斯瓦夫（Stanislaus）也是时而仁慈，时而严厉。据说，苏沃洛夫元帅一再遭到沙皇贬谪，这种不公正的待遇让他一度心灰意冷，伤心欲绝。然而，保罗一世后来在圣彼得堡的广场上竖立了一座巨大的铜像来纪念苏沃洛夫。每当在广场上检阅部队时，他常常命令队列在经过铜像时行注目礼。

俄军与法军交战时的失败，以及俄国和奥地利盟军将领之间在作战思想上的分歧，似乎都对保罗一世的思想产生了极大影响。与此同时，拿破仑也已从埃及战场返回了法国，并当选为法兰西共和国第一执政。拿破仑当政后立即释放了1万名俄国战俘，并给他们提供了新制服和远行的所有必需品，将他们遣送回了俄国，同时给沙皇保罗一世呈递了一封表示友好的书信。保罗一世还不至于头脑不清到不知好歹，他很欣赏拿破仑博大的胸襟，事实也确实如此。从一开始坚持针锋相对的敌人到现在保持友好通信的朋友，保罗一世成了拿破仑狂热崇拜者中的一员。他下令对所有停泊在俄国港口的英国船实施禁运，并劝说瑞典、丹麦和普鲁士加入北方武装联盟，共同抵御英国的入侵。此举大大侵犯了俄国商人的利益——他们更愿意与英国而非与

接受沙皇检阅的俄国士兵

法国结盟。

后来，保罗一世变得越来越古怪，他的一些做法也很令人不解。他曾下令禁止人们使用鞋带和戴圆帽。他脑子里经常会出现一些十分怪异的念头，最疯狂的莫过于要求将整个帝国的岗楼、门楼和桥梁等建筑都涂上最艳俗的颜色。许多贵族对保罗一世层出不穷的愚蠢念头和行为深恶痛绝，最终结成同盟，意欲废黜保罗一世，以免国家走向灭亡。为了达到这一目的，他们启用了叶卡捷琳娜二世的最后一位宠臣柏拉图·祖波夫（Plato Zuboff）。柏拉图·祖波夫在保罗一世那里非但没有得宠，反倒遭到了羞辱，并且被逐出了宫廷。为了洗刷这份耻辱，祖波夫酝酿了一套刺杀沙皇的计划。他千方百计地讨好保罗一世，取得了他的信任，同时与贵族保持着密切的联系，以便稳妥地实施刺杀计划。1801年3月22日晚，刺客按既定计划潜入皇宫。保罗一世通常都睡在皇后寝室隔壁的房间里，但与往常不同的是，那晚他在深情地亲吻了家人后，又去视察了站岗的哨兵，然后才回房休息。参与刺杀计划的军官将宫门口的守卫换成了自己人，以便刺客们轻而易举地潜入皇宫，来到沙皇的寝室门口。不过，他的寝室门口还有一个无法被换掉的火枪手在把守。祖波夫上前挥刀将这名火枪手砍倒在地。倒霉的保罗一世从睡梦中惊醒，等到刺客们冲入房间时，他已从卧榻上跳了起来。他一开始还拼命往椅子和桌子后面躲，随后又摆出皇帝的架子来，命令他们赶快投降。但当刺客们杀气腾腾向他逼近时，他转而恳求他们饶他一命，并承诺愿意接受他们提出的任何条件。看到恳求无果后，保罗一世拼命冲向窗口，但被刺客们拉了回来，手也被划破了；他顺手操起一把椅子砸倒了一名刺客。皇后被隔壁的打斗声吵醒，如果不是有人低声提醒她保持安静，她就会大声呼救，还可能因此送命。保罗一世拼死反抗时，一名刺客一拳打在了他的太阳穴上，将他击昏在地。刚苏醒过来，他就再次向刺客求饶。一名刺客解下腰带，在毫无还手之力的沙皇的脖子上缠了两圈，自己抓紧一头，将另一头递给了祖波夫。就这样，他们勒死了保罗一世。惊心动魄的刺杀完成后，刺客们若无其事地返回了各自家中。

第二天一大早，保罗一世突发中风驾崩、亚历山大大公继承皇位的消息便传遍了圣彼得堡。帝国的主要贵族和官员齐聚宫廷，庄严宣告亚历山大大公为俄罗斯帝国的新皇帝。就像谋杀彼得三世事件一样，刺杀保罗一世的人非但没有受到惩罚，反倒得到了诸多奖赏。至于保罗一世的儿子们对整个刺杀计划有多了解，我们不得而知。不过，一般认为他们其实是知道并默许的，因为他们一直以为父亲会把他们囚禁到一座堡垒里。刺杀当晚还发生了一件重要的事情——纳尔逊（Nelson）率领英国舰队驶向波罗的海，准备进攻哥本哈根。

即位当天，亚历山大一世就骑着马出现在巡游队伍中，受到俄军将士的热烈拥护。1801年9月，他在莫斯科举行了盛大的加冕礼。亚历山大一世登基时24岁，因平易近人而立即赢得了所有臣民的尊敬和爱戴。他采取的第一项措施、他的公开演讲及他最早颁布的敕令，都是为了赢得民心，希望臣民们能支持他坐稳祖先留给他的沙皇宝座。同年，他召回了被流放到西伯利亚的大臣，取消了保罗一世恢复的国家秘密刑侦衙门，并改组了元老院。1804年，他还下令建立了哈尔科夫大学（University of Kharkoff），解放了犹太人。

亚历山大一世似乎渴望增进与邻国的友好关系，特别是与英国的友好关系。先皇保罗一世除了实施其他各种计划，还曾设法当选为马耳他骑士团（Knights of Malta）大团长，并宣称对该岛拥有主权，这几乎导致了英俄两国关系的破裂。亚历山大一世虽然也表示希望通过自由选举的方式被选为马耳他骑士团大团长，但最终还是同意放弃对该岛的主权。

正如前文所述，同一时期的北方列强已经结盟，共同反对英国对海洋权的主张。但由于哥本哈根对局势的肆意挑衅，以及英国王室的激烈干预，尤其是俄国的积极斡旋，北方各国与英国的关系重归于好，沙皇也对停泊在俄国港口的英国船只解除了禁运令，而俄国和瑞典之间也达成了一项长达12年的有关商贸与航海的友好条约。该条约中最引人注目的内容是，俄国承认北方同盟的地位，这似乎也在表明俄国与英国的友好关系将会出现微妙的变化。

1802年3月25日，卷入战争的欧洲各交战国在阿米库斯（Amicus）签署了一份和约。其中的一项条款明确规定，地中海的马耳他岛、戈佐岛（Gozo）和科米诺岛（Comino）都应恢复为耶路撒冷的圣约翰骑士团所有，这些岛屿的安全由法国、英国、奥地利、西班牙、俄国和普鲁士共同保护。不过，该条约缔结后没过多久，各缔约国就在马耳他的主权问题上产生了分歧。第一次亲自出现在欧洲列强俱乐部中的俄国沙皇于1802年6月在梅默尔与普鲁士国王进行了会晤，坚持主张将骑士团交给那不勒斯，否则俄国将不再遵守保护骑士团的承诺，并将俄国的修道院从骑士团中撤离。而英国直接违反了上述和约，其军队长期占领着马耳他岛。这也是英国及其盟国与拿破仑之间再次爆发战争的重要原因之一，这次战争也给欧洲造成了短期内无法愈合的创伤。

法国在德意志各邦国内为所欲为，还试图入侵波罗的海，拥有那里的制海权。这些都让亚历山大一世十分嫉妒。1803年，亚历山大一世曾试图调解英法两国之间的矛盾，但没起到作用。两国都试

图把俄国拉入自己的阵营。最终，俄国选择了与英国为伍。1805年
4月11日，英俄两国达成共识，签署了一份盟约，之后奥地利也加入
其中。英、俄、奥三国政府决定采取最高效的方式组成一个欧洲首
脑同盟，共同对抗法国。该同盟表面上的目标是将法军赶出汉诺威
（Hanover，当时隶属于英国王室）和德意志北部地区、支持荷兰共和国和瑞士
共和国独立、在皮埃蒙特（Piedmont）重建萨丁尼亚王国（Sardinia，首先攻
打法国的王国）、保证那不勒斯国王的安全、将法军彻底赶出包括厄尔巴
岛在内的意大利，但其实际目的是要推翻拿破仑这位民选皇帝，按照
"君权神授"的名义恢复波旁王朝的统治，从而彻底阻断自由原则的
传播。为了实现欧洲首脑同盟的这一伟大目标，有人提议组建一支40
万人的大军。按照规定，这支军队应该由各缔约国按比例出兵共同
组成，而英国除了承担征募、训练士兵所需的一大笔费用，还需负
责按每10万人的兵力付600多万美元的标准为这支军队提供必要的
军事补贴。

也就是在这个时候，法国为了防止热那亚被英国舰队袭击，便
率先占领了该地。很快，这一消息就传到了欧洲其他国家的君主那
里，引起了他们的强烈不满。亚历山大一世被拿破仑的这一举动彻底
激怒，于是立即召回了驻法国的俄国大使，仿佛发出了俄国与奥地利
共同反对法国的信号。拿破仑深知英国政府及其贵族是反法同盟背
后的主谋，于是在布洛涅（Boulogne）集结了大量兵力和军事装备，准
备向英国进攻。但当听说亚历山大一世正率领5万人的俄军迅速向奥
地利皇帝弗朗茨（Francis）率领的奥地利军队靠近，准备秘密进攻法国
后，拿破仑便改变主意，决定率先进入敌国与敌军交战。1805年12月
2日，拿破仑率领法军以惊人的速度穿过了法德边界，在奥斯特利茨

（Austerlitz）平原上与俄奥联军的精锐部队展开了一场决战，并大获全胜。俄奥联军在向湖对岸撤退的过程中，遭到了法国人的炮击。湖面冰层被炮火击碎，致使大量联军将士溺水而亡。高地上的两位皇帝看到联军精锐部队被彻底击溃后，心痛不已。不久，亚历山大一世率残兵返回了圣彼得堡。 当这场决战惨败的消息传到英国时，英国首相皮特[1]说："欧洲的版图短期内不会改变了。"不久，皮特便因懊恼而病情加重，离开了人世。

反法联军的惨败结束了俄法两国的敌对关系。1806年，两国签署了一份盟约。不过，亚历山大一世决定再次努力从拿破仑那里争取到更好的和约条件。俄国驻巴黎大使德乌布里勒（D'Oubril）匆忙同法国草签了一份和平条约。但当亚历山大一世将这份和约提交给枢密院审阅后，却发现里面的某些条款似乎严重损害了俄国的利益。于是，亚历山大一世拒绝在和约上签字。但他同时表示，在不损害沙皇尊严和帝国利益的前提下，他愿与法国展开新一轮的和平谈判。然而，英国政府使用计谋破坏了这次和谈，致使两国准备再次开战。

与此同时，普鲁士国王在英国和奥地利的劝说下，也准备全力反对日益强大的法国。他在魏玛（Weimar）和耶拿（Jena）附近集结了一支20万人的军队，而法军此时正集结在弗朗科尼亚（Franconia）和萨克森边境。结果是，法军一如既往地取得了压倒性胜利。普鲁士军队在耶拿被拿破仑彻底击败，而同一天在奥尔施塔特（Aurstadt）发生的一场决定性战役中，法军以少胜多，击败了普鲁士军队。当时，达沃斯特

---

① 即小威廉·皮特（William Pitt the Younger, 1759—1806）。——译者注

(Davoust) 元帅率领的法军在兵力上完全处于劣势，而普鲁士军队除了有大量步兵和炮兵，还有由普鲁士亲王率领的4万名精锐骑兵。尽管如此，他们还是被法军彻底打垮了。在这两场战役中，普鲁士军队约有2万人伤亡，超3万人被俘，剩余的残兵败将则向柏林方向仓皇溃逃。1806年10月27日，拿破仑率军攻陷柏林。

就在法军战胜普鲁士军队的同时，俄军进入了普属波兰。本宁森 (Benningsen) 将军原本率军在华沙驻扎，但不久后的11月28日，缪拉 (Murat) 率领的法军攻入华沙后，本宁森被迫率军撤离。在几次小规模的战斗中，普鲁士人均被击败。随后，一场惨烈的大战在距华沙大约60英里的奥斯特拉伦卡 (Ostralenka) 打响。战斗共持续了3天，双方均损失惨重，而相比之下法国情况略好。12月26日，俄军在普乌图斯克 (Pultusk) 击败法军，1806年的战役就此结束。

1807年2月7日到8日，一场血腥的战役在埃劳 (Eylau) 上演，拿破仑也亲率法兰西帝国卫队参与其中。交战期间，双方各有三次胜负。最终，本宁森在突袭康宁斯堡 (Koningsberg) 后决定了战局。战斗中，拿破仑在一个教堂观察敌情时，一支哥萨克人组成的小分队冲进城里的街道，要不是法国龙骑兵及时将他们打散，拿破仑就被他们俘房了。8日晚上，1.5万名普鲁士士兵赶来增援本宁森，他们还想在第三天继续战斗。但在随后的军事会议上，俄军总司令认为尽管盟军目前在兵力上占优势，但此时撤退还是明智的。

随后，法军在斯潘登 (Spanden)、拉米滕 (Lamitten)、古特达德 (Guttdatsd) 和海尔斯堡 (Heilsberg) 的几次战役中都大获全胜。1807年5月28日，法军攻占了但泽 (Dantzic)。6月14日，大批俄军在拿破仑行军必经的弗里德兰 (Friedland) 大桥附近准备伏击敌人，尽管做了十分周密的部署，但最终还是被法军打得溃不成军。法国人当着他们的面顺利渡过了大桥。此役过后，法国占领了康宁斯堡及周边所有地区，苏尔特（Soult）元帅成功进驻这座城市。法国入侵德意志的战役就此结束，而俄国在此次战役中损失了至少3万名精兵。

反法联军在普鲁士和波兰战场上的失利，让和平变得几乎不可能实现。亚历山大一世发现，他不得不与曾经击败过自己的法国人和谈，至少要在表面上表达希望两国友好的愿望。普鲁士将军已向蒂尔西特（Tilsit）附近的伯格（Berg）大公提出停战提议。弗里德兰战役之后，同样为了实现和平，俄国的拉巴诺夫（Labanoff）亲王同纳沙泰尔（Neufchatel）亲王举行了一次会谈。不久之后，法俄两国就缔结了停战协定。1807年6月25日，两国皇帝在尼门河（Niemen）中央一个专门搭建起来的漂亮的亭子里举行了友好会晤。这次会晤后，7月7日和12日，法国皇帝分别与俄国沙皇及普鲁士国王签署了著名的《蒂尔西特条约》（*Treaty of Tilsit*）。

根据该条约的规定，亚历山大一世成了拿破仑的盟友，同时承认拿破仑的兄弟分别为那不勒斯、荷兰和威斯特伐利亚的国王。亚历山大一世正式承认了莱茵联邦的地位，并承诺会承认今后任何加入该联邦成员国的主权。他还声明，俄国方面会立即停止对奥斯曼帝国的敌对行动，并且负责调解英法两国之间的矛盾。英国政府拒绝了俄国的调解，除非俄国向其详细说明《蒂尔西特条约》的条款，并且这些条款与其所主张的波罗的海自由通航及英国货物自由进入欧洲大陆的权利不相冲突。英国拒绝调解的态度切断了俄英两国的关系，同时进一步促进了俄法的同盟关系。于是，高尔勋爵（Lord Gower）在接替道格拉斯侯爵（Marquis of Douglas）出任英国驻俄国大使后，收到了俄国政府的公文。公文中暗示，作为英国大使，他将不会再受到俄国政府的接待。因此，他不久后便辞职了。

这时，俄国对其国内港口的所有英国船实施了禁运政策；拿破仑和亚历山大一世还强烈建议瑞典放弃与英国的盟友关系。俄国之所以向英国宣战，还因为英国再次轰炸了哥本哈根，以及一支英国部队在港口扣押了丹麦舰队。实际上，高尔勋爵曾试图为英国的这些行为给出合理解释，即英国预料到，即使英国没有这样做，法国也会采取同样的行动。看到一个中立国遭到如此不公正和无耻的侵略后，亚历山大一世用尽可能克制的言辞表达了他的愤慨。一支庞大的俄国舰队旋即加入了法国舰队，但这支联合舰队受到了实力更强大的英国舰队的封锁，只得被迫在塔古斯河（Tagus）上寻求庇护。还有一支由15艘战舰组成的俄法联军从地中海航行到的里雅斯特湾时，也遭遇了同样的命运。事实上，俄英之间的敌对关系是两国贸易中断的主要原因。

1808年2月10日，亚历山大一世在圣彼得堡发表了一份声明，正式重申了法俄两国对瑞典的一致要求。在这份声明中，亚历山大一世向瑞典国王发出暗示：他准备派军入侵瑞典，但如果瑞典愿意立即加入俄国和丹麦的阵营、封锁波罗的海、共同对抗英国，他就会考虑把即将采取的入侵行动改为预防措施，最终实现海上和平。亚历山大一世还声称：对他而言，没有比俄瑞两国关系破裂更让他感到痛苦的事情了；其实瑞典国王还有机会和能力避免这种事情发生，他可以毫不犹豫地选择加入俄国阵营——也只有采取这条路线，俄瑞两国才能保持密切的关系。然而，瑞典国王决定继续坚持他一直以来奉行的政策，并声称他不会违背不久前与英王缔结的条约。

鉴于瑞典方面做出了这样的决定，1808年3月初，巴克斯豪登

（Buxhowden）将军率领一支俄军进入了芬兰，然后向被瑞典一个军营占领的赫尔辛福斯（Helsingfors）推进。这支瑞典驻军后来退到了斯瓦尔堡（Swealborg）要塞，英勇顽强地坚守着阵地。4月17日，瑞典守军终因寡不敌众，被迫投降。斯瓦尔堡的失守本身无关紧要，却使瑞典国王大为震怒，并因此罢免了瑞典海军及陆军中那些主张投降的指挥官。俄军很快就占领了几乎整个芬兰，除瓦萨（Vasa）、卡尔比（Carleby）外，还征服了以瓦萨为首府的整个地区。瑞典国王则继续向芬兰派遣援军，但没有为战局带来任何改变——俄军仍占领着芬兰的大部分地区。1809年，整个芬兰被割让给了俄国。

1808年9月27日，法俄两国皇帝在萨克森的埃尔富特（Erfurt）举行了第二次会晤。拿破仑在征服西班牙之前，急于得到亚历山大一世的支持，而此时，英国再次成功组建了反法同盟。其老盟友奥地利率先发难，派遣约翰·摩尔（John Moore）爵士率领一支大军开赴西班牙。

俄国成为法国的盟友，并以盟友的身份参加了由奥地利挑起的战争。但很明显，亚历山大一世这次参战的态度并不积极。对此，拿破仑不会没有察觉。于是，法俄之间的同盟关系开始变得冷淡，而奥地利在瓦格拉姆（Wagram）惨败，被迫与法国结为盟友。

实际上，俄国港口对英国实施禁运的决定极大地阻碍了俄国的商贸发展，也激起了国内大批商人的抱怨。因此，俄国政府只好重新向英国开放港口，条件是英国的商船须悬挂美国国旗方可入港，而法国货物则严禁入港。出于报复，拿破仑占领了德意志北部的主要港口，还吞并了亚历山大一世的近亲奥尔登堡（Oldenburg）公爵的领地。对此，俄国表示强烈抗议。1811年，俄军派出5个师占领了华沙对面的阵地。拿破仑则派遣大批军队对维斯瓦河与奥德河（Oder）的要塞展开了围攻，同时派重兵侵占了瑞典的波美拉尼亚（Pomerania）——瑞典国王卡尔十三世（Charles XIII）仍坚持与英国结盟。

而此时在西班牙与法国人作战的是威灵顿（Wellington）公爵率领的一支强大的英国后备军。战况一天比一天胶着。在拿破仑看来，在西班牙的战争消耗了他的大量财力和兵力，这很可能会影响到他与俄国的战争。不过，他估计，整个法军的总兵力大约有100万人，是完全可以进行双线作战的。此外，他还有莱茵邦联提供的大量后备军队做后盾，而普鲁士和奥地利这两个盟友还能在两翼给他打掩护，确保法军可以全身而退。尽管如此，他还是先通过驻圣彼得堡大使纳博讷（Narbonne）伯爵主动向俄国求和，但该目标未能实现。1812年7月底，拿破仑派出了一支由法国人、普鲁士人、意大利人、波兰人、瑞士人、西班牙人和葡萄牙人组成的约50万人的联军，并给他们配备了1200多门大炮，准备向尼门河与维斯瓦河对岸的俄国发动进攻。

为了应对法国人的入侵，俄国重新与英国结为盟友，还与土耳其达成了停战协议，并从土耳其边境撤回了军队。亚历山大一世还于3月23日颁布了一项法令，在帝国全境按每500人中出两人的比例征兵。俄军兵分三路，占领了从基辅、斯摩棱斯克到里加（Riga）的沿线一带。所有可转移的财产和官方档案早已运回了国内。第一路挺进波兰的俄军驻扎在尼门河沿线至格罗德诺（Grodno）一带。第二路俄军驻扎在霍尼尔（Honiur）附近。第三路俄军则驻扎在西部边境的其他要塞。

俄军的作战计划是：先诱敌深入，避免与敌人发生正面交锋；等敌人远离其军需供应区，在荒凉地区因长途跋涉而疲惫不堪时，俄军则利用该时机迅速集中所有兵力，形成压倒性优势对敌人形成合围。与之相反，拿破仑的作战计划是：先想方设法将俄军拖入正面战，然后将其击败并全部歼灭，最后迅速攻向敌国首都，迫使其求和。不过，拿破仑不仅完全误判了俄军的战略意图，还忽视了一个重要事实，那就是俄军虽然在撤退，但仍掌握着军需资源。

1812年6月6日，拿破仑越过了维斯瓦河；6月23日，他又越过了尼门河，推进至威尔纳（Wilna）。其间，俄军一路撤退。拿破仑在威尔纳停留了18天后，又开始向维捷布斯克（Vitepsk）挺进，而此时俄军已退至斯摩棱斯克。由于长时间长途跋涉，法军将士已疲惫不堪，不得不停下来休整10天，而此时，俄军的两支部队在斯摩棱斯克城墙下胜利会师。拿破仑率军渡过第聂伯河，继续追击俄军，不料俄军开始了反击。拿破仑命其右翼部队急速行军，以切断俄军与莫斯科的联系。8月17日午夜，法军成功占领了斯摩棱斯克城。不过，该城此时已变成一片废墟，军火库已被摧毁，民房也被逃走的居民放火烧毁。

俄军在拿破仑的追击下匆忙撤退。1812年9月1日，在距莫斯科不远的博罗季诺（Borodind），战役打响，法军取得了决定性胜利。战败的俄军心情抑郁，士气低落，继续缓慢向莫斯科方向撤退，并在条件允许的情况下架起大炮回击敌人。俄军把可怜的农奴赶在他们前面，一边撤退一边炸毁身后的桥梁，烧毁经过的每一座城镇，带走或烧毁所有粮食和饲料，不给敌人留下任何给养。法军在一片荒原上追击俄军7天，虽然每次交战都获胜，但从未获得过任何战利品。莫斯科总督罗斯托普钦（Rostopchin）伯爵一边在苦苦劝说居民抓紧时间撤出城，一边还在积极准备火烧莫斯科城。

———

9月14日中午时分，拿破仑在斯潘洛（Sparrow）山顶上看见了莫斯科城内闪闪发光的教堂圆顶和清真寺宣礼塔。他勒马喊道："看！那边就是著名的沙皇都城。"拿破仑静静地凝视了片刻后说道："是时候了！"士兵们都变得欢快起来，认为艰苦的日子就要结束了，期待着能尽快住进舒适的房子，享受荣华富贵的生活。从士兵到将军，所有人都一边高喊着"莫斯科！莫斯科！"一边加快步伐，向他们渴望的莫斯科奔去。但令他们吃惊的是，他们踏进莫斯科城时感受到的是死一般的寂静。震惊之余，拿破仑得到消息称，俄国人已彻底放弃了这座城市。街上只能看到几个从监狱里释放出来的囚犯。他们的任务就是看到法国人进入莫斯科后，纵火烧掉这座城市。他们大多都喝得酩酊大醉，丑态百出。法军士兵则忙着四处寻找食物和住处。许多居民走得太匆忙，没来得及带走个人物品——有女士留在盥洗室里的华美饰品，还有商人留在办公桌抽屉里的信函和金子。

9月15日早晨，拿破仑把司令部迁到克里姆林宫后，立即写信给亚历山大一世，向他提出和谈条件。这一天，法军士兵都忙着在城内寻找落脚的地方。大约有2万名视死如归的莫斯科底层民众，悄悄地从他们的藏身之处溜出来，混进了法国人中。之前总督释放出来的1万名囚犯，正在暗中准备把这座宏伟的都市变成一台巨大的"地狱机器"，以彻底摧毁法军。他们提前在克里姆林宫和其他有可能挤满法军士兵的建筑物下面放置了大量火药。许多暗室和地窖里也都布满了大量炮弹和其他极具破坏性的爆炸装置。莫斯科城内，喷泉全被破坏，自来水管道全被切断，消防车也全被开走。

9月16日午夜时分，莫斯科街头突然传来一声"点火"，爆炸声瞬间便响彻夜空，克里姆林宫东面的上空顿时升起了巨大的烟雾和冲天的火光。巨大的爆炸声中弥漫着死亡与悲壮的气息。接下来的几小时里，整座城市都笼罩在恐怖的阴霾中：到处都是肆虐的火焰，各种爆炸声不绝于耳。偌大的莫斯科城彻底成为一片火海。法军士兵不停地开枪射杀纵火者，用刺刀挑起他们的尸体扔进火堆，但前仆后继的纵火者令他们应接不暇。大火整整烧了两天，一直持续到18日晚上。最后，火势蔓延至克里姆林宫，拿破仑被迫搬到了约3英里外的佩特罗夫斯基（Petrowski）城堡。19日，大火熄灭后，他才搬回克里姆林宫里未受大火影响的地方。

然而，随之而来的街头抢劫所造成的骚乱场面简直令人无法想象。大街上到处都是趁火打劫的士兵、随军伙夫和帮厨。他们冲进空荡荡的宫殿里，抢走了一切可以满足他们贪欲的东西。有的人穿上了昂贵的丝绸和皮草大衣，有的人穿上了华丽的女装，就连干粗活的帮厨也在自己的破衣烂衫外面裹了几层华丽的宫廷礼服。还有的人则拥向酒窖，破门而入后在那里大喝一通，临走时还掠走了大量美酒。这种疯狂的掠夺行为不仅发生在废弃的房屋里，还发生在少数仍有人居住的房屋里。这群贪婪的强盗堪比之前的大火，给莫斯科城造成了无法估量的损失。

在莫斯科逗留了34天之后，拿破仑于10月19日上午开始向卡鲁加（Kalouga）方向撤去。不过，法军撤离时就不像他们进入莫斯科城时那样风光了。哥萨克人一路尾随，不断骚扰他们。法军士兵一旦掉队，就会被他们歼灭。10月24日，缪拉（Murat）在马洛-雅罗斯拉维茨（Malo-Yaroslavitz）战败；11月3日，他在维亚济马（Viasma）再次被击败。11月6日，寒冬突至，气温骤降18摄氏度。即使对俄国人而言，这个冬天也来得格外早。狂风呼啸着掠过荒无人烟的旷野，卷起漫天的雪花打在士兵们身上，让他们无法辨清脚下的道路。有的士兵掉到路边的沟里，随即就被大雪掩埋，就像埋入了坟墓一样。有的士兵衣衫褴褛，忍饥挨饿，在刺骨的寒风中呻吟着向前挪动。面对这种极端的生存条件，军队纪律已经荡然无存，即使是久经沙场的老兵也不再听从长官的命令了。整个法军陷入了无序状态，士兵们疯狂地四处觅食。每当有战马倒下，他们就会冲上去撕抢马肉，然后像狗一样生吞下去。许多待在营火旁的士兵，随着慢慢燃尽的余火，周身渐渐僵硬起来，最终沉沉地睡去，再也没有醒来。成千上万的士兵就这样死去了。

11月9日，拿破仑到达斯摩棱斯克后，开始了短暂的休整，并将所有人马集结到了一起。11月15日，他率领已减至4万人的军队向克拉斯诺伊（Krasnoi）退去。与此同时，俄军指挥官率领着10万人的大军沿另一条路线与法军平行前进，然后突然截断了法军的去路，几乎全歼了奈伊（Ney）率领的法军殿后部队。不过，拿破仑还是率军成功冲出了俄军的重围。但从那时起到 26日和27日横渡别列津纳河（Beresina）时，法军一直处于彻底的绝望和混乱之中。法军在渡河时，遭到了俄军的猛烈攻击。更糟的是，其中一座大桥不太结实。当法军带着大炮和辎重通过时，桥梁竟然被压塌了。伴随着呼啸而来的炮弹声，大批法军士兵在桥头拼命躲闪，结果导致相互踩踏。许多士兵掉到桥下的冰河里，他们的尖叫声穿透隆隆的炮火声，最终消失在浮冰之下。11月29日，拿破仑继续率军前行，途中从威尔纳获得了补给。

进入波兰边境后，法军得到了波兰人民的同情和帮助。12月5日，拿破仑在一支波兰护卫队的护送下，乘雪橇返回了巴黎，把军队指挥权留给了缪拉。18日，他到达巴黎，回到了杜伊勒里宫。

与此同时，俄军仍在撤退的法军身后穷追不舍，直到帝国的边界尼门河。奈伊元帅率领已为数不多的法军士兵在科诺（Kowno）牵制俄军达4天之久。他像普通士兵一样，端着火枪战斗，掩护最后一名士兵顺利过桥后，才从容撤退，向追击的俄军射出最后一发子弹后，把枪扔进了河里。他是法军中最后一个撤离俄国领土的人。

之前一直处于防御状态的亚历山大一世，决定要主动发起进攻了。1813年2月，他前往驻扎在波兰的俄军军营发表了著名的反法宣言。该宣言为欧洲其他强国联合起来击败拿破仑、推翻法兰西帝国奠定了基础。与此同时，普鲁士国王号召所有可以拿起武器的国民都应为国家而战。虽然他当时没有说明作战的目标，但他那些5年来一

俄军军营

直卑躬屈膝、受尽欺辱的臣民明白他的意思。人们参军的热情空前高涨，成千上万人从全国各地拥向国王指定的几个集结地。法国人动用了最后的预备役，并临时召集了一些队伍，企图守住普雷格尔河（Pregel）、维斯瓦河和奥德河，但均以失败告终。俄军凭借兵力优势全线向前推进，逼迫法军退到易北河（Elbe）后方。普鲁士此时也向法国宣战，并与俄国结盟。莱茵邦联解体了，尽管奥地利仍保持中立，但德意志北部地区的反法起义却呈蔓延之势。然而，在同萨克森国王的谈判上，沙皇浪费了大量时间；俄军指挥官库图佐夫[①]（Kutuzov）在本茨劳（Buntzlaw）因发热去世；亚历山大一世紧急任命维特根斯坦（Wittgenstein）为总司令。10月18日，惨烈的莱比锡战役打响。占有兵力优势的反法联军彻底击败了法军，随后迅速向莱茵河挺进。拿破仑整个冬天都在苦苦抵抗，最终还是被50万人的联军包围。1814年3月31日，亚历山大一世率领反法联军攻入了巴黎。

　　1815年，"神圣同盟"在维也纳圆满解决欧洲事务后，亚历山大一世便全身心地投入了自己帝国的发展中。从这位沙皇身上，我们可以看到完全相反的两种性格特征。他支持圣经公会在本国的发展，支持其向国人宣教，却对遥远国度的政治知识和自由思想传播横加干涉。他时而固执己见，时而优柔寡断。任何想要描述亚历山大一世真实面目的人在面对其性格时都会感到困惑。实际上，他心地善良、乐善好施、温文尔雅、和蔼可亲，如此温和的性格让他不可能去滥用手

---

① 库图佐夫（Kutuzov, 1745—1813），俄国军事统帅。曾参加俄土战争。1805年第三次反法同盟对法作战时，任驻奥地利俄军总司令。1812年升元帅，同年法国发动对俄战争时，在俄方失利情况下出任俄军总司令。指挥波罗季诺战役和塔鲁季诺战役；实施战略撤退，适时转入反攻，终迫法军退出俄境。1813年率俄军参加欧洲国家反对拿破仑的战争，病逝于普鲁士。——编者注

中至高的权力。亚历山大一世在内政方面做了许多合理修正。在其母后和皇后的影响下，他有效遏制了俄国宫廷内的轻浮和奢靡之风。

1825年12月1日，亚历山大一世在帝国南部省份视察时，因患丹毒在塔甘罗格附近一座简陋的住所中驾崩。其间，皇后伊丽莎白一直在身边照料他。12月25日，尼古拉一世（Nicholas I）即位。

第**3**章

从尼古拉一世到亚历山大二世

Nicholas I
To
Alexander II

1796年7月7日，亚历山大一世的继任者尼古拉·巴甫洛维奇（Nicholas Paulovich）在圣彼得堡出生。尼古拉一世登基伊始，俄国与波斯之间就爆发了一场战争，起因是两国间的一些边界问题仍未妥善解决。阿巴斯·米尔扎（Abbas Mirza）当时刚刚被任命为远征军指挥官，认为此时攻打俄国时机正好，于是立即率军越过边境，一直挺进到格鲁吉亚（Georgia）的伊丽莎白堡，但最终战败，被赶了回去。紧接着，俄国向波斯发起了反攻，由帕斯基维奇（Paskiewitch）将军担任总司令的俄军渡过阿拉斯河（Araxes），攻占了数个坚固的堡垒，并在未遭到任何抵抗的情况下攻入米底（Media）。波斯国王法塔赫·阿里（Fath Ali）被迫求和，除了答应支付战争赔款外，还将里海西南海岸的大片领土和高加索的部分地区割让给了俄国。

与波斯的战争刚刚结束，俄国又与奥斯曼帝国开战。奥斯曼帝国指责俄国秘密煽动希腊起义，公然摧毁了他们在纳瓦里诺（Navarino）海湾的舰队，违反了《布加勒斯特条约》和《阿克曼条约》，还与奥斯曼帝国各地的反动分子建立了联系。对此，俄国回应称，奥斯曼帝国在挑唆高加索地区的人民造反，诱使他们信奉伊斯兰教，违反或拖延执行有利于信奉基督教民众利益的条约，还在许多情况下随意封锁博斯普鲁斯海峡，深深伤害了俄国南部地区人民的利益。最终，俄国向奥斯曼帝国宣战。1828年5月7日，俄国一支包括众多精兵良将在内的10万人的大军跨过了普鲁特河。

奥斯曼帝国的军队根本无法与这样一支俄军相抗衡。俄军一侵入，他们就节节败退。在很短的时间内，奥斯曼帝国的领土陆续被侵占，雅西和布加勒斯特相继失守，加拉茨（Galatz）及其美丽的海港沦陷。最终，整个多瑙河左岸地区都被俄军占领。

6月8日，俄军渡过多瑙河，攻占了几个军事要塞和几座坚固的城池，很快就侵占了多瑙河与里海之间的整个地区。7月和8月，双方又进行了几次交战。之后，奥斯曼人撤退到在舒姆拉（Schumla）的防御营地，开始固守。沙皇留下足够监视舒姆拉的兵力后，率领余部全力向海陆防御俱佳的瓦尔纳（Varna）发起进攻，并于10月10日击败负隅顽抗的敌人，占领了这座港城。

攻占瓦尔纳后，俄军指挥官留下足够的兵力把守各处被占领的要塞，然后于10月15日率领余部开始撤退。俄军的撤退非常隐秘——好几天过去了，奥斯曼人都没有任何觉察；俄军一开始也确实没有受到任何骚扰。但这样的情况并没有持续很久。10月19日，殿后的俄军遭到了8000名奥斯曼帝国骑兵的攻击，虽然损失惨重，但还是保持了基本队形。在这之后，俄军的撤退明显变成了一场灾难。双方的亲历者都将这次撤军与法国人的莫斯科撤军相提并论。他们每撤离一个地方都会丢弃一些辎重，而掉队的士兵几乎都会落入敌人之手，惨遭屠戮。俄国人此次也经历了一遍1812年拿破仑大军从俄国撤退时的悲惨遭遇。终于，疲惫不堪的俄军撤至多瑙河后，立即渡河，分散到了瓦拉几亚（Wallachian）的各个冬季营地里。1828年欧洲的战争就这样结束了。在这场战争中，俄国除占领瓦拉吉亚和摩尔达维亚（这两个地方都是奥斯曼帝国主动放弃的），以及侵占瓦尔纳的部分地区之外，没有再取得任何实质性进展。战争结束后，两大帝国都发现，受多瑙河对岸对手的威胁，时刻处于戒备状态的双方都已疲惫不堪。

而在同年的亚洲战场上，俄国人则取得了决定性胜利。俄军从高加索和阿勒山（Ararat）向奥斯曼帝国的亚洲地区发起了突袭，迅速夺取了卡尔斯堡（Kars），还截获了那里的所有武器弹药。之后，还有

普鲁特河上的一个俄军哨所

俄军在多瑙河附近要塞上的野战炮台

几个要塞也落入了俄军之手。结果，除了明戈瑞利亚（Mingrelia）和伊梅里提亚（Imeritia），俄国人还占领了远至幼发拉底河的整个巴哈齐德（Bajazid）领地。

1828 年至 1829 年的冬天，俄土两国都在积极为下一场战役做准备。1829 年 5 月 8 日，俄军分两路纵队分别从西里斯特里亚（Silistria）南面的赫乔瓦（Hirchova）和卡拉瓦茨（Kalavatsh）渡过了多瑙河。3.5 万名俄军占领卡拉瓦茨的同时，一支 4 万人的后备军提前部署在了舒姆拉方向。激烈的西里斯特里亚围攻战随即上演，一支强大的俄军舰队从上游出发，切断了被围之城与西边联系的水路。不过，土耳其人非常顽强，不惜通过开挖新水道的方法寻求外援。

围攻西里斯特里亚期间的 6 月 11 日，俄土两军在位于西里斯特里亚和舒姆拉之间的库勒沃萨（Kulewtscha）进行了一场战役，交战双方各投入了 4 万人的兵力。经过 8 小时交战，最终俄军击败了土耳其军队。土耳其军队狼狈撤退，绕远路撤回到了舒姆拉。

这场战役过后，西里斯特里亚围攻战又恢复了原来的样子。城内守军依然在顽强抵抗。然而，6 月 30 日晚上，一个巨大的炸药桶在城墙下引爆，再加上俄军炮火密集的轰炸，城墙被炸开了一个口子。俄军可能很快就会攻入城内！眼看再抵抗下去已无任何胜算，守城指挥官便同意投降。守城部队共 8000 人，全部放下武器，做了俘虏。虽然俄军允许城内的居民不带武器撤出城，但并没有人这样做。俄军指挥官决定采取跨越巴尔干山脉的大胆行动，而不再采取围攻的办法，以更高效地打通进攻路线。该作战计划形成后，他随即派克拉索夫斯基（Krasowsky）率领 1 万名士兵前往攻打舒姆拉。土耳其军队指挥官雷希德（Reschid）帕夏觉察到即将遭到俄军袭击后，便从山口地区召回了部分军队来协助舒姆拉的防御，因为在他看来，舒姆拉防守的成败直接决定着最终的战局。因此，巴尔干山脉的守军数量大幅减少，这也使俄军强行翻越群山成为可能。据保加利亚人传说，翻山越岭的俄军就像森林里的树叶一样多。土耳其军队被这一夸大其词的说法蒙蔽，连忙退到了距离君士坦丁堡25英里的低矮山脊上——古代抵御北方蛮族入侵君士坦丁堡的最后屏障。俄军指挥官率军一路畅通，决定直接向阿德里安堡（Adrianople）挺进。在各个要塞都留下人马以保证行军路线畅通后，俄军开始急行军，并于8月19日在这座古城前扎下了营寨。阿德里安堡根本就没有做好防御准备，仓促之间只好选择投降。第二天早晨，俄军便轻松地进了城。

为了保存军队的有生力量，也为了展示其庞大的规模和无敌的气势，俄军指挥官命令军队以阿德里安堡为中心呈扇形向前推进。当先锋部队沿大路前进至距君士坦丁堡不到80英里的时候，左翼部队已攻占了米迪亚（Midiah），距博斯普鲁斯海峡不到65英里，他们将在博斯普鲁斯海峡与格雷格（Greig）上将率领的海军会合。由特拉亚诺波利斯（Trajanopolis）率领的右翼部队前往地中海的伊诺斯（Enos），他们将与停泊在海湾的海登（Heiden）上将率领的舰队会合。与此同时，克拉索夫斯基率军对舒姆拉的守军发动了多次进攻，但守城的土耳其军队并没有出城应战，因为他们觉得能守住堡垒已经很庆幸了。因此，从黑海到地中海，俄军横跨土耳其全境都部署了作战部队，两翼还有强大的海军舰队支持。与此同时，俄国的预备军在舒姆拉包围了1.8万名土耳其士兵，其先锋部队已直接威胁到了君士坦丁堡。实际上，俄军正处于灾难的边缘——如此全面铺开，力量必然过于分散。9月中旬，俄军在阿德里安堡的兵力只有不到1.5万人。

上述决定性战役给君士坦丁堡乃至整个欧洲都留下了深刻的印象。土耳其首都上演了极其恐怖的一幕——苏丹含泪接受了《阿德里安堡条约》。这是俄国人引以为傲的条约之一，也是土耳其历史上无比屈辱的条约之一。

根据该著名条约，俄国沙皇恢复了瓦拉几亚王国和摩尔达维亚王国的独立地位，同时归还了其在保加利亚和罗马尼亚占领的所有土地，却将多瑙河河口的岛屿列入了自己的领土范围。小亚细亚地区的所有被占领土也都以同样的方式还给了土耳其，但阿纳帕（Anapa）、波利（Poli）、阿卡尔济克（Akhalzikh）、阿布兹科（Abzkow）和阿卡尔卡拉奇（Akhalkalaki）等要塞及周边的大量领土都割让给了俄国。从军事角度看，这些要塞更有价值。之前的条约保证的所有特权和豁免权也都得到了最大限度的保留。土耳其需在全国范围内无条件大赦所有政治犯。条约还规定，达达尼尔海峡（Dardanelles）除了向与土耳其和平相处的国家的商船开放，也应向俄国的商船开放，同时还要确保俄国在黑海的通航不受任何干扰。

同一天签署的另一份协议还明确了俄土两国对瓦拉几亚和摩尔达维亚享有的权利。协议规定，这两个王国的总督任职应该定为终身制，取消之前的七年期限制；它们的总督与邻近省份的土耳其军官不得随意交往；多瑙河中部（即多瑙河与普鲁特河的交汇处）构成了两个王国的边界。"为了更好地保证摩尔达维亚和瓦拉几亚在未来不受外来势力的侵犯，土耳其政府不可以在多瑙河以北的地方保留或修建任何军事要塞，也不可以建设任何伊斯兰教活动场所。多瑙河左岸的城镇应该划归瓦拉几亚，该地区原有的防御工事都不可再进行修复；穆斯林在多瑙河左岸拥有的所有产业必须在18个月内全部卖给当地居民。总督负责对这些地区进行独立管理，不用再受土耳其政府的控制。它们也无须再向君士坦丁堡和多瑙河畔的军事要塞进贡或缴纳军粮。"

俄国历史上接下来发生的重要事件就是波兰革命。虽然这场革命的直接起因是华沙军事学院的学员遭受了严厉惩罚，但毫无疑问的是，1830年7月巴黎人民取得的成功鼓舞了所有波兰人，他们也想努力建立起一个立宪政府。因此，在随后的11月19日，华沙军事学院的教官和学员与波兰军队联手采取了一次紧急行动，控制了有4万件武器储备的兵工厂。该行动很快就变成了一场全国性的运动。第二天早晨，一支由军人和市民组成的4万人的大军全副武装，将俄国人赶出了波兰首都。1830年12月18日，波兰议会召开全国大会；1831年1月24日，波兰议会宣布波兰已摆脱俄国统治，实现完全独立。从25日起，波兰王位空置。然而，波兰革命者的初衷并不是完全脱离俄国的统治，只是想要维持1815年维也纳会议上承诺给他们的那些特权，并摆脱康斯坦丁大公（Grand Duke Constantine）残暴的专制统治。他们派了两名专员前往圣彼得堡，希望他们的行为能得到沙皇的理解。但沙皇根本听不进专员的解释，称他们为不折不扣的叛乱分子，对他们绝不姑息。于是，波兰人还是拔出了利剑。

曾经成功指挥俄土战争的迪比奇（Diebitch）元帅率领一支庞大的军队进入了波兰。俄军一路高奏凯歌，于1831年2月25日攻至首都华沙城下。但波兰人在更换指挥官后，开始慢慢扭转战局。3月31日，波兰人在登贝维尔斯基（Dembe Wielski）的夜袭中战胜了俄国人。之后在热列霍夫（Zelechow）附近的战场上，波兰人再次获胜——在俄军服役的立陶宛人和瓦尔希尼亚人（Valhynians）的临阵倒戈成了波兰人此役获胜的关键。

出使君士坦丁堡的
俄国政府代表

　　波兰各地的农民都在积极报名参战，他们带着各种可以利用的武器加入了波兰军队。立陶宛、瓦尔希尼亚、科诺、威尔纳和乌克兰，甚至远至古波兰的斯摩棱斯克都爆发了农民起义。此外，德维尔尼奇（Dwernicki）将军被派去骚扰俄军的后方，他屡次率军战胜俄军，但最后被迫进入了奥地利的疆域。1831年4月27日，德维尔尼奇将军率领5000名波兰人向奥地利政府投降。然而，波兰人民的反抗只增不减。每个国家都希望看到，波兰人民的顽强抵抗能受到其他国家的干预。不幸的是，普鲁士和奥地利两国本身就占有波兰的部分领土，所以担心波森（Posen）和萨利西亚（Salicia）地区的民众起义，于是千方百计地阻止他国势力干涉波兰的起义。法国过于谨慎，没有采取任何行动；英国深陷国内政治斗争且不愿违背贸易精神，所以也没有给予波兰必要的援助。俄国现在却发起了新一轮的进攻动员令。沙皇向俄国人民发表宣言称，俄国是波兰的合法主人，他本人也已做好为重新夺回波兰王位而牺牲一切的准备。

　　不久，波兰革命者便遭遇了失败的命运。经过两天激战，俄国人于1831年9月7日占领了华沙，没收了革命者的财产，并将他们流放到了西伯利亚。虽然许多革命者流亡到法国、英国及其他国家去避难，但大多数人都处于极度贫困之中，全靠同情他们命运并钦佩他们爱国精神的人士所提供的救济过活。1832年3月17日，沙皇颁布法令，废除了波兰王国及其宪法，将波兰作为一个省并入俄国。华沙大学也因学生参加起义而被取消办学资格。

　　从这一时期到1849年，俄国没有发生过能展示其在国际事务中影响力的重要事件。不久之后，奥地利帝国皇帝向沙皇求援，希望沙皇能派兵支持他捍卫"君权神授"的帝业。在年轻的奥地利皇帝弗朗茨·约瑟夫（Francis Joseph）的请求下，尼古拉一世派遣哥萨克人进入匈牙利同科苏特（Kossuth）的军队作战。最终，占有兵力优势的哥萨克人击败了英勇的匈牙利人。沙皇给出的插手这场战争的主要理由如下：据说，匈牙利人的军队中有大量波兰难民，这样一来，匈牙利人如果在战争中获胜，俄国的领地必将面临危险。此外，沙皇还给出了一个作战动机：俄国必须承担起在陷入迷茫和混乱的欧洲国家中恢复正统宗教观和政治观的使命。1849年4月26日，沙皇刚下达指令，俄军便马上行动起来。一路上，大军通过北方铁路经摩拉维亚（Moravia）进入了位于普雷斯堡（Presburg）西北的匈牙利；另外两路大军从喀尔巴阡山脉（Carpathians）西北的山间小道进入了匈牙利；主力部队则穿越喀尔巴阡山脉的中央隘口，沿大路向佩斯（Pesth）进发。俄军入侵了特兰西瓦尼亚（Transylvania）的东南地区，同时进入了该省的东北地区。奥地利也派来一支军队协助俄军。这样一来，围攻匈牙利的全部兵力已将近30万人。

民族危亡让匈牙利人迸发出了空前的反抗热情。总督科苏特和他的朋友们走遍全国各地，呼吁匈牙利人民通过革命争取自由；所有教派的神职人员也群情激愤，积极参与抗击侵略者的运动。然而，俄军介入后，这场反侵略战争只延续了大约3个月。1849年8月13日，格尔盖伊（Görgey）率领的匈牙利军队在维拉戈什（Villagos）向俄军指挥官投降，并将所有军事要塞拱手让给了俄军，标志着战争基本结束。科苏特和其他著名将领带着一支大约5000人的队伍逃到土耳其去避难。

之后重要的历史事件便是克里米亚战争了。多年来，俄罗斯帝国和奥斯曼帝国之间都处在一种剑拔弩张的关系中。造成这种紧张关系的因素之一就是"圣城"耶路撒冷的宗教政策。土耳其政府允许罗马天主教在耶路撒冷拥有某些特权；俄国政府则认为土耳其政府的决定牺牲了希腊东正教的利益。雪上加霜的是，1853年初黑山人和土耳其人之间爆发了一场战争，这直接使俄土两国的关系恶化，因为当时的黑山是受俄国保护的。随后其他几起次要事件又让两国关系蒙上了一层阴影。最后，尼古拉一世决定派使臣前往君士坦丁堡向对方问罪。

1853年2月，门希科夫亲王（Prince Menchikoff）离开圣彼得堡，出使伊斯坦布尔。他于2月28日抵达目的地，并于3月2日将国书递交给了土耳其皇室。欧洲的其他国家，特别是法国，对俄国的示威行为深感不安。3月底，一支法国舰队出现在了希腊水域。

俄国使臣和土耳其皇室争论的第一个焦点就是巴勒斯坦朝圣地的问题。经过数轮谈判后，门希科夫亲王提出了俄国的最终条件。这些条件包括许多俄国以前从未提出过的主张，例如：土耳其政府应该承诺，今后不再干涉希腊教会在土耳其开展宗教事务，不让其他基督教信仰占据主导地位。土耳其当然拒绝签署这样的条约。5月18日，俄国使臣中断了与土耳其皇室的进一步谈判，回到了停泊在港口等他的蒸汽船上；5月21日，他离开了君士坦丁堡。

现在，俄国开始在敖德萨（Odessa）和比萨拉比亚（Bessarabia）集结军队，土耳其也开始积极备战。6月25日，沙皇向俄国人民发表了一份宣言，称他要维护东正教的宗教信仰权利，而东正教的宗教信仰权利在土耳其受到了威胁。随后，俄军渡过普鲁特河，进入了摩尔达维亚公国和瓦拉几亚公国。在这一关键时刻，英法两国似乎团结到了一起。奥地利和普鲁士保持中立，主动提出可以为双方斡旋。4个国家的大臣在君士坦丁堡和维也纳举行了和谈会议。8月1日，和约条款从维也纳分别送往圣彼得堡和君士坦丁堡。俄国沙皇接受了和约条款；土耳其苏丹提出了一些修订建议，但遭到圣彼得堡方面的坚决反对。外交斡旋努力遂告失败。俄国占领了摩尔达维亚公国的首府雅西和瓦拉几亚公国的首府布加勒斯特，俄军总司令戈尔查科夫亲王（Prince Gortchakoff）终止了这两个附属国与其宗主国之间的一切关系。

与此同时，土耳其在欧洲的多瑙河沿岸和亚洲的格鲁吉亚前线均部署了大量军队。10月，土耳其苏丹发布了对俄作战宣言。土耳其欧洲战区的指挥官奥马尔（Omar）帕夏给俄军总司令写信下达了最后通牒，要求俄军在两个星期内撤离两个公国，否则他将率军攻打俄军。戈尔查科夫亲王回复说，他奉沙皇命令驻扎于此，绝不撤离。奥马尔帕夏没有食言。10月下旬，土耳其军队多次渡过多瑙河，除夺取了重要据点奥尔特尼察（Oltenitza）之外，还占领了卡拉瓦茨岛。在亚洲战区，土耳其军队攻占了尼古拉耶夫（Nicolaiev）和其他几个要塞。俄军与土耳其军队还在巴特鲁姆（Batrum）打了一仗，均声称己方大获全胜。

在海战方面，土耳其军队遭遇了巨大灾难。11月30日，一支土耳其舰队在向亚洲海岸的土耳其军队运送军需品时，在锡诺普（Sinope）港遭到了俄国舰队的袭击。经过大约3个小时的战斗，土耳其舰队被彻底击溃。随后，俄国舰队又将大炮对准锡诺普城，将其炸成灰烬。

土耳其军队在海战中失利的消息不仅让君士坦丁堡方面陷入恐慌，而且让巴黎方面和伦敦方面大为震惊。英法联合舰队立即奉命驶往黑海，支持土耳其与俄国继续战斗。

为了维护东正教
的权利，沙皇决
定扩充正规军

新的战斗也在多瑙河畔上演，其结果对土耳其人有利。1854年1月6日，土耳其军队在锡特来（Citale）附近攻击了俄军的前卫部队，经过3天连续作战，最终彻底击溃敌人，把他们赶回了克拉约瓦（Krajova）。土耳其军队随后也回到了卡拉瓦茨。

现在，俄土两国之间的战争已进入白热化阶段。尼古拉一世认为，德意志诸国会顺从自己的意志，法国因内乱自顾不暇，英国也会默许自己的行为。为了实现自己的计划，他有意将"病夫"①治下的埃及分给英国。但英国并无吞并埃及的野心，并且土耳其真心希望得到英国的援助。拿破仑三世（Napoleon III）统治的法国则希望与英国联手彻底粉碎沙皇的计划。奥地利帝国和普鲁士王国保持中立，英法联合舰队则进驻黑海，将俄国人封锁在了塞瓦斯托波尔港（Sevastopol）。

整个冬天，盟国都在与俄国进行和谈，但没有取得任何结果。第二年春天，英法两国同时向俄国宣战。当时，圣阿诺（St.Arnaud）元帅率领的一支法国军队和拉格兰（Raglan）勋爵率领的一支英国军队迅速向土耳其的瓦尔纳集结。与此同时，查尔斯·纳皮尔（Charles Napier）爵士率领一支英国舰队进驻波罗的海。土耳其人在多瑙河沿岸英勇抗击俄国人，解除了该地区的安全警报，并且决定要在夏末将盟军从瓦尔纳转移至克里米亚，准备围攻塞瓦斯托波尔。9月14日，盟军在克里米亚西海岸的尤帕托里亚（Eupatoria）顺利登陆。驻扎在塞瓦斯托波尔的门希科夫亲王在阿尔马河（Alma）左岸的高地上部署了一支约6万人的军队。虽然占据了地理优势，但为了抵御盟军的进攻，俄国人不敢有丝毫懈怠，全军严阵以待。门希科夫亲王非常自信地认为，俄军至

① 这里指土耳其。——译者注

少可以在该高地坚守3个星期。然而9月20日，盟军只经过几小时的战斗就攻占了阿尔马河的高地，尽管他们也付出了惨重的代价。俄军士兵纷纷丢弃武器逃命，致使他们的许多枪炮都成了盟军的战利品，就连门希科夫的马车和军事急件也都被盟军缴获了。如果有骑兵乘胜追击，那么俄军将难逃全军覆没的命运。盟军如果立刻追赶俄军，或许会一路尾随，直到顺利攻入塞瓦斯托波尔。事实是，他们因照顾伤员和安葬死者而贻误了战机。后来，盟军进驻塞瓦斯托波尔南边的巴拉克拉瓦（Balaklava）港，以便获得军事补给。盟军占领了塞瓦斯托波尔南边的高地后，准备开启围城战。但由于这里土质特殊，大炮很难转运，直到10月17日，盟军才开始向城内开火。俄军则利用这段时间以高超的技术加强了防御——港口停泊的庞大舰队也是他们的防御手段之一。

这场围城战持续了将近一年，是历史上最令人难忘的围攻战之一。战斗开始后不久，利普兰迪（Liprandi）于10月25日率领3万人的俄军想通过攻占巴拉克拉瓦的方法突围，但一番激战后，被盟军击退。

11月5日，得到增援的俄军开始向英克曼（Inkermann）的英军阵地发起进攻。清晨，俄军在大雾的掩护下，袭击了英国守军。不过，英军坚守阵地，最终等来了康罗贝尔（Canrobert）将军（圣阿诺战死后继任法军指挥官）派来的一支援军。俄军士兵被从高地上击退，敌人的炮兵给密集的俄军造成了巨大伤亡。这场灾难过后，俄军变得小心翼翼，不再贸然发动进攻，但他们对塞瓦斯托波尔的防御却更加高效了。盟军的多次疯狂进攻均以失败告终，他们的舰队尝试摧毁城内的炮台，结果却发现它们坚不可摧。

人们认为，尼古拉一世的突然驾崩可能会让俄国重回和平年

布加勒斯特的俄
国东正教教堂

代。然而，其长子亚历山大二世（Alexander II）即位后，战争仍在持续，但该阶段主要还是塞瓦斯托波尔保卫战。纳皮尔上将统率的波罗的海舰队虽然得到了法国舰队的增援，但除了摧毁阿兰群岛（Aland Islands）的波马苏德（Bomarsuud）要塞外，并无大的贡献。相比而言，黑海舰队更有作为。莱昂斯（Lyons）率领一支舰队挺进亚速海，攻占了科奇（Kertch）、叶尼卡莱（Yenikale）和其他沿海城市，摧毁了俄军获取补给的主要粮库，加快了塞瓦斯托波尔投降的进程。

9月5日，盟军向俄军发动了全面轰炸。8日，法军认为时机已经成熟，便攻占了马拉科夫（Malakoff）要塞，并在那里驻扎了兵力。英军的一支暴风突击队也成功攻占了里丹（Redan）要塞，但最后又被迫撤离了。不过，控制了马拉科夫就相当于决定了里丹的命运。因此，俄国人趁着夜色悄悄地撤离了里丹。

盟军在塞瓦斯托波尔城的一片废墟中建起了冬季营地。毫无疑问，如果战争继续下去，整个克里米亚就会落入他们手中。不过，在奥地利帝国的调解下，交战双方同意开启和平谈判。1856年1月，战争结束了。和谈内容如下：废除俄国对摩尔达维亚公国和瓦拉几亚公国保护国地位；确立多瑙河及其各河口的自由通行权；不允许俄国和土耳其的战舰进入黑海，但海事警察的小型船舶除外；由缔约国保护身在土耳其的基督教徒的宗教信仰自由。在上述内容的基础上，俄国于1856年3月30日在巴黎签署了最终的和平条约。

彼时，沙皇亚历山大二世最令人称颂的举措是，他于1861年顶着俄国封建势力巨大的反对声音废除了农奴制。得益于这一举措，俄国3000万名农民从长达两个半世纪的奴役生活中解放出来，获得了自由。

此外，亚历山大二世还在其执政期间以非凡的勇气和不懈的努力推动、实行了多项重大改革。他鼓励人文艺术和自然科学的发展，在国内大力修建铁路和铺设电报线路，始终将人民的幸福和国家繁荣发展放在心上。他虽然没有给予人民绝对的政治和宗教信仰自由，但确实废除了尼古拉一世在位期间的许多限制人民自由的政策。

关于最近一些促成目前战争的事件，我将在合适的地方进行详述。

第 **4** 章

俄国的农民

The
Russian
Peasantry

　　如果俯瞰俄国在欧洲地区的版图，我们就会发现这个国家是由两部分组成的，而这两部分有着截然不同的地貌特征。北方是大片的森林和沼泽，以及大量河流、湖泊等湿地——为该区域提供了丰富的水资源，还有分布其间的一些荒地。南方则是另一种地貌——肥沃的耕地一望无垠，其间偶尔也会出现一片沙地或森林。我们可以用一条假想的起伏线把这两部分分开，这条线从西边大约北纬50度开始一直向东北方向延伸至大约北纬56度的乌拉尔山脉。

　　在本章中，我将竭尽全力对生活在该国北部地区的居民进行简单描述。

　　几乎所有女性居民及大约一半的男性居民都过着在公共土地上耕种的传统生活。这片土地上的耕地在每个村子里都被划分为三大块，其中每一块又都被分割成狭长的条状地块。第一大块用来种植冬粮，即黑麦。黑麦主要用来做黑面包——是农民的主要食物。第二大块用来种植喂马的燕麦和主要用于制作食物的荞麦。第三大块是休耕地，在夏天可用来牧牛和放马。

　　所有村民都以这样的方式划分耕地，以适应三年一次的轮作传统。这种三年轮作的耕种措施其实非常简单，即田地第一年用来种植冬季作物，第二年用来种植夏季作物，到了第三年则彻底休耕。在播种冬季作物之前，应预先给土地施一定量的肥料。每个家庭的两块可耕田地中间都会夹杂着一块或多块狭长的条状或带状土地。

　　俄国农民居住在一个冬季漫长而寒冷的国度，他们年复一年地过着非常简单的农耕生活。每年的农耕从冰雪融化的4月开始。大自然已经沉睡了好几个月，现在正从漫长的睡眠中苏醒。甩掉身上白色的披风，它要努力将失去的时间弥补回来。冰雪刚刚消融，新鲜的小草

俄国农民

就从地下冒了出来。不久之后，灌木和乔木也开始争相发芽。这种从冬天到春天的快速转变会让温带地区的居民颇感惊讶。

4月23日的圣乔治节到来时，人们会把牛赶出来，让牧师向它们泼洒圣水。虽说俄国农民养的牛向来都不是很肥，但每年的这个时段，它们看上去尤其可怜。整个冬天，它们都被关在封闭的牛棚里，只能以干草果腹。现在，它们突然被放出来，看上去已失去了牛本该有的样子。所有牛都又瘦又弱，许多还一瘸一拐，一些甚至都无法独自站立。

与此同时，农民们也迫不及待地走到田间开始了劳作。他们都知道一句老话："播下种子，才会成为王子。"他们也一直按照这一传统智慧生活。一旦可以耕地了，他们就开始翻地松土，为播种夏粮做准备，这样的工作大概要持续到五月底。接下来就是运输粪肥，给休耕地施肥，为播种冬粮做准备，这样的工作大概要持续到6月29日的圣彼得节前后，而这时也是收割和晾晒草料的时节。再之后就是收获季，也是一年中最忙的时候。从七月中旬到八月底，农民们要夜以继日地劳作，但仍有可能干不完所有农活。在一个多月的时间里，他们必须先收割黑麦、燕麦和其他在春天或上个秋天播种的庄稼，然后存放收获的粮食，最后再播种冬粮。更麻烦的是，有时黑麦和燕麦几乎同时成熟，这就让农民变得比平时更忙碌了。

无论季节对他们是否有利，此时的农民都面临着艰巨的任务，因为他们几乎雇不起任何劳工，通常也只有妻子和其他家人可以帮忙。不过，他们在这个季节高强度工作一段时间是有回报的：不久后就可以好好休息，还能得到充足的粮食。大概到了九月底，田间劳动结束；10月1日，丰收节开始。在这个欢乐的季节里，各个教区通常

农妇和她的孩子

都会举办丰收宴之类的活动。

要想以正统的方式庆祝教区的丰收节，就必须事先准备好大量布拉加（braga，一种自酿的小瓶啤酒），烘烤出大量小酥饼或馅饼，还必须采购足够的食用油和大量伏特加（黑麦酿造的酒）。同时，大原木屋（izba，即农民的住所）要打扫干净，地板要洗干净，桌椅也要擦干净。丰收宴前夜，人们在烘烤小酥饼时，会在房间角落的圣像前点亮一盏小灯；有的家庭可能会有一两个远道而来的客人，这些客人可以在第二天与主人共同分享一整天的欢乐。

节日的早晨，庆祝活动从教堂里漫长的礼拜仪式开始。除了留在家里准备食物的主妇和年轻妇女，所有居民都盛装出席仪式。中午时分，每一户农家木屋里都为家人和朋友准备了午餐。平常日子里，俄国农民的饭菜种类比较单一，几乎看不到任何肉类食物。这倒不是说他们有吃素食的倾向，而是因为牛肉、羊肉和猪肉确实太贵了。但在像教区丰收节这样的节日里，人们餐桌上的菜肴就要丰盛得多。一些富裕人家的餐桌上不仅有漂着油花的卷心菜汤和卡沙（kasha，一种由荞麦做成的粥），还有猪肉、羊肉，甚至是牛肉。布拉加是不限量供应的，伏特加也会供应几轮。用餐结束后，所有人都要起立，面向角落里的圣像，不停鞠躬并在胸前画十字。之后，客人会对主人说："谢谢您的款待。"或者也可以直白地说："谢谢您的饭菜。"主人则会回答说："不要不开心啊，再坐下来会有好运的。"或许他会说如下的对句，以请求客人再次坐下来："坐下来吧，母鸡可以孵蛋的，小鸡和蜜蜂可以快速长大的！"听了这样的劝告，所有人都会坐下来，再畅饮一轮伏特加。

吃过饭后，有的人会去散步，与朋友聊天，或找个阴凉的地方睡觉；有的人还想再找些乐子，便会到年轻人多的地方，和他们一起唱歌、玩耍，以各种方式自娱自乐。太阳落向地平线时，一些比较古板和保守的客人就告辞回家了，但还有许多人会留下来吃晚饭。随着夜幕降临，伏特加的作用开始逐渐显现。狂欢的声音频繁地从房间里传出，大部分居民和客人都带着不同程度的醉意出现在了道路上。有的人发誓会永远爱他们的朋友，或者打着绵软无力的手势，面对空气前言不搭后语地高谈阔论着。有的人则在自我陶醉中漫无目的地蹒跚前行，直到毫无意识地躺倒在地。他们就安静地躺在那里，直到比较清醒的朋友把他们拖拽起来，但更常见的情况是，他们会一觉睡到第二天早上。

如果俄国农民的食物总是像每年的丰收节这么新鲜丰盛，那么他们就没什么值得抱怨的了，但事实并非如此。丰收节过后，食物的品质会渐渐变差，数量也会慢慢减少。除此之外，根据教会的规定，农民在一年中的大部分时间里不可以过度享用其拥有的生活物资。

在南部地区，这些规定得到制定和首次实施，而诸如斋戒这样的规定不仅有宗教意义，而且有卫生价值。在有丰富水果和蔬菜供应的情况下，人们能够很好地做到偶尔禁食肉类食物。但在俄国北部和中部地区，这些规定对人们的影响截然不同。那里的人们无法获得足够的肉类食物。酸白菜和腌黄瓜可能就是他们可以获得的所有蔬菜了，任何水果对他们来说都是遥不可及的奢侈品。在这种情况下，还规定他们在一年中的几个月里不能吃任何含有蛋奶的食物或制成品，这对世俗的人来说简直就是过度的禁欲主义。如果教会只限制农民的酒量，而允许他们想吃什么就吃什么，那么他们无论在物质方面还是精神方面都会真正受益。但不幸的是，教会的规定太过死

准备宴会的俄国妇女

板，无法根据实际情况有所变通。教会始终都没有弄明白一个简单的道理，即规定和条例是为人服务的，而不是制约人的。但无论具体情况如何，俄国农民都必须在大斋节的七个星期内禁食，在6月的两到三个星期内禁食，在11月初到圣诞节期间禁食，以及在一年中其他时间的星期三和星期五禁食。从庆祝丰收节开始一直到来年春天，人们没有任何农活可干，因为地面已坚硬如铁，还覆盖着厚厚的积雪。因此，留在村子里的男性农民大都没有什么事情可做，大部分时间都在火炉边懒洋洋地躺着，除非他们恰巧学过一些可以在家里练习的手工艺。以前，还会有人雇用他们把粮食运输到数百英里之外的集市上，但现在由于铁路线不断延伸，这种务工的机会已经大大减少了。

对于农村妇女来说，冬天是一个忙碌的季节，因为她们要在这四五个月的时间里干完所有纺纱和织布的活儿。

在北方的许多村子里，人们通过"Besyedy"——字面意思为"座谈会"——的形式来打发漫长而乏味的冬夜。然而，"Besyedy"并不完全是我们所理解的"座谈会"，而是与一些"妇女慈善劳动会"类似。不过，出席"座谈会"的人都是边聊边干自己的活儿，而不是真正意义的慈善劳动。在一些村子里，太阳落山后一般会有3种形式的"座谈会"定期召开：孩子们的、年轻人的和家庭主妇们的。这3种"座谈会"各具特色。孩子们的"座谈会"是在一位老妇人的监督下干活和娱乐的，老妇人负责看管照明的火把，并维持他们的秩序。小女孩们在没有"珍妮机"的帮助下，用最原始的方式纺纱；小男孩们一般没有那么勤快，他们或用树皮做鞋子，或用柳条编制物品。孩子们边干活边叽叽喳喳地说个不停，还经常以不同的曲调哼唱同一首歌，有时候他们之间发生争吵后还需要火把旁的老妇人去平息。为了

俄国农家女

逗这帮孩子开心，老妇人有时会给他们讲已经反复讲过的老故事，而孩子们就像从未听过这个故事一样聚精会神地听下去。第二种"座谈会"是由成熟的年轻人在另外的房间举行的。这个会场自然要安静得多，年轻人在工作时也很少吵架，哼唱同一首歌时也更加和谐，更不需要别人照看。不过，也有人认为，有必要在这样的场合安排一名监督员，因为男女之间的调情时有发生，并且从村子里的各种传闻来判断，年轻人在思想、言语和行为上并不总能严守礼数。这些传闻到底是不是真的，我不能妄下判断，因为但凡有陌生人出现在会场里，都会像一个严厉的监督员。第三种"座谈会"至少是受礼仪严格约束的，已婚妇女们在一起边干活边拉家常，偶尔也会谈一些村里的丑事来活跃气氛。

这就是以农业为生的农民的日常生活。不过，也有许多农民会在城里短暂或长久居住。俄国这一地区的大多数农民也许会在生命中的某个时期到别的地方谋生。许多出门在外的人每年都会定期返回家乡待上一段时间，也有些人只是偶尔回家探亲——两次探亲之间可能会相隔很长时间。无论是哪种情况，他们都不会与自己的家乡断绝联系。到遥远的城市去工作的手艺人从来不会带自己的妻子和其他家人，即使在莫斯科或圣彼得堡已经成了富商，也仍然保留着农村社区成员的身份，并继续为当地纳税——尽管已经享受不到任何相应的福利待遇。

在输送非农业岗位劳工方面，每个地区都形成了自己的区域特色。例如，大城市平民餐厅的服务员多来自雅罗斯拉夫省，而圣彼得堡最好的酒店服务人员主要是以自律和诚实闻名的卡西莫夫（Kasímof）的鞑靼人。科斯特拉玛（Kostramá）省的部分地区以输出木匠和砌炉工

一对出行的俄国农民夫妇

闻名，而该州的其他地区每年都会向西伯利亚输送大批裁缝和毛毡工，当然了，他们都不是罪犯，而是自由的劳工！

通常，也有农民不必背井离乡就能找到从事各种工业生产的工作，因为这些工业并不需要复杂的机器，厂子就设在村子里，农夫及其家人就是生产工人。纺织品、木制容器、锻铁制品、陶器、皮革、草席等各种各样的大量产品就是通过这样的生产方式生产出来的。有时你会发现，不仅是某个村子，甚至是整个地区都在从事某种专门的手工业。例如，在弗拉基米尔省，很多村庄都以绘制圣像画为生；在下诺夫哥罗德附近的一个地区，共有19个村庄专门生产斧头；在同一个省的巴甫洛沃（Pavlovo）附近，有80个村庄几乎只生产餐具；在诺夫哥罗德和特维尔（Tver）交界处的奥洛马（Ouloma）地区，至少有200个村庄专门生产铁钉。

这些长期存在的乡村工业迄今为止都是当地农民丰富收入的来源，是给生活在贫瘠土地上那些农民的一种补偿。不过，这些乡村工业目前正处于一个危险的时期：它们是经济发展初级阶段的产物，而俄国的这一初级阶段正在迅速走向尽头。以前，一家之主先购买原材料回家，靠手工制成产品，然后再拿到当地的集市（Bazaars）上或者到下诺夫哥罗德的大型年度展销会上，以相对合理的价格出售这些产品。然而，这种原始的生产销售模式正在迅速地消亡。面对如雨后春笋般发展的大型工厂，没有机器辅助的手工劳动作坊根本无法与其竞争。此外，过去的生产者和消费者之间缺乏沟通，双方只是到定期举行的集市和展销会上进行交易，但这种销售模式正在逐渐被常设商店和各种类型的中间商销售模式所取代。这些中间商促进了生产者和消费者之间的关系。总之，资本和批发商已进入这一领域，正在彻底改变着旧有的生产和交易方式。许多以前靠自己在家劳作谋生的人现在被迫进入了大工厂，干起了领取固定周薪或月薪的工作，而几乎所有仍坚持在家劳作的人现在都是先赊购原材料，再以规定的价格将制成品卖给批发商。

我们如果从圣彼得堡稍微往北一点儿的地方往东画一条波浪线，就会发现这条波浪线和北冰洋之间是一片特殊的区域。该区域与俄国的其他地区在很多方面都大不相同。那里的气候条件非常恶劣，一年中大约有一半的时间，地面上都覆盖着厚厚的积雪，河流表面也结着厚厚的冰。迄今为止，该区域的大部分地表不是被由松树、冷杉、落叶松和桦树组成的森林覆盖，就是被一望无际而深不可测的沼泽覆盖。耕地和牧场加在一起大约只占该地区总面积的1.5%。这里人口稀少，人均占地面积约为一平方英里。这里的农民主要生活在各大河流的两岸，靠捕鱼、打猎、伐木、制备焦油和木炭、畜牧等维持生计。最北面的农民还靠饲养驯鹿为生。

除了这些主要的谋生手段，他们并没有完全忽视农业生产。虽然这里的夏天很短，但人们还是通过独特而巧妙的耕种方式将这一季节充分利用了起来。这种耕种方式很好地适应了当地的特殊地理条件，尽管在美国农民看来可能会很奇怪，甚至很荒谬。虽然农民们对农业化学一无所知，但他们和祖辈们都发现，如果在田里燃烧木柴并将灰烬和土壤混合在一起，他们就很可能获得粮食大丰收。他们根据这一简单原理，形成了自己的耕种理念。每当春天来临，树木萌出新芽时，农民们便带着斧头，前往他们之前已确定好的某片树林。进入树林后，他们首先要清理出一片空地。砍伐树木这项工作辛苦而乏味，并非轻易就能完成，但整个过程也并不像预期的那样会花费太多

俄国乡村铁匠铺

时间，因为他们已经熟能生巧，可以灵活地使用斧头。此外，据说他们还用火烧的方式来辅助伐木。他们把大大小小的树木都砍倒之后，就直接回家，不再打理清理出的那片空地。秋天来临，他们才会回来，把砍倒的树木枝条都劈下来，挑出可以用作建材或柴火的木料后，把剩余的木料堆成数堆。等下过第一场雪路面变得光滑后，他们就立即用马匹将可用作建材和柴火的原木拉走。剩下的一堆堆木料会一直保留到来年春天。届时，人们会把它们统统点燃，并用长棍不断挑动，让它们充分燃烧。一开始，只有几处零星的燃火点，但在周围干草和木屑的助力下，火焰迅速向四周蔓延，最后形成了一个巨大的火堆。这种情景在人口密集的地方难得一见。整个空地如果完全烧透，就会覆盖一层灰烬。农民们用犁把这些灰烬与土壤稍加混合后，就可以播种了。

在这种用原始方式开垦出来的土地上，人们可以种植大麦、黑麦或者亚麻，而收成也几乎总是出奇地好。一般情况下，大麦或者黑麦的产量有望达到麦种投放量的6倍左右，而在特别有利的环境条件下，大麦或者黑麦的产量可高达种子投放量的30倍。不过，这种土壤的肥效是短暂的。如果土壤质量较差，那么这种耕种方式最多只能收获两季；但如果土壤质量较好，连续收获六七年也不是没有可能。在大多数国家，这种施肥方式简直令人不可思议，因为人们绝对不会用昂贵的木材来烧制肥料。不过，俄国北部有无边无际的森林，在那些没有河流或小溪可以运送木料的地区，树木即使不这样利用，也会枯糜。考虑到这些实际情况，这种耕种方式也是可以理解的。但我们必须承认，如此劳作的回报率并不高，甚至如果遇到糟糕的年景，就没有任何回报。

其他收入也同样不太稳定。打猎的农民带着猎枪和干粮，在人迹罕至的森林里游荡许多天后，回家时常常袋子里也没有多少猎物。捕鱼的农民入秋后就前往遥远的大湖，但五六个星期之后回来时，除了鲈鱼和梭子鱼，并无其他收获，也是常有的事。有时，捕鱼者也会到深海去碰碰运气。他们一般在二月出发，步行到位于白海岸边的凯姆（Kem），或者到更远的汇入北冰洋的科拉河（Kola）河口。在那里，他们三四个人结伴，划着渔船沿摩尔曼（Murman）海岸或斯匹茨卑尔根岛（Spitzbergen）四周开始捕鱼。他们的收入取决于捕获的总量，因为这是个合伙的生意。但不管怎样，他们的收入都不会太高，因为他们要将收入的四分之三分给渔船和渔具的主人。他们赚到的钱可能只有一小部分能被带回家，因为他们无法克制购买朗姆酒、茶和其他奢侈品的冲动，而这些东西在当地是非常昂贵的。他们如果捕鱼收成不错，又能抵制各种奢侈品的诱惑，就可以存下100卢布——约合60美元，舒舒服服地过完整个冬天了。但如果运气不好，他们不仅有可能口袋空空，还有可能欠船主一屁股债。他们如果有马匹，可以通过把鱼干运到卡尔戈波尔（Kargopol）、圣彼得堡或者其他城市来偿还这笔债务。

了解该地区农民生活状况最好的方式或许是看看他们的家庭收支情况。我们手头刚好有这样一份家庭收支情况表，这个家庭共有5口人：2个身体健康的成年男人，2个成年女人和1个男孩。总体而言，这一年对这个家庭来说是个丰收年，虽然捕鱼收入没有达到最高水平，但整体收入还是比一般年份高得多，可以为全家换来5个月的粮食。下表是该家庭以美元计算的收支情况：

五口之家的家庭收支表			
分类	项目（备注）	金额（美元）	总计（美元）
收入	卖 100 对松鸡（每对 12.5 美分）和其他猎物	12.50	61.75
	卖 200 磅鱼子酱（每磅 6.25 美分）	12.50	
	卖鱼干	6.25	
	卖鲱鱼和其他海鱼	16.25	
	杂项（或为伐木）	13.75	
支出	买 2240 磅黑麦粉（填补收成不足部分）	35.00	61.25
	税款	11.25	
	买衣服和靴子	12.5	
	买渔具、火药和子弹等	2.5	

这份家庭收支情况表可能不具有普遍性，但对想要了解俄国北方大部分地区农民生活状况的读者来说，仍然具有一定的参考价值。

第5章

俄国的交通出行

Travelling
In
Russia

现在到俄国旅行和过去不一样了。在过去的25年间，俄国已建起了庞大的铁路运输网。人们可以乘坐舒适的一等车厢从柏林前往圣彼得堡或莫斯科，再从圣彼得堡或莫斯科前往敖德萨、塞瓦斯托波尔或下伏尔加，甚至可以到达高加索山脚下。总之，在俄国乘坐火车出行相当舒适。火车车厢的门窗都是双层的，每节车厢内还有供热的小铁炉。在气温经常会降到零下30摄氏度的地方，配备这些设施还是非常必要的。说实话，俄国的火车速度并不快，但我们要知道俄国人很少会把自己搞得那么匆忙，他们更喜欢把时间花在吃喝上。在俄国，时间并不是金钱，否则几乎所有俄国人的手头都会有永远花不完的钱。事实上，钱财富余的现象在俄国人民的真实生活中几乎不存在。

至少在火车速度上，铁路公司尚且能兑现自己的承诺，即按照每小时15到30英里的速度运送乘客。但在另外一件重要的事情上，铁路公司并不总能严格地履行承诺。某位游客买票乘火车前往某个小镇，但到达想象中的目的地时，他很可能会发现火车站竟然位于一片田野中。一番咨询后，他才失望地发现，和小镇同名的火车站根本不在小镇上，而他的目的地还远在火车站之外的几英里。事实上，铁路公司设置的站点往往跟人们的理解有偏差。我们甚至可以说，俄国铁路公司在设置站点时通常会有意避开城镇，就像东方国家的骆驼队路线会有意避开城镇一样。这一点乍一看似乎非常奇怪。我们可能会想，也许是因为贝都因人（Bedouin）非常迷恋游牧生活，更习惯在帐篷里居住，所以他们才会选择避开城镇，就像避开要命的陷阱一样。但铁路建筑工程师和承包商们怎么能惧怕城里的砖混建筑呢？真正的原因可能是，城里或城郊的土地价格较高，致使铁路公司在工程造价有限的情况下，不得不将乘客的舒适性和便捷性放到次要位置。

不过，在圣彼得堡到莫斯科这条著名铁路的路线规划上，工程师和承包商都无须担负骂名。火车从圣彼得堡到莫斯科要行驶400英里，全程几乎是一条直线，火车头也几乎不用左转或右转。在15小时的煎熬行程中，乘坐这列快车的乘客透过窗户看到的只有森林和沼泽，几乎看不到有人烟的地方。这条铁路为什么要以这种不同寻常的方式来修建呢？最好的答案就是，是沙皇下令这样修建的。这条线路在进行初步勘察时，尼古拉一世得知负责这项任务的官员们考虑更多的是人的出行感受而非施工的技术条件，于是决定用雷厉风行的作风来解决这一难题。当负责的官员在他面前展开地图，准备向他解释推荐路线时，他拿出一把尺子，将两个终点用一条直线连了起来，然后用不容争辩的口吻说道："你们就这样建！"于是，这条铁路就建成了现在的样子，即使在后世也不会改变。与圣彼得堡和金字塔一样，这条铁路也是反映独裁者意志的一项伟大工程。

以前，人们经常用这个众所周知的例子来批判政府的独裁统治。人们都在说，沙皇纯粹是心血来潮做出了这个决定，根本没有考虑经济发展的实际情况。然而近些年来，人们又认为沙皇这一看似心血来潮的决定实质上是一种颇具远见卓识的政策行为。到目前为止，该线路运输的大部分货物和乘客都是从起点直达终点，所以路线当然越短越好。尽管如此，还是应该补充修建通往干线左右两边城镇的支线铁路。除了政治原因，必须承认还有很多其他理由也都支持这一观点。

俄国的铁路系统在发展过程中还一直遭受着一个因素的阻碍。在美国，个人和公司在做事时首先会习惯性地考虑他们的自身利益，除非政府能够证明其行为肯定会产生重大不良后果，否则国家是不会干涉他们的。但在俄国，情况完全相反。私人企业要先向政府保证其行为不会带来任何不良社会后果，然后才能获得政府同意开展业务。任何一家大公司在接手项目时，首先要考虑的问题就是："这个新项目会影响国家利益吗？"因此，铁路公司在决定修建一条新线路时常常会先征求军事部门的意见，他们的意见起着极其重要的作用。其结果就是，俄国的铁路运行图是谋略家规划出来的，很难被普通人所理解。不过，随着东欧战争的发展，人们就能理解其用心了。现在的俄国已不再是克里米亚战争时期的俄国了。彼时，俄国还需要用最原始的运输工具跨越数百英里运输军队和物资，其铁路线总长仅有750英里。但现在俄国的铁路线总长已逾1.1万英里，并且每年还有新的铁路在修建。

俄国的水上运输在近些年也得到了极大改善。现在，所有主要河流上都有相当不错的轮船在运营。可不幸的是，气候条件给水上运输造成了很大的障碍。一年中几乎有一半的时间里，河流都处于冰封状态，即便在通航的季节，大部分时间的通行也很困难。冰雪融化后，河水会漫过河堤，淹没大部分地势较低的乡村。因此，人们需要乘坐小船才能去往那里。不过，洪水不久便会退去，水位也跟着快速下降。到了仲夏，大型轮船就很难在泥沙淤积的河流中通行。

乘坐这些轮船时，你会遇到许多好奇心极强的旅伴。大多数乘客是俄国农民，他们会随时和别人自由地聊天，而不用先正式地做一番自我介绍。他们还会和刚刚认识的人聊他们生活中的故事，以此来愉快地打发无聊的时光。农民们朴实无华的生活常识、善良的本性和对宿命论半信半疑的态度，以及对了解外国生活的渴望都会给你留下深刻的印象。出于对外国生活的好奇，他们会就一些问题和外国乘客交流。他们的问题虽然有时似乎很幼稚，但不至于荒谬。在乘船的旅客中，你也可能会看到来自各个芬兰部落的人。他们虽然长期生活在俄国，但远不如俄国人爱好社交。好像是自然环境让他们形成了沉默寡言和闷闷不乐的性格，艰苦的生活条件让他们生性害羞、多疑。生活在俄国的鞑靼人则生性活泼，可以成为你旅途中有趣的伙伴。他们很可能是小商小贩。他们身后斜靠的包袱里装的全是货品，有棉花、印刷品和色彩鲜艳的手帕。即使阴凉地方的温度已达90华氏度，鞑靼人也依然会在身上裹着宽大油腻的长袍，在头上戴着毛皮帽子。他们敏锐的小眼睛里闪烁着狡黠的目光，与一本正经地坐在他们身旁的芬兰农民那阴郁沉闷的表情形成了强烈对比。鞑靼人会大谈特谈他们在圣彼得堡、莫斯科及阿斯特拉罕的见闻。但就像真正的商人一样，他们对自己行当的秘密始终守口如瓶。夕阳西下时，他们会在甲板上找个安静的地方做晚祷。船上的穆斯林都会聚集到这里，梳理胡须后，俯跪在面前铺好的小毯子上做祷告。这种时候，他们就像在一个严厉教官的监视下进行某种新型军事操练的士兵一样。

如果在九月末出行，你就有可能碰上参加完下诺夫哥罗德展销会后返乡的商人。他们中不仅有芬兰人和鞑靼人，还有亚美尼亚人、切尔克斯人、波斯人、博哈里奥特人和其他东方国家的人。他们携带的货物各式各样，杂乱得有些令人讨厌。

在酒店住宿方面，俄国的情况要远落后于其他欧洲国家。像圣彼得堡、莫斯科和奥德赛这些经常有大量外国人出入的城市，其酒店住宿条件完全可与西欧国家的那些城市相媲美；其他一些重要的省级城

圣彼得堡周边俄国农民的服装

市酒店也可以提供相当不错的住宿条件。但要让那些已经习惯文明生活的人能在旅途中感到舒适，俄国人还需要做许多工作。整洁干净是舒适的首要条件，在俄国却十分稀缺，即使有时花再多钱也难买到。

俄式风格的酒店即使再高档，也会给外国人留下一种非常怪异的感觉，但俄国人对此并不自知。因此，当你到俄国要住酒店时，应当先多看看各种各样的房间，并问清楚每种的价格。选择好合适的房间后，如果还想要节省一些房费，你是可以向房东讨价还价的，并且你的出价可以远低于他的报价。这样你就会发现，如果你擅长讨价还价，那么最终的房费能比房东一开始的报价优惠不少。不过，你仍需小心为好，以免在谈到合同条款时出现任何问题。也许你会认为，租马车时即便没有特殊说明，租车人也应该提供马匹。同理，租房间时即便没有特殊说明，房东也应该提供床和配套用品。但这样的预设并不总是正确的。如果没有另外加钱，房东可能只会给你提供一张空床架，除非他受到国外酒店服务理念的影响，否则他肯定不会主动给你提供床上用品及毛巾。相反，他认为你自己会随身携带这些物品，但如果没有带，你就必须为租用这些物品额外付费。

这一古老的传统让某些俄国人养成了过于挑剔的毛病——我们可能会视其为洁癖。他们非常不喜欢使用酒店的床单、毯子和毛巾，因为从某种意义上讲，这些都是公共物品。这就像我们不应该穿别人穿过的衣服一样。

我们可能一开始会认为随身携带这些必备的床上用品会给出行带来极大的不便。在俄国的寒冷季节里，所有房间都会供暖。因此，一条轻薄的毯子就够用了——这样的毯子还可以在火车上使用，而床单、枕套和毛巾也占用不了旅行箱的多少空间。最累赘的物品莫过于枕头了，因为枕芯总会散发出难闻的气味，并不适合随身携带。尽管如此，俄国人已经习惯了这个累赘的物件。在过去的俄国，甚至现在俄国的某些地方，铁路和平整的马车道是不存在的，人们主要依靠没有弹簧的马车出行。在颠簸的旅途中，车内高高摞起的垫子和枕头可以有效防止肌肉挫伤和骨头脱臼的情况发生。火车上的颠簸摇晃程度虽不至于让人们采取这样的应对措施，但即使是在开放的俄国，传统习俗的力量仍然非常强大。在每个火车站，我们都能看到带着枕头出行的男男女女，就像我们出行要带披肩和帽盒一样。追求舒适且尊重传统的俄国商人出行时可以不带旅行箱，但一定会带枕头。

和房东协商好住宿事宜后，便有服务生开始履行其贴身侍从的职能了。在过去，每个出身高贵的俄国人都会有一名贴身侍从随时为他效劳，他自己从来都不必去做那些仆人可以替他完成的事情。在酒店的房间里，你会发现既没有呼叫铃，也没有可以和楼下通讯的设备。这是因为服务生就在你身边的不远处，并且随叫随到。与起身去按呼叫铃相比，大喊一声似乎更方便一些。

起床洗漱完毕后，点茶水时——俄国人喜欢在早晨喝茶，服务生会问客人是否自带茶和糖。旅行经验丰富的客人一般会给出肯定的回答，因为好茶只有在某些知名商店里才能买到，酒店是没有的。服务生会将一个热气腾腾的俄式茶壶送进房间，由客人根据自己的口味来煮茶。这种茶壶被称为"Samovar"，从词源学意义讲就是"自煮茶具"。

现在，这些及其他类似的传统习俗正在迅速消失，用不了几年肯定就会彻底成为历史。仍在延续这些习俗的某些偏僻角落将成为社会考古学者的记录对象。不过，在俄国一些小镇的高档酒店里，我们仍能看到这些习俗。

俄罗斯浴缸

　　我们仍可以在俄国的大部分地区发现那些最原始、最纯朴的传统习俗，尤其是传统的旅行方式。虽然在过去的20年间，俄国在推动铁路建设方面已经投入了巨大的精力，但乌拉尔河流域至今仍未通火车。在所谓的西斯乌拉利亚（Cis-Uralia），仍有大片区域一如远古时期那样偏僻荒凉。那里没有火车头发出的刺耳鸣笛声，所有道路也保持着原始的模样。即使在该地区的中心地段，人们走上数百英里也看不到一条由碎石铺设的道路。

　　那里的所有道路几乎都是自然形成的，没有经过任何人工修建，它们现在的样子一如许多世纪以前。千百年来，除了留在道路上的那些车辙，这些道路基本没有什么变化。当道路上的车辙变得很深时，马车在前轮陷入其中后就会很难继续前进，这时候就有必要向左侧或右侧稍微调整一下，压出两道新的车辙。因为这些道路通常都很宽阔，所以没有被车轮碾压过的地方并不难找。我们很难解释旧车辙是如何被填平的。既然这些地区没有修路工人，那么这项工作只有可能是仁慈的大自然完成的。在没有人工的帮助下，大自然通过雨水冲刷泥土或者地理学家所熟悉的某种地壳运动完成了这项任务。

　　最近，俄国实施了重大的改革措施。了解这一情况的读者在得知其国内的道路状况仍然如此糟糕时，自然会非常吃惊。但这一情况和世界上的其他事情一样，自然都有其存在的道理。相较而言，俄国的人口密度还是非常低的，并且在许多地区很难或者根本就不可能采购到足够量的任何种类的石头，更别说适合铺路的石头了。除此之外，即便道路修好了，恶劣的气候条件也会给维护带来巨大的困难。

　　当你需要在一个没有开通铁路的地区长途旅行时，你可以选择以下几种方式出行。从前的人并不像现在的人这样认为时间非常宝贵。许多地主出行时都是乘坐自家的马车。他们会在随行的一辆或多辆宽敞但笨重的马车里装满各种各样的生活必需品，以确保在漫长的旅途中还能享受到文明生活的舒适与便捷。不过这样一来，他们的行李就相当可观了。譬如，大部分时间都在奢华宫廷里度过的大贵族，在出行时自然会带上所有文明社会中用到的器物。因此，他的行李中会有露营床、餐桌布、银盘和各种炊具。当然，他还要有法国厨师随行。打头阵的队伍中还有部分负责伙食的人员。因此，大贵族每到一个歇脚的地方，其饮食起居都已安排妥当。当然，只有数十个农奴的地主在出行时是没有随行厨师的，他可能只是随车带些简单的干粮，饿了就在四轮马车里充饥。

这里我们有必要描述一下地主出行时乘坐的俄式四轮马车的样子，因为我们会经常提到这种交通工具。简而言之，俄式四轮马车就是没有弹簧的敞篷马车。在这种马车上，代替弹簧的就是两根平行的木条——上面固定着车厢底座，其防震功能可想而知。这种马车一般由3匹马拉动，健壮的主马在中间驾辕，另外两匹马分列两边，中间驾辕的主马小步快跑，两边的副马大步飞奔。车辕的两端由一整块弯成弧形、类似巨大的马蹄铁形状的木头相连。这块弧形木头被称作辕弓，就套在主马的颈上。辕弓两端系着固定车辕的缰绳，其顶部系有一个大铃铛，一英里外都能清楚地听到马车上铃铛的响声。对于铃铛的用处，人们有各种不同的说法，一种说法是为了吓退狼群，另一种说法是为了避免在狭窄的林间小道上发生碰撞。这两种说法均不能令人信服，因为铃铛主要在夏天使用，而夏天人们很少会遇上狼群；此外，虽然南部地区的马车上有很多铃铛，但那里并没有林间小道。也许人们使用铃铛的初衷就是为了驱赶恶灵。这个习俗能保留下来，纯粹是为了继承传统，以及减少马车相撞的概率。马车驶过一些松软的道路时并不会发出声音，加上车夫经常走神，所以不断响起的铃铛声确实可以大大降低碰撞的风险。总之，俄式三套马车能很好地适应各种路况。其奇怪的套马方式也能让我们联想到古代的战车。在缰绳的作用下，主马必须将头高高抬起，但其耳朵的动向却清楚地表明，它很想把头扭到远离铃铛的地方。两匹副马则比较自由，可以在奔跑时呈现出经典的向外转头的姿势。两匹副马保持这种姿势并不是因为它们痴迷于这种经典艺术，而是因为它们本能地想关注车夫右手的一举一动。一旦看到他有可能扬起手中的鞭子，它们就会立即加快步伐，向前飞奔。带读者了解了俄式三套马车的一些常识后，我们接着讲述尚未开通铁路的那些地区的旅行方式。

实际上，即使马匹再怎么健壮耐劳，经过一番长途跋涉后，它们也需要停下来休息和进食。因此，乘坐自己的马车出行在速度上一定快不了，已经逐渐被人们放弃了。珍惜时间的人会选择乘坐帝国邮政的马车。在所有交通干线上，每隔10至20英里，帝国邮政就会设置一个固定的驿站。每个驿站都配备一定数量的马车，为出行的旅客提供服务。要想乘坐帝国邮政的马车，旅客需要向相关机构申请"乘车许可证"，即一大张盖有帝国雄鹰印章的纸。纸上写有旅客的姓名、目的地及驱车的马匹数量。为了拿到这样的乘车许可证，旅客需要以道路养护费的名义先支付一定的费用，之后每到一个驿站再支付相应路程的费用。拿着这样的乘车许可证，旅客就可以前往驿站享受相应的乘车服务了。帝国邮政的马车是俄式四轮马车，但和我们上面描述的马车在外形上有所不同。两种马车的基本结构都一样，但帝国邮政的马车车厢更像一个安放在车轮上的巨大摇篮，而非敞篷车厢；车厢的底部铺满了干草，能起到缓冲的作用。旅客可以坐在拱形顶棚的下面，将腿完全伸展，把脚放到车夫的座位下面。但如果不是大雨天出行，车厢上方也可以不用撑起顶棚。车厢上方如果撑有顶棚，旅客本就不大的活动空间就会受到更多限制。当马车走过颠簸的路段时，旅客很有可能会被弹起来。这时，他的头顶难免会重重地撞向顶棚。

任何想乘坐帝国邮政马车旅行的人都应当拥有结实的体格和强健的筋骨，这样才能历经无数次颠簸和摇晃后，身体还不至于散架。与此同时，他还需做好适应"苦行"旅途中各种艰难困苦的心理准备。待抵达驿站想要睡觉时，他会发现没有什么东西还能比长条木椅更软了。当然，他也可以请求店家为他在地板上铺上一捆干草。这样的"卧榻"也许会软一些，但总体上比睡硬木板还让人难以接受。有时候，他甚至都睡不上长条木椅，因为一般的驿站只有一间客房，并且最多配两条长椅，而这两条长椅都已被别人占了。即便有幸占得一条长椅，并且成功进入了梦乡，他也会被来来往往的旅客吵醒一两次。这种情况再平常不过了。这些旅客中，有到这里歇脚的，也有到这里换马的，甚至有在这里喝茶、聊天、谈笑、抽烟的，根本不顾睡觉旅客感受，着实令人讨厌。

在偏远地区旅行，还得有一个必备条件，那就是熟悉当地的语言。人们一般认为，一个既懂法语又懂德语的人可以畅游整个俄国，但这仅适用于在俄国较大的城市旅游，而去这些大城市以外的地方，情况就完全不同了。俄国人并没有与生俱来的语言学习天赋。接受过教育的俄国人通常能流利地讲一到两门外语，但俄国农民只会讲自己的母语。我们到偏远地区旅行必然会和当地的农民打交道。我们要对当地的语言相当熟悉才能和他们畅谈，这比读懂一本书要求高得多。虽然俄国几乎没有特殊的方言词汇，并且除了只有上流人士才会使用的外来语，任何阶层的人都使用相同的词汇，但俄国农民在讲话时要比受过教育的人简单地道得多。

从某些方面讲，冬天旅行要比夏天旅行惬意得多，因为雪和霜都是绝好的"铺路机"。我们可以想象得到，如果雪下得均匀，那么道路在一段时间内一定是令人赏心悦目的。雪橇在雪地上流畅地滑行，不会出现颠簸摇晃的情况，就像小船在平静的水面上游弋一样。马在雪地上疾驰，仿佛根本感觉不到身后雪橇的存在。但遗憾的是，这种快乐不会持续太久：道路很快就会断裂，形成深深的横沟。雪橇经过这样的路面时，就像在波涛汹涌的大海上行驶的小船一样，上下起伏。唯一不同的是，小船是落在柔软的液体里，而雪橇是落在没有丝毫弹性的固体上。由此产生的颠簸和震荡可想而知。

冬天旅行还有其他令人不舒服的地方。在不刮风的日子里，户外虽然非常寒冷，但还不至于令人讨厌。但如果外界气温在零下数十摄氏度，而迎面又刮来猛烈的大风，那么坐在开放式的雪橇里出行是一种非常糟糕的体验。如果乘客没有预判到这种情况，并及时采取防护措施，那他的鼻子就有可能会被冻伤。在这种情况下，人们为什么不选择有顶棚的雪橇呢？原因很简单：这样的雪橇根本找不到。即便能找到这样的雪橇，也最好不要乘坐，因为它容易让人产生类似晕船的感觉。

第**6**章

俄国的教会

The
National
Church

虽然人们经常将俄国描述为一个笃信宗教的民族，但俄国人对宗教事务并不热心。他们虽然坚定地拥护希腊正教，并已在一定程度上习惯于遵守其礼节仪式，但似乎并没有对宗教投入太多情感，也很少会受到宗教语言的影响。

接受过教育的民众虽然积极加入教会组织，但大多数都不是我们通常意义上讲的那种"虔诚的教徒"。不过在莫斯科，有许多人在教会事务上表现出了浓厚的兴趣，尤其是那些或多或少带有崇尚斯拉夫文化情感的人，他们认为信奉东正教是俄罗斯民族不可或缺的一个特征。在这些受过教育的民众看来，一个人如果不知道俄国教会过去的历史及其真实的现状，就不可能理解俄国的历史及其现状。因此，我认为很有必要在本章对俄国的教会做一番介绍。

虽说历任教皇没能在神权政治原则的基础上实现其宏伟蓝图，建立一个庞大的欧洲帝国，但他们至少成功地让不少欧洲国家接受了教皇在宗教事务上拥有绝对权威的观念，让它们形成了一种模糊的共同体意识，并激发了它们彼此之间的兄弟情谊。虽然这些国家在政治上都拥有独立的地位，彼此之间也经常会发生冲突，但它们均视罗马为整个基督世界的首都，视教皇为基督教的最高领袖。教会虽然并没有消灭国籍的概念，却在很大程度上打破了政治壁垒，为各国搭建起了相互交流的平台。因此，每个基督教国家在社会和思想方面取得的进步也都为其他成员国所共享。在整个教皇联邦中，受过教育的人拥有同一种语言、同一种文学和同一种科学方法，甚至拥有同样的法学思想。因此，西方基督教世界不仅仅是一个抽象概念或地理名称。它虽称不上一个政治组织，但至少是个宗教和思想团体。

数百年来，俄国都游离在这个宗教和思想团体之外，因为俄国的教会和罗马没有关系，但与君士坦丁堡关系密切。教皇制度下的欧洲人认为，俄国是一个野蛮的东方国家。当蒙古人的铁蹄横扫俄国的平原，烧毁其城镇和村庄，最终将其并入大蒙古帝国（Great Mongol Empire）时，所谓的基督教世界国家对这场民族争斗毫不关心，只是希望自身的安全不要受到威胁。随着时间的流逝，信奉基督教的两大派别渐行渐远，彼此间的隔阂也越来越难消除。梵蒂冈咄咄逼人的主张和野心勃勃的计划让希腊东正教派对罗马天主教派及西方世界的各种影响都深恶痛绝。正因如此，当西方国家于15世纪和16世纪从沉沦中觉醒，并在思想和物质层面上大踏步前进时，俄国非但止步不前，反倒对这些新兴文明持有怀疑和恐惧的态度，将其视为异端并加以抵制。这就是为什么现在的俄国在许多方面都不如西欧国家文明先进的一个主要原因。

不过，接纳来自君士坦丁堡的基督教义对俄国命运的影响并不都是消极的。希腊教会在排斥罗马天主教文明的同时，也在俄国的历史发展进程中起到了不可替代的积极作用。

西方教会传承了古罗马的逻辑精神、司法精神和行政精神。这些精神不仅创造了罗马法律，还孕育出了雄心壮志和坚韧不拔的毅力。正是凭借这种坚持不懈的毅力，罗马才实现了其雄心壮志，建立起了一个伟大的中央集权制帝国，统治了几乎整个西欧地区。教皇很早就构想过在新的基础上重建古罗马帝国的管理模式，试图去创造一个囊括全世界的基督教神权国家，并且在这样的国度里，国王和其他世俗当权者都应听从教皇的指令。东方的教会则继续保留着拜占庭的传统，从未想过要承担这种使命，并且习惯于依靠世俗政权，甘愿扮演次要角色，从未坚决抵制设立国家教会。

  基督教传入俄国大约200年后——从998年到1240年，按照教会的规则，俄国成了君士坦丁堡的一个牧首区。牧首区的大主教和主教由土生土长的接受过希腊文化教育的希腊人担任，整个教会的管理人员由拜占庭的大牧首负责安排。但自从蒙古人入侵俄国后，俄国教会和君士坦丁堡大牧首的交往就变得困难起来，而本地受过良好教育的牧师数量却在不断增多。因此，俄国神职人员的任命不再完全依赖于拜占庭大牧首的意见。诸公国的大公们逐渐把选择基辅牧首——当时俄国教会中职位最高的宗教领袖——的权利掌握到自己手中，他们只需将提名者送到君士坦丁堡献祭即可。约1448年，这种仪式被取消，而牧首就职仪式通常由俄国主教委员会来主持。1589年，俄国在教会自治上又迈出了一大步：沙皇成功设立了俄国自己的大牧首，与君士坦丁堡、耶路撒冷、安提俄克（Antioch）和亚历山大的大牧首享有同样的尊严和权威。

  从表面上看，莫斯科大牧首在各种事务上都是一个非常重要的角色。除宗教事务外，他在世俗事务方面的影响力也非常大。久而久之，原先用来称呼国家世俗首脑的"伟大的主"也被人们用来称呼大牧首了，人们对大牧首的尊敬之情一点儿也不比对沙皇的少。但事实上，大牧首几乎没有任何实权，沙皇才是世俗和宗教事务的真正统治者。

  彼得大帝统治时期，俄国的大主教制结束了。彼得大帝希望改革俄国的教会管理制度，将许多新奇的事物引入了俄国。但大部分神职人员和世俗民众都将这些新奇的事物视为异端。彼得大帝非常清楚，激进、偏执的大主教可能会给他的改革设置重重障碍，并给他带来无穷无尽的烦恼。虽然可以在不公然违背宗教规章制度的情况下将大主教免职，但真要这么做起来必然既费时又费力。彼得大帝做事不喜欢拐弯抹角，他习惯用简单粗暴的方式排除困难。大主教阿德里安（Adrian）去世后，传统的短暂过渡空位期被延长至20年，直到人们习惯了没有大主教的生活。于是，沙皇顺势宣布不再选举大主教。大主教的权力由教会委员会（ecclesiastical council）或者宗教议会（Synod）取代，正如当时一位知名人士解释的那样，"彼得大帝的权力是挂钟的主发条，他的主张是挂钟的摆锤"。这位了不起的独裁统治者认为，宗教议会要比固执的大主教容易管理得多；在他之后继位的沙皇们也都对他的智慧大加赞赏。后来，虽然有相关人士不止一次地提出重建大主教制的建议，但该建议从未得到真正实施。至圣治理会议（Holy Governing Synod）现在拥有，今后还将继续拥有最高的宗教权力。

不过，沙皇和宗教议会，以及教会之间是一种什么关系呢？

对于笃信东正教的俄国人来说，这是一个极其敏感的话题。一个外国人如果当着俄国人的面冒险指出，沙皇似乎对教会有很大的影响力，就可能会在无意间激发出人们的爱国情绪和义愤之情。事实上，许多俄国人在这个问题上都坚持他们所钟爱的理论，但同时模糊地意识到，他们坚持的理论与现实情况并不相符。在理论上，他们秉持一个观点，即东正教没有所谓的"宗教领袖"，即使有也只能是救世主耶稣，这是一种特殊的、无法言明的、完全独立于世俗世界的权威。在这一方面，俄国人经常自豪地拿俄国的教会与英国的国教做比较，而这份自豪中同时掺杂着宗教爱国主义。这种自豪感不仅表现在他们的日常谈话中，甚至流露在他们的文学作品中。霍米亚科夫（Khomyakov）就曾在他的一首雄浑壮丽的诗中预言，上帝总有一天会将世界的命运从英国没收，转而交托给俄国。他之所以有此判断，是因为英国"用亵渎神灵的手将上帝的教会拴在了虚荣的世俗权位上。"这一理论至今仍在影响着俄国人。但事实上，英国的教会确实比俄国的教会更自由。与英国女王和议会相比，沙皇对宗教事务的干涉要厉害得多。所有了解俄国历史的人都知道，俄国政府并没有明确划分世俗事务和宗教事务，时不时还会利用宗教手段实现其政治目的。

既然如此，俄国的教会和政府之间是什么关系呢？

为了避免混淆，我们需要对作为整体的东正教教会和作为其分支之一的俄国教会仔细加以区分。

从严格意义上讲，东正教（或希腊正教）是一个独立的教会联盟，不受任何中央权威的统治。东正教教会联盟是一个拥有共同教义、理论上依靠大公会议这一组织形式凝聚在一起的宗教团体（但现在召开大公会议已无法实现），而俄国国教只是东正教联盟的一个分支，在信仰方面仍然会受到古代的大公会议所做决定的约束，但在其他方面拥有完全独立的自主权。

从东正教教会联盟的角度来看，俄国皇帝只不过是一个普通的成员而已；就像意大利国王或法国皇帝无法修改罗马天主教的神学思想一样，俄国皇帝也无法干涉东正教的教义或仪式。但从俄国国教的角度来看，俄国皇帝的地位是比较特殊的。在一项基本法律中，俄国皇帝被描述为"主要信仰教义的最高捍卫者和维护者"，后面紧接着称其可以"凭借专制权力创建至圣治理会议，并通过这种方式参与教会管理。"这非常清楚地描述了俄国皇帝与教会的关系。皇帝只是教义的捍卫者，并无修改教义的权力，但同时是教会的主要管理者，可以利用宗教议会这一工具。

一些自作聪明的人想证明，至圣治理会议的创建并非一项新举措，不过是借鉴了古代地方议会的模式而已。但这种观点完全站不住脚。宗教议会的代表并不像议会代表一样来自教会的各个部门，而是来自固定的神学院或教会参议院，这些代表的任免完全由皇帝酌情安排。宗教议会没有独立的立法权，其各种提议只有获得皇帝的批准后才能成为法律。事关宗教的法律总是以皇帝的名义而非以教会的名义颁布的。即便是简单的宗教事务，教会也很难独立管理，因为其所有决策都需经过教会检察官的同意，而教会检察官是由皇帝任命的世俗官员。从理论上讲，教会检察官只是否决那些与世俗法律相冲突的宗教事务决策，但由于他是唯一有权直接向皇帝汇报宗教事务的官员，加上皇帝和宗教议会之间的所有沟通都必须经他之手才能实现，所以他实际上握有相当大的权力。此外，他总是能通过提供晋升机会的方式让教会成员对他言听计从。就算这招失灵，他还可以打发走那些不听话的人，换一批听话的人。当然，以这种方式组建的宗教议会在思想上和行动上都不会太独立，尤其是在俄国这样的国家，因为没有人会冒险去公然反抗皇帝的意志。

不过，我们并不能因此就认为俄国教士对皇权充满了忌妒或厌恶。他们都是皇帝忠实的臣民，是其独裁统治的热情追随者。在西欧，教士们普遍认为教会应该独立，罗马天主教会的神职人员普遍反对世俗权力对宗教事务的干预；但在俄国，教士们完全没有这样的思想意识。虽然一些主教有时会跟自己关系亲密的朋友抱怨说，他被派往圣彼得堡，成了宗教议会的一员，工作内容就是对早已决定好的结论表示认同，然后在官方文件上签名，但他的这些不满情绪都是针对教会检察官的，而不是针对沙皇的。主教们对沙皇满怀忠诚，甘愿为他效劳，并不希望看到沙皇被排除在教会事务之外。不过，当发现所有教会事务都由一名世俗官员掌管时，主教们都会感到羞辱，无比难过，因为这名官员很可能就是一介武夫，在处理教会事务上完全是外行。

外国人听到俄国的神职人员或世俗人员对现存事物不满并且满腹牢骚时，很可能会认为其教会和政府之间正在展开一场秘密斗争，甚至认为一个致力于解散宗教议会的党派即将诞生。但事实上，这样的斗争并不存在，这样的党派也不会出现。俄国人会提出并讨论各种可能的政治和社会改革方案，但从来都不会说要解散教会。确实，除通过冗长的叙述之外，我们不知道如何用俄语去表达该观点。只要独裁权力存在，任何组织机构的管理都难以摆脱皇权的控制。

俄国地方宗教事务管理的历史可以很好地说明为什么教会和国家机关之间会形成这种密切的关系，以及为什么俄国教会具有如此鲜明的民族特征。俄国的世俗管理和教会管理风格始终如出一辙，管理方式的调整也都是同种势力影响的结果。历任沙皇都会利用恐怖手段巩固其统治地位，彼得大帝更是将该手段用到了极致——在世俗管理和教会管理中均是如此。我们发现，如同帝国的法令一样，教会的通告也经常会使用"最残忍的体罚"和"用鞭子予以严厉惩罚，这样违反教规者和其他人就不会养成蛮横无理的行为习惯"等类似的用语。这些极其严厉的措施有时也会针对非常轻微的罪行。例如，沃洛格达（Vologda）的主教在1748年就曾下令，对穿着粗糙、破烂衣服的牧师实施"残酷的体罚"，而宗教法庭所记录的大量证据也表明，这些法令确实曾被严格执行过。叶卡捷琳娜二世在世俗法务管理中融入一种更加人道的精神后，宗教法庭也立即废除了体罚这种惩罚方式，并根据公认的民事法准则对诉讼程序进行了修改。我不想再列举更多历史细节烦扰读者了，我想说的是，自彼得大帝时代起，那些更有魄力的沙皇的性格特征在同时代的教会管理中都有映射。

每一个省区或"政府"就是一个教区，教区主教和省区总督一样，其权力理论上都会有一个委员会控制，但实际上并不会受到任何影响。从教会程序理论上讲，宗教议会应该是一个权力很大的监督机构，实际上却沦为服务主教的机构。其成员的权力和政府机关的秘书差不多，主要职责就是顺从上级的意愿。众所周知，只要他们维持一贯的工作状态，那么他们掌握的权力越小，对于那些不幸要接受他们监督的人就越有利。较高级别的权贵往往拥有较高远的目标，能从自己的工作中获得一定的尊严感，而那些级别较低的官员往往薪水低得可怜，他们很少会用道德去约束自己的行为，而是习惯于利用手中仅有的一点权力为自己谋取私利，还不知廉耻地偷窃财物，敲诈他人。事实上，宗教议会的功能就和尼古拉一世统治时期的政府的功能一样。

教会的管理完全掌控在僧侣或通常被称为"黑衣神职人员"的手中。他们形成了一个规模庞大而有影响力的阶级。

定居俄国的第一批僧侣是虔诚苦行的传教士，对享有上帝荣光和救赎灵魂的事业充满了热情。他们很少或根本不考虑未来，而是虔诚地相信圣父一定会满足他们谦卑的需求，相信正是智慧的圣父才让人类降临到了这个地球上。这些僧侣一贫如洗，衣衫褴褛，平时吃着最简单的饭食，却随时准备将自己拥有的一切分享给那些比他们更贫穷的人，一丝不苟地完成上帝交给他们的工作。但这种理想的修道院生活很快就发生了变化，他们的生活条件不再艰苦。随着信徒们不断地慷慨捐赠和遗赠，修道院不仅积攒了大量金银财宝，还拥有了大批土地和农奴。以特罗伊察（Troitsa）为例，这里一度拥有12万名农奴及一定比例的土地。据说在上世纪初，该地区有超过四分之一的人口处于教会的管辖之下。许多修道院都从事商业活动，僧侣成了俄国最聪明的商人。

上个世纪，教会的土地全部世俗化了，教会的农奴也变成了国家的农奴。这对修道院来说无疑是一次沉重的打击，但这样的打击并不像许多人预测的那样致命。一些修道院被废除，还有一些修道院陷入了极度贫困之中，但仍有许多修道院不仅生存了下来，而且还在不断发展壮大。这些修道院虽然不再拥有农奴，但仍有3大收入来源：有限的不动产、政府补贴及信徒们的捐赠。目前，俄国仍有大约500所修道院，其中绝大多数虽然不富裕，但其收入足以满足清苦的生活所需。

因此，俄国的修道院和西欧国家的修道院一样都经历了3个发展阶段，可简单概述为：禁欲苦行和积极传教阶段，财富积累和奢靡腐败阶段，财产世俗化和逐步衰落阶段。但俄国的修道院和西欧国家的修道院至少有一处明显不同的地方。西欧国家的修道院在其历史发展的不同时期都在为自我复兴而积极地、自发地做着努力，这一点在各个分散的修道院里都有体现。每个修道院都会提出一些特定的奋斗目标，即做一些有实际价值的事情。但在俄国的修道院，我们没有发现类似的情况。在俄国，修道院从来不会偏离圣巴西尔教堂的规则，修士们除了参加宗教仪式、做祈祷和冥思，不能做其他事情。虽然时不时会有孤独的修士站出来反对盛行的滥用职权的行为，或者干脆选择从修道院隐退，在孤苦中度完余生，但无论在所有修道院中还是在某一个特定的修道院中，我们从来没有看到过自发的、积极的改革运

动。过去的200年间，俄国虽然在宗教事务上实施了不少改革，但这
些改革都是世俗力量推动的结果，僧侣们除了辞职没有其他贡献。从
宗教生活到其他生活方面，我们发现，惰性、冷漠和自发力不足是俄
国人最典型的一个特征。与在其他国家部门一样，在教会中，一切行
动的动力都不是来自人民，而是来自政府。

如果说俄国教会中存在所谓的派系矛盾，那么我们不得不提及白
衣神职人员和黑衣神职人员之间的敌对情绪，即教区普通教士和高级
管理僧侣间存在的矛盾。教区的普通教士认为，让他们承担所有艰苦
的工作但又不给他们任何荣誉，这么做很不公平，而高级管理僧侣认
为，教区教士就应当比他们低一等级，应当无怨无悔地服从上级安排
给他们的工作。

在人们对目前世俗政权所经历的各种改革普遍关注的同时，白
衣神职人员和黑衣神职人员之间的对立让人们看到了俄国神职人员可
能会经历某种运动的迹象。这也使一些乐观人士相信，俄国的宗教界
将会爆发一场深刻的运动，俄国教会即将摆脱其昏沉的状态，焕发出
勃勃生机。不过，任何认真、冷静、客观地研究过俄国的历史与现状
的人都不会对此抱任何希望。任何类似于我们所理解的宗教复兴的事
物都公然违背了俄国的传统。对外部的影响持无动于衷或者消极抵抗
的态度向来是俄国人的基本行为准则。俄国一直以不受其他地域影响
为傲。在过去的200年间，俄国在政治领域、思想领域和道德领域都
不断经历着一系列的深刻变化，但俄国教会的精神一直没有改变。教
会的管理机构虽然有过调整，但这并未影响到其内在本质。现在俄国
教会的精神特征与沙皇时代大牧首负责制的教会基本没有区别，即要
严格遵守教规教义，在一切尚未考虑周全之前不能随随便便将其改

变。对现代生活和现代科学向其提出的所有要求，俄国教会都充耳不闻。也许是因为非常重视宗教活动中的传统仪式，也许是为了保证古代大公会议确定的教义和仪式不被修改，也许是因为神职人员文化水平较低，俄国教会一直都置身于轰轰烈烈的思想运动之外。罗马天主教会尝试通过重新定义和演绎的方式来发展传统的教条，新教教会努力使其传教内容与时俱进，紧跟不断发展的科学和不断进步的思想的步伐，但俄国教会天生就缺少这种锐意改革的精神。因此，俄国教会没有发表过具有哲学思辨精神、思想深远的神学论文，也没有试图去反对现代教会形式中所反映的不忠贞的行为。俄国教会深信其地位坚不可摧，"任由各国尽情狂欢"，却不会对它们的思想和宗教斗争多看一眼。总之，俄国教会"虽身处这个世界，但并不属于这个世界。"

如果希望以一种可见的形式总结出俄国教会的特征，我们只需看一下俄国的宗教艺术，并将之与西欧的宗教艺术做对比即可。在西欧，从文艺复兴时期开始，宗教艺术一直是与人类知识同步发展的。宗教艺术逐渐从古老的形式和幼稚的象征主义中解放了出来，将毫无生气的典型人物转化为了活灵活现的个体，用人类的智慧与情感照亮了它们空洞无神的眼睛和毫无表情的面孔，最终还给服装以及其他细节方面的考古提供了精准的参照。因此在西欧，有经验的人能快速判断出一幅宗教画作所属的时代。相反，俄国的宗教艺术没有经历过这样的发展。俄国人一丝不苟地遵循着古老的拜占庭宗教艺术形式，所有圣像的面孔永远都是古板僵硬、毫无表情的。整个东方教会都有这样的特征，尤以俄国教会明显。

遇到科学知识与传统观念相矛盾的时候，罗马天主教会一般会与科学家斗争，新教教会一般会努力调整其宗教思想以符合科学知识，而俄国教会可能看起来就像一块远古时期的化石一样，或者就像一艘长期搁浅的普通战舰一样——"困在岸边，被洪水冲刷着"。不过我们必须承认，俄国教会虽以墨守成规、不喜变化著称，但同时形成了非常宝贵的现实成果。俄国神职人员的身上既没有他们罗马天主教兄弟身上的那种目中无人、不容异议的气质，也没有新教徒经常表现出来的那种心胸狭窄、愤愤不平、无情无义的情绪。俄国的神职人员不仅允许异教人士，还允许自己的教友都享有完全的思想自由，绝不会因为某人持有某种科学的或不科学的观点而排斥或打击他。他们只要求那些出生在东正教世界的教会成员向教会表达名义上的忠诚即可，但具体到忠诚问题上，他们的要求并不是特别苛刻。只要教会成员不公开攻击教会，不皈依另一种宗教信仰，那么他就算完全忽视所有宗教条令，公开宣传在逻辑上与任何宗教信仰都不一致的科学理论，也丝毫不会受到教会的谴责。直到最近，俄国教会才要求所有信奉东正教的俄国人每年都必须参加一次教会组织的交流活动，违反此规定者将会受到各种各样带有世俗性质的惩罚。实际上，这一强制要求是参照世俗事务管理模式提出的，而牧师们之所以坚持履行这样的义务也完全是出于赚钱养家的目的，而并非基于宗教事业的考虑。简言之，俄国教会虽然在科学发展和启蒙运动方面没有建树，但至少没有对此予以打压。

这种无动于衷的宽容可能与俄国的民族性格有关，同时在一定程度上和国家机关与教会之间的特殊关系有关。政府会警惕地保护教会免遭攻击，同时会防止教会去攻击其敌人。因此，各种宣传媒体从来都不会讨论宗教问题，教会的文学作品都是叙述历史、教义和信仰的。大斋节期间，政府当局允许国家教会成员和坚持旧仪式主义者在莫斯科的克里姆林宫举行公开辩论。不过，他们辩论的内容并不是我们所理解的神学思想或观点。他们只是在讨论教会发展历史上的一些具体事例，以及执行教会仪式时要注意的一些细节问题。例如，辩论者会讨论手指在画十字时的正确位置。对此，他们的依据并不是源自《圣经》，而是源自古代的圣像画、大公会议的教令及希腊教父们的著作。

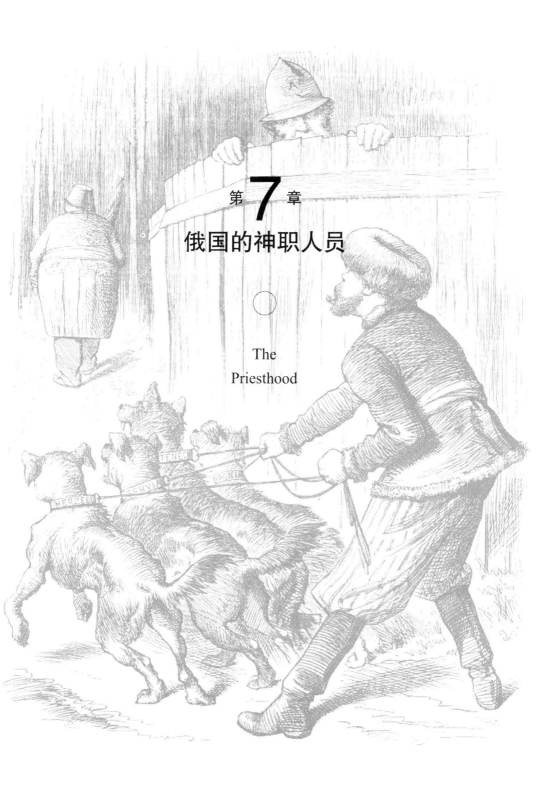

第 **7** 章

俄国的神职人员

The
Priesthood

　　几乎所有主管部门都承认，俄国神职人员目前的状况令人担忧，教区牧师很少能得到教区民众的尊重。梅尔尼科夫（Melnikof）先生在写给康斯坦丁大公的一份半官方的报告中非常清楚地陈述了这样的事实："人们非但不尊重神职人员，反倒经常嘲笑和指责他们，认为他们是百姓的负担。在几乎所有流传的笑话中，牧师及其妻子或手下都成了被嘲笑的对象，所有涉及神职人员的谚语和俗语也总是带有取笑他们的意味。人们对神职人员避而远之，实在情非得已时才会向他们求助……为什么神职人员如此不受尊敬呢？因为他们发展成了一个游离于普通百姓之外的阶层，且由于受错误教育思想的影响，他们没能将圣灵的教导引入人们的生活，布道时只停留在重复僵化的外在仪式上，同时却对这些形式嗤之以鼻。他们屡次亵渎宗教，还将为上帝服务的事业变成了大发横财的行当。据说，有一个牧师在为垂死之人忏悔时偷走了他枕头下的钱，还有一个臭名昭著的牧师被当众从房子里拖了出来，有一个牧师在给一条狗洗礼，还有一个牧师在主持复活节仪式时被助手揪住头发从圣坛上拖了下来……听到这样的消息，人们还能尊重那些神职人员吗？有的牧师整日花天酒地，有的牧师写祈祷书时毫无诚意，有的牧师将十字架当作了斗殴工具，还有的牧师在圣坛上彼此辱骂……这样的牧师能赢得人们的尊重吗？类似的例子不胜枚举，不用出下诺夫哥罗德，有具体发生时间和地点的事例就可以写满好几页纸。当人们看到神职人员大搞圣职买卖，举行宗教仪式时马虎大意，举办圣事时秩序混乱，他们还会尊重这些人吗？当人们看到神职人员已不再坚持真理，宗教法庭在判案时已不再遵守规则，全凭私人关系和贿赂情况乱下结论，以至于最后的一丝真理也荡然无存，他们还会尊重这些人吗？此外，神职人员还通过给那些不想参加圣餐仪式的人开假证明牟利，从坚持旧宗教仪式的人那里非法收取费用，将圣坛变成了敛财工具，甚至还有牧师把教堂送给女儿做嫁妆，此类现象不一而足。看到如此乱象，人们是否还能尊重神职人员这一问题便无须回答了吧。"

上面这番话是一位信奉东正教的俄国人写的。因为他对俄国各地区的生活有着广泛且深入的了解，并且他是以严肃的态度向一位皇室成员报告情况的，所以我们可以很有把握地断定，这些话大多数是真实可信的。不过，读者不要认为所有俄国牧师都像上述那些人一样。他们中的许多人尚且诚实可敬、心地善良，都在平凡的岗位上认真履职，努力为自己的孩子争取良好的教育。他们虽然没有罗马天主教神职人员那样的学识、文化和修养，但并不像罗马天主教神职人员那样偏执和高傲，对其他宗教信仰也比较宽容。如果对俄国神职人员的历史及俄国的民族特征有所了解，我们就可以轻松地解释当前俄国神职人员的优缺点了。

与被称为"黑衣教士"的僧侣不同，俄国的白衣教士，即教区牧师，经历了一段与众不同的发展史。早期，教区牧师来自各个阶层的普通民众，由教区居民自由选举产生。教区居民投票推选出某一人选后，会将其送至主教那里接受考察。主教如果认为其为合适人选，就会立即任命其为牧师。不过，这一做法很快就被废弃了，因为主教们发现，许多被推选出来的候选者都是未接受过教育的农民。于是，主教们逐渐控制了任命牧师的大权，而不管教区居民最终是否同意他们的决定。他们通常会将神职人员的男性后代作为最适合的人选。主教们还开办了主教学校——后又被称为神学院，让神职人员的男性子嗣在那里接受教育。随着时间的推移，其他阶层的后代完全被排斥在外。与此同时，政府的政策也强化了这样的结果。彼得大帝规定，每个臣民都应各司其职，为国尽忠：贵族担任陆军或海军军官，或任政府官员；神职人员负责管理宗教事务；其他下层阶级则有服兵役和纳税的义务。在这3个阶级中，神职人员的负担最轻。因此，许多贵族和农民都愿意加入这一行列。但政府不能容忍这种不忠于职守的行为，便设立了一道法律屏障，那就是禁止所有世俗人员加入神职人员的圈子。因此，在教会和政府的共同作用下，神职人员发展成了一个独立的阶层，无论是法律上还是实际上都不能与其他阶层打交道。

神职人员发展成一个特殊阶层，有其特殊性格、特殊习惯和特殊理想，这本身就会给神职事业造成负面影响，但还不是所有负面影响。随着世代繁衍，该阶层人数的增加量大大超出了空缺职位的数量。因此，牧师和助祭的数量很快就远超实际需求，并且这种供需失衡的状况一年比一年严重。于是，一个不断壮大的由神职人员主导的无产阶级形成了。和其他任何类型的无产阶级一样，这一无产阶级也会拥向城镇。虽然政府下令，禁止神职阶级出身的人离开其居住地，并称违反禁令者会被当作无业游民对待，但收效甚微。虽然历代君主都在试图通过将这些编外人员全部充军的方式来减少他们的数量，但结果并不理想。在莫斯科、圣彼得堡及所有较大城市的街头，"他们来了"的喊叫声不绝于耳。每天上午，都会有一大群神职阶级出身的人员聚集在莫斯科的克里姆林宫前，希望富有的贵族家庭能雇用他们到私人教堂里主持圣事。每当这时我们就可以看到，牧师与贵族家庭派来雇用他们的家仆之间会进行艰难的讨价还价，所有讨价还价的主旨和形式都大同小异，和附近集市上精明的商人与节俭的家庭主妇之间的讨价还价一模一样。"你听我说，"牧师会以最后通

———

牒的口吻对试图压价的仆人说："如果给不到75戈比^①，我就咬一口这个面包卷，咱俩也别再费口舌了！"根据俄国教会的规定，牧师打破斋戒后就不能主持宗教仪式了。因此，咬一口面包卷就意味着交易的结束。不过，这种手段只对刚刚进城的乡下仆人有效。精明的仆人早已对此习以为常，会对这种唬人的把戏嗤之以鼻，并冷冷地回应道："你尽管咬去，像你这样的人一抓一大把！"

留在村子里的那些牧师的情况也好不到哪里去。虽然他们中一些有幸找到工作的人可以摆脱对绝对贫困的恐惧，但其地位一点也不令人羡慕。连农民都很少关注或尊重他们，更不要说那些贵族了。如果教堂不是坐落在国家的公共领地上，而是属于私人地产的一部分，那么牧师们实际上和农场的农奴一样，他们的行动完全受制于主家，有时不得不以极尽屈辱和可耻的方式行使宗教权力。例如，我们就听说过，有一位牧师在一个寒冷的冬日里被扔进了池塘，只是为了博得主家和他那些性格粗犷、爱开玩笑、饮酒作乐的客人们一乐；还有一位牧师，因为在经过主家的房子时没有摘下帽子，就被装进一个木桶里，从山上一路滚到了山下的河里。

在讲述上述事件时，我们完全无意去暗示，发生这样的事情已经足以反映所有主家和乡村牧师之间的日常关系。可以肯定的是，如此毫无人性的残忍之举在俄国农奴主中并不常见。我们提及这些事件只是为了说明，一个野蛮的主家即便如此残忍地折磨其牧师（需要承认的是，生性野蛮的主家不在少数），也很少会被追究法律责任。当然，从刑法角度来看，这就是一种犯罪行为。不过，当时的刑法并非总能严

———

① 俄罗斯辅币单位，100戈比=1卢布。——译者注

格执行，当罪犯是个有影响力的农奴主，而受害者只是个乡村牧师时，法律就极有可能对此视而不见。如果这样的事件传到了尼古拉一世的耳朵里，他可能会下令，要求立即严惩罪犯，但正所谓"天高皇帝远"，有很多违法之事他并不知道。受到如此野蛮对待的乡村牧师几乎没有任何得到赔偿的希望，而他如果还算精于世故，也不会努力去获得赔偿。因为他如果向教会进行投诉，就可能会给主家带来麻烦。这样一来，主家肯定会以某种间接的方式让他将赔偿连本带利地还回来。

一些神职人员的儿子找不到正规的神职工作，处境更加糟糕。他们中的许多人在世俗机构中担任中级官员的书记官，通常会以令人所不齿的敲诈和偷窃方式维持微薄的收入。至于那些连这种身份低微的工作也没有找到的人，就不得不通过非法手段来养家糊口了，结果往往是被关进监狱或被发配到西伯利亚。

评判当代俄国神职人员的状况时，我们有必要回顾这一阶层所经历的艰难时期，也必须将几个世纪以来主导着东方教会的精神思想考虑在内，即无论是神职人员还是世俗人士，他们的身上都表现出了一种过分看重宗教仪式的倾向。落后的人无处不在，并且总是单纯地把宗教视为一堆神秘的仪式，还认为这些仪式具有神秘的力量，可以让他们避免今世的灾祸，享受来世的幸福。对于这种常规，俄国农民深信不疑，俄国教会也没有尽其所能地去消除这种观念，未能将宗教思想与日常道德紧密融合起来。因此，如下事件仍有可能发生。一个强盗枪杀了一名旅行者，却不会去吃在车上发现的一块熟肉，因为那天恰好是斋戒日！一个农民准备抢劫奥地利驻圣彼得堡大使馆的一名年轻官员，并且最终将其杀害，但他在入室抢劫之前，还进入了一座教

俄国农民

堂，向圣灵发誓会保护圣徒！ 一个进入教堂行窃的盗贼在发现很难从圣像上取下珠宝后，居然发誓说，如果某位圣灵能助他一臂之力，他愿意在其圣像前奉上价值一卢布的细长蜡烛！

以上这些虽然都是极端的个例，但都无一例外地说明了一种倾向，即俄国人普遍将宗教视为一种具有神秘力量而非具有精神指导意义的仪式。一些温和的例子也能说明俄国人的这种倾向。例如，贫穷的妇女会在宗教游行中跪下，希望圣像能从她的头顶拂过，为她免灾；富裕的商人会请求牧师把一些著名的圣像带到家中，为他祈福。

正应了一句俗语，"有什么样的牧师，就有什么样的教区"。这句话反过来说也正确，即有什么样的教区，就有什么样的牧师。绝大多数牧师，就像大多数普通人一样，仅仅满足于完成人们期望他们完成的工作。因此，他们的性格在某种程度上取决于教区居民的想法和观念。把俄国牧师和新教牧师进行对比，这一点就愈加明显。

根据新教的观念，乡村牧师应该是一个举止严肃、行为规范的人，应该接受过一定程度的教育，具备较好的修养。他每个星期都应该用简单但深刻的话语向信徒们阐述基督教的伟大真理，并劝告他们要走上正义的道路。除此之外，他还应该去安慰饱受痛苦之人，帮助急需帮助之人，劝导心有疑虑之人，训诫误入歧途之人。这就是信奉新教的大众心目中理想的牧师形象。几乎所有牧师都在朝这个方向努力奋斗，即便在实际行动上还做不到，但至少要在表面上表现得可以做到。反观俄国，教区居民并没有给牧师设定如此高的理想标准，只是期望他能遵守某些规章，并严格主持教会规定的各种典礼和仪式。如果他能做到这一点，并且不敲诈勒索，教区居民就非常满意了。俄国牧师很少布道或劝说他人，不会也不想对信徒产生什么道德影响。偶尔也有俄国牧师接近了新教徒心目中理想牧师的标准，但这种人实在少得可怜。

必须承认，从某种意义上讲，俄国人还是有宗教信仰的。他们会定期在星期日和圣日去教堂做礼拜，经过教堂或圣像时会反复在胸前画十字；他们会在指定的季节里领受圣餐，也会在星期三和星期五禁食肉类——大斋戒期间和其他长禁食期亦是如此；他们偶尔也会去圣地朝拜。总之，他们会严格履行他们认为自我救赎所需的各种仪式。但他们的宗教信仰只流于形式。他们通常对宗教教义一窍不通，对《圣经》也几乎一无所知。据说，一位牧师曾经问一个农民是否能说出三一真神的名字，这个农民毫不犹豫地答道："那怎么会不知道呢，兄弟。当然是救世主、圣母和会给我们带来惊喜的圣尼古拉（Saint Nicholas）啦！"这一答案足以代表绝大部分俄国农民的神学造诣。这则轶事众所周知，也经常被人们提起。我们甚至可以说这是对三一真神的创新性解释，而不是对神明的亵渎。俄国农民对神学教义和新教徒所说的"内在的宗教生活"是没有任何概念的。对他们而言，有宗教仪式就足够了。他们就像天真的孩子一样，对自己所履行仪式具有的救赎功效深信不疑。他们对自己的信仰或参与的圣事所发挥的作用深信不疑，并不担心过去的所作所为可能会让自己得不到永恒的幸福。他们就像在沉船中已捆好了救生设备一样，感到非常安心。他们对未来没有恐惧，对现在和过去也没有遗憾，只是平静地等待着死神的召唤，以一种可能连斯多葛派（Stoic）哲学家都羡慕的方式逝去。

我们在上一段使用了"圣像"一词。读者可能不清楚该词所指为何。我们有必要在这里简单地介绍一下，因为圣像在俄国人的宗教活

圣彼得堡涅瓦河
畔的祈福仪式

动中扮演着非常重要的角色。

圣像一般以黄色或金色为底色，带有古老的拜占庭式风格，大小从一平方英寸到几平方英尺①不等。除人物的脸和手之外，整幅圣像画通常都会覆盖着一块金属板，上面雕刻着人物的身形和服饰。如果不在画像中使用金属板，那么王冠和服装往往会用珍珠和其他宝石来装饰——有时价格很高。

通过仔细研究不同时期的圣像画，我们得出了如下结论：起初的圣像就是简单的油画，配置金属板的圣像则是现代创新的产物。第一次改变纯粹油画表现形式的做法好像是在画像人物的头上装饰一件黄金制品，有时还会镶嵌上宝石，代表光轮或皇冠。这种将油画与凸雕（haut-relief）结合起来的奇怪装饰方法（在我们看来，甚至有些粗野）后来竟然被慢慢应用到了画像人物的服饰上。人们发现，如果只需将画像人物的脸和手露出来，那么将不同饰品与鎏金背景结合在一起制成一块压花板就更加方便了。

从宗教意义上来说，圣像分为两种：一种是凡人制作的，另一种是神力造就的。凡人制作的圣像产量很大，其主要产地为弗拉基米尔省——该省的所有乡村都在从事圣像生产工作。从普通农民的农舍到皇帝居住的宫殿，我们在每一个俄国家庭都可以看到这种圣像。它们一般被高高地放在面向门口的一个角落里。虔诚的东正教徒一进门就会朝那个方向鞠躬，同时在胸前画着十字。人们在饭前和饭后都要进行同样的简短仪式。节日前夕，人们会在屋内至少一处圣像前点燃一盏小灯。

---

① 英制长度单位，1英尺=12英寸=30.48厘米。——编者注

那些由神力造就的圣像数量就要少得多了，总是被人们小心翼翼地保存在教堂里。人们通常认为，它们并非出自"凡人之手"，而是以神奇的方式出现在世上的。据传，有一位僧侣（也可能是一个凡人）眼前浮现出了一处幻境。幻境中有人告诉他，他会在某个地方找到一幅神奇的圣像。待走到那个地方时，他真的会发现一副圣像——要么埋在地下，要么挂在树上。随后，他便将圣像转移到了教堂，这一消息也迅速传遍了整个教区。成千上万人蜂拥而至，匍匐在这幅上帝赐予的圣像前祈福。其中一些人的疾病竟然治愈了，这也清楚地表明了其创造奇迹的能力。整个事件随后被正式报告给了皇帝统治之下俄国的最高教会机构——至圣治理会议，以便充分证明具有神奇力量的圣像存在的事实。官方对该事实予以认可绝非仅仅停留在形式上，因为至圣治理会议很清楚，具有神奇力量的圣像总能为其所在教堂或修道院带来丰厚的收入。在这种情况下，热情的管理者更倾向于相信这件事，而非持过分怀疑的态度。因此，他们需要先开展常规调查，在对发现者的证词进行彻底查验，并对所谓神奇力量给予认定之后，才会正式承认。如果得到认可，圣像就会受到无比崇高的礼遇，肯定会吸引四面八方的朝圣者前来朝拜。

人们每年都会在固定的日子里前往朝拜诸如喀山圣母那样令人尊崇的圣像；更准确地说，人们已将这些周年纪念日视为宗教节日。其中一些圣像之所以广受信众尊崇，是因为它们与俄国历史上发生的重大事件密切相关。例如，弗拉基米尔圣母曾经从鞑靼人手中拯救了莫斯科；斯摩棱斯克圣母在1812年抗击拿破仑军队的光荣战役中一直在鼓舞俄军的士气；同样是在1812年，当莫斯科人得知法国人正在向他们的都城逼近时，他们希望大主教能带上伊比利亚圣母像（现在在克里姆林宫的一个大门口仍可看到），率领他们拿起斧头出城抗击敌人。

尽管受过教育的阶层都普遍认为俄国教区神职人员的状况不尽如人意，但很少有人会认真考虑如何改善这种状况。当今统治者即任之初，人们把所有热情和精力都用在了社会改革上，几乎不会去关注教会事务。现在改革风暴已过，但人们对教会事务依然不太热衷。事实上，受过教育的俄国人通常对教会事务并不感兴趣。其中，有不少人思想"超级进步"，将各种形式的宗教行为视为旧世界的迷信，认为应该尽可能地让其平静地消亡。事实上，政府已经为改善教区牧师的状况做了一些工作，曾经一度使神职人员阶级固化的许多壁垒都已被打破。数以百计的牧师后代现在已进入文职部门、司法行政部门及其他行业工作，还有的进了大学当起了教授。除此之外，政府目前还在努力减少教区的数量，希望借此改善现有从业者的状况。我们相信，这些变化终将会给俄国带来有益的结果。

第 **8** 章
走遍俄国

The
Grand
Tour

如果要用一个词来描述俄国，我想这个词应该是"平坦"。这个国家从北冰洋到黑海和里海最显著的地貌特征就是平坦。在俄国，通过公路和铁路旅行的人可能哪怕行走数千英里都不会碰上陡峭的山坡或钻山的隧道。如果足够幸运地发现了一座山丘或山冈，你就会在轻松登顶、放眼眺望时发现，四周的地平线都毫无起伏。虽然有些河流的一侧是高堤，当你从蒸汽船或小木船的甲板上抬眼看过去时，它看起来就像是低矮的山脊，但当你真的登上高堤时，可能会发现自己刚才不过是被视觉错觉欺骗了。看似连绵不绝的山丘其实只是一望无际的台地边缘，而你期望在山顶背后看到的幽静的小山谷实际上根本不存在。

继平坦这一特征之后，俄国自然风光的第二大特征便是单调。俄国人经常夸耀他们的国家拥有无与伦比的风景、气候、植被及种族，这可能都是真的。地理学家、植物学家、动物学家和民族志学家坐在书房里，盯着地图上这一片从北极圈一直延伸到与罗马同纬度的广袤国土时，他们的脑海中不会出现"单调"这个词。不过，我们现在还不能与这些博学之人为伍。普通旅行者乘坐普通的交通工具，用自己的肉眼一次也只能看到几平方英里范围内的东西，不可能一下子把目光从阿尔汉格尔斯克（Archangel）[①]跳到梯弗里斯[②]（Tiflis）去。即使乘坐时速为25英里的快速列车，在一两小时之后，旅行者也有可能渴望得到一份报纸或一本小说。如果让他们在结束一天的旅行时总结

---

① Archangel是指Arkhangelsk，即阿尔汉格尔斯克，是俄罗斯西北部的一个重要海港城市，位于北德维纳河河口附近，面向白海。该城市的名字来源于大天使米迦勒，即该地区的天界守护者。——译者注
② 第比利斯的旧称。后文均用第比利斯。——编者注

旅途印象，他们会发现整个旅途几乎没有变化。事实上，要想获得一种多样性的印象，我们就必须把多种事物汇集到一个小范围内。虽然俄国境内有冰雪原野、森林、草原和繁茂的花园，有蔓越莓和藤蔓，有驯鹿和羚羊，有身穿皮草的萨摩耶德人（Samoyeds）和皮肤黝黑的格鲁吉亚人，还有北极地区的庄严壮丽和南部地区的明媚柔美，但这些对普通人来说没有意义。在旅行中，我们感受不到这些描述所暗示的多样性。当10万人分散在一个很大的区域内时，是无法构成一个群体的。

总之，可以说俄国不是一个适合人们去旅游的国家。尽管随着时代的发展，俄国修建了良好的公路、舒适的旅馆，也配备了供旅行所需的各种便利设施，但它依旧不会成为"欧洲游乐场"的一部分。不过，俄国也不应该被完全排除在旅游世界之外。如果选择了一条包括最有趣景点的路线，还尽可能规避掉那些无聊乏味的地方，那么我们在沙皇统治的这片土地上也可以度过一个愉快而有收获的暑假。我们现在就要在俄国的欧洲部分开启发现之旅，如果读者愿意跟随，我们将努力为大家做好导游和解说工作。

我们经芬兰进入俄罗斯帝国的领土后，竟然听不到周围的人讲俄语，这让我们都不敢相信自己已身在俄国。在城镇里，人们通常说瑞典语，而在乡下，人们通常说芬兰语。芬兰语十分悦耳，属于所谓突雷尼语（Turanian）系。我们不需要走多远就会发现，这里的人不仅不讲俄语，他们的宪政机构也与俄国的不同。自东方问题（Eastern Question）出现以来，我们经常读报，知道俄罗斯帝国和奥斯曼帝国一样都没有议会制度。但芬兰因为既有议会又有宪法，所以也有自己的"米德哈特帕夏"（Midhat Pasha）。不过，芬兰的议会比较奇怪，至少由4个议

院组成，每个议院由官方承认的贵族、神职人员、市民和农民这四大
社会阶层选出的议员组成。在一般性事务方面，议会只需征得其中3
个议院的同意即可；但在所有涉及基本法律、各阶层权利及征收新税
等事务方面，议会必须征得4个议院的同意。这些都不是俄国的惯常
做法，这就说明，芬兰虽在名义上是俄国的一个行省，但实质上并不
是。那芬兰算是个什么行政区呢？我们将尽力为读者解释清楚这一异
常现象。

　　长期以来，芬兰一直是瑞典的一个省，其下属各城镇仍被瑞典精
神完全渗透。1809年，俄国征服芬兰，不久后将其正式纳入了自己的
版图。但当时的沙皇亚历山大一世并没有用俄国的统治制度取代芬兰
的宪政制度，而是尽可能地保留了其原有制度，还沿用了芬兰大公的
称号。因此，上面所说的异常现象就出现了。由于芬兰享有许多本不
该享有的特权，避免了许多本该承担的责任，所以芬兰居民在俄罗斯
帝国形成了一个特权阶层。芬兰人虽然在国内外均享有俄国臣民的一
切待遇，受国家保护，但并不承担俄国的外交事务和驻外领事的费用
开支。并且直到最近，他们也只向俄国军队提供了一个营的兵力，而
不是本应该提供的3万人的兵力。芬兰有自己的货币、邮局、国家银
行和海关，其海关甚至不允许进口俄国的许多商品。最重要的是，他
们并不把生活在身边的俄国人当作主人，甚至都不当作同胞，而是当
作外国人来看待。在19世纪的前20多年，俄国政府确实对其非俄国
臣民表现出了一定的偏袒，不仅保留了芬兰和波罗的海省份的管理制
度，还允许波兰人制定自己的宪法，甚至赋予来自德意志及其他外国
的殖民者许多宝贵的特权。显然，这些措施的实施是基于对国家政策
综合考虑的结果，但这无疑伤害了土生土长的俄国人的自尊心。俄国

人发现，他们在自己国家的地位还不如外国人的地位高！而在许多方面，这样的管理体制并没有产生俄国政府预期的效果。在芬兰的瑞典人及在波罗的海省份的德意志人变得越来越排外了，他们一直在坚决抵制一切俄式影响，常常毫无顾忌地表现出他们对俄国人及其管理制度的不尊重和厌恶。外国殖民者对其周围的农民在文明生活方式上的影响可以说微乎其微，他们甚至到了第三代和第四代时仍然保持着外国人的身份。波兰人则竭尽全力地将其地方自治转变为政治独立，试图分裂俄罗斯帝国。由于这些令人不安的事实，俄国政府近年来改变了政策，正在努力同化所有外来人员。当然，这种同化或所谓"俄国化"尝试遭遇了顽强的抵抗。芬兰人、波兰人和德意志人均认为他们要比俄国人更文明，而"俄国化"在他们看来，就像一个聪明的爱尔兰人曾经说过的那样，是在"倒行逆施"。更不幸的是，在同化的过程中，宗教因素起到了阻碍作用。在俄国，无论是在思想意识上，还是在日常生活中，人们都感觉宗教和国籍是密不可分的——实际上就是合二为一的。无论我们怎样去解释这一奇怪现象，这样的事实都不容否认。一个人如果在俄国出生，并在俄国接受教育，是沙皇的忠实臣民，还在政府部门担任高级职务，却是一名新教徒或罗马天主教徒，那他永远不会成为真正意义上的俄国人。只有信奉希腊东正教的人才算得上是真正的俄国人。因此，俄国政府非常希望看到其所有异族臣民都加入官方教会——东正教。目前，俄国政府到底在多大程度上迫使这些人加入东正教引起了人们的广泛关注，读者自然也想知道俄国目前的这种做法是否有合理的根据。然而，要想了解真相绝非易事。像曼斯菲尔德（Mansfield）上校这样的领事代表讲述他亲眼所见的情况时，我们可以认为真相得到了充分的证实；但如果他是通过传闻讲述千里之外发生的事情时，我们就必须极其谨慎地对待他的证词了。在波兰，我们尤其必须保持这种谨慎的态度。任何一个与波兰人打交道的人都必须意识到，一旦爱国情感和对俄国的仇恨涌上心头，他们的话就不一定客观真实。在这种特殊情况下，不管真相如何，波兰人一般都会夸大俄国政府对他们的迫害程度。俄国人或居住在俄国的外国人只要能在名义上坚持自己出生时的信仰，并允许其他人也这样做，就能享有最完整的宗教自由。希腊东正教、罗马天主教、新教和伊斯兰教同样受国家的保护，可以按照各自祖先的方式自由敬拜神明。但人们在信仰转变上的自由程度并不相同，存在着被称为皈依者和变节者的区别。罗马天主教徒或新教徒可以皈依希腊东正教会，但俄国教会的东正教徒不可以改信罗马天主教或新教。尽管在一般情况下，政府在宗教信仰上采取的是宽容政策，并没有竭力规劝不信教之人皈依东正教，但也决不允许东正教徒的数量有所减少。实际上，这种做法是对完全宗教信仰自由的严重侵犯。不过，因为很少有人会愿意公然宣称改变宗教信仰，所以实际上该政策的影响并不像人们想象得那么大。但这仍然是俄国在立法方面留下的一个非常严重的污点。当今的沙皇锐意改革，在许多方面都取得了巨大成就，人们希望他在合适的时机废除这一保守的宗教政策。通过刑法来确保正教的地位，只能说明国家对东正教会与生俱来的优越性与权力缺乏足够的自信。

真是抱歉，我们竟然不知不觉地讲了这么多与旅程不相干的话。旅行者从蒸汽船上看到的第一处吸引人的景点当属喀琅施塔得（Cronstadt）。从远处看，它似乎是一个毫不起眼的小岛，但实际上是世界上最坚固的堡垒之一。至少俄国人会这么说，我们没有资格反驳他们。在克里米亚战争期间，它确实将一支庞大的英国舰队挡在了海湾之外。从那时起，其防御能力就在不断增强。如果报道属实的话，那么它现在可以抵御世界上任何坚船利炮的攻击，保卫圣彼得堡的安全。经过喀琅施塔得不久，我们便会看到海湾南岸有两座掩映在树丛中的皇宫——彼得霍夫宫（Peterhof）和斯特列利纳宫（Strelna）。继续前行不久，前方靠近地平线的地方好像有一颗巨大的黄色流星在发出跃动的奇幻之光。仔细看，我们便会发现，那不过是太阳照在圣彼得堡最大的教堂圣以撒大教堂（St.Isaac's Cathedral）穹顶上的反射光线罢了。

一般来说，俄国的城市和东方国家的城市一样，远看宏伟壮观，但经不起仔细打量。不过，圣彼得堡与大多数俄国城市不同，不仅远看宏伟壮观，即使进入城市近距离观察，那份壮美之感也丝毫不减——至少乘蒸汽船进入城市时会有这样的感觉。在深邃而湍急的河流上面，时刻都有蒸汽船和划艇在飞速航行；半掩在驳船和蒸汽船后面的码头由巨大的砖石砌成，绵延数里，码头两侧排列着坚固的大房子；装有铁护栏的又长又优雅的石桥后面就是艺术学院、堡垒和冬宫；圣以撒大教堂的镀金穹顶在夕阳的余晖中闪闪发光。这一切所构成的壮美画面让圣彼得堡的市民引以为豪。进入城市中心后，我们心中的这种壮美印象绝不会消失。我们可能偶尔会有进入荒芜之地的感觉，但马上便会提醒自己这就是"宏伟的偏远之城"的特点，这也许是因为我们还不太习惯彼得大帝在毫无价值的土地上建造起来的这座城市。整体而言，圣彼得堡在建筑风格和规模上都很宏伟，其大部分街道都是宽阔笔直的，并且互成直角。设计之初，这些街道就是要走完美的直线，该设计思路也从未遭到来自高地或洼地的任何为难；但在偶尔遇到蜿蜒的运河时，设计者也会暂时忘记其死板的原则，变得灵活起来。街道两旁的建筑物规模与街道的长度和宽度非常协调，许多建筑物都包含几十套独立公寓的高楼。城市内的广场、宫殿、剧院和教堂也非常宽敞，规模宏大。涅夫斯基大街（Nefski Prospect）可以称得上是世界上最美丽的街道之一。

作为游客，我们自然是想去"游览观光"的。幸运的是，圣彼得堡的景点并不是很多。首先，我们可以参观一下艾尔米塔什博物馆（Hermitage），那里藏有意大利和西班牙二流画师的画作及荷兰一流大师的杰作。然后，我们可以看到一两个现代俄国绘画的展馆，这里的作品质量尚可，但缺乏让人耳目一新的原创风格。如果想观赏高大的殿堂和富丽堂皇的现代装饰，我们可以到冬宫里逛一逛；如果喜爱文学，我们可以在帝国公共图书馆待上一两小时，那里除了有各种珍品书籍，还有一座伏尔泰图书馆。圣以撒大教堂和其他教堂还是要进去

圣彼得堡附近的涅夫斯基大街场景

观赏一下的，但那里没什么东西值得我们停留太久。其实，只用一天时间就可以观光完城内的所有景点。到了凉爽的傍晚，我们可以花一两小时乘小船绕着城外的岛屿转转，或者找个地方观赏落日余晖——这种地方深受那些不得不在涅瓦河畔度过夏天的人喜爱。我们通常在提到圣彼得堡时就会联想到冰天雪地、昂贵的皮草及温暖的羊皮，但实际上这里的居民在一年中忍受炎热日子的时间也不短。当然，在漫长的冬季，这里的地面总是覆盖着积雪，温度有时会降到零下30摄氏度；东风刮过时，无论是外来者还是当地人，他们的鼻子和耳朵都有被冻伤的危险。

因此，这里的所有房子都配置了双层门窗，每个房间都必须有暖气或用巨大的炉子供暖。当你打开双层窗户的那一瞬间，外面的冷空气就会以蒸汽的形式钻进室内，这时你就会放弃美国人坚持的必须给房间经常通风的想法。当你出门散步或驾马车出门时，必须穿上长长的高领毛皮大衣和笨重的保暖套靴。或许你还想通过跑步来促进血液循环，但如果天气晴朗干燥却非常寒冷的话，你最好还是抑制住这种冲动，拉拉身上的毛皮斗篷——把自己裹得严实一点儿比什么都强。因为在极端干冷的天气里，就像身处高山之巅一样，任何剧烈的运动都有可能让你立刻喘不上气来。人体的肺好像只能承受一定程度的极端寒气，可不像过分热情、不负责任的商人那样，会干超出自己能力之外的事情。你也许会想，可以通过在冰上滑行来摆脱自己身体上的不适，但你可能又要失望了。俄国并不是一个适合滑冰的国度，河流和湖泊刚一结冰，大雪就会随之而来。因此，穿上冰鞋长途旅行是不大可能的。确实，圣彼得堡在很多年前成立过一个滑冰俱乐部，现在俄国人已学会了建造滑冰场，但该项娱乐活动在国民中

圣彼得堡的
冬宫

圣彼得堡冬日景象

一直没有流行起来。据我们所知，圣彼得堡是俄国唯一拥有顶级滑冰场的城市。但即使在这儿，遇到极端寒冷的天气时，人们也无法滑冰，因为温度降到一定程度后，冰面就会变得像玻璃一样坚硬，任凭冰刀多么锋利都无法切入冰中。在爱丁堡公爵结婚时举行的庆祝活动中，人们担心英国殖民地准备的滑冰盛宴可能会因天气太冷而被迫叫停。然而，天公作美，那次滑冰活动被证明是涅瓦河上最精彩的一场宴会。比起滑冰场带来的无聊的满足感，许多人更喜欢冰山带来的刺激。如果"冰山"足够高、足够陡，人们就能体验到从高处窗口跳出来瞬间滑下时的快感，但需要保护好自己的脖子不被摔断。喜欢冒险的人还可以通过猎熊活动寻求更大的快感。但我们必须承认，猎熊活动并不像其名称所表示的那样，是勇敢者的娱乐活动。事实上，偏远省份的少数农民才配得上"强大的猎人"的称号，他们往往独自进入森林，仅凭手中的一根粗木棍和一柄长刀，前去猎杀魁梧的布伦熊。据报道，在乌拉尔地区的某个村落，甚至有一个妇女经常主动外出猎熊，并且总能成功地捕到猎物。但圣彼得堡的业余猎熊活动与上述职业猎人的猎熊活动完全不同。读者朋友，我们在这里可以偷偷地告诉您，熊其实在被猎杀前就已经被人买下了。农民们发现毛茸茸的大熊冬眠后，首先想到的是去找一个买主。为此，他们会派人到城里和某些体育娱乐界的人士沟通。交易达成后（金额取决于熊的巢穴与火车站之间的距离），一队带着步枪的运动员会在指定的日子前往熊的巢穴。助猎者进入森林后，先通过大声吼叫的方式将熟睡的熊唤醒，然后再将它驱赶到运动员已埋伏好的围猎圈。如果一切安排顺利的话，大熊几乎没有逃脱的机会。熊生性温和，在试图摆脱那些冲着它嚎叫的助猎者时，毫无防备地跑进了"死亡陷阱"。亲爱的读者朋友您看，业余猎熊并不是一项非常危险的娱乐活动吧。不过，如果没有这方面的经验，您还是谨慎一点儿为好。尽管您与农民签署了正规的合同，但不要忘记，熊可没有在合同上签字，所以它并不觉得自己有义务按照你们的合同要求行事。如果能做到的话，它会配合你们的；但如果做不到的话，它可能会以一种极其粗暴的自卫手段，本能地进行自我保护。您要遵循的猎杀原则是要么射得精准，要么干脆别射。如果是第一种情况，您会让敌人丧失战斗力；如果是第二种情况，您则给了它逃脱的机会。但如果您只是打伤了它，那您可就要小心了！第二发子弹还没顾上射出，您可能就已落入了大熊的怀抱。也许同伴适时精确的射击会救您于危难之中，否则您的处境将不堪设想。几年前，统治整个帝国的沙皇就险些在自己的领地上遭遇这种不测。若不是当时陪伴在沙皇左右的两个长矛兵及时出手相救，这只熊可能就会改写《哥达年鉴》（*Almanach de Gotha*）的内容，并对欧洲历史产生举足轻重而深远持久的影响。

　　一个卑微的四足动物，一个在谈及选举权时从未被提及科族名称的动物，在被逼得勃然大怒时，竟然能够或者差一点儿就能够改变一个伟大帝国的命运！用这种思维去思考如此庄重的事情实在令人好笑，可事实确实如此。在美国，大熊即使吞下好几位总统，甚至再吞下两三名内阁部长，也不会实质性地改变美国的国家政策。但在俄国，情况截然不同，这里的君主可以按照自己的意志制定国策，任何偶发事件都可能决定或改变整个帝国的命运。有关伊丽莎白皇后的轶事就很好地说明了这一点。就在她准备签署一项非常重要的条约，被迫向他国宣战时，一只不知天高地厚的苍蝇，擅自闯入她的书房，在她的笔边落了下来，在纸上留下了污点。伊丽莎白皇后觉得这是个凶兆，于是把纸放到了一边，再也没有签字。这只普通的小苍蝇除了可以把东西搞脏，实在没有其他过人的智慧，却比当时帝国的1600万居民还具有决定政治走向的影响力！

我们最近听到了很多关于沙皇应该屈服于民众压力的说法。一些俄国人甚至断言，沙皇陛下从来不做违背民众意愿的事情。他们说："我们的政府虽然形式上是专制的，但实际上是代表着人民意愿的。我们虽然没有议会，但有其他表达我们意愿的途径，而沙皇不会无视这些意愿。"一些俄国人喜欢和外国人这样说，但绝不会和同胞这样说。如果他们真的相信自己所说的话，那就应了一句老话：愿望是思想之父。沙皇本人也是俄国人，所以在一定程度上也像他的臣民一样受到了相同的影响。不过，他完全可以有自己独立的思想，可以不听从大部分人的观点而采纳少数人的意见，就像他在推行古典教育还是科学教育这一问题上所做的那样，无论民意如何都无法撼动他的决心。难道像某些人所说的那样，他是受到了另外一种压力才做出如此决定的吗？那些人说，整个俄国都被革命思想破坏了。沙皇就像坐在火山上一样，不得不适时地喷出一点儿爆炸物，以免他和整个皇室都被轰到天上去。比如，他目前就采用了拿破仑式的对外发动战争策略，好让那些不太忠于他却又爱国的臣民将注意力从国内事务上转移走。但这一做法是完全错误的。革命思想确实在俄国国内传播，也确实给政府带来了很多不必要的麻烦，但根本没有机会推翻现有的政府秩序。全国人民都全心全意地拥护在位沙皇的统治，并强烈反对任何可能会限制沙皇专制权力的事情。不要说有革命倾向的人了，就连想提出合法宪政诉求的人都少之又少，因此，沙皇的任何命令一般都不会遭到强烈的反对。

言归正传。我们已经说过，圣彼得堡人既要忍受炎热，也要耐住寒冷。这里虽然冬天漫长而沉闷，但并非全年都如此。4月的某个时候或者五月初，天气回暖。雪开始融化，街道变得一片泥泞，马车取代了雪橇；河面上的冰也开始融化，闲置了6个月的蒸汽船和帆船也准备开始工作了；太阳散发出了热情的光芒，仿佛急于弥补错失的时光。很快，小草、灌木和乔木都开始复苏了，在短短的几天时间里，光秃秃的树枝上就长出了嫩绿的春芽。这是俄国北方一年中最安逸的一段时间。不过，这段安逸的时光转瞬即逝。用不了几个星期，继漫长黑暗的冬天之后，那令人愉悦的阳光就开始变得令人窒息起来。鲜艳翠绿的叶子像生了病似的变成了灰色，空气也变得沉闷起来；街道上弥漫的气味告诉人们，城市的排水系统还有待改进；人们在冬季喜欢光顾的那些房子接二连三地关上了门，街道上也看不到熟悉的面孔了，那些不得不留在城市里的人就像节日到了却无家可归的孤儿一样可怜。

在上层社会，很少有如此不幸的人。那些无法到乡下的庄园避暑或到国外旅游的人，大部分时间都会在岛上找个地方避暑，或者到皇村夏宫（Tsarskoe Selo）、巴甫洛夫斯克（Pavlofsk）、斯特雷尔纳（Strelna）、彼得霍夫（Peterhof）或邻近的其他地方避暑。在漫长的仲夏，夜晚既没有黑暗也没有丝毫凉意。这与人们对圣彼得堡是一座冰雪之城的一般印象是多么不同啊！任何极端的温度都让人厌烦。但在圣彼得堡，一切都是为冬季安排的，所以极端炎热比极端寒冷更令人不适。既然已经在圣彼得堡仔细"参观"了一番，我们就转向东南，对莫斯科进行短暂的访问吧。

通往莫斯科的铁路是俄国最早修建的铁路之一，是在尼古拉一世

圣彼得堡的
行乞者

的亲自监督下修建起来的。这也解释了为什么这条铁路的建筑风格如此宏伟。尼古拉一世做任何事都喜欢不拘小节，没有准确计算成本的习惯。莫斯科铁路的建设就真实地反映了他的这一性格特点。根据沙皇的要求，这条建成的铁路运行路线几乎是一条直线，并且沿线的主要车站均以规模宏大著称，甚至可以称得上宏伟了。火车每到一个车站，都会停很长时间，以便乘客能悠闲地饱餐一顿。这种安排必然会造成列车严重延误，但也有一些相应的好处。从圣彼得堡到莫斯科全程约为400英里，快速列车大约需要15小时。

游客对莫斯科的第一印象可能并不太好。火车站位于城郊，而通往市中心的街道狭窄蜿蜒、肮脏不堪，路面铺设也实在糟糕。估计任何一辆美国马车的弹簧都很难适应这种颠簸的路况，这样的路况对旅行者的肌肉、筋骨和脾气都构成了巨大挑战。不过，如果游客对古朴风格的建筑充满憧憬的话，他们在抵达莫斯科市中心后，就会立刻忘记一路的不便。矗立在他们面前的克里姆林宫展现出来的就是古朴的风貌。他们会惊奇地凝视着高高的石墙、奇特的古塔、带有镀金穹顶的庄严肃穆的大教堂，还有怪诞的圣巴西尔教堂——有史以来人类构想最奇妙的建筑之一。如果研究一下这些建筑上的细节，我们就会发现一些有趣的遗迹，这些遗迹能让我们联想到俄国的不同历史时期。有的遗迹反映的是莫斯科作为独立公国存在的历史阶段，有的遗迹反映的是莫斯科大公国及其他"俄国大地"上的公国需向鞑靼大汗进贡的历史阶段。但更多遗迹反映的历史阶段，则是这座古老的城市超越了所有对手，摆脱了鞑靼人的统治，将其他独立公国融合后，发展成了俄罗斯帝国的中心。也就是在这段历史时期，伊凡三世下令让一位意大利建筑师设计修建了宏伟的圣巴西尔教堂；恐怖的伊凡四世打败了不可一世的旧莫斯科贵族势力，用屠杀8万人的手段平息了诺夫哥罗德的共和运动；波兰人和哥萨克人占领了俄国，对民众烧杀抢掠，无恶不作，其野蛮与残忍像极了后来奥斯曼帝国的雇佣军；温和虔诚的皇帝阿列克谢邀请外国的各种能工巧匠和精通兵法的士兵前来俄国，为他精力充沛的儿子（即后来的彼得大帝）铺平了强国道路。彼得大帝不喜欢保守的莫斯科人，也不受他们的爱戴。为了实现其改革宏愿，他被迫另建了一个都城，并将皇室迁到了那里。但在俄国人的心中，莫斯科仍然是俄国最重要的城市。至少在近代，莫斯科的表现足以说明它配得上人民的偏爱。1812年，拿破仑率军侵入俄国，在占领莫斯科后，幻想着可以在克里姆林宫向俄国人民发号施令，但当时的莫斯科将自己的利益抛在了一边，以牺牲自己的壮举拯救了国家。

莫斯科和圣彼得堡以生动的城市形象代表了俄国历史上的两个伟大时期。旧都莫斯科古老，城市规划比较随意，就像《汤姆叔叔的小屋》中的女孩托普西（Topsy）一样，是慢慢向好的方向发展的，而新都圣彼得堡是按规划建造的，处处都能看到明确规划的痕迹。彼得大帝时代之前的俄国历史与莫斯科的历史非常相似。在伟大的改革者到来之前，俄国人民一直过着一种随遇而安的生活。每当有困难出现时，他们都会勇敢面对，并且几乎总能用传统的智慧解决困难。如果说过去的沙皇有什么宏伟的治国方略的话，那就是迅速地扩大其统治领地，并将所有政治权力握在自己手中。但他们不知道去教化臣民，也不懂得根据政治学原理去建立相应的管理机构。他们并不反对雇用一些在建筑、火炮和其他艺术方面有一技之长的外国人，但他们在这方面并没有走得太远。尽管如此，此举还是引起了臣民的反感。因为当时普通的俄国人都认为，一切外来事物都是异端，对救赎百害而无一利。俄国人不反对畅饮，因为这是一项民族传统，是一种已被认可的古老习俗；但他们看到有人吸烟时却十分反感，因为吸烟是天主教徒和新教徒资助的一项源自外国的发明。在这点及其他类似的问题上，他们总能为自己的信仰找到借口。用他们的话说，对醇香的伏特加的喜爱和对芳香的烟草的厌恶是能够在权威的《圣经》里找到根据的：书上不是说了吗？一个人被玷污，不是因为进入他体内的东西（伏特加），而是因为从他嘴里吐出的东西（烟雾）。我们不知道，他们在坚守其他保守的信条时，是否也能找到如此权威的根据来；但我们知道，他们在坚守历史悠久的习俗和信仰方面态度坚决，有时宁愿死也不愿偏离祖先留下来的信仰与习俗。在这样保守的国民中，只有意志颇强、胆识超常的人，才敢有想法去引入哪怕是非常温和的改革。因为任何一个意志坚强、胆识过人的普通人都会觉得尝试去彻底改变现有的社会或政治生活简直是疯狂之举。不过，彼得大帝绝非平庸之辈，他冲动、鲁莽，敢于蔑视反对派，如此性格注定了他要么会走向毁灭，要么会名垂青史。在外国游历时，彼得大帝被西方的文明成果深深吸引，于是下定决心要将这些文明引进自己的国家，无论臣民和牧师如何反对。这是一个大胆的计划，甚至可以说是一个疯狂的计划。彼得大帝没有退路，只有成功实施了计划才可以证明计划本身的合理性。但他的计划最终并没有全部成功实施。事实上，他的许多计划都彻底失败了，甚至一些得以实施的计划也远没有达到他预期的结果。不过，他确实成功地打破了一些陈规，带领俄国走上了一条新的道路。俄国不再只是按照自己的方式"成长"了。在吸纳德国、荷兰、丹麦和法国的政治智慧的基础上，俄国对自己的宪政制度进行了改良；俄国的上层人士也被迫接受了西欧人的着装风格，还在一定程度上吸收了西欧的思想。随着新学校的开设，以及传统鞭刑的威慑，贵族的保守势力不复存在，而牧师、僧侣及教会权贵等神职人员的工作秩序由世俗部门负责管理。简而言之，以莫斯科河畔古老城市为都城的莫斯科沙皇国（Czardom of Muscovy）变成了以在涅瓦河畔新建的圣彼得堡为都城的俄罗斯帝国。在这之前，莫斯科一直被认为是一个亚洲公国，当时欧洲基督教国家的君主看待沙皇就像如今的我们看待中亚的王侯一样。但在这之后，俄国成了欧洲大国的一员，沙皇也开始有权参与所有重要的国民大会、研讨会及其他紧急会议。通过这些活动，目光短浅、外交软弱的沙皇可以努力维护一方和平。

在这200年间，俄国的发展速度无疑是惊人的。1682年，俄国的国土面积约为560万平方英里，而到了1867年，其国土面积已达约753.5万平方英里。俄国的人口增长更是令人震惊。从1722年到1857年不到一个半世纪的时间里，其人口就从1400万飙升到了7400万！政治预言家往往能看透普通人既看不到也无法理解的事情，有时会自信地宣称：这个伟大的帝国很快就会分崩离析。我们不敢说自己有政治或其他方面的预言天赋，但必须要说的是，我们并没有发现符合上述帝国崩溃预言的任何征兆，也没有发现似乎有可能发展成政治独立的地方势力。德国人所谓的那种昂扬奋进的"分离主义"根本不存在。长期生活在边陲地区的俄国人可能会吸纳邻国的一些礼仪和习俗，但他们的政治本性和民族情结不会改变。他们可能从未想过希望帝国解体，如果有人跟他们这么说，他们一定会认为他大逆不道。最近，一个到西伯利亚旅行的人发表了他的见闻，称他在那看到了独立民族的萌芽。他指出，当地接受过教育的人有一大部分都是被流放到

来自西伯利亚的两个新娘和一群吉尔吉斯人

俄国农村生活

那里的波兰人及其后代，他们现在既不是波兰人也不是俄国人，而是西伯利亚人。如果不考虑这些说法，我们就无法接受下面的结论：这些西伯利亚人有可能建立一个独立民族，并力争获得政治独立。其实，这些有波兰血统的人只占俄国人口非常小的一部分，他们的人口增长速度远不及纯俄罗斯人的增长速度。实际上，所有西伯利亚人在性格和行为上都有一些与众不同，这也是他们与大多数俄国人的区别所在，但据我们判断，他们在情感和心理归属上都是不折不扣的俄国人。在俄国的欧洲地区，铁路正在迅速破坏当地人的传统生活方式，电报已经让地方政府以前享有的一点独立权力荡然无存。

如果参观过民族博物馆——莫斯科非常有趣的景点之一，我们就会发现关于俄国解体的预言还是有几分道理的。在那里，我们可以看到数量众多的人体模型，它们代表了声称效忠沙皇的各个民族的人。不过说实话，这就是一群乌合之众：有从头到脚都穿着驯鹿皮的萨摩耶德人，也有来自巴库（Bakou）只穿着一点儿衣服的、面目狰狞的拜火教徒，有矮胖、发育不良的布里亚特人（Buriat），也有高大魁梧的哥萨克人，有粗野、胆小的楚瓦什人（Tchuwash），也有敏捷、凶猛的切尔克斯人，有切尔米斯人（Tcheremiss）和沃蒂克人（Votiaks），也有巴什基尔人（Bashkirs）和吉尔吉斯人（Kirghis），有鞑靼人和卡尔梅克人，也有波兰人和德意志人，有格鲁吉亚人和犹太人，也有波斯人和莱斯基人（Lesgians）。谈及宗教统计资料，我们发现，希腊正教派及其他教派，如格里高利派、罗马天主教徒、新教徒、犹太教徒、穆斯林及偶像崇拜派，他们的数量一样多。在一个多民族和多宗教国家，威胁社会和谐的因素肯定有很多。毫无疑问，确实存在一定危险，但这些危险并不像我们想象的那么大。虽然俄国的民族众多，但仅俄罗斯人就占到了总人口的五分之四。芬兰人虽有450多万，但没有政治意义上的国籍。他们分属10余个部落，既没有共同的语言，也没有共同的政治目标，更没有共同的情感纽带，因而正在被迅速地俄罗斯化。犹太人虽然将近250万，但与其他地方一样，俄国的犹太人后裔没有搞分裂的政治愿望。唯一可能给俄国人带来严重麻烦的是波兰人，虽然他们恢复政治独立的机会很小，但他们不仅是俄国，还是德意志帝国和奥地利帝国的眼中钉。波罗的海各省搞分裂的机会似乎更大。据说，那里的居民全是德意志人，虽然他们本身势力并不强大，但他们可以请求俾斯麦或其继任者支持他们的事业，帮助他们重回祖国的怀抱。对于这种观点，我们承认一切皆有可能，但同时要补充一句话：存在可能的事情，就存在不可能的事情，而德意志吞并波罗的海各省明显属于不可能发生的事情。那里的大多数人不是德意志人，而是芬兰人。只有少数贵族和商人是德意志人，但他们并不希望被德意志帝国吞并，因为他们会因此失去目前享有的特权地位。这些德意志贵族大多都在俄国的政府或军队中担任要职，要比在德意志帝国发挥的作用更大。同理，这些德意志商人也会因波罗的海各省被吞并而损失惨重，因为这些地区若不再属于俄国，其商业地位就会一落千丈。

第**9**章

俄国的贸易与工业

Trade
And
Industries

在一个民族如此之多的国家里，我们自然希望能看到各种各样稀奇古怪的原始手工业，畅想着可以将一些精致小巧的手工艺品带回家，作为礼物送给亲朋好友。我们甚至幻想着要在自己的书房里建一个小型的俄国博物馆，因而迫不及待地想到集市上逛一逛。对，我们一定要去那里转一转。集市就在克里姆林宫附近的"中国城"里，所以我们在去往集市的路上可以再欣赏一遍那些风景如画的古城墙和迷人的塔楼。但我们千万别指望能在集市上淘到多少奇珍异宝来装扮自己的书房博物馆，否则我们一定会失望的，因为在精巧的机械制造及精致的自然品位方面，无论是俄罗斯人还是被他们吞并的众多部落的人，都不出众。俄国的许多地方都有自己独特的地方手工业，但它们生产出来的许多产品都不方便装进旅行箱里，例如大箱子、浴缸、石器罐及木制雪橇等，而诸如钉子、柏油和牛油等其他小物件又不太适合当作礼物送人。不过，还是有一些物品方便携带，也适合作为礼物送人。一些外国人会买一些非圣像的画像回去，挂在壁炉所在的墙面上作装饰；还有的人会大量购买用来制作教会法衣的金银布料，回家做成窗帘或客厅家具上的盖布。不过，为了满足好奇心，你可以买些黄金布料做的物件，其设计和工艺都值得称道。但多数物件的图案装饰或平淡无奇，或花哨俗气，让人不难从中挑选出真正拜占庭风格的物件来。珐琅制品也是好东西。如果碰到了上好的珐琅器物，你大可放心出高价将其买下，绝不会后悔。如果这些东西都没有，你可以买几只普通的现代搪瓷杯，它们在设计和色彩上也都非常精美。黑金镶嵌制品也值得购买。但最具原创性的是毛巾上的刺绣和花边，它们都是农民按照传统工艺制作的。

购物之后，我们可以找一家正宗的酒馆吃些茶点，还可能在那里发现一些"地方特色"。附近正好有一家比较大的酒馆，我们肯定会在那里发现一些俄国的商界名流。酒馆的空间不是特别大，很大一部分都被一架巨型自动管风琴占据了，它一直顶到天花板上，仿佛可以代表一个管弦乐队。在一个宽敞无比的大厅里演奏这件乐器，也许会让人心情舒畅；但在这个又小又矮的房间里，它发出的声音简直是震耳欲聋。我们虽然完全尊重莫斯科人的品位，但仍然觉得花1万美元放置这样一个物件，真不如把钱花在更有价值的地方。不过，当地人可不这么认为，他们最清楚该怎么做。他们非常享受那"和谐的"喧闹声，尤其是沉醉在"惊天动地"的超低音中。这些音乐没有任何俄国特色，全是管风琴手演奏的意大利歌剧的曲调，而乐器也不过是一个大号的、加强版的管风琴，就像一个易怒的人在可怕的噩梦中看到和听到的那样。除了管风琴，房间里最显眼的东西就是它旁边的一把大茶壶。大茶壶几乎也碰到了天花板，就大小来看，这也像是噩梦中才会有的物件。虽然我们不知道这把大壶里面到底能装多少加仑的沸水，但可以肯定的是，如果我们能计算出来的话，这个数字一定会令人震惊。这把茶壶是酒馆的活动中心，周围有一群聪明活泼、富有活力的年轻服务生，他们身着白色的裤子和轻薄的丝绸衬衫，就像燕子一样忙碌地飞来飞去。再接下来引人注目的就是那个坐在窗边的大块头，这个莫斯科人体形圆乎乎的，像极了那把大茶壶。他刚刚喝完了第6大杯滚烫的茶，但我们丝毫看不出他要停下来的迹象。虽说传统的条顿人喜欢饮淡茶，视茶如命，但可敬的斯拉夫人毫不逊色，他们以饮量大捍卫了本民族的荣誉。事实上，他并没意识到自己有什么英雄气概，只是和过去的巨头们一样处于日常工作状态罢了。他像所有体

俄国小酒馆

面而稳重的莫斯科商人一样，在那里慢条斯理地喝着茶。至于喝茶的量，也就是他在平日里与伙伴们所习惯的量而已。他旁边那位身形消瘦、满头白发的人确实不如他能喝，不过这并不奇怪，因为他算不上纯正的俄国商人，至少不是土生土长的俄国人。虽然二人现在地位相当，都属于重量级人物，但他们的经历截然不同。那位心宽体胖的绅士是农民的后代，年轻时也像父亲一样做过农奴。他通过不断打拼才跻身富人圈，除了自己，没人知道他奋斗的艰辛，因为他从来都不向朋友们卖惨。现在，他是莫斯科的富豪之一。仅从外貌判断，陌生人在借给他一先令时可能都会犹豫不决，但混迹于莫斯科商界的人都知道，他的一句话就抵得上数十万卢布。他旁边那位朋友的出身则完全不同。那个人出身贵族，受过良好的教育，还当过一段时间的大学教授。他喜欢文学，但更热衷金融理财。有限责任公司流行时期，他就大胆涉足大量投机买卖，迅速积累了巨额财富。靠窗那张桌子边上的第三个人代表了另一类商人，不过这类商人并不是很多。这个人和大块头商人一样，出身卑微，但接受过一定的教育。他的父亲虽然不是很富有，却能够负担得起他上学的费用，所以他现在不仅能读写计算，甚至会讲法语。虽然他的发音和语法都远未达到完美的程度，但他的口语表达还算流利，能够在实际的商务场合中应付自如，这已经很好地实现了他学习法语的目的。坐在餐馆里面的其他客人跟这些人一样，几乎都是商界人士。他们中的一些人会点一些诸如鱼子酱、小龙虾、鲟鱼、鱼汤、腌黄瓜和荞麦面等俄罗斯美食，但大多数人都只喝柠檬味的淡茶，并且喝的量都特别大。

现在，我们要离开古都去看看其他省份了。沿伏尔加河乘船航行应该是个不错的选择。我们可以在雅罗斯拉夫登船，顺流而下，航行五六天。看起来之后几天的天气都不错，我们的旅途也一定会非常愉快。但我们怎么去雅罗斯拉夫呢？这个不难解决，莫斯科距离雅罗斯拉夫只有大约135英里，并且沿途都有铁路。根据火车的速度，这段路程需要五六小时，我们最好在白天出行，这样就可以顺道欣赏一下沿途的风景。你如果真有这样的打算，就必须预订一辆专列。包括快速列车在内的普通列车，每24个小时只有一班，并且不符合我们的需求：路上不只五六小时，而需要十一二小时，一般在晚上9点左右发车。或许，我们还可以换一套出行方案。有一列早班车从莫斯科开往特罗伊察，大约两小时的车程。我们到达特罗伊察后，可以花上一天的时间悠闲地参观非常著名的特罗伊察修道院，该修道院在俄国广为人知。在乌拉尔河两岸，我们很难找到一个从来没有听说过特罗伊察修道院的俄国农民。你可能会认为，在某些偏远的村庄，当地农民从未到过"离家半英里"之外的地方。但当你偶然和这里的一些老人聊天时会发现，他们不仅听说过还亲眼见过特罗伊察修道院，还能向你绘声绘色地描述一些细节呢！这是因为俄国农民太喜欢朝圣了，他们认为朝圣非常有意义，不仅可以让人获得心灵上的永恒救赎，而且可以祛除身体上的疾病。当所有普通的药物和各种魔法都不起作用时，人们可通过这种方式获得神奇的疗效。比如，盲人可以复明，聋人可以复聪，腿部残疾的人可以正常行走……凡此种种，无所不能。毫无疑问，相信科学的读者肯定想问一两个问题：这些所谓的奇迹都得到验证了吗？即使被验证为事实，难道不可能只是某种巧合吗？或者说，我们是否可以认为，强烈的信仰会对人体产生某种生理上的影响？这种神奇的疗效虽尚未得到研究证实，但肯定与超自然力量无关。对于这些问题，我们必须像苏格兰人在回答朋友所提的刁钻问题——蜜蜂到底属于兽类还是鸟类——时那样回应："不要用神学问题来烦我。"

不管这些所谓的疗法是自然的、超自然的，还是神话传说中的，农民们像相信《圣经》一样相信这些疗法，也许比相信《圣经》还要坚定，因为他们对《圣经》的内容知之甚少，却对许多神奇疗法的细节了如指掌。因此，朝圣是上了年纪的农民最喜欢干的事情。东正教信徒心目中的特洛伊察和基辅就相当于穆斯林心目中的博卡拉（Bokhara）和麦加。在俄罗斯，教会世界尚未被现代企业精神入侵。即使在世俗世界，也还没有"观光旅行"这一行业。诚然，对贵族而言，他们在决定去某个圣地朝圣后，可以"随心所欲地煮豌豆"，换句通俗的话就是，他们可以选择铁路和其他交通工具出行。但对农民而言，他们仍会像祖辈们那样以古老的苦行僧方式履行宗教职责，带着手杖就上路了，对前路几乎一无所知，口袋里也只有一点儿路费。所谓的"口袋"只是一种比喻而已，因为俄国农民通常不会把钱装在口袋里，而是装在靴子里！

从稍远的地方看，特罗伊察修道院——或者更确切地说是圣谢尔盖修道院（St. Sergius）——有点像一座古老的堡垒。也许它就是一座堡垒，因为几个世纪以来，它一直都是个戒备森严的地方，英勇的僧侣们也时刻准备着在危急关头誓死保卫它。17世纪初，波兰人和哥萨克人入侵俄国时，并没有攻破这座堡垒；修道院院长在那次抵御侵略的爱国运动中发挥了突出作用。1812年法国人入侵俄国期间，特罗伊察修道院再次幸免于难。当时，法国军队攻入莫斯科，侵入了克里姆林宫的教堂，把教堂里所有贵重的物品洗劫一空。他们还挖掘出圣徒及殉道者的尸体，并肆意侮辱，想通过这样的方式反对迷信，宣扬他们的开明思想。得知莫斯科城以北40多英里的地方有一座著名而富有的修道院后，法军便派了一支队伍前往那里，据说是为了洗劫教堂和掠夺财物的。但不知为何，这支队伍在前往途中迷失了方向，也许是害怕远离主力部队有危险，所以最终并没有抵达目的地。至少我们听到的故事是这样描述的。这个故事无论真实与否，至少告诉我们，即使是现在的圣谢尔盖修道院也仍受到上天的特殊庇护。当时，法国人如果攻占了这个地方，就会得到丰厚的回报，因为修道院的宝库里存有教会的各种法器、法衣和其他价值连城的宝物。你在这里几分钟内看到的珍宝比在其他地方一辈子看到的还要多。我们不知道这些珍宝的质量如何，但如果质量与数量成正比的话，那么将如此多珍宝放到这里就可惜了，因为将巨额资产放在这个慈善机构不会带来任何收益。难道我们不能卖掉这些珍宝，将收益用于教育或慈善事业吗？世俗之人自然会产生这样的想法。但我们知道，世俗的想法不应该干涉教会事务，特别是修道院的事务。对于这样的建议，任何修士都会说："我们现在拥有的财富还不足从前的十分之一。从前，我们拥有大量土地和成千上万的农奴，社会各阶层还向我们捐赠大量财物。可现在一切都变了。100多年前，我们的土地和农奴就被无偿没收了，人们的自愿捐赠也不再那么踊跃了。即便如此，我们仍在为饥饿的人提供食物，为教育事业做了很多贡献。你到路对面的大厅里看看，就会发现我们为众多朝圣者免费提供了多少餐食。你再参观一下其他建筑，就会发现我们还办有一所相当不错的神学院。许多俄国教会的主教和大主教都在那里接受过神学教育。此外，我们还有几所不错的学校。你看到的那些法器和法衣是我们的圣物，是不能卖掉的。人不是光靠吃面包活着的。"

特罗伊察的修士们可能会一直牢记最后那句格言，但并没有完全忽视物质享受。修道院下辖一家还算不错的餐馆，我们在那里不仅可以吃到从附近池塘里捕来的鲜鱼，还可以吃到牛羊肉，以及其他教会规定不允许修士吃的食物。在俄国，所有修士都要遵守圣巴西尔的隐修规则，或者至少要在口头上保证遵守这些规则。就我们目前谈论的事情来说，我们可以理解为，这些规定就是要禁食动物性食品。还好这些规定只对宣过誓的人有约束力，这样我们就可以在享受美味大餐的同时不需要有任何负罪感。下午，我们可以在修道院闲逛，并和许多远道而来的朝圣者交流。傍晚，我们再返回火车站，乘车前往下一站。夜幕很快就降临了，但我们不会因此而错过太多风景。这趟火车所经过的乡村地区和整个俄国北方地区的地貌特征非常相似：放眼望去，到处都是森林和沼泽，偶有零星的村庄和耕地穿插其间。我们到达唯一值得参观的罗斯托夫（Rostoff）时，太阳已经升起了。罗斯托夫是一座古城，曾经是一个独立公国的首府。当时，该公国的女大公和莫斯科大公互为竞争对手。如果家谱记录可信的话，罗斯托夫家族现在仍然存在，其中一位成员还是现在帝国政府的一名官员。但该家族的荣耀早已消逝，这座古城现在也变成了一座普通的市镇，主要以一年一度的集市而闻名。市区和郊区分别有几处修道院，但令人奇怪的是，其中一处竟然是由鞑靼人修建起来的！在现代人听来，这似乎有点儿令人难以置信，不过细想一下也没有那么不可思议。要知道，并非所有鞑靼人都是穆斯林。在13世纪征服俄国时，鞑靼人信奉着某种比较粗浅的多神教，只是不像一神教那样排斥其他宗教而已。他们对所有外来宗教一视同仁，甚至带有几分尊重。他们与俄国神职人员的关系也非常好，其中一个可汗还偶尔会前往基督教礼拜堂参观。嫁给俄罗斯王子的鞑靼公主及那些为俄罗斯王子服务的鞑靼贵族自然会接受基督教，正如今天新教国家的公主在嫁给俄罗斯帝国的皇储之前需要加入希腊东正教一样。鞑靼人甚至允许传教士访问他们的营地。在各种方式的作用下，许多鞑靼人变成了基督教徒。后来，某个鞑靼可汗的儿子在罗斯托夫建起了一座修道院，死后还成了俄国教会的一名圣徒！但他的大多数臣民并没有效仿他的行为，而是接受了伊斯兰教。从那时起，就再没有鞑靼人皈依基督教了。我们用这个例子是想说明，诸如此类的偶发事件实际上对人类历史产生了无法估量的影响。如果有亲缘关系的鞑靼人和土耳其人当初都接受了基督教而非伊斯兰教，那么东欧的历史将与现在完全不同！

离开罗斯托夫（提醒一下，不要将它与顿河边上的同名城市混淆）大约两小时后，我们就抵达了雅罗斯拉夫。这是一个颇具俄罗斯特色的市镇，也曾是一个独立公国的首府。在这里，许多教堂构成了一幅迷人的风景画，给游客留下了格外深刻的印象。像一般的俄罗斯教堂一样，这里的教堂也带有明亮的绿色屋顶，屋顶上方还有1到5个圆形穹顶，通常粉刷成绿色、蓝色或金色。也有的教堂屋顶上耸立的是造型别致的钟楼。不过走进市区后，你看到的景象就不那么赏心悦目了。路面铺设得高低不平，街道两旁的许多房屋亟须修缮，一切都给人一种破败不堪的感觉。教堂和修道院是市区内最大的建筑，大得似乎与居民人数不成正比。教堂和修道院的后面是政府办公大楼，办公大楼前面是一大片空地，而这片空地既不像一个广场，也不像一片休耕的荒地。在一排建筑规格各异的房子后面，与这一大片空地平行的是一条长长的林荫步道，站在步道上可以将近处的河流和远处一望无垠的原野尽收眼

学校里的鞑靼女孩

底。关于这条步道的起源，还有一个相当传奇的故事，我们姑且认为这个传奇的故事是真实可信的吧。这个故事也值得被人们记录下来，因为它证明了"美好旧时光"的存在，而现在我们已经看不到这样的美好时光了。故事是这样的，大约在19世纪20年代初期，一位富商因犯有伪造罪而被判处终身监禁。一般情况下，这位商界富豪是很容易逃脱法律制裁的，因为他愿意花一大笔钱来换取自由，要知道当时俄国官员的腐败可是出了名的。然而，时任雅罗斯拉夫总督十分正直，坚持原则，一口拒绝了富商的贿赂。尽管遭到了拒绝，但富商并没有放弃努力。最后总督转念一想，不如把富商要送给他的钱用在一些服务市民的公共事业上。于是，总督向富商提议说，他如果愿意拿出15万卢布在沿河高岸修建一条步道，就可以免受法律的惩罚。富商同意了，并交了那笔款项。之后，总督实施了一个看上去完全合法的计划，这也是整个事件中最令人称奇的地方。总督虽然有权有势，可以按自己的意愿行事，但仍必须表现得像普通人一样严格遵守一切法定程序。因此，他不得不导演一出小小的官场喜剧。他让人开具了一份因犯死亡证明，并在尸检结果证明上签了字，然后让人抬着空棺材参加了基督教的葬礼仪式。之后，他又起草并签署了多份官方文件。一切都安排得井然有序，即使有人事后调查，也不会发现任何违规行为。谁也没有理由抱怨什么。罪犯受到了重罚，希望这次教训真的让他引以为戒。总督对此结果非常满意，因为他给城市带来了巨大的实际利益，而居民们也不用支付任何建设费用就可以拥有一条舒适的步道。

步道的尽头矗立着一座高大的建筑，可供人们俯瞰上文提到的河流和原野。该建筑最初是按照兵营风格建造的，现在却用科林斯式柱子作装饰，风格上显得有点不伦不类。这是富有的德米多夫（Demidov）

家族^①当初为本地区贵族子弟接受教育所修建的一所学堂，现在变成了一所面向全帝国人民的法学院。虽然圣彼得堡、莫斯科、哈尔科夫、基辅、敖德萨和多尔帕特的所有大学里都设有法学院系，但这里是唯一一所公立的专门从事法律教育的学院。我们不妨进去参观了解一下俄国的法律学院。不得不说，我们被它内部的整体外观吸引了。房间很大，也很干净，通风良好，各方面都布置得恰到好处。一份被裱起来的文件向我们展示了这里的课程设置。在如此偏僻的地方竟然能看到如此完整的法律课程，着实出乎我们的意料。课程设置涵盖了罗马法、俄罗斯法、民商法、刑法和国际法等，以及与之相关的科目，如司法哲学、政治经济学和金融学等。年轻人如果想在三四年时间里就掌握所有课程，恐怕也只能是蜻蜓点水，学些皮毛了。但与开明的院长交谈几分钟后，我们就打消了这种担忧。院长在坚持认为学习过程应该是博通且开明自由的同时，也承认学生应该将其主要精力集中在少数几门基础科目上，将其他科目视为有益的辅助和补充即可。我们离开教室，到了图书馆，发现那里有9000多种用欧洲各种语言写成的著作，总量可能是原来的两倍。但目前最让我们感兴趣的是关于土耳其统治下的斯拉夫地区的书籍，以及有关东方问题的书籍。关于这个问题，我们可以在这里获取最完整的信息，这些信息离不开德国、法国和斯拉夫民族的贡献。总之，这里的环境非常适合勤奋好学之人。我们恨不得坐下来开始一段漫长的阅读和学习之旅，却

---

① 18至19世纪俄罗斯的显赫贵族。17世纪，该家族通过金属制品获得成功，被彼得大帝纳入欧洲贵族行列。其后代成为俄罗斯帝国最有影响力的商人和实业家。该家族鼎盛时期的净资产约为3000亿美元，仅次于俄国皇室。1917年二月革命之后，该家族成员分散至美国、意大利和其他欧洲国家。——编者注

因旅程远未结束而不得不抵制住这种诱惑。

我们不会在伏尔加河耽搁太久。如果是徒步游玩，我们至少需要五六天的时间。但像现在这种游法，我们可能在几分钟内就领略完它的风光了。离开雅罗斯拉夫市一段时间后，河两岸就是平坦、无垠的原野了——除右岸那座引人瞩目的大修道院之外，沿途几乎没有什么值得关注的景点。之后，我们会途经一座较大的城市——科斯特罗马，它坐落在左岸的一片高地上，风景如画。我们如果有时间在这里上岸，肯定会受到可敬而好客的副总督的热烈欢迎。我们花几分钟时间向他表达敬意之后，继续乘蒸汽船前行。晚上，我们会在浅滩和沙洲之间小心翼翼地前行，次日的某个时候就会抵达下诺夫哥罗德。由于现在是展销会期间，我们至少要在这里停留几小时。即使对俄国不感兴趣的人也应该听说过下诺夫哥罗德一年一度的盛大展销会吧。在一些人的心目中，它仿佛就是世界七大奇迹之一。不过，我们不要指望能在这里找到什么稀世珍宝。也许在俄国还处于原始商业时期，举办这种展销会确实意义重大。老人们会给我们讲述，过去有许多来自中国和中亚各国的商人将货物运到这里展出和销售，而俄国各地的地主们也会赶到这里来购置他们每年所需的生活用品。后来，铁路等交通设施的建设在很大程度上改变了这一状况。卖家和买家虽然还是来自全国各地，但明显比以前少得多，能看到的亚洲人也屈指可数。尽管如此，为了给那些前来参加展销会的商人提供便利，当地市政也做了许多工作。以前存放商品的简易木棚已经被一排排砖瓦房取代。这些房子之间的空地虽然在雨季时非常泥泞，但人们只要穿好高筒靴，通行是完全没有问题的。对于那些想要研究俄国贸易市场特性的人来说，需要在这里待上两三个星期才会有所收获，但对于仅仅是为了寻求"第一印象"的纯粹的游客来说，只需在这里花几小时就足够了。到时，你会看到来自世界各地形形色色的人，比如高大魁梧的俄国商人、善于忍耐却无精打采的俄国农民、一丝不苟且精力充沛的犹太人和英俊的格鲁吉亚人，以及彬彬有礼且目光敏锐的波斯人。当然，你还会看到他们展销的各式各样的商品。

到达下诺夫哥罗德后，我们不再乘坐之前那种又小又不舒服的平底蒸汽船，而会换乘按美式风格建造的大型轮船。这样的轮船与在哈德逊河和密西西比河上航行的巨轮非常相似。站在宽敞的上层甲板上，我们可以轻松地欣赏为数不多的风景。向左岸望去是平坦的原野，没什么特别的风景；但向右岸望去，河堤有时会缓慢升高，我们偶尔也会在河堤斜坡的后面看到一两个市镇或村庄。河岸两边是郁郁葱葱的树木，尽管风景略显单调，但足够让人心情愉悦了。虽然这片土地很少会引起我们情感上的共鸣，并且一路走过的地方对我们而言不过是些空洞的名字而已，既无特别意义也难唤起对过去的记忆，但这个我们行走其间的国家和其他国家一样也有自己的历史渊源。俄国北临切尔米斯人的疆域，南挨楚瓦什人的领土——俄罗斯人和芬兰人曾在这里爆发过多次战争。鞑靼人的铁骑曾多次像旋风一样横扫伏尔加河流域，荼毒生灵。在神圣的马卡里乌斯（Macarius）旧修道院旁边，有一个值得每个俄国人前往参观的旅游胜地。在古代，那里是举办商品展销会的地方——就像现在的下诺夫哥罗德一样。我们马上要到喀山了。喀山曾经是一个独立汗国的首府，后来被伊凡四世攻占——许多勇敢的俄国人在攻城战中献出了生命。在伏尔加河和发源于乌拉尔山脉的卡马河（Kama）的交汇处，有一座古老、庄严的纪念碑。站在轮船的甲板上，我们几乎可以看到离河不远处博尔加里

(Bolgari) 古城的废墟，那里曾是现定居在多瑙河南岸的保加利亚人的古都。接下来，我们会看到左岸高地上的辛比尔斯克城 (Simbirsk)。大约15年前，辛比尔斯克城被一场大火毁灭。我们现在看到的是它灾后重建的面貌。之后映入我们眼帘的是起伏的日古里 (Zhiguli) 山脉，关于它的传说和莱茵兰 (Rhineland) 的一样多。过去经常有像苏格兰高地海盗那样的人在这一带出没，沃尔特·斯科特 (Walter Scott) 还将此写进了自己的小说里。

到察里津 (Tsaritsin) 后，我们下了轮船，准备乘火车前往三四十英里外的顿河。正准备穿过察里津市区时，我们发现了一个颇具当地特色的现象。在火车站附近的市场上，我们看到了两个奇怪的帐篷，走近才发现那是卡尔梅克人的小聚居地。游牧民和列车服务员的住所仅一步之隔，这是一种在俄国才能看到的特殊现象。

从伏尔加河通往顿河的铁路修建得极其糟糕。一通颠簸后，我们来到了卡拉奇，然后再下火车换乘轮船。顿河的风景比不上伏尔加河的风景。尽管轮船的底部平坦，吃水较浅，但航行过程中仍然会遇到很多困难。我们感觉到，我们至少是在一个半历史的 (semi-historical) 国度中旅行。我们都听说过顿河畔鼎鼎大名的哥萨克人，尽管我们可能对他们在历史上的一些细节以及他们与鞑靼人之间的长期斗争知之甚少。因此，我们会饶有兴趣地观察在船上遇到的当地居民。他们身材魁梧，肌肉发达，从外表根本看不出来是非常和蔼可亲、善于交际的人。他们通常被人们认为来自某个特殊种族，但其实是真正的俄国人。古时候，他们的祖先从中部地区逃到了大草原，过起了"彪悍的边民"生活。由于他们有抢夺鞑靼女人的习惯，所以在某种程度上讲，他们也算是一个混血的种族。不过，他们身上并没有太多鞑靼人的血统，亦没有对他们的性格造成多大的影响。他们中的许多人肤色黝黑——尤其是来自顿河下游的人，与北方的金发农民完全不同。但他们的五官完全符合欧洲人的特征，他们的语言及思想观念也和俄国人的别无二致。如果你持有哥萨克人就是鞑靼人的这种观点，最好不要当面跟他们讨论此事，因为他们会认为这是你对他们的一种羞辱，毕竟他们现在还没有形成科学精神，无法客观冷静地讨论这个问题。如今，他们组织了一支非正规骑兵在俄国偶尔需要远征中亚的军事行动中可以发挥重要作用。这支骑兵至少拥有两个优秀的品质：个人作战勇猛；能够在正规部队无法生存的环境中生存并发展壮大。毫无疑问，在当前的战争中，他们会与宿敌切尔克斯人正面交锋，可能还会有很多"报仇雪恨"的场面。

抵达河口附近的罗斯托夫（当然不是上文提到过的罗斯托夫）后，我们发现了一条通往高加索山脚下的铁路。就在3年前，前往高加索还只能乘坐邮政马车。那些以前乘坐马车出行的人一定会感到庆幸，现在他们可以通过铁路大大缩短出行时间。想要饱览一个国家的美景，了解其风土人情，乘坐邮政马车要比乘坐火车好得多。通常情况下，聪明的游客为了能近距离观赏到大美景色，宁愿忍受一些旅途中的不便。但从顿河口到高加索山脚下这一路并没有什么值得观赏的风景，游客完全没有必要乘坐无聊乏味的马车出行。俄国幅员辽阔，人口稀少，两个驿站之间除了光秃秃的荒原外并没有什么景色可观赏。这条路线上唯一值得观光的地方要数皮亚季戈尔斯克（Piatigorsk）这座五峰山城了。从平原拔地而起的5座高山将城市包围了起来，丰富的矿泉资源让这里成了度假和疗养胜地。过了皮亚季戈尔斯克后，旅途开始变得有趣起来。如果天气晴朗，我们就能清晰地

看见高加索山脉的主峰。我们向高加索山脉缓缓地靠近，距离越近景
色也越壮观。最后，我们停到了捷列克河畔（Terek）的弗拉季高加索
（Vladikavkaz）小镇，从这里就可通向著名的达里尔山口（Dariel Pass）。我
们必须快速通过山口，当然也可以边走边欣赏壮丽的景色，但最好不
要在两旁迷人的山谷中远足。我们先是沿着捷列克河岸往前走，然后
穿过狭窄的峡谷，就到了卡兹别克（Kazbek）和科比（Kobi）两个荒凉的
车站。接着，我们翻过高高的山脊，沿着库尔河（Kur）的一条支流前
行，便来到了风光明媚的格鲁吉亚大平原。走近第比利斯时，我们看
见了世界上最美丽的一座兼具欧亚风情的城市。

从第比利斯到波季（Poti）的铁路是几年前才耗费巨资建成的。火
车越过苏拉姆（Suram）山脊后，沿山坡一路俯冲而下（这会让一些旅客感到
一阵惊慌），不久后便进入了肥沃的里奥尼山谷，之后会在傍晚时分抵
达河口小镇波季。

这是一个在沼泽上建起来的小镇，据说这里的卫生状况非常
差，以至于没有一个居民能够逃脱发热。虽然小镇被称为港城，但
港口的水域太浅，只有平底轮船才可以安全通过，这就难怪俄国人
会觊觎下游的土耳其港城巴图姆（Batoum）了。在接下来几小时的行程
中，闷热的天气可能会让我们喘不上气来，好在我们随后就可以换乘
轮船继续前行了。

经过两三天的沿岸航行，我们来到了大家耳熟能详的旅游胜
地：刻赤（Kertch）、锡奥多西亚（Theodosia）、巴拉克拉瓦和塞瓦斯托
波尔。时间充裕的话，我们可以在刻赤下船，然后在海岸公路上漫
步，尽情欣赏沿海的美景。囿于时间有限，我们最好用剩下的一点儿
时间到塞瓦斯托波尔及其附近游览一下。这座城市基本上仍处于一片

俄国尼可拉伊夫的新型浮动码头

废墟的状态。《巴黎条约》中有关黑海的条款被废除后，这里才开始有了复兴的迹象。随后的大规模铁路建设又将这里与俄罗斯帝国的其他地方连接了起来，为其重现繁荣奠定了基础，不过目前这里仍然是一片死寂。城市周围的高地上，一切都还是盟军撤离时的样子。我们带着忧郁的心情参观了那些耳熟能详的地方。在某些偏僻的角落，我们还意外发现了一些基地。墓碑上的名字有俄语的，也有英语的。

第 **10** 章
俄国的村社

Russian
Village
Communities

在对农民的习惯和职业有所了解之后，我们的注意力自然会转向俄国的村社。这是个特别有趣的话题，因为米尔（Mir）制度或者说叫村社制度是俄国各种社会制度中最独特的一种。

传统的农民家庭就是一种原始关系共同体，所有成员几乎共享所有东西。乡村则可以粗略地描述为一个较大规模的原始关系共同体。

上述两种社会单位有许多相似之处。二者都有共同的利益和共同的责任，都有一个主要人物。从某种意义上讲，二者的主要人物都既是内部事务管理者，也是对外社会活动的代表，只不过一个叫一家之主，另一个叫一村之长。二人手中的权力都会受到约束和限制：户主的权力会受到成年家庭成员的牵制，村长的权力会受到户主们的监督。二人都拥有一定的共同财产：户主拥有的是房子及房子里的所有东西，村长拥有的是耕地和牧场。二人都需要承担一定的共同责任：户主要承担所有家庭债务，村长需要完成所有税收缴纳任务并履行公共义务。二人都在一定程度上受到了法律的保护，一般不会遭遇破产，因为即使深陷债务泥潭，债主也不能剥夺户主的房屋或必要的农具，更不能剥夺村社的土地。

此外，这两种社会单位也有许多明显的不同之处。显然，村社要比家庭大得多，但其成员之间的关系肯定不像家庭成员之间那样紧密团结。家庭成员一般一起种地，并且大家希望那些通过其他渠道挣钱的成员也要把积攒下的钱财放进共有的钱袋里，而组成村社的各个家庭则独立经营，只需向公共国库缴纳一定数额的钱即可。

通过这些简短的叙述，读者会立刻意识到，俄国的乡村与我们所理解的乡村有很大的不同。俄国的村民被某种纽带联系在了一起，而美国的农村人对此一无所知。美国的农村家庭几乎没有任何理由去关心其邻居家里的事情。不同家庭之间互相隔绝的状态可能并不完美，因为人作为一种社会性动物，是应该对其周围的人和事多少关注一些的。这种社会任务有时是由女性怀着极大的热情去完成的，这种热情对公益事业而言是必不可少的。不过，确实有许多家庭在同一个村子里生活了很多年，却没有意识到他们之间存在着共同的利益。举例来说，只要琼斯一家没有违反任何公共秩序，比如在交通要道上设置障碍物或经常性地放火烧自家的房子，那么他的邻居布朗可能对他们一家的事情不会太感兴趣，也没有理由去干涉他们的各种自由行为。也许琼斯嗜酒成性，身负巨债且无力偿还，他可能会在某天晚上带着全家偷偷逃出村子，从此杳无音信，而这一切都不会影响布朗的生活，除非布朗不够谨慎，与拖欠债务的琼斯交往甚密，超出了普通邻居关系。不过，在目前俄国农村的家庭之间，这种相互孤立隔绝的状态是不存在的。户主们必须经常参加村社会议，在会上协商某些事情，他们的日常工作也会受到公共法令的制约。只有村社会议通过决议后，各家才可以开始收割干草或耕地播种。如果某个农民变成了酒鬼，或者因为其他类似的事情而破产了，那么村里的每个家庭都有权向村社投诉。这不仅是为了维护公共道德，也是出于对自身利益的考虑，因为所有其他家庭都需要分担这个酒鬼的税务。同理，没有村社的同意，任何农民都不能永久地离开自己的村庄；除非申请人能够提供合理的担保，并承诺会履行当前和未来的所有义务，他的离村申请才可能得到村社的同意。某个农民如果想短期外出务工，就必须取得书面许可证。该证相当于他在外出期间的护照，不过他随时有可能被村社召回。事实上，他只要定期将足额税款寄回家，并支付办理临时护照所需的费用，一般就不会被召回。不过，村社有时会利用其召回权力敲诈那些外出人员。例如，如果村社知道某个农民在某个城市里有一份不错的收入，那么这个农民很有可能会在某一天收到一份官方的命令，要求他立即返乡，同时会有人私下里暗示他，如果他愿意给村社寄回一笔钱，他也可以不用返乡。这样一来，村社就又多了一笔活动经费。

要想了解俄国的村社制度，读者必须知道两点事实：第一，俄国的耕地和牧场不是家庭的私有财产，而是村社的公共财产；第二，所有家庭及家庭中的每个成员都需要承担村社每年向国库缴纳全部税款中的一部分。

在所有国家，政府的管理理论在具体实践中都会出现很大程度的偏差。这种偏差在俄国尤其明显，而在俄国的各级组织中，又数村社的这种偏差最明显。因此，我们有必要同时掌握好理论和实践，最好是先掌握好理论，因为它相对简单。一旦吃透了理论，我们就很容易理解政策实施过程中为适应地方特殊情况而出现的偏差现象了。

因此，从理论上讲，俄国各地的所有男性农民都应该登记在人口普查的名册上，从而形成直接税的基础。当然，政府会不定期地对名单进行修订。在修订期间，所有在世的男性，从新生儿到百岁老人，都被登记入册。每个村社都有一份这样的名单，每年都需要按照名单上的人数乘以定额的总量向政府缴纳一笔税款，用通俗的语言讲就是"人头税"。在两次人口普查间隔期间，财政当局不会再关注人口的出生和死亡情况。比如，一个村子在修订名单时有100名男性成员，几年后这个数据可能大幅增加或大幅减少，但村社在下一次人口普查之前仍然是按照100名男性成员向政府纳税。

当前在俄国，至少在俄国的农村地区，纳税与拥有土地使用权是密不可分的。每个纳税的农民都应该拥有村社公共耕地和牧场的使用权。如果村社的修订名单上有100个人，那么整个公共土地就应该分成100等份。每个"人头"都应该享有自己的土地份额，当然也需要为此缴纳一定的税款。

按照上面的说法，读者自然会认为，农民缴纳的税款实际上就是他们享有土地使用权的一种租金。看起来是这样的，有时也确实如此，但实际上二者还是有差别的。人们在租用一块土地时，是从自己的实际需求出发，并且自愿与土地所有者订立契约。但俄国农民无论是否想要使用村社的土地，都有纳税的义务。因此，认为农民纳税就是在交地租的理论是经不起推敲的，而所谓的土地税理论同样站不住脚。在所有合理的土地税收制度中，政府每年向农民征收的金额应该与他们所使用土地的数量和质量成正比。但俄国的情况是，一个村子的农民平均拥有6英亩土地，而隔壁村子的农民平均拥有7英亩土地，但他们缴纳的税款是一样的。所以说，俄国的这种税收应该叫"人头税"才对，是根据男性人口的数量核定的金额，政府并不会专门过问村社的公共土地是如何分配的。村社必须根据其"核定人口"数量每年向国库缴纳这笔固定金额的税款，并以其认为恰当的方式将土地分配给农民使用。

既然如此，村社是如何分配土地的呢？对于这个问题，我们无法给出一个明确的统一答复，因为每个村社的做法都各不相同。有的村社严格按照规矩办事，将公共土地按照核定人口总数分成相应等份的小块土地，然后再根据每个家庭的核定人口数分配相应份额的地块。从管理的角度来看，这是截至目前最简单的土地分配制度。人口普查名单决定了每个家庭可享有多少土地的使用权，只有不定期的人

待在家中的
俄国农民

口核定工作完成后才会影响到现有的土地使用权。自1719年以来，俄国总共只开展过10次人口普查。也就是说，两次普查间隔的平均时长大约为15年，我们可以将其视为一个较长的租期。不过，话说回来，这一土地分配制度也存在着严重的缺陷。我们从人口普查的修订名册中看到的只是每个家庭的人口数量，但人口数量并不总是与正常劳动力成正比。例如，我们假设有两个家庭，这两个家庭在人口普查时都有5名男性成员。根据人口普查的数据，这两个家庭没有什么不同，应该分得同样的土地。但现实中可能会出现这样的情况：一个家庭由一个正值壮年的父亲和4个身强力壮的儿子组成，而另一个家庭由一个寡妇和5个小男孩组成。两个家庭的需求和劳动能力显然截然不同。如果采用上述的土地分配制度，那么有4个儿子和一大堆孙辈的男人可能会发现他的土地太少了，而那个养育5个小男孩的寡妇却耕种不了所分得的土地，根本交不起相应的税款。要知道，在任何情况下，分得多少土地就要承担多少相应的税款。

也许有人会说，那名寡妇为什么不先暂时接受分给自己的土地，然后再把种不过来的部分租给别人呢？缴纳税款后的租金余额或许有助于她将年幼的孩子抚养成人。

在只熟悉土地稀缺国家农村经济的人看来，人们从土地上获取的收益足以向政府缴纳税款了。但在俄国，拥有集体土地非但不会带来什么收益，反倒会成为一种负担。在一些村社，大量贫瘠的土地即使价格再低也租不出去。例如，在斯摩棱斯克省的许多村庄，旅行者可以看到大量未开垦的地带。在其他地区，靠耕种土地倒是可以挣点儿钱，但这点儿微薄的收入远不足以缴纳税款。

为了消除这种简单分配制度所造成的不良影响，有些村社采取了一种权宜之计，即按照各个家庭劳动力的数量而非男性的数量进行土地分配。这样一来，在上述那种假设情况下，那个寡妇的家庭可能会得到两份土地，而有5个男劳动力的家庭可能会得到7份或8份土地。自家庭小型化开始后，这种极端不平等的情况就很少出现了，但非极端不平等的现象仍然存在。这就说明根据核定人数进行土地分配的制度是不完善的。

尽管在人口数据修订时土地分配可以做到公平公正，但随着人口数量的自然波动，这种分配制度可能很快就会变得不再公平，甚至给人们带来负担。人口的出生和死亡可能会在短短几年内彻底改变许多家庭的劳动力构成。寡妇家庭的儿子会长大成人，而另一个家庭可能会有两三个身体健壮的成员因流行病去世。因此，在重新进行人口数据修订之前的很长时间内，土地的分配已经不符合许多家庭的实际情况了。针对这种现实情况，人们临时采取了各种解决办法。有的村社会根据实际情况把一个家庭的部分土地转让给另一个家庭。有的村社则会在两次人口数据修订期间根据实际情况随时进行土地的重新分配。

采取什么样的分配制度完全取决于村社的意愿。在这方面，村社享有完全的自治权，农民也从来没想过要反对村社做出的决定。上级机关不仅不会干涉村社的土地分配决定，而且对村社习惯采用的分配制度不闻不问。虽然帝国政府非常希望看到数据合理的人口统计表，但目前它还没有打算去认真收集可能会为解决土地分配这一重要问题提供思路的数据。尽管中央集权下的政府机构在不懈努力、系统持续地管理着有关国家生活的各个部门，但约占总人口六分之五的农村地区在许多方面并不受中央集权政府机构的控制，甚至完全不在其监督范围之内！对此，读者朋友不必太过惊讶。你们迟早会发现，俄国是一个充满内部矛盾和冲突的国家，那些约占俄国总人口六分之五的农村地区会举起民主大旗，最终将其插在恺撒式专制主义和中央集权官僚主义的大本营，村社这种组织形式就是建立代议制宪政的范本！

正式的宪法文件通常会详细规定各种机构的职能和各级政府的权力，以及所有可能涉及的事务的办理流程和方法。但农村地区的村社没有这样的正式文件，它们遵循的是一套不成文的惯例，这些惯例会随着实际情况的变化及现实需要不断地自我更新和调整。即使村长和村民大会的职能，以及二者之间的关系曾有过明确的界定，村长和大会成员也不会知道具体的内容，但每个农民都知道，好像他们天生就清楚那些当权者该干什么和不该干什么。事实上，村社是个有活力的机构，这种活力保证了它不需要书面法律的加持和指导也能正常运转。

村社的民主性质是毋庸置疑的。村长只代表着行政权力。所有实质性的权力都源自村民大会，而村民大会又是由所有家庭的户主组成的。

村民大会的流程很简单，或者更确切地说根本没有正式的流程，这说明该机构特别注重实效。大会一般在露天举行，因为村子里除教堂之外再没有其他建筑物可以容纳所有成员，而教堂又只能举办宗教活动。大会一般都是在星期日或节假日举行，因为只有那会儿农民们才有空闲时间。一块儿面积足够大、地面没有污泥的空地就可以作为讨论的会场。有时村民的讨论会非常激烈，但几乎没人会当众发表演说。但凡有年轻的村民表现出一丝想要演说的迹象，年长的村民就会毫不客气地打断他的讲话，因为他们从来都不爱听那些辞藻华丽的演讲。整个村民大会看起来倒像是一群人碰巧聚到了一起，以小组为单位聊着大家共同关心的话题。一般情况下，由两三个农民组成的某个更有影响力的小组所讨论的话题会慢慢引起其他小组的注意。这时，他们讨论的内容就成了所有人正式讨论的话题。两个或两个以上的农民可以同时发言，他们还可以用简单质朴的语言随意打断其他人的讲话，不用遵循正式的会议程序，所以他们的讨论有时候会变得嘈杂、混乱，让人听不清内容。不过，当意识到他们的争论可能会演变成一场混战的时候，他们要么会自觉地安静下来，要么会用一阵哄堂大笑来宣告，一方已经用严密的辩词成功驳倒了另一方。但无论如何，争论者都不会动手。世界上没有哪个阶层的人能比俄国农民还善良、平和。他们在清醒时从不打架，即使喝醉了也多半是在表达彼此间的兄弟情谊，而非恶语相向。如果两个从未见过面的农民坐在一起喝酒，用不了几分钟，他们就会用非常热情的语言表达对彼此的尊重和倾心，偶尔还会友好地拥抱一下，来证明他们说的都是真心话。

从理论上讲，村民大会是有议长 (Speaker) 的，通常由村长担任。从词源上来看，"议长"一词不像"主席 (President)"一词让人那么反感，因为议长从来都不会坐下来，而是像普通成员一样和大家站在一起。不过，在这群人里，村长是真正的主要人物，他脖子上会挂一枚用一条细铜链系着的小勋章。实际上，他的职责并不多，甚至让那些打断讨论的人保持会场秩序都不是他分内的事。他有时会称呼一位德高望重的村民为"笨蛋"，或者直截了当地用"闭嘴"打断某位村民的讲话，这并不能说明他就享有什么特权，只是一种长期的说话习惯而已，在场的其他人也都可以这样说话，而不会受到任何指责。事实上，村民的措辞和议事程序一般不受严格的规则限制。只有在营造必要的会议氛围时，村长才会站出来。每当这时，他就会站到人群外面大声喊道："好吧，大家伙都决定这么做了吗？"人群可能会回答道："Ladno！ladno！"也就是"同意！同意！"

村民大会一般采取鼓掌欢呼的方式通过某些决策，但有时也会出现明显意见相左的情况，以至于很难判断持哪一种意见的人占大多数。在这种情况下，村长会让双方分成左右两列站队，然后统计各自的人数，最终采取少数服从多数的原则通过某项决策，毕竟从来没有人会公开反对村社的意志。

在村民大会上，尤其是北方地区的村民大会上，一般都会看到有不少女性参会，因为许多家庭的男主人外出务工，无法参加大会。这些女性由于丈夫外出或去世，就成了一家之主。因此，她们有权出席会议，而这一点也从未受到过质疑。在涉及影响村社一般福利的议题时，她们很少发言。即使她们大胆地在这种场合表达了自己的意见，也几乎不会引起其他人的注意。俄国农民几乎没有接受过性别平等教育，通常会用一句家喻户晓的谚语来形容女性的智商："头发长，见识短。"有一句谚语说，七个女人加在一起才能凑足一个灵魂；还有一种更加贬低女性的说法是，女人根本就没有灵魂，有的只是一团水汽。因此，女人作为家庭主妇不会引发人们的过分关注。但如果作为一家之主，她就有权就所有直接关系到她家庭生活的问题表达自己的观点。比如，如果有人提议要增加或减少她家所占的土地份额和税赋，她就有权针对这个问题自由发表意见，甚至可以直接向提出该动议的那个男人开骂。这样一来，她确实会面对一些无礼的言论。但不管被人说了什么样的坏话，她都可能连本带利地反驳回去，并且恶意丑化或大肆揭露攻击她的那些人的家事。一旦吵不过也骂不过对手时，她一定会尝试用大量眼泪来换取别人的怜悯。但可惜的是，俄国农民对这种说服人的方式早已麻木了。

村民大会的议题涉及所有可能会影响村社福利的事项。但由于这些事项从来没有写进法定的文件，并且村民无法对大会做出的决定提出异议，所以村民大会可以做主的事情非常多。大会可以决定制作干草的时间和开始翻耕休耕地的时间；对于不按时纳税的人，大会可以规定应采取什么样的措施；大会可以决定新成员是否能加入村社，以及老成员是否能改变住所；大会可以批准或拒绝在公共土地上盖新房的申请；村社与本村居民或外来人员有合作意向时，由村民大会负责起草和签署相关协议；大会认为，村社在必要时有权干涉农民的家庭事务；大会选举产生村长和收税员，在需要巡夜的地方，还会选出巡夜人员，大会还负责挑选合适的牧童；最重要的是，大会有权划分土地，并以合适的比例分配给自己的成员。

在村民大会的所有流程中，读者自然会认为选举是最热闹、最激动人心的环节。但事实并非如此。选举并不像我们想象的那么令人兴奋，因为大家都不希望自己被选上！据说，一个农民有一次犯了轻罪，被治安人员通知他以后不再适合在村社中担任任何职务了。这个农民非但没有因自己的公民权利受损而感到遗憾，反倒深深地向治安人员鞠了一躬，对自己能获得这项豁免权深感庆幸。这个故事也许并不真实，却从侧面说明了一个不容置疑的事实，即俄国农民认为担任公职不是荣誉而是负担。在那些规模很小的村庄，村民并没有远大的抱负。他们认为，胸前挂上一枚铜勋章并不能赢得人们的尊敬，当村长虽然可以领到几卢布的薪水，但与他要解决的麻烦和承担的责任相比，这点儿钱显得太微不足道。因此，选举过程通常都是枯燥无趣的。

　　远比选举更为重要的环节是村社土地的重新分配。对于一家之主来说，如果他本人没有被选中，那不管选举结果如何对他来说都无关紧要。但涉及土地的划分和分配问题时，他就不能只做一个消极冷漠的旁观者了，因为拥有土地的数量和为此纳税的负担在很大程度上会影响家庭的物质生活。

　　南方地区的土地肥沃，税款又不超过正常的地租，所以村社的土地分配工作要相对简单一些。那里的农民都希望得到的土地越多越好，因此每户都会要求得到其应得的全部土地，也就是与最近一次人口数据修订名单中所登记的男性家庭成员数量相对应的土地份额。如此一来，村民大会就没有太难的问题需要处理。村社的人口数据修订清单已经确定了公共土地要分成多少份，以及每户应分得土地的份额。唯一的工作难度可能就是，具体每个家庭到底应该分得哪几块土地，这种难题一般是通过抽签解决的。在土地应该何时重新分配的问题上，确实会存在一些意见分歧，但这个问题也比较容易解决——可以通过大会投票做出最终的决定。

　　与南方地区相比，北方地区许多村社的土地划分与分配过程截然不同。由于这里的土地大多都非常贫瘠，加上税款又超过了正常的地租，所以这里的农民可能更希望分到的土地越少越好。每个家庭应分得的地块数量确定之后，地块应该如何分配同样是一大难题。在之前分得的土地上大量施肥的家庭还想继续耕种这样的地块，只要他们的要求与新的分配方案一致，村社也会尊重他们的意见。但个人利益与公共利益之间的矛盾不可调和的情况也会经常出现，每当这时，个人就会做出某种程度的让步，这是盎格鲁-撒克逊人绝对不能容忍的。然而，这种情况并不会导致严重的后果。俄国农民习惯于将个人利益置于村社利益之后，会坚决服从村社的意志。在俄国农村，农民挑战警察、州长甚至中央政府权威的事例不胜枚举，但我们还从未听说过有村民公开反对村社决定的事情。

在上面的叙述中，我们多次谈到了"公共土地份额"。为了避免误解，我们必须对此详细解释。一个份额并不是简单地代表一块土地，一般至少要包括4种性质的土地，也可能包括大量性质不同的小块儿地皮。

在俄国，村社的公共土地分为3种：住房和建设用地、耕地、草地或干草地。在第一类用地中，每户都拥有自己的房屋和园子，这部分土地属于世袭财产，不会受到定期重新分配的影响。但另外两类土地都需要进行再分配，只是分配原则略有不同而已。

村社首先将公共的耕地分为三大块，以适应我们在第四章中提到的三年轮耕的传统。然后，每一大块又依据男性村民的人数分割成若干狭长的小块，并且要尽量保证这些狭长的小块土地在面积和质量上大体相当。有时，需要根据土壤质量将大块的土地分成几个部分，然后再将这几个部分的地块按男性人数分别分为相应数量的条状地块。在这种土地划分和分配原则下，每户在三大块耕地上都至少会拥有一小块土地；在有细分部分的土地上，每户在每种土质的地块上也都会分得一部分。这种复杂的划分完全由农民自己完成，虽然他们只有简单的测量工具，但测量结果之精确着实令人惊叹。

与划分耕地一样，村社将干草地也划分为相同的份额。但和耕地的划分与分配不同的是，草地的划分与分配是定期开展的，每年一次，具体日子由村民大会决定。到那一天，村民们会集体前往草地，将其分成与男性村民人数对应的份额。之后通过抽签，每户便可收割分给自家的那块草地了。有的村社则是先让全体农民将草共同收割完，再通过抽签的方式分发给各户，不过采用这种分法的比较少见。

从某种程度上讲，整个村社的土地类似于一个大型农场，因此有必要制定一些有关耕种的规范。每家农户都可以在自己分得的土地上播种自己喜欢的作物，但所有农户都必须严格遵守传统的轮作制。同样，所有农户都须按统一规定的时间开始秋耕，不得提前，因为有农户将休耕地用作了牧场，提前秋耕的话，他们的利益就会受损。

俄国这一原始的土地使用制度能一直沿用到19世纪，其实并不奇怪。更值得我们注意的是，该土地使用制度被许多哲人视为未来的一项伟大制度，几乎就是一剂可以用来治疗社会和政治恶疾的灵丹妙药。对俄国土地使用制度的这种解释则构成了俄国社会史的一个非常有趣的篇章。

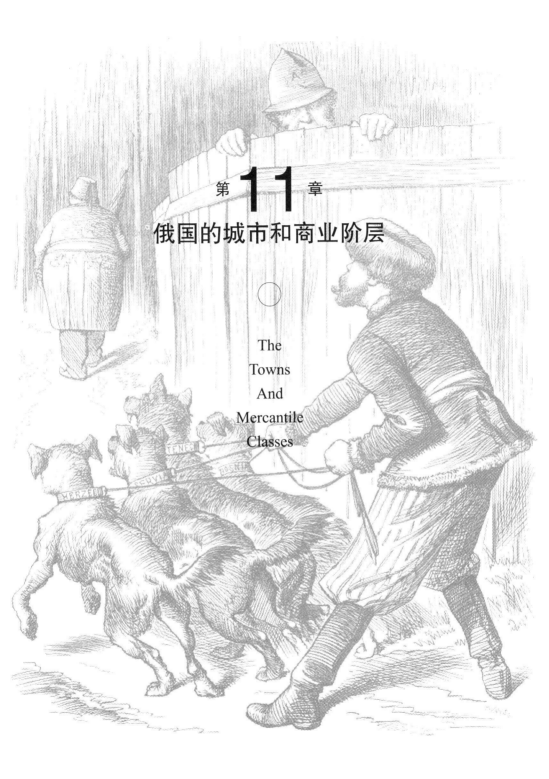

第**11**章

俄国的城市和商业阶层

The
Towns
And
Mercantile
Classes

　　那些希望沉浸在由场景画和舞台布景所营造出来的美丽幻景中的人，最好永远也不要走到幕后去。同理，那些想对俄国城市产生风景如画的美好错觉的人，最好不要踏进城市半步，只需远远观望即可。一旦走进城市的街道，之前的美好错觉便荡然无存。这很好地说明了，不好的事物再配上肮脏的环境不可能产生风景如画的效果。

　　俄国的城市虽然从外表看起来非常壮观，但深入其中我们就会发现，它们大多不过是伪装后的乡村罢了。虽然没有明显的乡村气息，但至少仍未脱离郊区的样貌。街道虽然又宽又直，但路面铺设得非常差劲，有的根本就没铺设任何东西。房子大多都是由木头或石头建造而成的平房，彼此间有宽敞的院子相隔。许多人家都不愿将房门对着街道。给人的感觉是，大多数市民都来自乡下，仿佛是把乡下的住所搬到了城里。街道上几乎没有商店，即便有少数几家，它们也不会把商品陈列在橱窗里吸引路人。如果想买东西，就必须去购物中心或者集市。在那里，你会看到一长排对称的、屋檐低矮的、光线昏暗的商铺，以及商铺门前的一条石柱长廊。这里是商人们最常聚集的地方，但我们在这里并没有看到与商业场所相关的那种熙熙攘攘的场景。店主们要么站在门口，要么在附近踱步，等待顾客光临。由于顾客稀少，所以每一笔交易的利润都十分惊人。在城市的其他地方，这种冷清和毫无生气的气氛更加明显。在巨大的广场上或者海滨城市的海滨步道旁，我们都有可能看到牛或马在安静地吃着草，它们才不管自己与周边的环境协调不协调呢。事实上，如果它们有了这种意识反倒奇怪了，毕竟连警察和居民的头脑中都不会有这种意识。晚上，街道上根本没有路灯。有的城市街道只能靠几盏小油灯照明，而这只能更加突显夜晚的黑暗。因此，谨慎一点的居民在晚归时都会随身提着灯笼。几年前，莫斯科城一位德高望重的议员居然反对一项用燃气为城市街道照明的方案，倡导人们在晚上外出时最好自带照明工具。他的这一反对意见必然会遭到否决，而莫斯科城的街道最终还是安装上了燃气照明路灯。但迄今为止，很少有地方城市效仿古都莫斯科的做法。

上面描述的城市状况并不适用于圣彼得堡和敖德萨，这两座城市具有明显的异域特征。我们先不拿它们和其他俄国城市相提并论。真正的俄国城市（莫斯科也包含在内）都带有一定程度的乡村气息，或者至少看起来像大城市中并不属于市政当局管辖范围的偏远郊区的样貌。

在俄国，城市人口稀少的特点与城市具有乡村气息的特点同样突出。我们这里使用的"城市"是民间说法，而非官方概念。在官方概念中，"城市"是指包含某些机构在内的一大批房屋的集合体。因此，该官方定义有时也适用于小村庄。我们不如先不去看官方列出的城市名单，转而关注一下人口统计数据。我们先假定，只有拥有1万以上居民的地方才可以称为真正的城市。以此为依据，我们就会发现，在狭义上，俄国的欧洲地区（不包括政治上属于但社会上不属于俄国的芬兰、波罗的海诸省、立陶宛、波兰和高加索地区）仅有127个城市，其中人口超过2.5万的只有25个，超过5万的只有11个。

这些事实清楚地表明，与西欧各国相比，俄国的城市人口确实相对较少。统计数据也支持这一结论。在俄国，城市人口仅占全国人口的十分之一，而在英国，一半以上的人口是在城市定居的。如果仔细研究一下造成俄国这种人口分布状况的原因，我们就会发现，俄罗斯帝国在历史上和目前的现实中都存在着一些与众不同的特征。接下来，我们就来谈一谈经过研究总结出来的这些特征。

俄国肉商

　　首先，俄国的人口密度远低于西欧国家的人口密度。俄国在东边从未形成过一个自然的疆界，因为向东延伸过去总是有肥沃的、未经开垦的广袤土地吸引着人们前去探索和开发，而农民们也随时准备利用这样的地理优势谋生。原始农耕需要占用大面积的土地，并且会很快耗尽土壤中的养分。但俄国农民并没有改进其原始耕种方式的想法，因为他们发现不断向东迁徙开垦新的土地更方便，也更有利可图。因此，俄国的领土（有时在政府的支持下，有时在农民自发的开拓中）在不断扩张，现在已经延伸到白令海峡和喜马拉雅山脉北侧。第聂伯河源头周边的一小片区域慢慢发展成了一个大帝国，其面积相当于40个法国，而如此广袤的土地上仅有居民大约8000万人。俄罗斯民族的人口繁育能力虽然很强，但仍然跟不上其土地扩张的节奏。因此，整个国家的人口密度仍然非常低，其欧洲部分平均每平方俄里[①]内仅有14人左右。即使是在人口最密集的黑土区北部，平均每平方俄里也仅有40人左右。拥有如此丰富土地资源的民族完全可以靠农业繁衍生息，不大可能全力发展工业，人们也不大可能向城市聚集。

　　其次，农奴制在很大程度上阻碍了俄国城市的发展。农奴制及受其一定影响的行政制度限制了人口的流动。贵族大多都住在自己的庄园里，要求部分农奴完全听命于他们，为他们提供几乎一切服务，而那些想要在城市里定居下来做工匠的农民却没有决定自己命运的自由，因为他们生而与土地不可分割。正因如此，才出现了我们在上文提到过的那些稀奇古怪的乡村工业。

　　上述两个因素在一定程度上解释了为什么俄国的城市没有那么发

———

① 俄制面积单位。1平方俄里≈1.0668平方千米。——编者注

达。丰富的土地资源阻碍了工业发展，农奴制也阻碍了业已存在的小型手工业从农村向城市聚集。不过，这样的解释显然不完整。在中世纪的中欧，同样的因素并未阻碍城市的发展与繁荣，众多发达城市在神圣罗马帝国的社会及政治史上发挥了极其重要的作用。在这些繁华的城市里，商人和工匠云集，形成了一个特殊的社会阶层。这个阶层既不同于贵族，也不同于农民。他们有自己的职业和目标，也有自己的思想和道德规范。在同样的情况下，为什么俄国就没有出现新的市民阶层和城市繁荣发展的景象呢？

为了充分剖析这个问题，有必要就中世纪的一些问题展开讨论。我们在这里所做的也只是指出那些看似正确的解释而已。

在中欧地区，构成社会的各种政治力量之间的斗争在整个中世纪时期一直没有停止。从某种意义上说，一些重要的城市就是这种长期斗争的产物。且不论这些城市最初是如何形成的，可以肯定的是，它们是在君主、封建贵族和教会的相互竞争中生存和发展起来的。那些希望靠从事贸易或工业生产谋生的人必须在城市里定居下来，这样他们就可以得到所居住城市在各个方面的保护，而同时期的俄国从来没有发生过这样的政治斗争。到了16世纪，莫斯科大公国在摆脱了鞑靼人的统治之后，就成了整个帝国的政治中心，而莫斯科大公也成了统治整个帝国的沙皇，拥有至高无上、不可抗拒的权力。沙皇完全掌控着整个帝国的局势，按照自己认为合适的方式管理着整个国家。起初，国家政策尚且有利于城市的发展。当发现工商阶层可能会是帝国财政收入的主要来源后，沙皇便把工商阶层同农民区分开来，赋予他们独有的贸易权，阻止其他阶层同他们竞争，并将他们从土地所有者的束缚中解放出来。如果历任沙皇都能以谨慎且理性的方式实施这一政策，俄国极有可能出现富裕的市民阶层。然而，他们像东方国家的君主一样，政治目光非常短浅，最终没能实现这一愿景。他们为了自身利益而不顾被统治者的福祉，除了向工商阶层征收高额税赋，还将城市人口视为其奴隶。比较富裕的商人被迫担任海关官员，需要到离家很远的地方去工作；工匠们每年都会被召集到莫斯科为沙皇免费工作。除此之外，俄罗斯帝国的税收制度还存在着根本性的缺陷：地方的税收官员是没有薪水的，所以他们对百姓盘剥压榨的程度可想而知。总之，历任沙皇都没有合理地使用手中的权力，致使工商业者纷纷逃离城市，以摆脱统治者的压榨，而不是进入城市寻求统治者的保护。随着越来越多的市民逃离城市，政府发现有必要通过法律手段来阻止这种行为。结果，像农村人口不能离开故土一样，城市人口也必须在城市里生活。那些逃出去的市民会被抓回来，如果试图再次逃走，就会遭受鞭刑，然后被流放到西伯利亚。

18世纪初，俄国的城市发展进入了新的历史时期，城市的人口规模也有了新的变化。彼得大帝在西欧各国游历期间发现，国家财富的积累和社会繁荣主要依靠有进取心、受过教育的中产阶级。他认为，俄国之所以贫穷就是因为缺少这样的中产阶级市民。难道俄国就不能培养起一个这样的阶级吗？彼得大帝认为这是完全可能的，并立即用一种简单直接的方式在俄国打造出了一个这样的阶级。他鼓励引进外国工匠到俄国参与建设，邀请外国商人前来俄国与其国民做生意，派遣年轻的俄国人到国外学习技艺，支持通过翻译外语图书和创办学校的方式传播实用性知识。此外，彼得大帝还鼓励开展各种各样的贸易活动，推动建立了各种各样的工业企业。同时，他还依照神圣罗马帝国的自由城市模式对俄国的城市管理机构进行了大调整。传统的俄国城市组织形式是村社组织形式的修改版，而调整后的城市管理机构采用了神圣罗马帝国的市政管理模式，设有市长、市议会、法院、商业行会、工匠委员会等组织机构。政府还提出了关于发展贸易和工业、建造医院、开展公共卫生预防工作、创办学校、建立司法制度、组织警察力量等方面的一长串建议。

叶卡捷琳娜大帝继承了城市改革大业。她虽然在促进贸易和工业发展方面做的工作较少，但在立法和发表政治言论方面做了大量工作。她在一份宣言中记录了自己在研究历史过程中的体会："我们在世界各地都会发现，从最遥远的古代开始，人们就像纪念城市的立法者一样纪念城市的建设者。那些功勋卓著的英雄也都希望通过建设城市的方式让自己名垂青史。"由于名垂青史也是叶卡捷琳娜大帝毕生的目标，因此，她效仿先皇，在短短23年内建立了216座城市。这应该算得上是丰功伟业了，但她并不满足于此。叶卡捷琳娜大帝不仅喜欢研究历史，还醉心于那个时代流行的政治哲学。该学科更关注社会的第三阶级，而第三阶级在当时的法国已获得了重要的政治地位。叶卡捷琳娜大帝认为，既然她能按照法国模式培养出贵族阶级，那她也可以培养出第三阶级来。为实现该目标，她修改了前任沙皇制定的市政组织模式，并向所有城市颁发了《皇家宪章》。直到当今沙皇登基时，该宪章都未进行过重要的修改。

这些旨在创造一个富裕且开明的第三阶级的努力并没有取得太大的成功。所有措施带来的影响只体现在官方文件中，而人们的现实生活并没有太大变化。大多数人口仍然被土地束缚着，无法摆脱农奴的身份，而所有受过一点教育的贵族都必须到军队和行政管理部门任职。那些被派到国外学习技艺的人并没有掌握多少真才实学，也很少能将其所学知识运用到实践中去。回国不久，他们就完全被周围的环境熏陶成了过去的模样。"城市建设"并未取得实质性进展。从官方层面上讲，创建多少个城市都是非常容易的事情。把一个村庄打造成一座城市，只需要为地方法院、地方警局、地方监狱等机构各准备一间原木屋即可。在指定的日子里，会有一名政府官员从州府赶来，将所有被指定到各新建起来或新布置好的原木屋中就职的官员召集起来，然后再让牧师举行一个简单的宗教仪式，并安排秘书起草一份正式文件，之后就可以宣布新的城市建立了。这一切几乎不需要有什么创新举措。然而，要培养国民发展工商业的进取精神绝非易事，这绝对不是颁布一项帝国法令就可以做到的。

新引进的市政机构由于不符合俄国的传统国情，也缺乏民众基础，所以要想使其发挥作用也比较困难。在西方国家中，设立这些管理机构的理念是在数百年的历史发展过程中慢慢形成的，并且机构的设立确实是为了解决一些实实在在的社会问题，而在俄国，设立这些管理机构是为了制造一些人们之前从未经历过的问题。这些机构的工作人员并不是心甘情愿上任的，他们被复杂的工作程序弄得不知所措，对大量法令也是一知半解。法令不仅规定了他们的职责，还对他们失职或渎职后将会受到怎样严厉的惩罚做了描述。然而，他们很快就发现，这些惩罚远没有看上去那么恐怖。因此，本该保护和教化市民的管理者们"忘记了对上帝和沙皇的敬畏"，反倒厚颜无耻地干起了敲诈市民的勾当。人们发现，有必要让州政府官员严格监督他们的行为。

彼得大帝和叶卡捷琳娜大帝鼓励资产阶级发展所产生的主要实际效果就是，城市居民阶层划分得更加系统，方便了税收工作的开展，增加了国家的税收收入。所有与政府财政收入无直接关系的新设行政部门都不一定会长期存在下去，也不会自发地开展工作。事实上，这一整套管理制度是以专制的手段强加到人民身上的，除为帝国利益服务之外，该制度没有任何内在驱动力。如果将服务帝国利益的动力去除，让市民自己去管理所有市政事务，这套制度就会立即崩塌；城市议会厅、市长、行会、议会议员及其他所有依据帝国法令设立的那些死气沉沉的影子机构都会瞬间灰飞烟灭。基于这样的事实，我们可以总结得出俄国历史发展与西欧历史发展不太相同的一个特征。在西欧，君主与市政机构进行斗争的目的是防止它们变得过于强大，而在俄国，君主与市政机构进行斗争的目的是不让它们自我毁灭。

根据叶卡捷琳娜大帝时期制定的法律（其法律效力一直延续至今），现在的城市仍和过去的城市一样分为3种：第一种是"州府城市"，即各州最主要的城市，或者说州政府所在的城市，州府城市集中了该州的各种行政管理机构；第二种是地区级城市，即州政府下辖的各个地区行政管理机构所在的城市；第三种是其他城市，即在领土管理中地位不是特别重要的城市。

上述这3种城市的组织管理模式是一样的。除了那些虽然居住在城市里但实际上属于贵族阶层、神职人员或低级行政官员的人，我们可以将城市人口分为3个群体：商人、普通市民和工匠。这3个群体的人并不像贵族、神职人员和农民那样属于世袭的社会阶层。贵族完全可以成为商人；只要愿意改变职业，并缴纳必要的税款，一个人就可以在第一年是普通市民，在第二年变成工匠，而到第三年又成为商人。这3种不同类别的市民会暂时形成不同的群体，分属于各自的组织，在享有特定权利的同时也要履行一定的义务。

在这3个群体中，地位最高的是商人。商人的主要来源是普通市民和农民。任何一个想从商的人，都可以根据自己手中握有的资本及希望从事业务的性质从3个行会中选择一个加入，在缴纳了会费后，就正式成为一名商人。一旦停止缴纳会费，他就不再是法律意义上的商人了，会重新回到他原来所属的阶层。有些家族连续好几代人都属于商人阶层。根据法律规定，家族成员的名字应该出现在某种"丝绒手册"中。但实际上，他们并没有形成一个差异性群体，因为一旦停止缴纳会费，他们享有的特权地位马上就不复存在。

工匠是市民阶级与农民阶级之间的纽带，因为农民在加入特定的行业协会或工匠组织后，往往并不会与他们所属的村社切断联系。每一种工业或手工业都有自己的行业协会，通过会员选举产生一名会长和两名会长助理。所有工业或手工业协会共同组成了工匠总会，工匠总会设有一名主席——由选举产生，由各行业协会会长组成的工匠委员会协助主席开展工作。工匠委员会及总会主席负责管理所有行业协会的相关事务，并监督师傅、熟练工和学徒是否在严格遵守各行的行规。

那些被登记为永久性城市居民但不属于任何商业行会或工匠协会的人就构成了狭义上的市民群体，即普通市民群体。和其他两类群体一样，他们也有自己的委员会，委员会设有一名长老和一个管理部门。

我们可以通过下列数据大致了解一下3种群体的人口在所有城市人口中的占比。在俄国的欧洲地区，商人（包括其妻儿）约有46.6万人，普通市民约有403.3万人，工匠约有26万人。

作为连接这3个群体的纽带，市政议会是市政管理的中央部门，也是最高级别的权力机构，其主席由市长担任。几年前，该机构根据市政管理的最新理论进行了彻底重组。现在，所有房屋的业主不论属于什么阶级，都有资格加入市政议会并担任官员，以至于许多城市现在都是由贵族担任市长。尽管如此，我们仍然不能说该机构的性质已经发生了根本性的变化。很少有人会想尽办法当选为议员，而那些当选者在履职时也不会表现出多少工作热情。不久前，圣彼得堡的市政议会提议，为保证法定议员的出勤率，应该向缺席大会的议员收取罚款。此举充分表明，该机构的工作效率何其低下。可以想象，连都城都出现了这种状况，州一级的城市就更不用描述了。

虽然商业贸易和工业的发展使商人阶层富了起来，但他们的生活模式并没有发生多大变化。在帝国的所有阶层中，商人的思想是最保守的。他们在富裕起来后，首先会为自己建造一所漂亮的房子，或者买下某些破落贵族的房产，对其进行彻底修缮。然后，他们会耗巨资为房间铺设豪华的地板，安装巨大的镜子，配备高档的孔雀石桌，购买最知名生产商制作的钢琴，添置最昂贵的材料生产出来的家具。他们偶尔也会举办盛大的宴会，家里有婚丧嫁娶之事时更要大摆筵席。在这样的场合，他们不惜花重金也要将小体鲟鱼、上等俄罗斯鲟鱼、外国水果、香槟及各种昂贵的佳肴摆上餐桌。他们一时铺张炫耀，日常仍过着简朴的生活。走进陈设华丽的房间，你马上就可以感觉到这不是为日常起居准备的。你会发现一种严格的对称感和难以描述的原始感，这表明最早的装潢师的设计和装潢从来没有被修改或修补过。事实上，这所房子的大部分地方迄今为止都只用于国事活动。房主和家人都住在楼梯下面又小又脏的房间里，房间里配置的家具也属于便于生活的舒适风格。平时，那些陈设华丽的房间都是关着门的，精美的家具也是用盖布护着的。如果你在参加完宴会之后的某天再次拜访这家人，那么想再从正门进来可能会遇到一些困难。等你敲了半天门或按了半天门铃之后，才可能有人从后院赶来询问你的来意。又一段漫长的等待之后，你才会听到有脚步声从里面传来。来人拉开门闩，打开大门，带你进入一间宽敞明亮的客厅。窗户对面的那面墙边一定摆放着一条长沙发，沙发前面摆放的是一张椭圆形的桌子。在桌子两边，与长条沙发成直角的是两排单人沙发，每排3张。房间四周还对称地摆放着其他单人沙发。几分钟后，主人才会出现。他身上穿着双排扣的黑色长款大衣，脚上蹬着擦得锃亮的长筒靴。他梳着中分头，续着好像从未刮过的络腮胡子。一阵寒暄过后，主人会端来茶水、柠檬片和蜜饯等茶点，有时可能还会开一瓶香槟。不要指望能见到家中的女性成员，除非你们是要好的朋友，因为商人圈仍保留着彼得大帝时代之前上层阶级流行的女性隐居幕后的生活模式。男主人可能是一个聪明却完全没有受过教育的人，并且很多时候都沉默寡言。在谈到天气和庄稼时，他可能会滔滔不绝。如果谈到其他话题，他不会说太多的话。或许你想和他聊聊他最熟悉的话题——他的生意，但他压根儿不会透露太多信息。

俄国商人喜欢讲究排场，这一点与推崇实用主义的美国人完全不同。俄国商人可能喜欢华丽的客厅、盛大的晚宴、驰骋的骏马与昂贵的皮草。他们喜欢通过向教堂、修道院或慈善机构慷慨捐赠的方式来彰显自己的财富，但在做这些事情时从来没有想要去伪装成一个与自己真实身份完全不同的人。他们总是习惯穿一件可以清楚表明自己社会地位的衣服，不会去刻意树立自己具有优雅举止或良好品位的形象，也从不谋求进入所谓的"上层社会"。他们根本没有想掩饰自身地位的想法，行为举止自然而不做作，为人处世沉稳而庄重。在这一点上，他们与那些自诩接受过良好教育的下层贵族形成了鲜明对比。那些人拼命想让自己身上流露出一种法国文化的气息，但他们矫揉造作的言行举止令人作呕。商人当然也喜欢有尽可能多的"大人物"（官员）出现在他的招待晚宴上，但从来不会梦想要与这些人建立亲密的关系，也不会梦想接受这些人的回请。双方心知肚明，这样的事情不可能发生。邀请发出方和接受方的目的完全不同。商人看到有身居高位的官员出席自己的宴会时会很体面，而他在同阶层人士心目中的地位也会因此有所提升。如果成功邀请到3位大人物出席晚宴，就可以击败只邀请到两位大人物出席晚宴的商业对手，而出席宴会的官员一方面可以享受到一流的美食，另一方面还可以要求商人为城市的公共事业多做贡献或向慈善机构捐款捐物。

值得一提的是，商人们不会攀附贵族，却想攀附有官职的贵族。许多商人愿意花重金邀请一位"现任的国务委员"出席自己的宴会，哪怕此人出身一般，因为他们看重的是他现在正身居要职。相反，有的贵族虽然在血统上甚至可以追溯到具有神话色彩的留里克那里，但只要他现在没有官职，商人们就不会为他们花一毛钱。谈到没有官职的贵族时，商人们可能会说："谁知道他到底是什么人呀？"相反，身居要职的贵族，无论其父辈是谁，都无疑是当今沙皇的宠儿。在商人看来，手握实权要比世袭头衔或高贵血统这样的虚名重要得多。

商人们也在努力争取得到沙皇的恩宠。他们并不是想在帝国混个一官半职，这是他们根本不敢想的事情。他们竭尽所能也只是希望在商界出人头地，并能得到沙皇授予的某项荣誉勋章。为此，最常见的权宜之计就是向一些慈善机构慷慨捐赠，有时这样的捐赠就变成了一种心照不宣的勋章交易。我们至少听说过一个这种用捐赠换勋章的例子。一名商人向由某位大公夫人赞助的某个协会捐了一大笔钱，条件是他要得到一枚圣弗拉基米尔十字勋章。不过，他并没有得到他想要的勋章，只得到了一枚圣斯坦尼斯拉斯十字勋章，因为对方认为他的那笔捐款根本配不上那么贵重的勋章。这名商人对此非常不满，要求对方将捐款悉数退还给他。按照规定，协会必须将钱退给他，而帝国的荣誉勋章则不可收回。因此，这名商人白得了一枚斯坦尼斯拉斯十字勋章。

这种非法的勋章交易自然会引发不良后果。就像大量发行的纸币一样，这些勋章很快就贬值了。从前，把用绶带系着的金质勋章挂在脖子上是一件引以为傲的事情，但现在人们对勋章已经失去了兴趣。同样，人们对待政府官员的态度也大不如前。20年前，但凡有某位高官到访某个地方城市，那里的商人便会争先恐后地招待他；现在，他们却拼命地想避开这种昂贵而无益的荣誉。不过，他们如果愿意接受这样的荣誉，还是会非常慷慨地履行其热情好客的职责。

一般认为，俄国商人作为一个阶层从整体上看存在两大缺陷：无知和不诚实。关于他们的无知，我们不可能有任何意见分歧。大多数商人甚至都没有接受过最基本的教育，他们中的许多人既不识字也不会写字，只能将所有账目记在心中，或者借助独特的象形文字记账，而这种象形文字也只有他们自己才懂。还有一些商人能解释历法和圣徒的生活，可以熟练地签署自己的名字，还能借助一种叫"stchety"的小型算盘进行简单的算术计算，这种计算工具类似于古罗马人使用的"abaca"算盘，在俄国使用比较广泛。只有少数商人懂得日常簿记的奥秘，其中能够自称接受过教育的人少之又少。不过，现在的商人在接受教育方面已经有所好转。一些富商现在开始出钱让他们的孩子接受最好的教育，已经有一些年轻商人可以讲一两门外语，他们完全可以被称为受过教育的人。但遗憾的是，许多受过教育的商人后代放弃了父辈的职业，想到别的领域干出一番事业。就这样，商人阶层不断大量失去这些有价值和前途的年轻人，而这些年轻人本可以提升商人阶层的整体素质和精神风貌。

至于传说中的俄国商人阶层普遍不诚实的问题，我们很难做出一个准确的判断。毫无疑问，交易中确实存在大量不公平的现象，但我们必须承认，外国人在这个问题上可能过于小题大做了。我们总是倾向于用自己的商业道德标准去要求别人，却忘记了目前俄国的商业活动是原始贸易的产物。他们根本没有固定价格和适度利润的概念。我们碰巧发现俄国商人有明显的不诚实行为时，会认为他们的举动极其可耻，因为他们所使用的伎俩比我们通常遇到的骗人的把戏还要原始和笨拙。例如，在商品计量上欺骗顾客的把戏在俄国的商贩中就非常普遍，而这种明目张胆地骗人的把戏可能要比那些用熟练的手法暗中搞鬼的做法更令人气愤，许多人甚至认为暗中搞鬼的做法反而比较容易接受。除此之外，到俄国做投机生意的外国人如果对当地人的性格、习俗和语言不是十分了解，就极其容易上当受骗。这时，他们应该责备的是自己，而不是那些看到他们无知和缺乏经验就通过欺诈手段牟利的俄国商人。尽管如此，我们还是应该对俄国商人所有这些类似的商业不轨行为予以合理警告，以减少外国商人对俄国商业道德的负面评价，毕竟坏印象一旦形成便难以改变。就连俄国人自己也承认，俄国商人中确实存在不诚实和耍无赖的行为。在涉及道德的事情上，俄国底层人民一向比较宽容。他们像美国人一样，倾向于敬佩那些"精明人"，尽管这种精明中掺杂着大量不诚实之举。他们一致认为，商人阶层是一个不道德且不诚实的群体。在一部流行的戏剧中，主角魔鬼成功地欺骗了各行各业形形色色的人，最后却栽在了一个地道的俄国商人手里。这部戏剧在圣彼得堡的嘉年华剧院（Carnival Theatre）上演时，观众都能领会到其表达的讽刺意味。

如果这部戏剧是在黑海沿岸的南部城市上演，就有必要对其内容进行大幅修改了，因为在那里，与犹太商人、希腊商人和亚美尼亚商人相比，俄国商人似乎要诚实得多。希腊商人和亚美尼亚商人谁更狡猾，我们不得而知，但似乎都不是犹太商人的对手。据说，犹太商人在村子里以每桶11卢布的价格收购小麦，自费运输到港口，以每桶10卢布的价格卖给出口商后，他们居然还能赚取利润！

如果要对俄国的商业道德发表一个大概看法，我们可以这样说，俄国的商品买卖原则基本类似于美国的马匹交易原则。一个人要想在做买卖时不吃亏，就必须拥有丰富的知识和敏锐的眼光，如果买到了货次价高的商品或者被对方欺骗了，那他只能自认倒霉。外国商人刚到俄国时几乎都不明白这个道理，即使后来在理论上对此有所感悟，也会因不熟悉当地的语言、法律和习俗而无法将理论付诸实践。因此一开始，他们会无休止地痛骂这种普遍存在的商业不轨行为。但后来，在交了一笔德意志人戏称的"学费"后，他们慢慢适应了俄国的营商环境，避免了很多赔本买卖，也赚取了大笔利润。只要精力够大、智商够高，资本够多，他们通常都会获得可观的收入。

我们不能认为俄国这种不尽如人意的营商环境完全是由俄罗斯

民族的某种极端性格造成的。所有新成立的国家都难免会经历类似的
情况，而现在的俄国商界已经出现了情况好转的迹象。当然，从目前
的情况来看，随着铁路的大规模建设、银行和有限责任公司的蓬勃发
展，各类商业欺诈行为可能会渗入更广阔的新领域。不过，我们也要
看到积极的一面：现在在所有大城市里，很多商人在总结了自己多年
的从商经验后指出，诚实守信才是最好的经商策略。许多靠诚实守信
发家致富的商人无疑会被其他商人当作榜样去效仿。长期以来激励着
俄国商人阶层的那些旧观念和传统做法正在迅速消失，不少贵族现在
也纷纷退出了田园生活或行政管理岗位，开始投身于工商业。叶卡捷
琳娜大帝曾经试图通过立法手段创造出富裕开明的资产阶级正在慢慢
形成。不过，该阶级仍需经过多年的发展才能获得重要的社会和政治
地位，才能配得上"第三阶级"的称号。

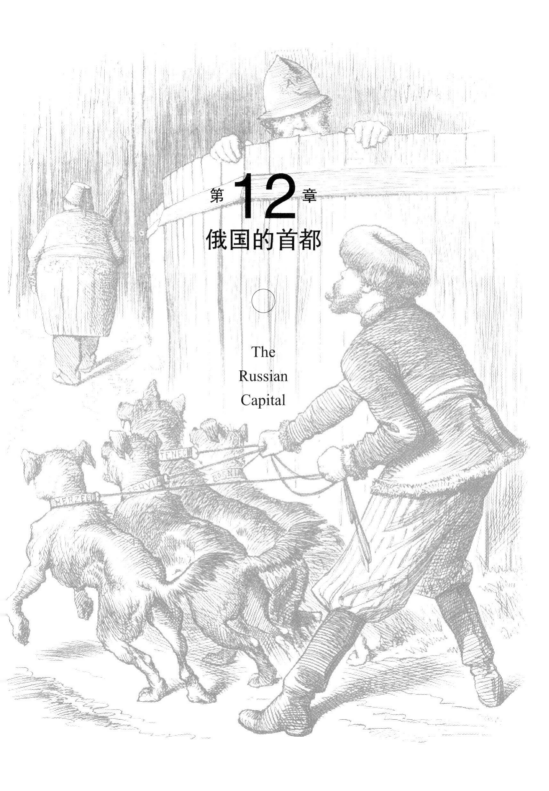

第 **12** 章
俄国的首都

The
Russian
Capital

旅行者无论从什么地方前往圣彼得堡，只要不是走海路，就都需要穿越绵延数百英里的森林和沼泽地带——几乎没有任何人类居住或农业生产的痕迹。这一事实会极大地加深这座城市给他留下的第一印象。在一片荒野之中，他猛地来到了一片壮观的人造绿洲。

在所有欧洲大城市中，和俄国首都最像的要数柏林了。两座城市都建在非常平坦的土地上；街道都横平竖直，非常宽阔，但路面铺设略显粗糙；两座城市都呈现出了呆板和对称的建筑风格，不禁让人联想到严明的军纪和德意志的官僚体制。但两座城市至少存在一个极大的不同之处。虽然地理学家称柏林是建在施普雷河畔的，但我们在柏林生活很长时间后都可能不会注意到那条缓缓流动、肮脏不堪的小溪，事实上它是不配被称作河的。相反，圣彼得堡则建在一条壮丽的河流上，这条河流也构成了城市的一大特征。无论从宽度上还是流量上看，清冽的蓝色涅瓦河都无疑是欧洲最高贵的河流之一。在汇入芬兰湾前几英里的地方，涅瓦河分成了几条支流，形成了一个三角洲。圣彼得堡就矗立在这片三角洲上。城市的主体部分建在涅瓦河南岸，其余则分散在北岸和一些岛屿上。在所有岛屿中，数瓦西里岛（Vassiliostrof）最美丽。一座长长的石桥连接着该岛与南岸的市区，是圣彼得堡唯一引以为傲的石桥。不同岛屿之间或岛屿与陆地之间更多的是靠木桥连接，有的木桥由木桩支撑，有的则像莱茵河上著名的浮桥一样由船支撑。夏天，许多岛屿间的交通是靠别致的双桨小渡船来维持的，据说这些渡船是按照彼得大帝设计的模型建造的。如果出行距离较远，你也可以乘坐小汽艇。疾驰的汽艇不仅方便，也为城市增添了不少生机。冬天，渡船和汽艇都停运了，桥梁也不那么重要了，因为整个水域都结了一层厚厚的冰，足以支撑人们在冰面上通行。

由一座石桥和3座浮桥横跨其上的干流"大涅瓦河"流经了整个市区和瓦西里岛，其两侧是由红色花岗岩砌成的坚固码头和堤岸。在河流南岸，防洪大堤被开发成了一条长长的步道。瓦西里岛一侧的码头则被用于开展贸易活动，每到夏季总会有大量船舶在此排队等候装卸货物。瓦西里岛的最东端便是海关大楼和商品交易所，那些垄断了进出口贸易的外国商人大多会聚集在这里。

在欧洲所有大都市中，圣彼得堡算是一颗新星。作为世界上有史以来最聪明也最无情的暴君之一，彼得大帝凭着坚定的意志，坚持亲自监督这座城市从设计规划到开工建设，从环境美化到物资储备，从人口迁入到配套设施建设，以令人难以想象的速度建成。目前，圣彼得堡的实际人口接近70万。18世纪的第一个年头，这里的人口非常容易统计，因为根本就没有人居住，至少在涅瓦河的源头拉多加湖和尽头芬兰湾之间，除游牧民族之外是没有人定居的。1703年，彼得大帝结束了在荷兰的造船学徒生涯，并顺道访问了英国，回国后便下令，要在俄国开启"一扇能够眺望欧洲的窗户"。圣彼得堡的建成很好地助他实现了愿望。也是从那时起，俄国进入了可以影响欧洲的历史时期。彼得大帝在身体和意志上都配得上巨人的称号，他有暖和的毛皮大衣和帽子，无惧寒冷的气候。作为皇帝，他当然不会想到数百万没有毛皮大衣和帽子的臣民将会在恶劣的气候条件下忍不住地瑟瑟发抖，而是觉得他们理应适应这里的环境。众所周知，彼得大帝经常会有疯狂的想法，所以我们应该想象得到，只有像他这样疯狂的人才会做出在这种地方建城的决定。

彼得大帝态度坚决，无论如何都要建成圣彼得堡。他把自己看成历史上百年不遇的伟大天才之一，认为自己来到世上就是要按照自己的方式去创造历史的。他从俄国各地及芬兰抽调了成千上万的农民，像建造金字塔的埃及监工那样强迫他们为他建设这座新城。每年，彼得大帝都会"征召"4万人的建设大军前来，而他自己也和这些城市建设者一样，住在施工现场的一间他非常喜欢的小木屋里，亲自监督整个施工的进程。我们可以肯定的是，他手里一定挥舞着一根指挥棒，以便让泥瓦匠和木匠加快施工进度。有主见的人通常都会随身携带一根指挥棒。作为彼得大帝的个人遗物，这根发号施令和惩罚他人的指挥棒仍保存在艾尔米塔什博物馆里，也是一件镇馆之宝。

圣彼得堡是从涅瓦河北岸开始建设的。1705年，宽阔、气派的米利奥纳亚（Millionaya）大街建成，大街的尽头就是艾尔米塔什博物馆。大涅瓦河和小涅瓦河之间的大岛是彼得大帝的宠臣门希科夫亲王的封地，但门希科夫亲王并没有用自己的名字命名该岛。该岛自始至终都叫瓦西里岛，是以一位瓦西里少校的名字命名的，这名少校是当时岛东边碉堡的驻军指挥官。1710年，外交大臣戈洛夫金（Golovkin）伯爵建造了圣彼得堡的第一栋砖砌公寓。1711年，用砖砌的海军部开始施工，但其建造过程中的困难确实很大，一点儿都不亚于威尼斯的建设者们所遇到的困难，也远超阿姆斯特丹建城时建筑师们所遇到的难题。彼得大帝一时冲动，便下令在一片沼泽中建造一座大都市，这就意味着必须在这片泥泞的沼泽中打下无数木桩才能打好建造房屋的地基。因此，沿涅瓦河两岸修建的圣彼得堡不得不砌筑起非常壮观的河堤。即便如此，城市也长期面临被淹没的危险，尤其是在河水解冻后和春季涨潮期。人们认为，说不定哪天整座城市就会被彻底冲走。

在圣彼得堡，即使是独裁的沙皇也无法改善市民的健康状况。撇开恶劣的正常气候——漫长冬天的严寒与短暂夏天的炙热，以及持续时间更短的春天与秋天的潮湿与多雾，包围这座城市的大片沼泽在大多数时候就是许多恼人的疾病的温床。黏膜炎、风湿病、支气管疾病和哮喘是冬季的多发疾病，疟疾和痢疾则是夏季的常见疾病。20年前，亚洲霍乱传入了圣彼得堡的下城区，成为当时的一种流行病。不过也是在那段时间里，城市的公共卫生条件得到了很大程度的改善。如今，在圣彼得堡已经很少听到有霍乱病例了。

自开工建设起到我们生活的当下，150多年来，这座帝国都城的历代建设者们一直都在孜孜以求地进行着城市扩建和市容美化。当然，一个半世纪之后，我们在城市的某些区域里也会发现一些贫民窟。如此气势恢宏的城市中居然也有破旧而拥挤的住房片区，这并不奇怪。首先，这些住房片区有可能是当年那些被征召来建设圣彼得堡的农民自己的住所，是在非常仓促的情况下搭建起来的，而使用的建材多为容易腐朽的木材。其次，贫民窟这种脏乱差的情况还与底层人民的生活习惯有关；即使在如今开化的年代，他们的生活习惯也远谈不上干净卫生，更不要说过去了。不过，主要位于偏远郊区的这些贫民窟正在迅速消失，用砖石取代原木作为建筑材料的做法现在已经非常普遍。此外，与农奴制时期相比，现在的民众能够赚到更多收入，有了自己的积蓄，而在以前，他们埋头苦干只是让领主和主人的荷包鼓起来，自己却没有任何积蓄。从物质层面讲，1877年圣彼得堡的农民已经摆脱了贫穷，他们越来越不习惯生活在像猪圈一样的环境里了。他们也开始学习读书、写字，对政治也产生了一些兴趣。因为不再遭到主人或警察的殴打，他们也不再毒打自己的妻子了——这可是他们从前非常喜欢的一种消遣。如果不是过于迷信，也不是见到伏特加就要喝得酩酊大醉，那么与其他欧洲国家首都的工人相比，他们在工作能力上是不落下风的。但不幸的是，俄国政府总在直接或间接地鼓励普通民众在迷信的道路上继续前行，因为盲目迷信是维护俄国保守势力最有力的工具，是避免封建专制主义旧尸体腐烂的盐水。但为了自己的声誉，最高权力部门近年来已经在想方设法地减少人们酗酒的机会。一方面，圣彼得堡市政府最近关闭了至少三分之一的白兰地销售商店，这些商店以前大多都开在人口密集的街区。另一方面，酿酒厂也在积极调整产品结构，它们现在生产出了一种清淡而对身体有益的啤酒，似乎很受人们喜欢。除啤酒之外，现在人们也同样喜欢喝茶。总的来说，现在游客在圣彼得堡大街上看到的醉汉要比在莫斯科大街上看到的少得多。不得不说，在禁酒方面，俄国政府确实做出了巨大的贡献，要知道过去国产伏特加的消费税可一直是帝国财政收入的一大来源。

圣彼得堡的贫民窟数量得以减少还有一个非常直接的原因。从前的圣彼得堡就和现在的佩拉（Pera）一样，经常发生火灾。佩拉位于君士坦丁堡北郊，平均每天会发生2次至3次火灾，通常每次会有10到50间房屋着火。沙皇尼古拉一世曾说过，圣彼得堡的每一次大火都可以说是对帝国卫队（Imperial Guard）一次很好的检阅，为测试士兵的作战能力和勇气提供了机会。如果火灾达到了"超级大火"的级别，那么大公们甚至沙皇本人都会亲自指挥灭火。但这种消防体制并非没有缺点。圣彼得堡消防队从本质上讲就是一个军事组织，而根据军事惯例，由军衔最高的军官负责指挥所有地面部队。但即使在现代，俄国沙皇和大公们也通常会以自己的方式指挥军队。圣彼得堡消防队的指挥官们发现，他们的行动经常会受到大公们的阻碍或沙皇的干涉。大量木制建筑、烧得过烫的火炉和人们的粗心大意是导致火灾频发的最常见原因；许多人在畅饮伏特加后上床睡觉时，居然还在枕头边留着燃烧的蜡烛！过去，这些原因引发的大火曾无数次将圣彼得堡置于毁灭的危险之中。如今，灾难级别的大火发生的频率要比以前低得多，整个消防队也更加训练有素，在救火行动上有了更大的自主决策权。一般情况下，消防队还是可以比较轻松地扑灭大火的。即便如此，整座城市仍在继续实施着最严格的防火措施。在遍布城市大街小巷的那些高高的木塔上，日夜都有人驻守在顶层的过道里，时刻观望着周边的天空中有无红色火焰出现。我们对从前发生过的大火也不必太过遗憾（火灾夺取了众多生命的情况则另当别论），因为大火烧毁了让城市管理者头疼不已的那些贫民窟，而灾后重建也不会再有小木屋了。如今，圣彼得堡最令人厌恶的片区已经很少有小木屋了，那里到处都是肮脏不堪的砖房，类似于纽约下城区的"公租房区"。这些房子有时可以容纳100多户家庭，可能也潜藏着首都的危险分子。公租房区是特雷波夫（Trepoff）将军密切监控的地方，他的探员们经常光顾这里。特雷波夫警长令人闻风丧胆，以至于他的名字在这里通常是被人们低声说出来的，因为如果大声说出来，就会引起一片恐慌。探员们在这些公租房里确实能抓到一些在逃的刺客、盗贼、造假币者、骗子和恶棍，但要抓捕政治阴谋家、社会主义者、虚无主义者、波兰爱国者等这一级别的人物时，就得深入到圣彼得堡的不同片区。比如，他们在突击抓捕政治阴谋家时，有时出现在瓦西里岛上，有时出现在大学校园里，有时则出现在时尚街区里。

我们可以通过登上圣以撒大教堂穹顶极目四望的方式来了解圣彼得堡的城市风光。向北望，我们会看到瓦西里岛及岛上的商品交易所、皇家大学、皇家科学院和皇家军事学校。向西望，我们会看到彼得保罗要塞。再往西北望去，我们可以看到阿佩卡尔斯基（Apekarski）、卡门诺伊（Kamennoi）、彼得罗夫斯基（Petrofski）、克雷斯托夫斯基（Krestofski）和埃拉欣斯（Elaghins）5座小岛。圣彼得堡富有的贵族和银行家都在这些岛上建有豪华的别墅。阿佩卡尔斯基岛上建有外科医师学院。夏天，涅瓦河上的岛屿是人们的避暑胜地。其中，克雷斯托夫斯基岛是日耳曼人的夏日聚集地，居住在圣彼得堡的日耳曼人大约有10万。夏天，克雷斯托夫斯基岛上的野餐会从午夜一直持续到清晨；因为白夜现象，我们阅读小字号的书籍一整晚都不存在任何问题。太阳似乎一直不会落到地平线以下，即便落下去也会立刻再跳出来。

在大涅瓦河东侧与涅瓦河北岸，我们会看到一排排军营、工厂和政府机构。除了教堂和皇家宫殿，所有公共建筑的外墙都被涂成了行政气息颇浓的黄褐色，让人看上去心情并不愉悦。连接市中心和岛屿的一共有4座大桥：以沙皇尼古拉一世命名的尼古拉大桥（Nicolaiefski Most）宏伟壮观，有着花岗岩的桥墩和优美的拱形桥洞；皇宫大桥（Dvortsoior Palace Bridge）是连接商品交易所和冬宫的一座舟桥；特罗茨基大桥（Troitski Bridge），又称圣三一大桥，连接着彼得保罗要塞和战神广场；利特尼桥（Liteiny）同样是一座浮桥。每年大约11月涅瓦河开始结冰时，人们会先拆除浮桥，等河水结成厚厚的冰后，再将浮桥放回原来的位置。当冬天真真切切地到来时，人们反倒普遍有一种轻松的感觉。相比11月上半月甚或整个月河水交替冻融，俄国人更喜欢河流完全冰封。当涅瓦河上的冰层凝固到冬天该有的厚度时，人们知道最糟糕的时节已经到来，他们会像刚毅的斯巴达人一样做好"笑对寒冬"的准备。至少对外国人来说，给生活造成不便的"最糟糕的

前往皮瓦军营的俄军护卫队

时节"要持续4个月甚或5个月之久，而圣彼得堡的市民则会积极应对，尽可能地让自己在寒冬里过得舒适一些。凡是有毛皮大衣的人都会把自己裹在宽大但看起来有些笨拙的大衣里。大衣的下摆一直垂到脚踝，长长的毛皮袖口几乎能盖过指尖，高高的毛皮衣领可以保护耳朵和鼻子。至少在圣彼得堡，75美元以下是买不到皮毛大衣的，即使是最劣质的皮毛大衣也买不到。生活富裕的人可以花500美元甚至1200美元买一件涅夫斯基（Nevski）、莫尔斯卡亚（Morskaia）或戈斯蒂诺伊-德沃尔（Gostinnoi-Dvor）的贵族皮草经销商售卖的上等貂皮大衣。

待涅瓦河完全封冻后，在拉多加湖吹来的强风助力下，一大批农民工用手中的铁锹铲平了冰冻河面上那些粗糙不平的地方。不久，整条河流的表面就像玻璃一样光滑锃亮了。人们每隔一段时间就会在厚厚的冰层下挖出若干洞来，利用下面湍急的水流来补给生活用水。一条整洁的宽阔大道从市中心一路延伸到了军港喀琅施塔得。这条大道也是一条主要的都市步道，两旁种植着低矮的常青树、落叶松和桦树。冬天，人们终于可以乘坐雪橇欢快地出行了。雪橇铃铛的叮当声在圣彼得堡（大多数时候都是一个相当安静的城市）的大街小巷也会从白天一直响到深夜。雪橇铃铛不仅是装饰品或仅仅为了烘托节日气氛，更重要的是其叮当声可以提醒行人提前躲避，因为雪橇在雪地上滑行时非常轻快，几乎不会发出任何声响，直到离你几英寸时才能听到声音。在雪地里行走是不安全的，除非你穿着有皮毛或羊羔毛衬里的长筒靴，或者在鞋子外面套上橡胶套鞋。你去别人家拜访时，进入大厅后要先脱掉外面的套鞋，一般的套鞋在后跟处都装有小小的马刺，方便将套鞋踢掉。拜访结束后，你再将套鞋穿上出门。如果感到自己穿脱套鞋时比较尴尬，你还可以召唤楼下随时待命的仆人来帮忙，而你只需要付给他们几戈比的辛苦费即可。

在圣彼得堡一般可以租到的单马雪橇乘坐起来并不舒适，因为车夫后面的座位几乎容不下一名乘客。雪橇的舷墙也很脆弱，不太安全。乘坐舱是直接连接在滑板上的，并没有弹簧支撑。如果不谨慎地去调整平衡，整个雪橇随时都有侧翻的可能。车夫们早已习惯了这些小伤小痛。他们一般不会摔得太远，一旦摔出去，他们会在雪地里不停翻滚，然后像冻僵的磨坊工一样微笑着站起来。拉雪橇的马匹似乎也习惯了这种偶尔翻车的情况，不过它们更喜欢躺在松软的雪地里一动不动。但乘客的情况就比较危险了，尤其是一名乘客可能会压到另一名乘客身上，而沉重的雪橇又可能压到他们两个人的身上。车夫们都是非常文明的人。在夏天，他们一般身穿蓝布长袍，头戴卷边的低顶帽子；到了冬天，他们一般身穿仿阿斯特拉罕羔羊皮大衣或用廉价毛皮制作的长袍，头戴方形无檐毛皮帽子。他们会在腰上系着表明身份的色彩鲜艳的腰带。大多数车夫是黄褐肤色、身体强壮、满脸络腮胡子的斯拉夫裔农民，但他们中也有不少年轻人，看上去只有十五六岁。我们很少会在圣彼得堡的大街上看到鞑靼人，偶尔会在莫斯科的大街上看到。但在这两座都城的酒店和餐馆里，服务生几乎都是鞑靼人。老板们更喜欢鞑靼人而不是斯拉夫人，因为鞑靼人大多是穆斯林，是不会喝酒的，并且除了马匹，他们不屑于偷任何东西。据说，最诚实的鞑靼人偶尔也会禁不住骏马的诱惑，想方设法地想将其据为己有。也许正因如此，圣彼得堡才没有当出租马车车夫的鞑靼人。马车出租行的老板可能会担心，也许某个清晨鞑靼车夫连人带马带车就偷跑了，再也不会回来了。到了夏天，雪橇就换成了嘎吱作响、颠簸摇晃的敞篷四轮马车。四轮马车虽然要比冬季的马拉雪橇宽敞一些，但仍然有许多地方需要不断改进。

乘坐马车或雪橇没有官方制定的价目表，价格完全由车夫说了算。但在圣彼得堡待过几天之后，没有人会认为可以不用事先和车夫讨价还价就去租用马车或雪橇，除非他是傻子。一般来说，车夫的要价不会过高，交易很容易达成，价格商量好后车夫就会信守诺言，中途不会变卦。如果除了车费，你还能给他们一些小费，他们会感激涕零。尤其是喝了很多伏特加时，他们哭得最厉害。不过，你只给了他们车费而没给小费的话，他们也不会责怪你，更不会像一些美国车夫在遇到这种情况时那样说出一些难听的脏话。在圣彼得堡，用一卢布差不多可以租马车或雪橇走最远的路了，而一般的短途出行大概需要20戈比（约15美分），这样的价格比较适中，人们也乐于接受。

这些公共租车行的车夫，还有那些俄国贵族和上流人士的私家车夫，似乎都是铁人，丝毫不畏惧寒冷的天气。他们会送你去看歌剧表演，接着再送你去参加三四个派对，然后再送你到几个俱乐部消遣。他们自己则在某个公馆的寒冷庭院里愉快地等着你，或者在12月的涅瓦河畔某个寒风凛冽的码头上一直等你到凌晨四五点。在大剧院和皇宫附近，有不少固定在地上的圆形大铁火盆。在寒冬的夜晚，车夫们会点燃盆中的柴火取暖。更夫们也会围过来，拍着戴有皮毛手套的双手，温暖一下冰冷的鼻子。整个气氛其乐融融。

让我们再回到圣以撒大教堂的穹顶上。站在那里，我们可以轻松地看到宏伟的海军大厦及其优雅的镀金塔尖。向南望去，我们看到的是皇室、大贵族、外国使团、大银行家、商人和店主们居住的一大片区域。该区域沿涅瓦河向西南方向绵延近4英里长，里面街道和住宅比较密集。涅瓦河南边的一大片区域被莫伊卡河（Moika）、叶卡捷琳娜河（Ekaterina）和丰坦卡河（Fontanka）分隔成了3块扇形区域。这种区域设计方案与阿姆斯特丹的城市规划思路几乎如出一辙，非常值得我们关注。萨尔丹（Saardam）造船厂的那名学徒工[①]似乎从未将对荷兰的记忆从他的脑海中抹去，他似乎在有意无意地参照荷兰首都这种像半个洋葱截面的街道及河道规划图，来打造俄罗斯帝国未来的首都。另一个荷兰城市鹿特丹很早之前被人们称为"粗犷的威尼斯"，而水城圣彼得堡从很多方面看都可以称为"雄壮的鹿特丹"。

就像波澜壮阔的涅瓦河一样，圣彼得堡的一切也都蔚为壮观。市内的街道、广场、宫殿、公共建筑和教堂不论存在什么其他缺陷，至少看上去都气势恢宏。整座城市似乎是为未来无数代人而设计的，不仅仅是为了满足当时居民的实际需要。这一点很好体现了其作为帝国首都的远见。甚至连私人住宅也都建在很大的街区，许多街区都有几十处独立的公寓大楼。

这种建造大房子的习惯催生了一种特殊而高效的安保制度。每处住所都雇有一名门卫或勤杂工，他既是房主的佣人，也是一名保安。他不仅要负责打扫住所的卫生，同时严格查验出入人员的通行证件，夏天还需清洗房前的街道。晚上，他要在外面的街道上巡夜，担任安全警卫。但事实上，这些警卫在漫长的冬夜里一般都会躺下来睡觉，即便温度降到了零下30摄氏度，他们中也很少有人会被冻死，这也充分证明了俄国人抵御极寒天气的强大能力。据说，从前这些安

---

① 即彼得大帝。——译者注

全警卫经常会协助警察护送走夜路的市民，以防他们遭遇抢劫。不过，这些都是过去的事情了。现在圣彼得堡的警察力量完全可以与其他欧洲国家首都的警察力量相提并论。

圣彼得堡城内的3条主要大街都是从海军部广场向外延伸的，站在这3条大街上的任何位置都可以看到海军大厦的塔尖，但看不到海军大厦背后涅瓦河的景色。这3条大街分别是举世闻名的涅瓦大街、戈罗霍瓦亚大街和沃斯内森斯基大街。其他重要的街道还有：博尔舒伊大街、马拉大街、莫斯卡亚斯大街、米利奥纳亚大街、卡赞斯卡亚大街或喀山大街、萨多瓦亚大街或花园大街。这些街道都是笔直的，和它们垂直相交的还有众多小路。为了便于管理，圣彼得堡的街道一般分为3类：第一类为宽阔的大街，即林荫大道；第二类为乌利察街，或普通街道；第三类为佩罗洛克斯街，或小街小巷。

圣彼得堡当然也有每位游客都想参观和欣赏的名胜古迹，例如圣以撒大教堂。我们已经想象着站在其穹顶之上，鸟瞰过这座具有文艺复兴风格的巨大建筑了。它有着镀金的圆形穹顶和巨大的红色花岗岩石柱，整体外观给人的感觉非常典雅大气，尤其是当一层闪闪发光的白霜覆盖在上面时。不过，教堂内部花哨艳丽的装饰将其外观带给我们典雅大气的感觉完全破坏掉了，这算是内部装饰品位低下的一个范例吧。喀山教堂更是一个不太成功的建筑作品，虽然俄国人经常赞美它为本土艺术家的杰作，但它实际上就是俄罗斯建筑中盲目模仿的一个典型。巨大的半圆形柱廊是模仿的罗马的圣彼得大教堂，与教堂的其他部分极不协调，完全遮住了教堂的主体结构，而教堂的穹顶需要冲破周围的重重屏障才能露面，就像一个被判终身监禁的罪犯一样，默默接受了命运的安排。接下来我们再说说冬宫。虽然不少人认为拉斯特列利（Rastrelli）拥有非凡的天赋，并对冬宫青睐有加，但冬宫完全不像其名字所蕴含的那般庄严雄伟。一些小宫殿比较符合当地的气候特点，但没有呈现出可称之为俄罗斯风格的建筑特色来。俄罗斯风格好像只体现在木制建筑上。像其他北方国家一样，俄国的石制建筑主要借鉴了南欧国家的风格，而没有考虑气候差异。圣彼得堡人引以为傲的应该是城市整体的恢宏气派，而非个别建筑的美学价值。

尽管如此，许多雕像和纪念碑却展示出了较高的艺术价值。比如，彼得大帝骑马的雕像就是一件真正的艺术品，夏宫里陈列的雕像和半身像也都是惊世之作。此外，还有大量油画也是真正的艺术品。例如，艾尔米塔什博物馆就收藏有大量荷兰派艺术大师的作品，还有许多意大利和西班牙古代大师的作品，这些大多都是真品。我们就不在这里涉足艺术评论家的领域了，也不再喋喋不休地介绍宣传手册中已描述过的内容，以免让读者心生厌烦。和在其他地方一样，在此观光也十分耗费体力；游客可能更乐意在街道和集市上闲逛，尤其在冬天。

不过，对于那些喜欢探寻历史典故中的点点滴滴的人而言，有一个"景点"一定会引起他们浓厚的兴趣，那就是彼得大帝在建造其未来国都时居住过的小木屋。从风格和陈设来看，这个小木屋更像是工人的临时窝棚，而不像是沙皇的居所，但就是这简朴的居所却十分符合这位伟大人物的性格特征。彼得大帝有时会像工人一样劳动，但并没有因此而失去帝王风范。当决定要在芬兰湾的一片只有野禽栖息的沼泽地上建立新国都时，他并没有只是坐在舒适的沙发上发号施令，然后坐享其成。他像古希腊传说中的诸神一样，从奥林匹斯山上走了下来，加入了凡人的行列，身体力行，监督工程，参与劳动。如果说他像所有建造金字塔的法老一样专横和令人窒息，那么他至少可以为自己辩护说：他没有放过人民的同时，也没有放过他自己。

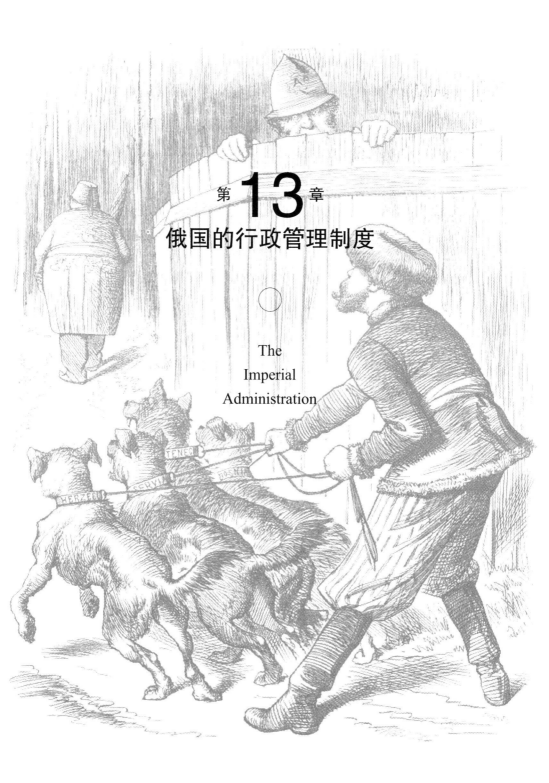

第 **13** 章
俄国的行政管理制度

The
Imperial
Administration

　　虽然将俄罗斯帝国各个地区组合在一起并维持其公共秩序和社会安定的庞大行政管理体制是一代接一代统治者励精图治的结果，但我们仍然可以说，这种行政管理体制是彼得大帝首创的。在彼得大帝之前，俄国的统治者均以粗放原始的方式治理国家。莫斯科大公国历任大公在征服竞争对手后，吞并了周边的公国，但只是为统一国家争得了更多领土，并没有尝试去建立一套统一的管理体制。他们算不上政治家，充其量是比较务实、精于算计的政客，因此从未想过建立一套统一的国家管理体制。只要旧有体制有利于他们行使专制权力，他们就会将其保留并维持下去，只在必要时根据实际情况做出某些调整，而这样的调整通常只是地方层面的，而非整个国家层面的。特殊性决策、对特定官员的指示、针对特定团体或个人的章程，这些都比一般立法措施更常见。简而言之，从前莫斯科大公国的独裁者实施了一些非常短视的政策，无情地扼杀了任何会造成一时不便的远见卓识，很少会主动去做未雨绸缪的事情。因此，在他们的统治下，行政管理不仅呈现出地域性特点，而且同一地区实施的不同制度之间也不协调，致使整个国家宛如一个不同时代管理机构的混合体。

　　这种不规范的管理体制，或者更准确地说是管理体制的缺失，让思维严谨、一生都在严格遵循教条的彼得大帝非常不满。他构思了一个宏伟的计划，即根据最新的政治学原理建立一套中央集权的行政体制，并用它彻底取代全俄罗斯旧有的管理体制。无须赘言，这个计划很难实现，因为它与人们的传统观念和习惯相距甚远。试想一下，没有专业知识，没有技术工人，没有得力工具，除了易碎的砂石再无其他建材，在这种条件下还要在沼泽地上建起宫殿来是何其困难啊！在理性之人看来，这样的工程十分荒谬。同理，我们也必须承认，彼得大帝在实现其中央集权的行政体制的过程中也一定会面对重重困难。他同样没有专业知识，没有必要的人才，没有建立新体制的坚实基础。他豪情满怀地打破了旧体制，却在建立新体制的过程中遭遇了一系列失败。在流传后世的无数谕旨中，彼得大帝生动地描绘了他的奋斗目标。看到这位巨匠自我加压并不知疲倦地拼命工作时，我们既感动又心酸。他在不断亲手摧毁着自己的工具。大厦的基础在不断坍塌，较低楼层在上面楼层的重压之下摇摇欲坠。如果发现哪个部分不合适，建造者会无情地将其推倒，或让它自行坍塌。即便如此，建造者仍以不达目的誓不罢休的精神在坚持不懈地工作着。他坦然地承认错误、接受失败，然后耐心地寻求补救的办法。他从不允许自己说一句丧气话，也从未对其追求的事业感到绝望。最终，死亡降临，这位了不起的建造者在筑梦路上突然离世了，将完成这一伟大使命的任务留给了他的继任者。

继任者们虽然没有彼得大帝那样的天赋和精力，但迫于形势不得不采纳他的计划。恢复旧制度是不可能的。受西方思想的日益影响，专制统治者们越来越觉得需要一个上好的工具来帮助他们实施政策，并努力使行政管理系统化和集中化。

在这种行政管理体制的变化上，我们会发现俄国与从腓力四世到路易十四统治时期的法国存在着相似之处。在这两个国家，我们都看到了中央权力在逐渐控制地方行政机关，直到最终彻底实现中央集权。实际上，两国的行政管理体制改革只是表面上相似，本质上仍存在极大差异。法王经常被迫与地方权贵和封建势力做斗争，只有在消灭了地方的反对势力之后，才能比较容易地找到建立官僚结构的合适人才。相反，俄国君主虽然很少会遭遇这样的反对势力，却很难在未受过教育、不遵守纪律的臣民中找到合适的行政管理人才。俄国的许多代君主都在积极开办学校和学院，目的只有一个，那就是为国家培养公共服务人才。

因此，这种更加接近西欧的理想化行政管理模式一度遭到质疑：它能否满足那些建立这种管理体制之人的实际需求。关于这一点，一个有名的斯拉夫人曾经说道："直到最近，俄国仍存在众多官员贪污公款、敲诈勒索及各种各样的政治腐败。法庭居然成了罪恶的窝点，人们违背正义去做伪证等情况屡见不鲜。必须承认，这些不良现象并没有完全消失。这一切又能证明什么呢？难道俄国人在道德上就不如日耳曼人吗？不，根本不是这样！这只能说明日耳曼人的那套行政管理体制完全不符合俄国人的本性，因为这套体制是在未经他们同意的情况下强加到他们头上的。如果你强迫一个正在长身体的男孩去穿一双非常紧的靴子，他可能会将靴子撑破。撑破的靴子虽然会招来路人异样的目光，但总比把脚掌挤变形要好。现在，俄国人民不仅被迫穿上了束脚的靴子，还被迫穿上了紧身的外套，年轻力壮的他们怎会不撑破它们！心胸狭窄、思想迂腐的日耳曼人理解不了也不能满足斯拉夫人的广泛需求"

乍一看，俄国目前的行政管理体制犹如一座非常宏伟的建筑。位于金字塔顶端的是沙皇，就像彼得大帝描述的那样，"专制君主无须向世人解释他的行为，他有权像基督教最高统治者一样按照自己的意志和判断来统治自己的国家"。位于皇帝之下的是国务委员会、大臣委员会和参政院，它们分别代表了帝国的立法机构、行政机构和司法机构。美国人如果浏览过《俄罗斯帝国法典》的第一卷，可能会将俄

俄国沙皇辛洛维奇

国的国务委员会类比为国会，将其大臣委员会类比为内阁，但事实上这两个机构都不过是专制权力的化身而已。虽然法律赋予了国务委员会许多重要职能，比如监督审查年度预算、对外宣战、缔结和平及其他一些重要的职责，但它不过是扮演着顾问的角色而已，皇帝根本不受其决定的任何约束。各部大臣都直接对皇帝负责，因此大臣委员会并没有共同的责任或其他凝聚力。至于参政院，也已从过去的权力高位滑落了下来。起初，参政院是在皇帝外出或未成年的情况下代为行使至高皇权的国家机构，可以影响和控制各个部门的行政管理工作；但现在，参政院的活动仅限于司法事务，其履行的职能也只是比最高上诉法院多一点儿而已。

位于这3个机构之下的是十大部委[①]。它们是帝国在各个领域的行政管理中心，负责将帝国的意志辐射到全国。

为了便于领土管理，俄国本土被划分为46个省或政府，每个省又细分为各行政区。所谓俄国本土，即欧洲部分的俄国，不包括波兰、波罗的海诸省、芬兰和高加索地区——它们都有各自的行政管理体制。一个省的平均面积大约和葡萄牙的面积一样大，但也有面积较小的省——和比利时的面积差不多。不过，各省人口与其所辖领土面积并不成正比。面积最大的阿尔汉格尔斯克省只有不到30万的人口，而一些面积较小的省却拥有超200万的人口。这些省下辖的地区面积也各不相同。

每个省都设有一名总督，以及辅佐其工作的一名副总督和政务

[①] 外交部、战争部、海军部、内务部、财政部、司法部、教育部、工商业部、交通部、农业部。——译者注

委员会。根据叶卡捷琳娜大帝时期的法典，总督被称为"一个省的管家"，要肩负各种大大小小的职责。为了培养出合格的总督人选，俄国有必要按照叶卡捷琳娜大帝的思路，通过大力发展教育创造"一个新民族"。直到近代，总督们仍然只是从字面上去理解"管家"一词的含义，并以非常武断、高压的手段进行治理，经常对民事和刑事法庭施加重要的影响。总督权力过于宽泛的问题现在已得到很大程度的改善，一方面是积极立法起了作用，另一方面则是公共宣传力度加大和交流渠道畅通的结果。所有涉及司法的事务现在已经不属于总督的职权范围了，之前总督的许多职能现在都由新设的地方自治机构——地方议会——接管了。此外，所有日常事务都可通过指令系统进行管理，该系统包括的范围很广，并且在不断增加新内容，主要以帝国命令和大臣通告的形式呈现，一旦发生系统中未规定的任何情况，就要通过信函或电报向相关大臣咨询处理意见。即使在其合法的权限范围内，总督现在也对公众舆论比较尊重，偶尔还对报社记者有所忌惮。因此，那些从前被讽刺作家描述为"小总督"的人现在已沦为从属官员。他们中的大多数都为人正直且诚实，即便没有卓越的行政管理能力，也总能尽其所能地履行自己的职责。

独立于总督之外的是一些驻地官员。总督是内政部的地方代表，驻地官员们则代表其他部委，拥有自己的办公部门，并配有一定数量的助理、秘书和抄写员。

要想保持这台庞大而复杂的官僚机器正常运转，就必须组织起一支庞大而训练有素的官员队伍。这些官员主要来自贵族和神职人员，形成了一个特殊的社会阶层——缙绅会议。在俄国，该阶层无论是在官场还是在民间都扮演着重要的角色，其重要性不言而喻。

俄国政务官员

　　根据彼得大帝发明的行政管理体制，所有民政机关和军事机关都分为14个等级或级别，每个等级都有自己特定的名称。职务晋升的依据是个人的功绩，因此首次入职公共服务部门的人无论社会地位如何，都必须从基层干起，然后再逐级晋升。当然，一个人如果拥有一定的学历，就可以不必从基层做起，此时帝国意志可以为他打破常规。但在通常情况下，一个人必须从官员阶梯的最底层或较低层级开始做起，并且必须在每个层级对应的职位上服务一定的时长。他目前所处的台阶，或者说所拥有的官衔或缙绅资格决定了他接下来可以担任哪些职位。因此，官衔或缙绅资格是获得职务晋升的必要条件，但具体会晋升到哪个职位并没有明确的规定，不同级别官衔的名称极易让外国人晕头转向。

　　比较务实的读者可能不希望我再详述俄国的官僚机构，而只想知道它在实践中是如何运转的。它过去为俄国做了什么贡献，现在又在做什么？

　　如果没有一个强大的中央集权行政管理体制，俄国不会成为欧洲列强之一。直到晚近，世界上被称为俄罗斯帝国的这片土地也还是一个由独立或半独立政治单位组成的集合。即使是在今天，它也远非一个所辖各地区紧密团结、行政统一的国家。独裁统治者先是依靠中央集权的管理方式创造了俄罗斯帝国，然后通过引进西方文明让帝国免于分裂和毁灭的命运，最终让俄国在欧洲列强中占得了一席之地。从理论上讲，如果当初俄罗斯帝国所辖的各地区能自发地团结起来，各个阶层都能主动地去吸收欧洲的文明，那么现在的俄罗斯帝国会更强大。但从历史发展的角度来看，这种现象是根本不可能发生的。

　　我们深知，虽然高度的专制统治和强大的中央集权管理是新建一个独立国家以及之后维持该独立国家运转所必须采取的措施，但其造成的恶果绝对不容忽视。如果政府只是想方设法地去实现其设计好的制度，而不考虑人民是否能理解其设计初衷，是否愿意接受这样的制度，那么政府与人民分道扬镳就成了很自然的事情。政府急于以鲁莽、暴力的方式强行实施其计划，只能激起人民强烈的反对。长期以来，有相当一部分民众一直在将锐意改革的沙皇们视为邪恶精神的化身，而沙皇们则将人民视为被动执行其政治计划的工具。人民和政府之间这种奇特的关系构成了俄国整个行政管理体制的主旋律。政府一直把人民当作未成年人对待，认为他们根本无法理解其政治意图，最多也只能勉强处理一些地方性事务。官员们自然也本着同样的精神行事。他们只是一味地服从上级的安排，希望自己的工作能得到上级的认可，却将那些处于他们管理下的人民全部视为被征服的对象或低劣的种族。因此，国家逐渐被当成一个抽象的实体，国家利益与组成国家的人民的利益完全不同；在所有涉及国家利益的事务中，个人利益都会被无情地牺牲掉。

我们如果知道国家中央集权管理的难度总是与其治下的国土面积和民族多样性成正比，就不难理解俄国的行政机构为什么运作得那么效率低下和漏洞百出。从北冰洋到里海，从波罗的海沿岸到天朝上国的边境，如此广阔的疆域都要由圣彼得堡统一管理。真正的官僚深谙只对上级负责的为官之道，他们通常会从下属手中拿来所有成果，然后转手献给上级，以此来避免问责。因此，一旦得到上级的赏识，他们就开始一路高升，甚至有可能在某一天坐上内阁大臣的位子。这样一来，各部委经常会堆满来自帝国各地的文件——其中许多都无足轻重、毫无价值，而那些高级官员即便有阿耳戈斯^①（Argus）的眼睛和布里亚柔斯^②（Briareus）的手，也不可能认真地履行强加给他们的职责。事实上，俄国的高级官员既不记得阿耳戈斯，也不记得布里亚柔斯。他们似乎总是有大把闲暇时间可以支配，却对需要治理的国家了解得既不广泛也不深入。

除了过度中央集权所产生的不可避免的弊端，俄国还深受官员以权谋私、贪赃枉法和敲诈勒索等问题的困扰。有一天，彼得大帝准备推行一项严惩贪官的措施，即任何贪污超过可买一根绳子价钱的公款的人都应该被绞死。他手下的总检察长坦率地跟他说，如果陛下真的要推行这项措施，俄国恐怕就没有官员了。这位敢于直言的官员补充道："我们都在贪。唯一的区别是，有的人贪污的数额更大，也更肆无忌惮。"从这些话说出到现在，已经过去了150多年。在此期间，俄国很多方面都在稳步发展。但在当今皇帝登基之前，俄国的官僚道德几乎没有任何变化。在当代的官员中，占据一半人数的年长者仍然记得他们的"美好"时代，即可以毫不避讳地重复彼得大帝的那位总检察长曾经说过的那番话。

为了正确认识这种丑恶现象，我们有必要区分两种贪腐行为。一种是为所提供服务收受俗称"小费"的行为，另一种则是各种证据确凿的欺诈行为。虽然二者之间很难画清界限，但在当时的道德观念中，二者有明显的区别。许多经常有"清白收入"（即上文提到的"小费"）的官员在听到自己被指控有欺诈行为时，会非常愤怒。事实上，这种

---

① 希腊神话中的百眼巨人。——译者注
② 希腊神话中的百手巨人。——译者注

做法是普遍存在并且合理的，因为官员的薪水从某种程度上讲实在少得可怜。在一些部门，有约定俗成的价目表。例如，白兰地农场主会根据官员级别定期向包括总督和治安警察在内的所有官员支付一笔固定的费用。一次，一名官员在收到比平常多的小费后，还特意将多余的部分退了回去！其他更令人发指的恶行虽不太常见，但仍时有发生。众所周知，许多高级官员和政要都拥有巨额收入，无论如何都称不上"清白"。尽管如此，他们仍然保留着自己的官职，并在社会上受到敬重。

君主们对其官僚队伍中的权力滥用现象心知肚明，也或多或少地在努力根除这样的顽疾，但即便他们获得了成功，我们也不会对独裁政府怀有崇高的敬意。在中央集权的官僚体制下，每位官员都对其下属所犯罪行负有一定的责任，但向犯法的官员问罪却总是极其困难的，因为他肯定会受到上级的袒护。如果上级官员习惯性地徇私舞弊，犯法的下级官员就比较安全，一般不会受到调查和惩罚。事实上，沙皇如果敢于征求公众的意见，并据此提出惩治措施，就能在打击官员贪腐问题上大有可为。但现实是，他非常容易变成为问题官员打掩护并息事宁人的一方。沙皇本人就是官僚机构中级别最高的官员，深知下属滥用权力的行为很有可能会让民众对整个官僚机构失去信任。他还认为，频繁地惩罚官员可能会削弱公众对政府的尊重，并破坏对于维护公共安全来说十分重要的社会纪律。因此在沙皇看来，权宜之计就是尽可能地不要将官员的罪行公之于众。除此之外，还有一点让人颇感奇怪：一个完全基于个人意志的独裁政府尽管偶尔也会出现严重的官员犯罪问题，但远不如建立在自由舆论基础上的政府所出现的系统性的官员犯罪问题严重。当高级官员有不法行为时，沙皇几乎总会用温柔的手段对其予以宽大处理。即使有必要让不法官员为正义做出牺牲，沙皇也会尽可能地不让他们感到丝毫痛苦。他们是肯定不会在被发配到荒蛮之地饿死的，这些荒蛮之地通常不是巴黎就是巴登-巴登（Baden-Baden）[①]。对于那些习惯性地将独裁统治与那不勒斯地牢和西伯利亚矿山联系起来的人来说，沙皇的这种做法看似很奇怪，实则不难理解。任何人，即使他贵为整个俄罗斯帝国的独裁统治者，也无法用官方尊严的铠甲将自己武装起来，而不流露出任何的私人情感。统治者只对政治犯进行严惩，并且对他们充满了怨恨。原谅违背公共道德的人要比原谅违背我们切身利益的人容易得多！

我们必须说句公道话，俄国的官僚制度改革者更喜欢防止问题发生，而非出了问题再予以整治。他们并没有采取严厉的立法手段，而深信巧妙的检察制度和复杂的管理程序会发挥作用。当我们审视行政部门所遵循的复杂程序时，我们的第一印象是，滥用行政职权的行为几乎是不可能发生的。每一位官员的每一个可能的行为似乎都可以被预见，狭窄的诚信道路上的每一个可能的出口似乎都被小心地堵上了。由于读者对于高度集权的官僚机构的正式程序可能不太了解，我们不妨举例说明一下。

总督官邸的一个炉子需要修理。在我们普通人看来，一个总督级别的人花区区几先令维修炉子是完全可信的行为，因此他完全可以立即命人去修理，并从小额开支中支付这笔修理费用。但在身处官僚机构的人看来，事情远没有这么简单。必须先仔细调查一番再做决

---

① 德国西南部的一个城市，著名的温泉疗养地和旅游胜地。——译者注

定，以免产生不必要的开支。因为总督很有可能热衷于对炉子做一些无用的改动，所以需要确认炉子到底是否有修理的必要；又因为委员会要比个人更具有智慧也更诚实可信，所以应该将调查核验的任务委托给一个委员会。因此，由3到4名成员组成的委员会负责核验炉子是否有必要修理。该委员会的核验结果应该相当权威了吧，但这还不够，因为委员会毕竟是人组成的，而是人就容易出错，还可能会受到总督的胁迫。因此，谨慎的做法是再让直接隶属于司法部的首席检察官确认一下委员会的核验结果。有了这样的双重确认后，再请一名建筑师前去检查炉子并估算出修理费用。但将估价事宜全权委托给建筑师也是有风险的，因此建筑师的估价必须先得到上述委员会的确认，然后再由首席检察官最终确认。当所有这些流程按规定走完后——通常需要耗时16天并且形成一份10页纸的报告，总督会收到通知，被告知他此次预计的修理费用为2卢布40戈比，约合1美元25美分。就算到了这一步，整个流程还没有走完，因为政府必须确保之前进行估价和监督维修的那名建筑师没有问题。因此，政府会派第二名建筑师前往核验这项工作。同样，第二名建筑师的报告和之前的估价也需要得到上述委员会和首席检察官的确认。整个过程来来回回会持续30天，需要不低于30页纸的报告！如果想要修理炉子的人不是总督，而是一名普通官员，那么整个过程到底会持续多长时间我们就不得而知了。

我们自然会认为，这种涉及注册登记、分类记账、确认备忘等迂回而复杂的办事流程一定可以防止官员盗用公款。但经验已经告诉我们，这显然是不正确的。正所谓上有政策，下有对策。伴随每一种巧妙的新型管理制度而来的是更巧妙的规避方法。这一制度非但没有约束那些有盗用公款习惯的官员，反倒让正直诚实的官员觉得政府不信任他们，还让所有无论诚实与否的官员都养成了普遍性造假的习惯。即使是墨守成规的人也不可能认真履行所有规定的手续，更何况在俄国人中几乎见不到这类人。因此，官员们逐渐养成了只看书面报告的习惯。他们确认了他们从未想过要去核查的事实，秘书们认真地写下了从未召开过的会议记录！因此，在上述的案例中，修理炉子的工作其实早在建筑师被正式授权开始工作之前就已经开始并完成了。尽管如此，这场闹剧还是圆满演完了。在此之后，任何查阅文件的人都会发现，一切工作都井然有序地完成了。

防止行政腐败现象发生的最巧妙的措施也许是尼古拉一世设计出来的。尼古拉一世深知帝国官员经常合起伙来欺骗他，便成立了一个叫"宪兵队"的军官组织，并许给他们高薪，然后将他们分派到全国各地去，要求他们一旦发现有官员腐败的蛛丝马迹就立刻向他报告。了解俄国官僚体制的人认为，这不过是个令人钦佩的权宜之计。沙皇却满怀信心地期望，他可以通过这些不会隐瞒真相的军官获得所有信息，最终遏制住官员腐败的歪风。事实上，"宪兵队"确实取得了一些成绩，也在一些方面产生了负面影响。这些军官虽然是沙皇钦点的，还享有高薪待遇，但还是会或多或少地受到主流风气的影响。他们难免觉得自己会被视为探子或告密者，这种莫大的羞辱让他们几乎毫无尊严，也失去了堂堂正正做人的根本。到头来，他们会认为自己的一切努力都没有任何意义。事实上，他们与彼得大帝时期的总检察长地位几乎无异，并且具有友善的民族性格，根本不愿意去毁掉那些并非作恶多端的同僚的生活。此外，根据既定的为官道德准则，不服从命令比不诚实更令人发指，而政治犯罪则被认为是最严重的罪行。因此，宪兵队对普遍存在的官员贪腐行为视而不见，认为该顽疾已无药可救，转而将注意力放在了真实的或想象中的政治犯罪行为。他们看不到官员对百姓的压榨勒索，却往往会把谈论政府时不太谨慎的言辞或玩笑话放大成叛国行为。

这样的宪兵队仍然存在，至少在每个重要的城镇都有一名代表。作为对普通警察队伍的一种有益补充，他们通常会在需要执行保密任务时开始行动。不幸的是，宪兵队的行动可以不受某些法律的约束，包括那些保护公众免受当局任意压榨和摆布的法律。宪兵队肩负流动巡查的任务，但没有明确的巡查对象。他们可以监视和拘捕所有在他们看来危险或可疑的人，并且无须经过审判就能无限期地监禁被捕的人，或将其流放到帝国的某个偏远荒凉的地区。简而言之，宪兵队就是惩罚政治梦想家、镇压秘密组织、打击政治煽动者的一种工具，通常被政府用来执行一些法外命令。

宪兵队和官僚系统繁杂的运作流程都未能实质性地消除官员贪赃枉法、欺上瞒下等长期形成的恶习。事实证明，通过权力下放和民选官员的方法同样根除不了俄国官场的顽疾。从叶卡捷琳娜大帝开始统治到现任沙皇登基，农村地区的警察和每个省级行政区的法官都是由当地居民选举产生的，但这些民选的管理机构甚至比帝国专制政府的官僚机构还要糟糕。对那些相信地方自治在任何情况下都有神奇功效的人而言，这是一段不堪回首的历史。

遏制行政权力滥用唯一有效的做法是将行政管理置于公众视野。这一点在俄国已得到了充分证明。数代沙皇都希望通过巧妙的官僚手段来遏制官员贪腐等顽疾，但他们的所有努力都徒劳无功。甚至连尼古拉一世这样意志坚定、干劲十足的人也难以完成这项任务。但当克里米亚战争爆发后，人们的道德突然之间就觉醒了，沙皇号召全体民众同仇敌忾时，根深蒂固的顽疾顷刻间就消失了。有一段时间，人们再没听说过官员贪污和压榨百姓的消息；从那以后，官僚恶习终于一去不复返了。

虽然我们不能说俄国目前的政府就完美无缺，但它确实比以往任何时候都要清正廉洁得多。公众舆论虽然不再像几年前那般强大，但仍然足以遏制许多政府管理方面的不正之风。在尼古拉一世及其诸多前任统治时期，这种不正之风大行其道，令人印象深刻。

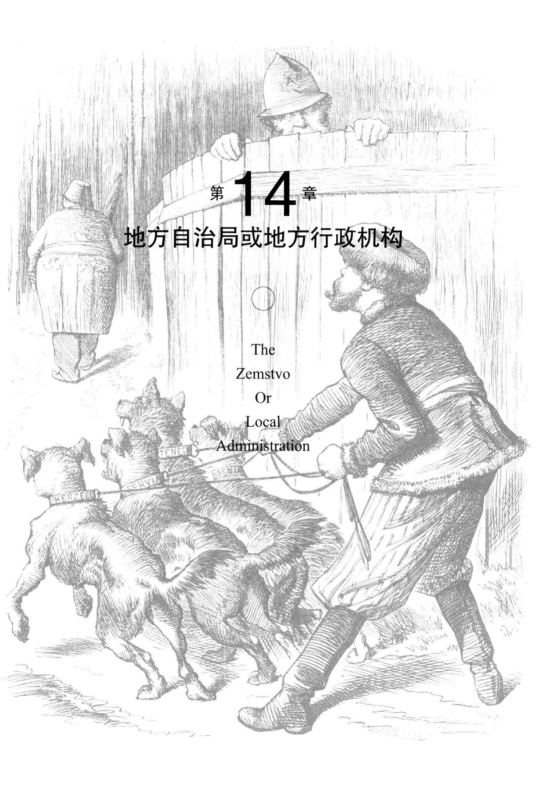

第 **14** 章
地方自治局或地方行政机构

The
Zemstvo
Or
Local
Administration

地方自治局是一种地方组织形式，是对村社组织形式的一种有益补充，因为村社无法满足人们更高的公共需求。地方自治局的主要职责包括：对道路和桥梁进行日常维护、为农村警察和其他官员提供交通工具、选举地方治安法官、监督基础教育和公共卫生工作、随时观察农作物长势并采取防止饥荒的措施，等等。简而言之，地方自治局的职责就是，在一些明确划定的范围内做一些可以改善民众物质生活和提高民众道德水平的事情。地方自治局由地方议会和常设执行局组成。常设执行局成员从地方议会成员中选举产生。地方议会至少每年举行一次会议，其成员从地主、村社和市政公司中按照一定比例选举产生，每3年选举一次。每个省及其下辖的各个地区都设有这样的议会和常设执行局。

在召开地方自治局大会的现场，你会看到三四十名代表围坐在一张盖有绿布的长桌旁。每位代表面前都摆放有纸和笔，方便他们做笔记。大会主席面前摆放着一个小手铃，他可以通过用力摇铃的方式宣布大会开始，或者让代表们在讨论中安静下来。在大会主席两旁就座的是常设执行局的委员，他们的面前摆放着成堆的手写或印刷的文件，有的内容还需要他们进行宣读。宣读的内容一般冗长而乏味，大多数代表听着听着就开始打哈欠了，甚至会有一两位代表睡着了。每份报告宣读结束时，大会主席都会摇动手铃——大概是为了叫醒睡着的代表，并就刚刚宣读的内容征询大家的意见。通常会有代表发表意见，并且有可能引发大家的讨论。每当出现意见分歧时，代表们会通过递纸条的方式进行投票表决，有时也会用赞成者站起来、反对者坐着不动这种更直接的方式表决。

在这样的大会上，所有代表均来自贵族和农民两个阶层，来自农民阶层的代表占了大多数。最令人惊讶的是，这两个阶层的代表之间似乎不存在任何敌对情绪。显然，地主和他们以前的农奴在这样的场合中是以平等身份会面的。议题总是由贵族代表发起并展开讨论，但偶尔也会有农民代表站起来发言，他们的言论总是清晰、务实、切中要害，获得在场所有人的认真倾听。考虑到大会代表由两个阶层组成，我们可能会认为他们之间势必会发生激烈冲突，但事实是很多时候他们的意见高度一致。这恰恰表明，大多数代表对议题并不太关心。

省议会与地方议会在性质和程序上非常相似，不同之处在于其代表并不是由普通选民直接选举产生的，而是由组成该省的10个地区的地方议会选举产生的，并且省议会只负责处理涉及其治下跨地区性的事务。除此之外，省议会的农民代表人数非常少，尽管根据法律规定，地方议会的农民代表和来自其他阶层的代表一样有资格跻身上一级的议会。我们能给出的解释是，地方议会通常会推荐其最活跃的成员进入省议会，代表所有成员行使权利，这样一来，省议会的成员大多数都是贵族代表。对于这样的安排，农民代表并不反对，因为进入省议会需要一大笔开支，而法律明确规定禁止向代表支付报酬。

为了让读者了解省议会的构成，我们先来介绍一下其中的一些代表。其中相当一部分代表可以用一句话来描述：他们都是普通人，年轻时曾在军队或政府任职过一段时间，退休后便回到自家的庄园，自食其力，过着普通人的生活。他们中的一些人会通过担任地方治安官的方式来增加收入。下面具体描述几个人。

例如，这位一表人才、穿着制服的老将军是一位俄国伟人的后代。他的胸前别着一枚圣乔治十字勋章[①]，只有在战场上有英勇表现的人才能获得这样的勋章。他曾在政府部门担任过高级官员，从未因不诚实或不光彩的行为玷污自己的名声，在宫廷中度过了一生中的大部分时光。他为人坦率，宽厚慷慨，勇于坚持真理。他虽然对时事了解不多，有时还容易犯困，但在面对有争议的问题时总能站在正确的一边。他站起来发言时，像士兵一样声音洪亮、吐字清晰。

坐在老将军旁边的那位瘦高的中年男人是一位知名的历史人物，但他总是把个人的自由时间看得比一切都重要，所以一直远离政府部门和皇室事务。他在闲暇时间里潜心学习，出版了几部非常有价值的政治学和社会学著作。在农奴解放运动时期，他是一位热情而冷静的废奴主义者。此后，他一直在努力通过倡导普及基础教育、建立农村信用社、保护村社组织以及在金融体系内推行众多重要改革等方式来改善农民的生活状况。他在省议会上经常发言，总是能引起代表们的注意。在所有重要的委员会中，他都是一名主要成员。坐在他旁边的是省议会中能力最卓越、精力最充沛的代表之一，也是某地方自治局下设的常务执行局的主席。此人在其所在的地区创办了许多小学，还创建了几个农村信用社。

大会主席由该省的贵族元帅担任，坐在他两边的是常务执行局的委员们。宣读长篇报告的那位绅士是执行局的"总理"，他最初是一名骑兵军官，服了几年兵役后回到了自己的庄园。他是一位聪明能干的管理者，同时具有一定的文学修养。协助他宣读报告的那位同事

[①] 由叶卡捷琳娜大帝于1769年设立，分为四级，一、二级为金质十字章，三、四级为银质十字章，勋章上标有"服役与勇敢"的字样。——译者注

是一名商人，也是市政银行的一位董事。这名商人的旁边也是一名商人，可以说是这个房间里最了不起的人了。他虽然是农奴出身，但现在已经成为俄国商界的重要人物。

所有与会代表都属于所谓的进步派。该派积极支持所有被公认为"自由主义"的提议，尤其是所有可能改善农民条件的那些措施。他们的主要对手是那个矮个子男人。他留着很短的子弹头发型，拥有一双敏锐的小眼睛，是反对派的领导人。他对许多提议持反对意见，理由是该省的财政负担过重，应该尽可能地减少支出。在地方议会，他的这一主张获得了压倒性的优势，因为农民代表占据了大多数，而他非常清楚，要想争取到这些农民代表的支持，就要使用他们熟悉的俗语——这种简洁朴素的语言要比大讲科学原则和逻辑推理管用得多。但在省议会，他的支持者屈指可数，所以他只采取阻挠策略。

读者可能会认为现代的地方自治局和乡村公社一样，都是在几百年的历史发展过程中慢慢形成的，是古代自由权慢慢演变而来的，而人们对自由的向往也成功抵制了专制政权的集权倾向。但事实并非如此。地方自治局只是一个大约10年前才由专制政权创建的现代机构，代表着通过地方自治分担帝国政府职责并防止其滥用职权的最新尝试。

人们不禁会产生疑问，既然专制政权对发扬民主精神的大众机构恐惧至极，那么为什么还要在帝国的每个省及其下辖的各个地区鼓励建立如此民主的机构呢？为了解释这种奇怪的现象，我们必须努力让读者了解俄国官僚主义立法的奥秘。

某位大臣认为其管辖范围内的某个机构需要进行改革时，会向皇帝递交一份正式的申请报告。如果皇帝陛下采纳了该建议，就会责成手下成立一个委员会来专门研究该议题，并制订一套明确的方案。委员会成员碰头后，立即以一种看似非常全面的框架展开了工作。他们首先会从国家设立该机构伊始开始调研，或者更确切地说，他们首先会去阅读关于该议题的书面材料，这些材料一般是由喜欢研究历史的官员为委员会专门以一种喜闻乐见的风格写就的。接下来，用此类委员会会议记录中经常出现的官方说辞就是，"为实施该方案提供科学依据"。在这一步重要的行动中，委员会要准备一份调研报告。报告中不仅要有对外国类似机构发展史的总结，还要有对法国和德意志诸国哲理法学派所持众多理论的详细阐述。通常认为，这些报告中有必要包括除土耳其以外的所有欧洲国家的情况，有时一些德意志小国和瑞士公国的情况会分开说明。

我们可以从一大堆这样的报告中随机抽取一份来说明这些精彩报告的共同特点。我们拿到的是一份关于慈善机构改革的调研报告。首先，我们在其中看到了关于慈善的专题哲学论文；其次，我们看到了关于《塔木德》[①]和《古兰经》的一些评论；再次，报告提到了伯罗奔尼撒战争之后雅典贫民和罗马贫民的待遇；复次，报告笼统地介绍了中世纪的一些做法——引用的显然是拉丁语文献；最后，报告描述了现代欧洲各国的济贫法，提到了"盎格鲁-撒克逊王朝"的埃格伯

---

① 犹太教口传律法集。为仅次于《圣经》的主要经典。175年由领袖犹大（Judah，135—217或220）主持编订，于200（或210）年成书，称《密西拿》。5世纪后期又编成《革马拉》，为《密西拿》的释义和续编。《塔木德》为二者合称。内容涉及律法、天文、地理、医学、算术、植物学、历史故事等。——编者注

特^①国王和埃塞尔雷德（Ethelred）国王时期的法典、"冰岛著名的《灰雁法典》"以及瑞典、挪威、法国、荷兰、比利时、普鲁士和几乎所有德意志诸国的相关法律。最令人惊叹的是，从《塔木德》到欧洲各国最新法典的大量历史信息居然被压缩进了21页8开本的报告中！报告的理论部分同样丰富多彩。欧洲文学中许多令人尊敬的名字都被生拉硬拽了进来。从大量未经提炼的原始材料中得出的一般性结论，被认为是"科学的最新成果"。

在提取人类智慧和经验的精华后，委员会就要考虑如何让如此极具价值的成果为俄国所用这一问题了，即如何让上述成果与俄国的现有条件和地方特征相适应，从而发挥出最大的价值。对于务实的人而言，这当然是此项工作中最有趣也最重要的环节，但俄国立法者对此并不太关注。谨慎的调研者本该像避开敌人的伏击一样去避开那些基于先验和推理而非亲身观察的模糊笼统的表述以及花里胡哨的统计表格，但委员会的报告里经常充斥着这类东西。

报告由委员会递交给国务委员会。国务委员会对报告进行审查和讨论，也许会进行部分修改，但报告质量不太可能因此而得到较大程度的改善，因为国务委员会的委员就是以前的调查委员会的委员，只不过在官场多历练了几年而已。实际上，国务委员会就是一个由官员组成的小团体。除了官员阶层，这些人对其他阶层的实际日常需求知之甚少。商人、工厂主或农民是没有资格进入国务委员会的，因此该

---

① 埃格伯特（Egbert，约775—839）英格兰威塞克斯国王（802—839）。长期寄居法兰克王国查理大帝宫廷。802年归国即位。后兼并肯特、埃塞克斯、萨塞克斯诸国。东盎格里亚亦归附。828年征服麦西亚（Mercia）。次年诺森伯里亚（Northumbria）称臣。至此基本结束七国时代，为建立统一的英格兰王国奠立了基础。——编者注

小团体平静的官僚生活就不会受到他们反对之声的干扰。

1859年，为了调研"赋予地方经济管理更多统一性和独立性"的提议而组建的委员会在开展工作时，并不像上述两个委员会那样表现得那么不切实际。其调研报告只是对俄国最早期的历史发表了一些评论，并未提及《塔木德》和《古兰经》，也没有谈及伯罗奔尼撒战争之后雅典的地方管理体制。但该委员会工作的指导精神基本上还是原来的官僚主义，整个工作流程也和我们之前所描述的一样。这就解释了新设机构的诸多特性。

1864年1月，该委员会精心制定的法律顺利颁布，背负了人们较高的期望。在当时的俄国，大部分接受过教育的阶层对各种机构进行评判时都持有一套简便易行的标准。他们认为，一个机构是否卓越，要看其能否让民众始终感受到自由和民主的氛围，这是一条不言自明的公理。但他们很少会考虑某个机构能在多大程度上适应地方的现有条件和民众性格这个问题，也不会考虑规划虽好但可能执行成本过高这样的问题。任何建立在"民选原则"基础上的、能为公众提供自由讨论场所的机构肯定会受到人们的欢迎，而地方自治局恰好符合这些条件。

人们开始抱有各种各样的期望。那些更关注政治发展而非经济发展的人在新机构中看到了无限民众自由的基础，在这种机构中，农民与最富有的地主可以平起平坐。那些习惯考虑社会发展而非政治发展的人则希望地方自治局能很快在农村地区修建宽阔的道路、安全的桥梁、大量乡村学校与设备齐全的医院，并配备文明社会所必需的其他设施。还有人希望，农业水平能得到提高，贸易和工业能得到发展，农民的生活状况能得到改善。人们认为，长期以来民众对省一级的政治生活不闻不问以及对地方公共事务漠不关心的态度将彻底转变。与此同时，具有爱国情怀的母亲会带着自家的孩子进入地方议会，从小培养他们关心公共事业的习惯。

无须赘言，这些过高的期望几乎都未能实现。俄国政府无意赋予这种新机构重要的政治权力，还很快声明，不允许两级地方议会通过邀请民众请愿和政治煽动的方式让民众向政府施加道德压力。一旦圣彼得堡的地方自治局表现出想在政治方面有所作为的迹象，沙皇便会立即下令将其关闭，并将其主要成员驱逐出首都一段时间。

即使在法律规定的职责范围内，地方自治局也无法完全达成民众对它的期望。在农村地区，道路仍然没有铺上碎石，桥梁也远没有想象中那么安全，学校仍然屈指可数，医院也寥寥无几。农村地区的贸易或制造业发展也毫无起色。所有村庄的状况和在旧管理体制下的状况几乎没有区别。然而，地方税率一直在以惊人的速度上调。许多人据此得出了一个结论：地方自治局是一个毫无价值的机构，它增加了税收，却没给农村地区带来任何利益。

如果以最初民众过高的期望作为标准来评判该机构的表现，我们很可能会倾向于同意上面的结论。但这只不过是在说地方自治局没有创造出奇迹而已。与那些被俄国视为榜样的发达国家相比，俄国要贫穷得多，人口密度也要小得多。如果俄国可以通过行政改革一夜之间在国内创造出那些发达国家享有的所有便利条件，那这和一个穷人因为从一个富有的邻居那里获得了必要的建筑方案就可以立即建造出一座宏伟的宫殿一样荒谬可笑。要想达到德国、法国或英国那样的发达程度，俄国需要的不是几年的发展，而是几代的发展。良好的国家行政体制可能会加快也可能会延缓这种转变，但即使将欧洲所有哲学家和政治家的智慧全部用于为实现俄国发展的立法工作中去，也不可能取得立竿见影的效果。

不过，地方自治局所做的工作远远超出了大多数批评者的想象。首先，它很好地完成了日常工作，几乎没有出现侵吞公款和徇私舞弊的情况。其次，它极大地改善了地方医院、避难所及其他一些受它管理的慈善机构的状况；它还尽其所能地利用有限的资源建起了乡村学校和培养校长的神学院，以此来普及大众教育。再次，它建立了一个新的、更公平的等级制度，根据该制度，所有土地所有者和房屋所有者都有承担公共负担的义务，需要支付相应数目的费用。最后也最重要的是，它为村民建立了一个火灾互助保险制度，该制度对于像俄国这样的国家来说非常有必要，因为绝大多数农民都住在木屋里，经常会酿成火灾。

尽管取得了一些丰硕的成果，但必须承认的是，地方自治局目前正处于某种危险的境地。它不再受公众信任了，并且已经表现出了明显的疲态，这已经是众所周知的事情。对此，当局者在分析原因时几乎达成了一致的观点。他们说，政府一时冲动构想出了地方自治的计划，放权于民，但后来又担心民权泛滥，于是给这个新生的机构戴上了沉重的枷锁。议会不得不接受贵族元帅担任主席。由于贸易和工业的税收受到限制，商业阶层对议会的程序完全失去了兴趣。起初，议会有权向公众公布信息。后来，帝国授予各省总督阻止议会发布会议纪要和其他文件的权利，从而削弱了议会的这项权利。据说，这些限制让所有自由且积极的行动都无法实现。

我们这里有一个完全符合俄国人观念和思维习惯的解释。每当国家出现任何问题时，人们总是倾向于认为政府应该受到批评，并希望统治者能出台补救措施。由于俄国政府试图控制一切，所以人们有这种思想倾向是完全可以理解的。但从地方自治局的工作来看，上述解释还不能完全令人满意。不可否认的是，地方自治局的行动自由受到了相当大的限制；但同样不可否认的是，一个如此容易屈服的机构想必也不会有真正的活力。我们认为，地方自治局目前之所以尽显疲态，一定有更深层次的原因，而这个原因必须在俄国国民生活的某种基本特征中去寻找。我们可以将俄国过去200年的政治历史简单地描述为专制政权以和平的方式发起的一系列改革。每一位精力充沛的年轻沙皇都试图根据当时最受推崇的外国政治哲学来彻底改造俄国政府，以期开创一个新时代。他们不允许任何制度从民众的需求中自发产生，而应由官僚主义理论家发明出来以满足民众无意识的需求。因此，国家机器很少或根本没有从人民那里获得动力，而是一直由中央政府凭一己之力在维持运转。在这种情况下，俄国政府虽然一再试图通过建立地方自治机构来减轻中央集权管理的负担，但均以失败告终。对此，我们不必感到奇怪。

诚然，地方自治局比任何前任都更有机会获得成功。相当一部分贵族已经意识到提高行政管理效率的必要性，而民众也比以往任何时候都更加关心公共事务。因此，人们一开始对地方自治局是抱有很大热情的。其间，地方自治局为未来开展工作做了充分的准备，也确实产生了不小的社会影响。该机构具有新生事物都会有的吸引力，代表们也感到自己的言行都被公众关注着。有一段时间，一切进展得都很顺利，地方自治局对自己的工作也非常满意，以至于有讽刺期刊将其比作顾影自怜的纳西索斯（Narcissus）。但等新鲜感过去，公众把注意力转向其他事物后，该机构的工作热情也随之消失殆尽，许多活跃代表也都开始寻找薪水更高的工作。收入丰厚的工作还是比较容易找到的，因为当时社会上急需一批聪明能干、精力充沛、受过教育的人。行政部门的几个分支机构正在重组，铁路、银行和股份制公司也在快速扩张。在这种情况下，地方自治局很难留住人才，因为它既不能像帝国军队那样提供养老金、勋章和晋升机会，也不能像工商企业那样支付高额的工资。因此，随着公众对该机构的关注度不断下降，其执行局的工作也变得越来越敷衍。

这样的解释不无道理，因为公众关注度的下降确实对地方自治局目前的遭遇有一定影响。但这并不是主要原因。执行委员会（executive committees）的成员中也出现了地方自治局代表及普通民众中出现的那种倦怠的情绪。造成目前这种状况的主要原因是，很少有人十分渴望拥有或获得地方自治局本该提供的那些东西。就拿人们最迫切需要的东西为例。道路状况良好是开发国家资源的先决条件，这是任何自诩受过教育的俄国人都非常清楚的一个原则，但在那些偶尔会提到该原则的开明代表中，很少会有人认为有必要在自己所在地区修建良好的道路，而是应该多创造一些打牌的机会。一个是理论上的需要，另一个则是实际上的需要。当地主们学会精确记账，发现在修建道路上的投资因运输成本降低可以得到高额回报时，道路委员会就会在这时甚至在这之前摇身一变成为充满活力的机构。同样的评论也适用于地方自治政府的所有其他分支机构。

为了说明该机构本质上一点儿都不务实的特点，这里先简要叙述曾经在某地方自治局大会上发生过的一件事情。关于开办小学的议题在会议开始前就商定好了，一位颇有影响力的代表在会上提议，立即在整个地区推进义务教育。非常奇怪的是，该议题竟然差点儿在大会上通过，尽管在场的所有代表都知道——如果已经花心思做过咨询就有可能知道，学校的实际数量必须增加到现在的20倍，哪怕当地目前的税赋已经非常重了。为了维护其崇尚自由的名声，这位受人尊敬的代表还进一步提议，尽管义务教育制度带有强制性，但诸如罚款、惩罚或其他强制性手段仍不宜使用。不过，他并没有屈尊去解释如何在不使用强制性手段的情况下推行带有强制性的义务教育制度。为了解决这一难题，他的一位支持者建议，把那些不送孩子上学的农民排除在村社的公职之外。但这一提议马上引起了一片笑声，因为许多代表都知道，农民们会把这种所谓的惩罚视为一种宝贵的特权。就在代表们针对引入理想的义务教育体制的必要性进行讨论的同时，议事厅窗前的那条覆盖着近2英尺厚泥浆的街道却没有代表去关心！镇上的其他街道也处于类似的状况。许多代表开会时总是迟到，因为在那种糟糕的路况下，他们几乎是不可能步行过来的，而镇上又只有一种公共交通工具。幸运的是，许多代表都有自己的私人交通工具，但即使有私人交通工具，他们来议事厅一趟也相当困难。有一天，一位代表驾驶的马车在镇上的一条大道上翻车，他自己也被甩进了泥浆里！

我们可能会从地方自治局目前的状况中挑出许多瑕疵，但对其过于严厉的批评是有失公允的，毕竟该机构还是怀着美好的初衷在开展工作，只是经验不足而已。尽管存在种种瑕疵并犯有不少错误，地方自治局还是要比被它取代的机构好得多。如果将地方自治局与之前建立地方自治政府的尝试进行比较，我们必须承认，俄国人在政治教育方面取得了巨大的进步。我们不敢预测地方自治局未来会有怎样的发展，而更愿意相信，随着人们越来越认识到该机构所提供东西的重要性后，它将走出目前的疲态，焕发出新的生机和活力。反过来说，它也可能会因为活力不足而自我衰亡，或者尚未在民众心中深深扎根之前就被新的改革热潮冲毁。有句话说得没错，时代很少尊重那些逆时代潮流的作品。俄国的情况最能诠释这句话的真谛：各种机构像约拿的蓖麻一样朝生暮死，没有留下任何的痕迹。

第 **15** 章

土耳其人的起源

Origin
Of
The
Turks

根据历史学家阿布勒哈兹·巴哈杜尔汗（Abou'lgazi Bahdur-Khan）的说法，土耳其人是雅弗（Japhet）的长子特克（Turk）的后裔，与鞑靼人和蒙古人有相同的原始血统，也是图兰语系的5个游牧种族之一。在构成该民的众多部落中，一些被误认为是鞑靼人，而鞑靼人跟蒙古人的关系比跟土耳其人的更近。

土耳其部落从图兰低地一直分散到黑海以北的勒拿河（Lena）——在那里被称为雅库特人（Yakuts），里海以东的奥克苏斯河[①]（Oxus），以及小亚细亚地区。

"土耳其"这个名字应该是由"突厥"演化而来的。公元前206年，匈奴人在中国西部建立了一个帝国。经过近300年的战争后，该帝国被中国汉朝击败，分裂成了南北两部分。

后来，南匈奴人与中国人联手将其北方亲戚从阿尔泰山（Altai）地区赶了出去。这应该算是突厥人第一次侵入欧洲的原因了。由此可见，这些北匈奴人很有可能就是匈人和阿瓦尔人的祖先。

3世纪初，蒙古人和通古斯人联手袭击了南匈奴人，并将他们赶出了家园，由此造成了匈奴人的第二次西迁。这些西迁的匈奴人逐渐融入里海东西两岸的土库曼人（Turcomans）、布哈拉（Bokhara）的乌兹别克人（Usbeks），部分为芬兰人、黑海以北和里海以西的诺盖人（Nogai）、高加索的巴济安人（Bazianes）和库梅克人（Kumüks）、西伯利亚的鞑靼人、俄罗斯的巴什基尔人（Bashkirs），部分为蒙古人、喀什噶尔（Kashgir）的吉尔吉斯人（Kirghis）以及小亚细亚和土耳其欧洲部分的尤鲁克人（Youruks）和奥斯曼人（Osmanlis）。

---

① 阿姆河的旧称。——编者注

　　南匈奴人被驱散后，一些突厥部落俨然成了柔然汗国（Geougen）的奴隶，大部分在阿尔泰金山（golden mountains of Altai）做铁匠，生产战争所需的各种武器。欧洲的土耳其人的起源可以追溯到他们这里。因为生产武器，这些突厥人很快就学会了高效地使用武器，并且在他们第一任首领贝尔特泽马（Bertezema）的带领下摆脱了被奴役的枷锁，赶走了压迫者，在金山上建起了自己的皇家营地。

　　一位大臣在向贝尔特泽玛的一位继任者进谏时，详尽地描绘了游牧生活的优势，同时敦促这位继任者不要入侵中国。大臣说："我们人口不及中国人口的百分之一。如果说我们还能与他们抗衡，可以避开他们的军队，那只是因为我们居无定所，擅于打游击战。力量强于敌人时，我们可以勇猛进攻。力量弱于敌人时，我们可以快速撤退和躲避。如果我们将自己限制在城墙之内，那么一场战斗的失利就足以毁灭整个帝国。僧人只宣扬忍耐、谦卑和出世。但陛下，这可不是英雄该有的信仰啊。"

　　这番话体现了图兰种族的真正精神，也将突厥汗廷（Turkish Court）漂泊不定的特性展现得淋漓尽致。

　　在皈依伊斯兰教之前，突厥人信奉的是由琐罗亚德斯[①]（Zoroaster）教义和祖先的传统信仰相结合的宗教信仰。他们有自己的祭司，会通过吟诵简单的赞美诗祭拜空气、水、火和土，但同时也向至高无上的神灵献祭。可以想到的是，他们的法律是没有文字记录的，并且只涉

---

① 琐罗亚斯德（Zoroaster，约前628—约前551），波斯人，传为琐罗亚斯德教创建者。古波斯语作查拉图斯特，意为"拥有骆驼者"或"驾驭骆驼的人"。生于外高加索，一说伊朗东部。得乔拉斯米亚国王维斯塔巴的支持，该教信徒日增，其教义广泛传播。——编者注

及普遍性的原则问题，至于具体细节可能要根据部落首领的命令来制定。然而，他们都认可普遍性的原则问题，并且会严格执行。例如，犯盗窃罪者被处以赃物价值10倍的赔偿；犯通奸、叛国及谋杀罪者被处以死刑；犯懦弱罪者受到任何严惩都不为过。由此，我们可以看到他们的司法判罚有多么严苛。

无边无际的牧场几乎可以无限量地为马匹提供草料，而突厥人一支军队中就配有40万名骑兵。这说明该游牧部落曾经的战斗力有多么强大，他们可通过快速攻击的方式横扫敌阵，征服敌人。事实上，突厥部落就是个游牧王国，其最大的敌人是波斯。一直以来，波斯人不仅在武器装备上而且在种族习俗上都在与突厥人较量。最终，图兰人和雅利安人成了针锋相对的敌人。

突厥人过着游牧生活，更适合思考而非学习，因此我们发现，大多数突厥人对科学一无所知，而波斯人择地定居的习惯让他们成了世界上最早学习科学知识的民族之一。

贝尔特泽玛建立的土耳其帝国在其继任者的领导下不断发展壮大，后来却因过度扩张而引发矛盾，最终分裂为3个王国。我们这里所说的土耳其是指统治着阿尔泰金山的这个王国。在这一时期，图兰人和雅利安人以及他们各自的部落不断向锡西厄（Scythia）和高加索地区迁徙，并逐渐实现了融合。普林尼①告诉我们，在迪奥斯库里亚斯（Dioscurias）的市场上，可以听到的语言不下130种。

这是一个名副其实的"黄金"时代，突厥皇帝在阿尔泰山脉的

① 这里指老普林尼（Pliny the Elder，公元23—公元79），古罗马作家、博物学家、政治人物，以《自然史》一书留名后世。——译者注

斡尔朵中的所有家具几乎都是由黄金制作的。据说，杰出的迪萨布尔（Disabul）有一辆黄金战车；车身装饰有金色孔雀，车上总是拴着一匹随时可以驾驶的骏马，这样皇帝陛下想下车活动时，可不必步行。

特拉布宗（Trebizond）和高加索地区的金矿盛产黄金。珍贵的黄金再搭配上中国的精美丝绸，让那个时代的宫廷尽显奢华。

波斯国王库思老（Chosroes）统治时期，突厥人和拜占庭帝国联合起来对付共同的敌人波斯人，但文明程度更高的东罗马人只是把突厥人视为其临时有用的武器。迪萨布尔的继任者无情地揭露了拜占庭对突厥人的阴谋和蔑视。6世纪，曾提议入侵波斯的拜占庭帝国皇帝提比略（Tiberius）派使团前来访问土耳其。

义愤填膺的突厥君主对拜占庭的使者说："你们看到我的10个手指了吧！你们罗马人的说辞就和这一样多，满口都是骗人的谎话。你们当着我的面是一套说辞，而对我的臣民又是一套说辞，其他国家也都接连被你们的谎言蒙蔽了。你们让盟友陷入战争和危险之中，自己却独享胜利果实，完全将恩人抛诸脑后。快回去禀告你们的皇帝，突厥人不会说谎话，也不会原谅说谎话的人，他很快就会得到报应。"

7世纪中叶，穆罕默德横空出世。他和众多继承者一起，以闪电般的速度将伊斯兰教教义广泛传播。很快，伊斯兰教便与基督教形成了对峙之势，许多突厥部落也都皈依了伊斯兰教。

在奥斯曼帝国崛起之前，土耳其历史上有过几个伊斯兰教王朝。但时至今日，在众多土耳其民族中，仍然有一些从未接受伊斯兰教。我们必须始终牢记，并不是所有穆斯林都是突厥人，也并不是所有突厥人都是奥斯曼人。我们关注的是那些从萨拉森人（Saracens）那里学习伊斯兰教教义的突厥人，尤其是那些后来进入欧洲并在那里建立了奥斯曼帝国的突厥人。突厥人和萨拉森人第一次交流的时期也是萨拉森人统治的鼎盛时期，后来萨拉森人的统治地位被突厥取代了。710年，也就是穆罕默德去世后的第78年，萨拉森人从北非进入西班牙，开启了他们在欧洲最大规模的征服之旅。同年，他们越过奥克苏斯河，开始在定居于奥克苏斯河流域和贾沙特斯河（Jaxartes）流域的突厥人中间培养穆斯林，并在政治上统治他们。711年，萨拉森人征服了信德（Sind），实现了前所未有的统治与扩张。然而，萨拉森人的统治并没有持续很久，因为不久之后穆斯林便征服了印度。值得注意的是，伊斯兰教及伊斯兰教势力几乎是在同一时间进入了印度、西欧和当时属于突厥人的领地。哈里发或穆罕默德的后继者是所有穆斯林在现实世界和精神世界的领袖，如今统治着大西洋和印度洋沿岸的土地。他从大马士革的宫殿里发出的命令，得到了印度河流域、贾沙特斯河流域和塔霍河（Tagus）流域所有臣民的遵守。

整个伊斯兰教世界只有一个统治者，而基督教世界则由众多统治者分而治之。最终，有两股基督教势力脱颖而出。罗马帝国不仅在君士坦丁堡势力强大，而且对地中海沿岸的大部分欧洲地区仍然拥有控制权，尽管这些地区常常四分五裂。萨拉森人放弃了叙利亚、埃及和阿非利加；斯拉夫人纷纷挤进了东南半岛生活；保加利亚人在多瑙河南岸定居；伦巴第人（Lombards）则征服了意大利的大部分地区。旧罗马和新罗马①都听命于罗马皇帝，罗马帝国仍然是基督教世界中的第一大国，并保持着对地中海地区的实际统治。还有一个基督教大国是德意志和高卢的法兰克人统治的帝国，他们在4世纪末发展成为一个

———

① 指罗马和君士坦丁堡。——译者注

新的西方帝国，定都罗马。因此，罗马的统治仍在延续，只是西方日耳曼人和东方斯拉夫人的到来在不断削弱其根基。这里我们可以做个有意义的比较。萨拉森人开始征服突厥人并改变其信仰后，突厥人便在萨拉森人统治的亚洲领地上发挥了重要的作用，就像日耳曼人在欧洲的西罗马帝国或斯拉夫人在东罗马帝国发挥的作用一样。在哈里发的统治下，突厥人有的做奴隶，有的是臣民，有的当雇佣兵，有的成了真正的主人，有的成了公认的君主，也有的最终在奥斯曼统治时期做了帝王。哈里发的领地逐渐分裂成了不同的封地。这些封地大多由突厥亲王们统治，而哈里发只有名义上的最高统治权。这里就不一一介绍那些封地了。但有一块封地我们必须提及，那就是奥斯曼王朝崛起的地方，也是11世纪亚洲最强大国家的塞尔柱（Seljuk）帝国的所在地。塞尔柱帝国早期的苏丹图格里勒·贝格（Togrul Beg）、阿尔普·阿尔斯兰（Alp-Arslan）和马立克沙（Malek Shah）不仅是伟大的征服者，还是效仿东方统治模式的伟大统治者。他们身上具备了许多王朝建立者和继任者所具有的优秀品德。塞尔柱突厥人开始了西征，因此与基督教徒的关系比以往任何一个突厥王朝都要紧密。值得注意的是，正是从这个时期开始，伊斯兰教统治下的基督教徒受到了更残酷的压迫。即使是这些早期较文明的突厥人也比萨拉森人鲁莽、勇猛，并且毫无疑问的是，他们也成了狂热的穆斯林。

11世纪下半叶，突厥人开始了对东罗马帝国旷日持久的入侵，最终在欧洲建立了奥斯曼帝国。我们认为东罗马帝国在君士坦丁堡的整个统治时期是个软弱和衰落的时期，这真是大错特错。事实上，世界上几乎没有任何一个其他大国能像东罗马帝国那样，在前所未有的被四面八方的敌人包围的情况下还能统治那么长时间。如果说东罗马帝国的统治充斥着软弱并且一直在走下坡路，那它又怎么会在统治的大部分时间里位于世界主要强国之列。那些没有读过东罗马帝国历史的人常常会说，东罗马帝国的皇帝都是胆小懦弱之辈。恰恰相反，许多东罗马帝国皇帝都是伟大的征服者和统治者，他们不仅击退了四面八方的敌人，还积极向外扩张征战。东罗马帝国历史的最大特点不是持续的软弱和衰落，而是软弱衰落时期与伟大复兴时期交替出现。前100年里，它可能失去了一些地盘；但后100年里，它又夺回了这些失地，甚至扩张了疆域。就是在该时期，突厥人和罗马人有了第一次相遇。我们之所以称东罗马帝国的人为罗马人，是因为他们没有别的名字来称呼自己，亚洲各国也不知道如何称呼他们。事实上，他们越来越像希腊人，正如神圣罗马帝国已经变成日耳曼人的天下一样。但东罗马帝国的皇帝及其臣民从未自称为希腊人，并且现在也没到给他们起个合适称呼的时候。

马其顿王朝数代皇帝开疆拓土取得辉煌成就之后，突厥人开始了对东罗马帝国的入侵。马其顿王朝始于9世纪，一直延续至11世纪。其间，东罗马帝国获得的较多，损失的相对较少。878年，萨拉森人征服了西西里岛，此后对其统治了约50年。100多年后的988年，古罗斯的弗拉基米尔一世占领了克里米亚半岛的外围属地赫尔松（Cherson），而马其顿王朝在欧洲和亚洲的势力都得到了增强。帝国皇帝扩张了意大利南部的领地，夺回了克里特岛，征服了保加利亚王国，使东部半岛的其他斯拉夫国家要么成为其臣民，要么成为其附庸国。在亚洲，马其顿王朝征服了包括安条克（Antioch）在内的不少地方，还吞并了亚美尼亚，沿黑海东岸不断扩大势力范围。其中，最伟大的征服发生在有"保加利亚屠夫"之称的巴西尔二世（Basil II）统治时期（976—1025）。这种仅凭一人之力的统治就像一块腕表，如果上足了发条，就会自己走一段时间，如果不再上发条，就会立即停止。因此，由于在巴西尔二世之后没有卓越的皇帝出现，东罗马帝国便又开始走下坡路。不过，这个过程不是一夜之间发生的，而是在几年时间内缓慢形成的。大约11世纪中叶，东罗马帝国出现了一个衰落期，其势力遭到意大利的诺曼人（Normans）和亚洲的突厥人的削弱。塞尔柱帝国苏丹阿尔普·阿尔斯兰率军入侵了小亚细亚。这片土地虽然经常遭到萨拉森人的蹂躏，但从未被征服过。1071年，阿尔普·阿尔斯兰战胜皇帝罗曼努斯①，取代了他的统治，但仍对其以礼相待。从此，突厥人（不同于萨拉森人）就在曾经属于东罗马帝国的土地上打下了一片天地，占领了半岛的所有内陆地区。1092年，塞尔柱帝国分裂后，尼凯阿（Nikaia）或尼斯，即著名的议会所在地，成了一个突厥王朝的首都。从地图上也能看到突厥人离君士坦丁堡有多近。但人们很难想到，突厥人居然用了360年才攻入了这座帝国都城。征服了东罗马帝国后，在尼凯阿的苏丹们遂自称为罗马苏丹。

我们在这里提到十字军东征的历史只是为了说明他们不仅削弱了塞尔柱突厥人的势力，还削弱了东罗马帝国的势力，最终为奥斯曼人的前进铺平了道路。第一次十字军东征的结果是，将突厥人从尼凯阿这个对帝国形成巨大威胁的城市赶了出去。该时期，统治东罗马帝国科穆宁王朝（Komnênos）的历任皇帝大部分都是聪明的政治家或优秀的军人。帝国虽然再也没有达到马其顿王朝统治时期的巅峰，但仍出现了一个比较强盛的时期。和大部分亚洲大国分裂的情形一样，这些苏

① 罗曼努斯四世（Romanus IV，？—1072）。——译者注

丹的统治权也开始逐渐削弱，从未为其种族中一支更强大力量的到来铺平道路。与此同时，欧洲发生的一些事件也同样为新势力的崛起铺平了道路。12世纪下半叶，科穆宁王朝复兴之后，东罗马帝国又出现了一个衰落时期。保加利亚人乘机摆脱了东罗马帝国的统治，恢复了保加利亚王国，致使帝国失去了西北部的这片疆域。在东罗马帝国的另一端，塞浦路斯岛（Cyprus）也独立建国。一个皇权式微、国家四分五裂的时代已然到来，一旦有强敌出现，东罗马帝国随时可能土崩瓦解。

这样的事情真就发生了。一场打击不期而至，也宣告了东罗马帝国历史的真正终结。1204年，一支十字军放弃了与亚洲穆斯林的战争，转而攻占了君士坦丁堡，推翻了基督教在欧洲东方堡垒的统治。从此，法兰克人或拉丁人开始统治君士坦丁堡。西方的基督教徒被称为拉丁人，是因为他们都属于承认罗马主教权威的拉丁礼教会（又称西方教会）。他们被称为法兰克人，则是因为他们中的大多数都来自讲法语的国家，这也是为什么他们在东方至今都被称为法兰克人的原因。与讲法语国家的十字军一起到来的还有威尼斯人。他们与东方的贸易往来密切，并且已经开始在达尔马提亚（Dalmatia）建立自己的势力范围。征服者占领君士坦丁堡后，将佛兰德斯（Flanders）伯爵鲍德温（Baldwin）立为拉丁帝国皇帝。随后，法兰克人和威尼斯人瓜分了罗马尼亚（他们对东罗马帝国的称呼）的大部分地区。但他们从未征服过整个帝国，希腊王公们则保留着帝国的部分领土。

于是，东罗马帝国分裂成了若干小国，包括希腊王国和法兰克王国。我们现在不得不使用"希腊人"一词，是因为东罗马帝国在失去保加利亚后，就只剩下讲希腊语的民族了，而我们需要一个称谓把他

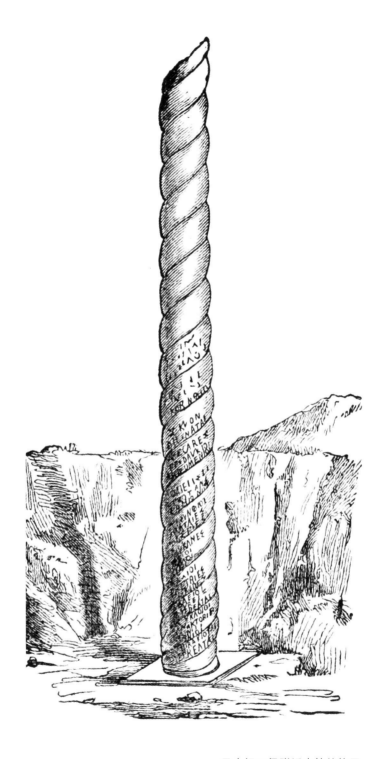

君士坦丁堡附近奇特的柱子

们和法兰克人或拉丁人区分开来。但这些人依旧以罗马人自居，所以我们在阅读希腊作家作品时，看到"罗马人与拉丁人的战争"这样的表述会感到很奇怪，仿佛它是在讲古罗马和拉丁姆的30座城镇早期的事情。拉丁帝国皇帝在君士坦丁堡统治了将近60年。有一段时间，拉丁人建立了塞萨洛尼基（Thessalonica）王国，雅典和伯罗奔尼撒半岛也由拉丁王公管理。威尼斯联邦则占领着科孚岛和克里特岛，威尼斯家族也获准统治着爱琴海的几个岛屿。此外，希腊王公除了统治着伊庇鲁斯（Epeiros），还在亚洲建立了两个帝国：一个位于黑海东南岸的特拉布宗（Trebizond），另一个位于尼凯阿——罗姆苏丹国的第一个都城。最后一批皇帝慢慢在欧洲和亚洲又夺回了大量领土，又于1261年从拉丁人手中夺回了君士坦丁堡。这样一来，东罗马帝国在某种程度上算是重生了，尽管领土和力量比拉丁人征服之前要小得多。不过，帝国在四面仍遭受着保加利亚人、塞尔维亚人、拉丁人和突厥人的威胁，即使在最后的存在阶段也没有等到伟大的帝王出现。即便如此，末代皇帝还是逐渐夺回了几乎整个伯罗奔尼撒半岛，使帝国出现了复兴的迹象。

东罗马帝国的皇权分裂为新崛起的种族征服欧洲和亚洲开辟了一条道路。要知道在11世纪，东罗马帝国还一度统治过意大利和亚美尼亚。但现在东罗马帝国已不复存在，只剩下了众多小国，其中的君士坦丁堡和特拉布宗也只是保留了旧帝国的名号而已。这些小国本身并不强大，还大多相互为敌。13世纪，欧洲的神圣罗马帝国在搞分裂，亚洲传统的伊斯兰教强国也在解体，但同时一个新的帝国正在崛起。事实上，这是一个欧洲和亚洲的所有大国此消彼长、改头换面的时期。因此从某种程度上讲，13世纪是神圣罗马帝国和东罗马帝国都走向终结的时期。从腓特烈二世之后，神圣罗马帝国皇帝在意大利就没有了实权。在西班牙，曾经几乎控制了整个半岛的伊斯兰教势力被挤压到了格拉纳达（Granada）王国这个很小的范围内。如今，卡斯蒂利亚（Castile）王国统治着西班牙，法兰西王国统治着高卢。基督教势力在曾经被伊斯兰教统治的西欧发展壮大的同时，巴格达的哈里发也被来自亚洲的征服者推翻了。这看似是对伊斯兰教势力最沉重的打击，但不过是一连串事件的一部分而已，这些事件将一支更强大的伊斯兰教势力推上了历史舞台。接下来，我们就该讲奥斯曼土耳其人了。

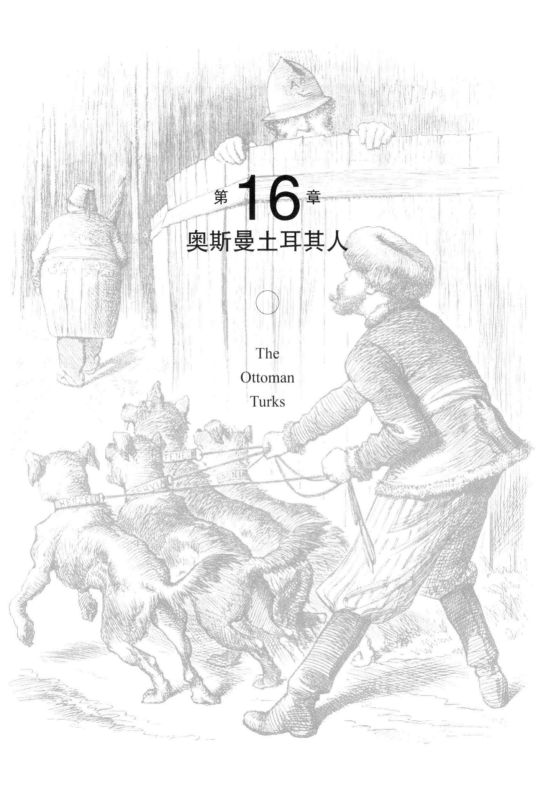

第 **16** 章
奥斯曼土耳其人

The
Ottoman
Turks

生活在小亚细亚的塞尔柱人是从遥远的呼罗珊（Khorasan）迁徙而来的。现在仍有一个大突厥部落生活在那里，他们被称为乌古斯人（Oghouz Turks）。

可能是出于支持同族的心理，也可能是受到了鞑靼人的威胁，乌古斯人的首领苏莱曼沙阿（Soliman Shah）率领部落中的400多个家庭毅然离开了故土，以男性勇士为先锋，向小亚细亚进发，想与在科尼亚（Iconium）阿拉丁苏丹统治下的同族会合。

迁徙途中充满了艰难险阻，但这些乌古斯人朝着数千英里之外的目的地一路跋山涉水，执着前行。苏莱曼沙阿在横渡幼发拉底河时不幸落水遇难，其子埃尔图鲁尔（Ertuğrul），即奥斯曼帝国缔造者的父亲，接替他成了新任首领。他们历经数月跋涉，终于快要抵达未来的家园了。一天，埃尔图鲁尔率领手下勇士翻过一座山头，朝下面山谷走去时，发现有两支军队正在谷底交战。埃尔图鲁尔迅速吩咐部下做好战斗准备，同时密切关注着谷底的战况。部下问道："我们应该帮哪边？"埃尔图鲁尔回答："那边战斗力弱，大家跟我冲过去救他们！"最终，他们合力击溃了敌军，而他们援助的一方正是阿拉丁苏丹率领的队伍。为了感谢他们，阿拉丁苏丹在黑海沿岸给了他们一大块封地。埃尔图鲁尔慢慢将这块封地发展成了日后的奥斯曼帝国。1299年，埃尔图鲁尔的儿子、军事天才奥斯曼一世（Othman I）即位，并率领土耳其人在欧洲扎下了脚跟。土耳其人也因此被欧洲人称为奥斯曼人。随着大批勇士的加入，奥斯曼一世也成了西亚最强大的君主。

可能从一开始，奥斯曼帝国历史的一大特点就会让我们印象深刻。奥斯曼帝国是在塞尔柱王朝衰落后崛起的。但不管我们将来会看到什么情况，至少迄今为止继奥斯曼王朝之后还没有出现过其他强大的王朝。巴格达哈里发虽然存在时间较久，但在大多数时间里都形同虚设。通常，其他东方大国历经几代统治之后就分崩离析了。奥斯曼帝国的统治已经持续了600年；更奇怪的是，每当奥斯曼土耳其人看似就要走其他东方国家的老路或者像塞尔柱王朝那样走向分裂时，那些分散的力量又会重新团结起来，再次征服和统治其他异族。然而，正是从这种持久的统治中，尤其是在现代文明环境下持久而野蛮的统治中，我们可以看到奥斯曼帝国在经历长期衰落之后会出现怎样的结局，而这种结局在奥斯曼帝国统治早期是绝对看不到的。一个东方王朝，尤其是信仰伊斯兰教的东方王朝，只要仍处于征服外敌时期，那么按照东方标准，它就是一个伟大的王朝。与其他王朝相比，奥斯曼王朝的征服者身份持续时间更久。奥斯曼土耳其人的统治异常稳固，根本不受之前导致其他王朝灭亡的那些因素的影响。不过，正是因为存在时间如此之久，帝国内部才会出现各种腐败和丑恶现象，而这些现象即便在早期最糟糕的王朝中都未曾出现过。

从严格意义上讲，奥斯曼土耳其人从来都没有国家概念。他们源自一个游牧部落，即使在最强大的统治时期，也依旧保持着游牧部落的大部分特征。他们在任何地方都不会真正地融入当地人的生活中。在没有基督教徒可统治的地方，他们就统治穆斯林，并且经常像压迫基督教徒一样压迫他们，尽管压迫的方式有所不同。可以说，他们一直都是一个特殊的统治阶级，愿意接纳来自任何国家的任何人为他们服务，但前提条件是这些人愿意接受伊斯兰教。奥斯曼土耳其人了不起的地方就在于此，但我们这里所说的自始至终都不是指一个伟大的国家，而是一支强大的征服并统治敌国的武装力量。扒开他们

东方旅行者

奥斯曼王子及其随从

征服者和统治者那套虚荣的外衣。结合历史情况，尤其是当今现状来看，这样描述他们再恰当不过了。但如果这样描述早期的奥斯曼人，就不太公平了。因此，只要奥斯曼帝国的统治者足够强大，只要他们永葆征服者本色，其统治就能给普通民众带来好处。虽说大多数苏丹都犯有可怕的罪行，但他们在统治早期也都拥有许多美德。当权力开始衰落时，他们统治中的黑暗面就显现了。他们对民众的压迫越来越大。此外，腐败风气开始盛行，软弱无能的苏丹也无法像强大的苏丹那样将国家治理得井然有序。总之，奥斯曼帝国的统治时间是最长的，其早期统治者也都称得上是东方专制君主中的佼佼者。得益于他们的成功统治，奥斯曼帝国才比其他王朝存续时间更长。但也正因如此，奥斯曼帝国最终变得比其他任何王朝都要糟糕。

我们必须从一开始就做好准备去面对挑战我们道德标准的东西，那些奥斯曼帝国统治者所谓的优秀品格，实际上很多都与残酷和邪恶有关。不过，他们的战斗能力确实强大。如果说政治家就是指能高效实现目标（无论好坏）的人，那他们都算得上是伟大的政治家。直到进入欧洲后，他们最坏的一面才彻底显现。在君士坦丁堡登上王位的奥斯曼领袖既是最了不起的人，也是最坏的人。如果他们还在亚洲，那么奥斯曼帝国也不过是众多亚洲国家中的一个。正是他们在欧洲建立的帝国赋予了他们特殊的品质。

奥斯曼一世的儿子奥尔汗（Orkhan）于1326年继位后，奥斯曼帝国的历史才真正开始。奥尔汗尽管仍然拥有埃米尔[①]（Emir）的头衔，却

① 阿拉伯语amir或emir的音译。原意为"首领""统帅"。伊斯兰国家统治者、王公、军事长官的称号。阿拉伯帝国的行省总督亦称"埃米尔"。今一些阿拉伯国家（如巴林、科威特、卡塔尔等），又用以称呼君主、王公或酋长。——编者注

不再效忠阿拉伯帝国的苏丹了。在他统治时期,奥斯曼人首次在欧洲站稳了脚跟。奥斯曼帝国的统治中心还在亚洲时,奥尔汗就制定了一项制度,即血贡制度。该制度牢牢地维护着奥斯曼帝国的统治权。正如我们所见,根据伊斯兰律法,不信奉伊斯兰教的人可通过纳贡的方式来换取生命、财产和信仰其他宗教的权利。早期的伊斯兰教统治者能收到普通的贡品就很满意了。奥尔汗竟率先提出了进贡幼童的要求。在奥斯曼帝国时期,一些暴君偶尔的荒唐行为居然成了一项不可抗拒的法律。被征服的基督教国家必须将其国内最强壮且最有前途的男孩按一定比例进贡给奥斯曼帝国,为其效命。这些幼童改信伊斯兰教,长大后根据能力被帝国安排到不同的行政或军事岗位。著名的耶尼切里禁卫军 (Janissaries) 就是从这些幼童中培养出来的。300多年来,以这种方式征召来的新军已成为奥斯曼帝国军队的中坚力量。这些孩子被迫与故乡和家人断绝联系,常年接受极端宗教思想,慢慢成了征服者的战争机器,不会听命于其他基督教或伊斯兰教国家的指挥。这样一来,被征服国家的孩子就被训练成了与自己祖国为敌的人。训练这些孩子的军事长官们也是被迫为敌人服务的,根本无法摆脱控制他们的精神枷锁。直到血贡制度废止后,那些被征服的国家才有了反抗的力量。如果奥尔汗建立的军队一直保持这种形式,那么奥斯曼帝国军队将无往不胜。但这一切都表明,奥斯曼帝国距离成为一个强国还很远。他们的胜利是靠那些身上流淌着希腊、斯拉夫和其他被征服民族血液的士兵赢得的。同样,奥斯曼帝国虽然很强大,但包括民事和军事在内的主要事务都是由被迫改变信仰的基督教徒把持的,而非土耳其人。简言之,奥斯曼帝国的权力不属于一个国家,而属于一支军队。奥斯曼人自始至终都只是一支占领其他国家的军队。

土耳其骑兵

到奥尔汗统治末期，奥斯曼帝国已在小亚细亚地区发展成了崛起的大国。埃米尔的势力已经蔓延至所有土耳其人的定居点，只剩下几个沿海城镇留给基督教徒。菲拉德尔斐亚（Philadelphia）和佛凯亚（Phôkaia）失去一切之后，仍在英勇地与奥斯曼人战斗。如今，基督教在亚洲的统治者已不再是君士坦丁堡的罗马或希腊皇帝了，而是遥远的特拉布宗的皇帝。这些基督教皇帝除了占有黑海沿岸的土地，还占据着原东罗马帝国的克里米亚。土耳其人现在占据了整个小亚细亚的内陆地区——真正属于所有土耳其人的土地。土耳其人赶走了基督教徒，占领了小亚细亚半岛东部。然而，我们很难说这里就是奥斯曼人的土地，因为他们只不过是接管了塞尔柱突厥人的土地而已。总之，奥斯曼人虽然在亚洲地区统治着穆斯林，在欧洲地区统治着基督教徒，但无论到哪里都是外来者。

奥斯曼人对欧洲基督教徒的统治始于奥尔汗统治的最后几年。14世纪东南欧的形势为土耳其人的扩张创造了契机。彼时，东罗马帝国已彻底分裂，讲希腊语的地区也已被希腊人和法兰克人瓜分。不久，圣约翰骑士团①占领了罗得岛及其周边一些小岛，成了爱琴海一支强大的新生力量。军队虽然不擅长地方管理，却能在保卫领土方面大显身手。罗得岛的圣约翰骑士团在抵抗土耳其人的入侵上功不可没。君士坦丁堡的皇权不仅在亚洲受到土耳其人的挑战，还在欧洲受

---

① 圣约翰骑士团（Knights of St. John），全称为耶路撒冷圣约翰医院骑士团，成立于1099年，最初目的是在耶路撒冷照料伤患和朝圣者。1113年，教廷承认其独立修会的地位，享有经济和政治特权，其成员分为教士、骑士和士官，由大团长统治，组织结构与圣殿骑士团相似。圣约翰骑士团起初为慈善组织，1120年起成为军事修会，保护朝圣者并成为耶路撒冷王国的重要军事力量，后又演变成马耳他骑士团。——译者注

到保加利亚人的威胁，只有在伯罗奔尼撒半岛上的拉丁人中还保留着尊严。在土耳其人进入欧洲之前，一支新的统治力量出现了，更准确地说是一支旧势力崛起了。塞尔维亚国王斯特凡·杜尚（Stefan Dušan）以皇帝自居，建立了一个包括马其顿大部分地区、阿尔巴尼亚和希腊北方地区在内的势力范围。但希腊皇帝仍统治着君士坦丁堡及其周边地区，以及马其顿和希腊其他地区，尤其没有放弃对塞萨洛尼基的统治。如果当时的塞尔维亚皇帝统治了君士坦丁堡，那么其打造的庞大帝国足以抵御土耳其人的入侵。塞尔维亚就是帝国的躯干，君士坦丁堡则是帝国的大脑。但事实是，土耳其人发现塞尔维亚有躯干而无大脑，君士坦丁堡有大脑却无躯干。不久，塞尔维亚帝国在皇帝驾崩后四分五裂，希腊也陷入了内战。结果，塞尔维亚人和希腊人没能联手共同抵御土耳其人。相反，希腊、塞尔维亚和其他国家一点一点地被土耳其人蚕食掉了。

奥斯曼人在欧洲首次出现时的身份并不是征服者。他们起初有时以掠夺者的身份出现，有时以帝国雇佣兵的身份出现，有时又以帝国内某些相互斗争的公国盟友的身份出现。1346年，拜占庭帝国皇帝约翰·康塔库兹诺（John Kantakouzênos）就在内战中召集土耳其人前来助他一臂之力。从那时起，土耳其人就在欧洲长期待了下来，尽管当时他们在欧洲还没有永久性的领地。1356年，奥斯曼人占领了加里波利半岛（Gallipoli），之后便开启了对欧洲的统治。从那时起，他们不断侵占拜占庭帝国的领地，还征服了帝国周边的一些王国，最终包围了君士坦丁堡。不过，这座帝国都城是在土耳其人定居欧洲近100年后才被占领的。要知道，土耳其人在占领塞萨洛尼基、君士坦丁堡和伯罗奔尼撒半岛之前，早已征服了塞尔维亚和保加利亚，在一定程度上威胁

着君士坦丁堡，但他们并没有真正攻打君士坦丁堡。土耳其人并不总
是将新征服的土地直接并入其已有的统治疆域内。他们对大多数被征
服土地的占领过程一般分为3个阶段。首先，对被征服的土地进行掠
夺和破坏，削弱原属国的统治。其次，以征收贡品或其他形式压榨当
地百姓，但并不急于将土地纳入苏丹的统治范围。最后，将被征服的
土地纳入奥斯曼帝国的疆域。需要指出的是，土耳其人虽然在攻占君
士坦丁堡之前就占领了不少欧洲土地，但在他们真正攻占君士坦丁堡
之后，仍允许这些地方以附属国的形式保持一定的独立性。

前面已经说过，土耳其人在欧洲的第一个永久定居点是在奥尔
汗统治期间建立的。1359年，奥尔汗的继任者穆拉德一世（Murad I）
将加里波利的这个定居点发展成了一个强大的欧洲王国。从初次占领
欧洲土地开始的短短几年内，土耳其人就完成了对拜占庭帝国的蚕
食。早在1361年，穆拉德一世就占领了阿德里安堡。在攻占君士坦
丁堡之前，阿德里安堡一直是奥斯曼帝国在欧洲的都城。渐渐地，拜
占庭帝国在欧洲的疆域就只剩下君士坦丁堡及其周边的色雷斯、黑海
沿岸的几座城市及马其顿和希腊几个偏远的地区，其中包括伯罗奔尼
撒半岛的大部分地区和哈尔基季基半岛及其西部的塞萨洛尼基。在亚
洲，拜占庭帝国的疆域也只剩下了君士坦丁堡对面的一小块土地，以
及菲拉德尔斐亚和佛凯亚这两座城市。现在，菲拉德尔斐亚和佛凯亚
与其说是帝国的一部分，不如说是与其同盟的邦国。穆拉德一世在
蚕食帝国领土的同时，还向北方的斯拉夫地区发动了侵略战争。斯
拉夫的土地就像希腊的土地一样，早就激发了奥斯曼人的贪欲。斯
特凡·杜尚驾崩后，塞尔维亚的国力迅速衰落；保加利亚在几年后
也分裂成了3个独立王国。1363年，穆拉德一世首先攻占了菲利波波

利（Philippopolis）。该城虽曾数次易主，但当时的统治者都是保加利亚人。当时的保加利亚除了内部分裂，还在与北方的匈牙利及南方的拜占庭帝国交战。在这一混乱时期，虽然这几个国家也曾联合起来共同抵御过土耳其人的入侵，但经过几次战斗后，塞尔维亚和保加利亚的一些地方还是被征服了。1371年前后，保加利亚的主要王国特尔诺沃（Trnovo）成了土耳其的附属国。就在塞尔维亚和保加利亚四分五裂之际，位于两国西北方向的波斯尼亚（Bosnia）却日渐强大。斯特凡·杜尚组建了一个强大的斯拉夫国家联盟；其间，波斯尼亚人、克罗地亚人和塞尔维亚人还数次击败过土耳其人。但在1389年，一支由波斯尼亚人、塞尔维亚人、保加利亚人和瓦拉几亚人组成的盟军最终在科索沃被土耳其人彻底击败。在此次战役中，穆拉德一世被一个诈降的塞尔维亚士兵刺杀身亡。他的儿子巴耶济德一世（Bajazet I）随即继位，取得了胜利果实。此战过后的两三年内，塞尔维亚和瓦拉几亚沦为土耳其的附属国，保加利亚的大部分地区则被完全征服。

正是从科索沃战役开始，塞尔维亚人和南斯拉夫人逐渐失去了独立地位。西北角的波斯尼亚仍处于独立状态，虽遭受过土耳其人的蹂躏，但并没有被征服。之前塞尔维亚和保加利亚的那些王国，要么被土耳其完全征服，要么成了其附属国，要么还在为了独立而不屈不挠地与土耳其斗争。土耳其人在完全吞并被征服地区之前会将其视为自己的附属国，因此，他们会利用这些附属国来助他们对付下一个要征服的对象。在科索沃战役中，穆拉德一世就曾利用基督教附属国帮助土耳其作战。也就是说，在塞尔维亚完全并入土耳其之前，塞尔维亚人不得不与土耳其人并肩作战，共同对付其他基督教国家。这样一来，基督教国家就被土耳其当作棋子，不得不互相残害，而土耳其则可以等待合适的时机，坐收渔翁之利，最终直接吞并这些附属国。在这一点上，土耳其人实施的是与古罗马人基本相同的政策。古罗马帝国也是先把征服的地区变成自己的附属国，再将其正式纳入自己的统治疆域。对于这种政策，人们可能会怀疑，不用立即吞并被征服的地区而是让其保持这种过渡状态的做法是否真的对帝国的统治更有利。事实上，奥斯曼帝国的管理方式表明，这种保持各被征服地区相对独立的做法更有利。有些附属国一直保持着一定程度的独立，有些地区则在经过长期束缚后，又变回了附属国。总之，经验表明，要想使这些地区恢复曾经的独立地位，就要让它们再次跳出这种过渡的状态。只是这一次必须让它们奔向更自由的方向，而不能像过去那样走向更依附的方向。

巴耶济德一世的即位标志着奥斯曼帝国的征服史有了明显转变。在这之前，除血贡制度的污点之外，奥斯曼帝国的王公们在各方面的表现都不比其他东方征服者差。但随着巴耶济德一世的即位，奥斯曼帝国统治的黑暗面开始慢慢地展现在世人面前。他是奥斯曼帝国历史上第一位为了皇位不惜屠弟的苏丹。也是从他上台之后，奥斯曼土耳其人道德败坏的风气日渐盛行。虽然其他民族也有道德败坏的时候，但奥斯曼土耳其人在通往权力的道路上所采用的手段可谓龌龊至极。巴耶济德一世统治时期，伊斯兰教律法中最令人称颂的禁欲主义思想已荡然无存。土耳其人公开承认奴隶制，认为征服者完全可以任意处置被征服者，这种普遍性暴行恐怕连穆罕默德也想象不到。巴耶济德一世统治时期，土耳其人的所作所为将其统治者的性格特征展现得淋漓尽致。在西方基督教国家看来，他比其他穆斯林更具有辨识度。虽然有诸多不义之举，但巴耶济德一世有时也能勇担重任，践行东方正义，承担发动战争、征服外域的使命，并被冠以"闪电"的绰号。巴耶济德一世是奥斯曼帝国第一个将卑微的"埃米尔"称号改为"苏丹"的统治者。然而，在征服了保加利亚和塞尔维亚，巩固了科索沃战役的胜利果实之后，巴耶济德一世并没有像其父王穆拉德一世那样急于将这些征服之地纳入其实际统治范围。这样一来，奥斯曼人就可以为了获得战利品和奴隶而不断地掠夺这些地区，之后他们还会选拔合适的奴隶，为实现他们邪恶的目的服务。这种掠夺行为遍及从匈牙利到伯罗奔尼撒半岛的每寸土地。巴耶济德一世最艰难的征战发生在亚洲。当时，菲拉德尔斐亚尚未被征服，那里的人民依旧认为他们归拜占庭帝国管辖。然而，当巴耶济德一世意欲吞并该城时，拜占庭帝国皇帝曼努埃尔二世（Manuel Ⅱ）及其子因附属国身份被迫派兵帮助土耳其军队去攻打自己的城市。当时，巴耶济德一世要面对来自东西两个方向的敌人。他虽击败了来自西方的敌人，却败给了来自东方的敌人。当时的匈牙利国王、后来的神圣罗马帝国皇帝西吉斯蒙德（Sigismund）率领一支庞大的十字军前来讨伐奥斯曼人。1396年，在尼科波利斯（Nicopolis）战役中，巴耶济德一世率领由土耳其及其基督教附属国（当然是被迫为其服务）组建的军队击败了西吉斯蒙德率领的联军。战后，许多西方基督教骑士都遭到了屠杀，一些幸存者则被索要巨额赎金。在被索要赎金的骑士中，有一个大名鼎鼎的人物，那就是讷韦尔伯爵，也就是后来的勃艮第第二代公爵无畏的约翰（John the fearless）。在法国、英国和德国的历史上，他都是一个举足轻重的人物。巴耶济德一世是第一个直接攻打君士坦丁堡的苏丹。眼看东罗马帝国就要灭亡，这时奥斯曼人却遇到了来自东方强大的征服者——帖木儿。这位横扫亚洲伊斯兰教地区的征服者给欧洲基督教地区带来了片刻喘息的机会。1402年，巴耶济德一世在安卡拉战败被俘，奥斯曼帝国遭到了前所未有的沉重打击。

巴耶济德一世战败被俘后，奥斯曼帝国的统治似乎已经走到尽头，帝国也将永远分崩离析。但正如我们之前说过的那样，奥斯曼帝国历史的奇妙之处就在于，帝国虽曾一度分裂，但仍会团结起来。巴耶济德一世的领地曾一度分裂——他的3个儿子在领地的重新分配上争执不下。最终，长子穆罕默德一世（Mohammed I）重新统一了帝国。对于受到土耳其人威胁的国家来说，奥斯曼帝国的混乱时期就是他们获得解脱的时期。后来，穆罕默德一世即使再次统一了奥斯曼帝国，也暂时无力东征西战了。因此，在他统治时期，奥斯曼人在欧洲的扩张几乎没什么进展。但在他儿子穆拉德二世（Murad II）统治时期（1421—1451），奥斯曼帝国在欧洲的势力得到了大发展，尽管也遭遇了一些挫折。他虽然没能攻下君士坦丁堡，却从威尼斯人手中夺取了塞萨洛尼基。同样，在与匈牙利人的战争中，他吃过几次败仗，也取得过不少胜利。必须承认，在这次战役中，土耳其人是正义方，而基督教徒是非正义方。打了一场胜仗后，匈牙利军队进驻巴尔干半岛。根据随后签订的和约，塞尔维亚再次获得独立，瓦拉几亚被割让给了匈牙利。匈牙利兼波兰国王瓦迪斯瓦夫三世（Wladislaus III）在他人的怂恿下撕毁和约，与土耳其人再次开战，却在瓦尔纳战败身亡。随后，奥斯曼帝国再度崛起。不过，夺取君士坦丁堡并征服多瑙河沿岸所有地区并不是穆拉德二世的功劳，而是日后他儿子完成的伟业。

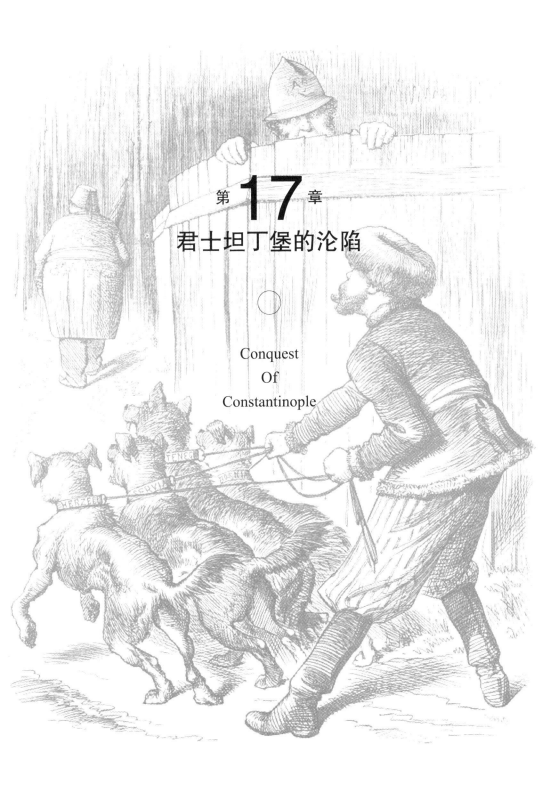

第 **17** 章
君士坦丁堡的沦陷

Conquest
Of
Constantinople

穆拉德二世驾崩后，他的第四子穆罕默德二世（Mohammed II）即位，史称"征服者"。穆罕默德二世是一位典型的奥斯曼帝国统治者，奥斯曼人的伟大与邪恶在他身上都展现得淋漓尽致。很年轻的时候，他就已经是一名位高权重的将军和幕僚了。他有明确的目标，并且知道如何实现目标。如果不看品行，那么伟人这样的称号除他之外，没人担当得起。事实上，他不仅精通政治和军事，还在其他领域

穆罕默德二世

颇有建树。他通晓多门外语，有很好的文学与艺术修养。但同时，他也将奥斯曼人与生俱来的贪婪残忍和背信弃义的恶习发挥到了极致。他完成了前任统治者未完成的扩张大业，奠定了奥斯曼帝国在欧洲影响至今的显赫地位。穆罕默德二世制定了系统的王位继承制度和系统的帝国治理体系；他继位后做的第一件事就是杀害了尚在襁褓中的弟弟，并颁布律法将弑兄屠弟的行为合法化。他彻底扫清了罗马的残余势力，推翻了希腊的独立统治，确立了土耳其人作为主人的地位，并缓和了与希腊人和基督教徒臣民之间的关系。在位期间，他牢牢地巩固了奥斯曼帝国在北方和西方的边疆。总之，正如我们现在所论述的那样，奥斯曼帝国的建立是征服者穆罕默德二世的功劳。这位在新罗马登基的君主，将其前任们创立的基业又推向了一个全新的高度。

1453年5月29日，土耳其人攻入君士坦丁堡，拜占庭帝国末代皇帝君士坦丁十一世（Constantine XI）在混战中身亡。这一年是穆罕默德二世统治的第二年，他只有21岁。随着土耳其军队在色雷斯的不断推进，拜占庭帝国的军队节节败退，最后被迫退守都城，负隅顽抗。穆罕默德二世的祖父曾在博斯普鲁斯海峡的亚洲一侧建造了一座坚固的堡垒。彼时，他决定要在海峡的欧洲一侧再建造一座更坚固的堡垒，作为攻打君士坦丁堡的据点。1453年春，1000名泥瓦匠被召集至一个叫阿索马顿（Asomaton）的地方来建造堡垒，这里距君士坦丁堡只有大约5英里的路程。正是这座堡垒的建造引起了拜占庭帝国皇帝的强烈不满。紧接着，穆罕默德二世就向他宣战了。

被围困在都城内的君士坦丁十一世只能眼睁睁地看着穆罕默德二世在阿索马顿建造堡垒，心中惶恐不安。堡垒很快就建好了，是三

君士坦丁堡

角形结构建筑，每个角各建有一座坚固的大型塔楼，其中一座在山坡上，另外两座则沿着海岸。3堵城墙的厚度均为22英尺，而塔楼墙壁的厚度更是达到了30英尺，整个堡垒看上去固若金汤。

就在穆罕默德二世亲自监督堡垒的建造，为攻城战紧锣密鼓地做准备的同时，像惊弓之鸟一样的君士坦丁十一世则竭力想通过巴结和送礼的方式讨好穆罕默德二世，希望能避免一触即发的战争。但当发现自己的让步和妥协于事无补后，他便像一名勇士一样警告穆罕默德二世：土耳其人一定会为其行为付出惨痛代价。他向穆罕默德二世说道："既然向你宣誓效忠、签署和约、顺从臣服都无法换来和平，那你就发动邪恶的战争吧。我现在只遵从上帝的意愿，如果他能让你萌生和平的念头，我会为此感到高兴。如果他要把这座城市移交给你，我也会毫无怨言地遵从。但在上帝做出裁决之前，我会与我的臣民生死与共。"

令人称奇的是，当时拜占庭帝国基督教徒在身处绝境时对土耳其人说的这一番话，在326年后会再次响起——摇摇欲坠的奥斯曼帝国对信奉基督教的俄国说着同样的一番话，仿佛就是1453年的回声。

穆罕默德二世精通战事，不知疲倦地为这场即将到来的围攻战做准备。尽管如此，军队里仍然充斥着紧张的气氛，这充分表明这场战斗是多么至关重要。对于接下来要对抗的拜占庭帝国，穆罕默德二世丝毫不敢轻视其实力。

穆罕默德二世经常向手下的大维齐尔、将军和工程师咨询意见，和他们一起商量制订堡垒的建设方案。所有炮台位置的选择也都是经过慎重考虑后决定的。他事无巨细，对所有事情都要亲自过问。由于土耳其军队还需要添置大炮这样的围城利器，他们在阿德里安堡建起了铸造厂，专门生产可发射出重达600磅石球的巨型大炮。

在这次攻城战中，土耳其军队利用了所有新旧作战武器。他们将巨型大炮拖入阵地，大炮旁边是巨大的木塔，木塔里面载有士兵，靠下面的轮子向前缓缓滚动，逐渐靠近城墙。当木塔靠近战壕时，里面的士兵会从塔顶扔下梯子，然后借助梯子冲出战壕，攻到城墙下。

新型大炮发射炮弹时产生的烟雾可以为传统作战武器打掩护。强力火炮、大型投石器与破城槌都按之前的计划派上了用场。关于令人恐怖的土耳其军队，流传着各种各样的说法。有的说，他们在残暴的苏丹的率领下，就像是冷酷的屠杀机器。奥斯曼帝国陆军的总兵力虽然有25.8万人，但其中的正规军只有6万名骑兵和2万名步兵，其余都是战争辅助人员。除陆军外，奥斯曼人还有一支拥有320艘船的海军，但这其中除18艘战船外，其余都是主要用于运输人员和物资的小型船舶。

君士坦丁堡的三面都有很好的防御：一边是金角湾，一边是大海，形成了天然屏障；剩下的一边是一道6英里长的坚固城墙，并且城墙中间每隔不远的距离就设有一处塔楼。穆罕默德二世在城墙对面挖了一条与城墙平行的战壕，作为进攻时的掩护。14门火炮分别对准了城墙最薄弱的地方，主要攻击点是圣罗曼努斯的中央大门。弓箭手随时待命，只要城内有人露面，他们就会射出一阵箭雨。从塞尔维亚调集来的矿工负责挖地道和战壕。万事俱备，奥斯曼帝国苏丹这次是要毕其功于一役了。

反观拜占庭帝国，虽然也做好了防御，但在行动上缺乏统一性。任何帝国的灭亡都是有其原因的。希腊人内部相互猜忌，耍阴谋，搞内讧，最后被赶出了色雷斯，落得个被围困在三角堡垒里的下场。就在帝国危急存亡的关头，这种分裂的思想再次浮现，就像鬼火一样，最终将帝国推向了毁灭。君士坦丁十一世意识到臣民的密谋活动削弱了他的统治地位，因而迫切希望得到西方的援助，甚至在最后一刻不惜宣称希腊人愿意接受罗马教会的精神统治。但这种无底线的让步只会给臣民带来巨大的痛苦和失望，他们像痛恨土耳其人一样痛恨热那亚军队。这是一项没有任何希望的政策，非但不会得到外来援助，反倒让内部产生新的分裂。

现在城内所有人口，包括男女老少，不超过10万人，而能参加都城保卫战的只有5000人。不过，热那亚人约翰·朱斯蒂尼亚尼（John Giustiniani）率领一小支拉丁志愿兵加入了守城部队。

战争一触即发，人们终于意识到自己的危险处境。君士坦丁十一世的顽强斗志和高昂情绪也感染了城内的守军。在沿城墙布置好防守队伍后，君士坦丁十一世本人则负责指挥外墙的士兵作战。他吩咐手下的军官要互相打气，捍卫自己热爱的家园，要用胜利的愿景和许以重奖的方法激励胆小的士兵，提振士气。在最后关头，君士坦丁十一世非但没有放弃，反倒斗志昂扬，因为他深知除了背水一战已别无选择。

一条坚固的铁链拦住了金角湾港的出口，所有停泊在港口的船都被城内的守军征用了。即使这样，战船也只有14艘。

最后，土耳其人的一切攻城准备就绪：军队已就位，大炮已架好，士兵们也摩拳擦掌迫不及待地想取得前辈那样的辉煌战绩，并向上天求得保佑。1453年4月6日上午，攻城信号一发出，奥斯曼帝国的炮弹便呼啸着砸向了君士坦丁堡的城门。

战争刚开始，希腊人士气高昂，沿着战壕同土耳其人展开了阵地战。但随着大批敌人不断加入，他们很快就被逼回了城内。夜幕降临时，激烈的战斗仍在继续，守军还在英勇抵抗，毫无退缩的意思。

战斗日复一日地进行着，但每天太阳升起时，君士坦丁堡看上去都依旧坚不可摧。后来，随着城内的食物越来越少，人们开始恐慌起来。幸运的是，他们很快便看到马尔马拉海（Marmora）上出现了5艘满载物资的大船。从船上旗帜的颜色判断，这是援军的舰队。这支舰队乘风破浪，向港口驶来，但在快要靠近港口时却看到了300艘土耳其战舰正在海边严阵以待。每艘战舰上都配有部队，随时准备投入战斗。饥肠辘辘的守城将士站在高高的塔楼上，焦急地注视着即将到来的援军，在心中默默祈祷他们能在接下来的战斗中得到幸运女神的眷顾。

海战即将上演的消息很快便在土耳其军队中传开了。博斯普鲁斯海峡的海水似乎突然就冲向了土耳其人观战的海滩上，让原本光秃秃的海滩瞬间变成了海湾。海浪就像拍打岩石一样拍打着海水（齐腰深）中的苏丹和他的坐骑。穆罕默德二世是专门赶来观看这场实力悬殊的海战的。他心想，这些不知天高地厚的法兰克水手很快就会遭到痛击。

不过，这5艘大船上的法兰克人都是勇士，敢于直面数倍于他们的敌人。在阳光照射下，白色的船帆非常耀眼。5艘大船在翻滚的海浪中快速前行，径直冲向土耳其舰队的防线。我们可以想象，这是何等英勇之举啊！在美丽的博斯普鲁斯海峡，谁能料到这5艘大船竟然敢朝全副武装的敌军舰队冲过去，引起了敌人的一片惊呼。土耳其舰队慌忙掉头躲避，守军中则暴发出了一阵欢呼声。这些欢呼对土耳其苏丹而言就是一种嘲笑。他恼羞成怒，打着手势命令海军将士赶快予以阻击，却为时已晚。防线已被撕开裂口，土耳其的船也被迅速冲到了一边。在数万名基督教徒的欢呼声中，救援的大船成功驶进了金角湾。许多母亲紧紧抱着自己快要饿死的孩子，脸上终于露出了久违的笑容。

战争就这样一天天继续着，基督教守军依然在英勇作战，进攻受挫的土耳其人则有些士气低落。这时，有"军事天才"之称的苏丹看出了对手防御的薄弱之处。如果能把战船开进金角湾，敌人防御最薄弱的地方就暴露在了眼前。但战船怎么进去呢？封锁海湾的铁链弄不断，周边又都是陆地。无论如何，该计划必须实现，并且必须在当晚实现。小船停靠在岸边后，一批身强力壮的士兵登上岸，在夜色的掩护下铺设了一条10英里长的木板路。然后，土耳其人用一晚上的时间悄悄地将80艘战船拖入了金角湾。

天亮后，勇敢的希腊人大吃一惊。穆罕默德二世正在指挥工兵将重炮移到背水一侧的城墙前，然后将这些重炮放在小船上，形成了一个个漂浮的炮台。这些重炮体积庞大，一天只能发射7枚炮弹。战斗已经持续了53天，希腊人因饥饿难耐而意志消沉，现在又看到这些漂浮的炮台和土耳其人的攻城准备，他们顿时感到万念俱灰，纷纷请求皇帝放弃抵抗，交出城池。但君士坦丁十一世拒绝投降，严厉命令他们回到自己的战斗岗位，誓与城池共存亡。

5月29日，穆罕默德二世万事俱备，随时可以向拜占庭帝国的都城发起最后的总攻。

彼时，世界历史上赫赫有名的拜占庭帝国就蜷缩在穆罕默德二世面前的都城内。他可以随时发动进攻，消灭这个帝国。

在土耳其军队中，谢赫（Sheiks）与伊玛目（Imaums，宗教首领）已开

始为第二天可能光荣战死的勇士们祈祷了，告诉他们光荣战死者可升
入天堂，而幸存者则可获得各种奖励和荣誉。夕阳西下，20万名穆
斯林俯身伏地叩首，共同祈祷。大炮对着城墙整整轰炸了一天，终于
在圣罗曼努斯大门的附近撕开了一道口子。君士坦丁十一世知道暴

君士坦丁十一世

风雨即将到来，守城的基督教士兵军心涣散。勇士约翰·朱斯蒂尼亚尼坚守着自己的位置，把英勇善战的拉丁人都安排到了防守最薄弱的地方。君士坦丁十一世穿梭在整条防线上，不断激励将士们要英勇抗敌，似乎又点燃了他们的斗志。在做好一切部署并下达完命令后，君士坦丁十一世带着几名贴身骑士退到了圣索菲亚教堂。他很清楚，自己的统治生涯就要到头了。这位拜占庭帝国的末代皇帝慢慢地走进了这座宏伟而神圣的教堂，在贴身骑士的簇拥下，走到了十字架前。想到第二天拜占庭帝国就会和他一同灭亡，君士坦丁十一世泪如雨下。在做完最后一次祷告后，他转身对身边的骑士说："如果我之前的言行伤害过你们，请你们原谅我。"

随后，他大步走出教堂。门口的战马早已等得不耐烦了。他戴上头盔，跨上了马背。此时，这位谦逊的忏悔者摇身一变，成了视死如归的基督教勇士。

太阳落山，夜幕降临，黑暗笼罩着每一个人。基督教骑士们躺在地上，仰望星空，扔掉了平日里坚毅的面具，尽情释放出柔软的一面。他们爱自己的母亲、姐妹和妻子，但现在只能在想象中和她们拥抱告别了。暴风雨来临前，一切都变得异常平静。君士坦丁十一世没有睡，而是安静地站在高塔上俯瞰着穆斯林的军营。天慢慢放亮，他敏锐地听到穆斯林士兵正在悄悄走向阵地，当然许多人也是在走向坟墓。于是，他提醒自己的士兵赶紧到城垛去值守。随着星星退去，许多勇敢的生命也将消逝。突然之间，战斗犹如一声惊雷打响了。穆斯林大军向城墙裂口处冲了过来。一时间，士兵的喊杀声、武器的铿锵声、大炮的呼啸声、战马的嘶鸣声、将领的命令声全部交织在一起。土耳其人从海陆两个方向朝君士坦丁堡发起了猛攻。土耳其人的攻势一波接一波，前面的士兵刚倒在战壕里，后面的士兵就踩着同伴的尸体冲了上来。君士坦丁十一世身先士卒，哪里的防线薄弱，他就出现在哪里；他出现在哪里，哪里的将士就能重燃斗志。

残酷的战斗持续了两小时，希腊人和拉丁人仍在顽强坚守阵地。穆斯林的进攻暂停了，胜利的天平似乎倒向了基督教徒。

突然，军乐声从一片硝烟和尘土后面传来。鼓声、笛声和沙球声齐鸣，压过了战场的喧嚣。后来，军乐声越来越大，离圣罗曼努斯的大门也越来越近。

勇猛的奥斯曼帝国苏丹骑着战马从尘雾中冲了出来，手里高举着象征王权的狼牙铁棒。在他身后，1万名精心挑选出来的禁卫军士兵正从容不迫地直奔城墙的裂口处。

他们继续逼近城墙，随着一声大喊冲进了君士坦丁堡。在弥漫的硝烟中，他们看到了君士坦丁十一世依然在奋力拼杀。此刻，朱斯蒂尼亚尼已身受重伤，撤离了战场，并不在君士坦丁十一世身旁。

战斗异常惨烈。土耳其人和基督教徒展开了近身搏斗。一时间，喊杀声、怒吼声和呻吟声不绝于耳。尽管如此，基督教徒仍在苦苦地坚守着阵地。不久，前面突然传来了"真主至大！真主至大"的喊声。喊声越来越大，像一阵清风迅速吹向了四面八方。听到这样的声音后，英勇的君士坦丁十一世知道一切要结束了。他转头对手下悲愤地喊道："你们谁来送我最后一程吧！"但没有人愿意对他们所敬仰的皇帝下手。他无奈地大喊一声："上帝啊，带我去吧。"然后又投入了战斗，直到一支箭射中了他的心脏。他躺在一堆战死的英雄中间，而英雄纪念碑上又多了一个名字。博斯普鲁斯海峡上空升起了新月旗，在欧洲最美丽的土地上投下了影子。拜占庭帝国就这样覆灭了，而君士坦丁十一世和他的骑士们也可以像斯巴达勇士一样说："异乡人啊，请带话给斯巴达人，说我们履行了诺言，将长眠于此。"

这里就不细说君士坦丁堡惨遭掠夺的场景了，它现在已是奥斯曼帝国的首都。穆罕默德二世进城后直奔圣索菲亚教堂，在大臣和卫兵的陪同下，下马步入了教堂。他命令随行的一名伊玛目召集所有虔诚的穆斯林前来祈祷，自己则登上了高高的祭坛。不一会儿，圣殿里就传出了穆斯林祈祷的声音，而同样是在这个地方，前一天传出来的还是基督教徒祈祷胜利的声音。土耳其人找到了君士坦丁十一世的尸体，将他的头颅砍下来后，放在位于奥古斯都广场的查士丁尼骑马雕像下的马腿间展览了一段时间。然后，头颅经过防腐处理，又被送往亚洲各大城市进行巡展。

穆罕默德二世占领君士坦丁堡后，决定继续征服那些尚未征服的地方，同时将目前那些附庸国都纳入奥斯曼帝国的统治之下。希腊虽然经常遭到土耳其人的蹂躏，却没有被并入奥斯曼帝国的疆域。在君士坦丁堡沦陷之前，拜占庭帝国收复了整个伯罗奔尼撒半岛——威尼斯人占领的几个据点除外。法兰克公爵占领着雅典公国和另一个涉及卢卡斯岛（Leukas）、凯普霍尔尼亚岛（Kephallênia）与阿卡纳尼亚（Akarnania）沿岸地区的小公国。土耳其人于1460年完成了对大陆的征服，但直到1479年才夺取了西部的两个岛屿。1471年，优卑亚岛（Euboia）被征服，总督埃里佐（Erizzo）是威尼斯人，据说可以留他一命，最终却被处死，尸体也遭到了肢解。奥斯曼帝国早期的君主们不会有这些残暴之举，但到了穆罕默德二世统治时期，惨无人道和不讲信义的行为已经成为土耳其人的家常便饭。1461年，特拉布宗帝国被征服；1462年，莱斯博斯岛（Lesbos）被征服。现在，已没有独立的希腊公国了。克里特岛、科孚岛和一些较小的岛屿，以及几处海岸据点仍被威尼斯人控制，爱琴海上的一些岛屿也仍由法兰克公爵和圣约翰骑士团统治。但伴随着特拉布宗帝国的覆灭，独立的希腊公国已经绝迹。基督教统治下的希腊公国远比伊斯兰教统治下的希腊公国小得多。

希腊人被彻底征服了，而斯拉夫人的情况也好不到哪里去。1459年，塞尔维亚从一个附属国沦为奥斯曼帝国的一个行省。6年后，波斯尼亚也被吞并。波斯尼亚的末代国王遭遇了与优卑亚岛总督同样的命运：虽然土耳其人答应他可以活命，但他最终还是和儿子们一起被处死了。如今，原来的斯拉夫帝国只剩下泽塔（Zeta）这一小块土地。泽塔是塞尔维亚王国的一部分，始终未被土耳其人完全征服，其中的黑山地区直到现在都保持着独立。黑山处于强敌的包围之下，经常遭到入侵，曾多次被占领，但从未被征服。在持续400多年的战争中，黑山经常被欧洲基督教大国怠慢，甚至被出卖，但就是这个小小的民族却敢于对抗强大的奥斯曼帝国，最终保住了独立的地位。这个英雄辈出的国家起初由世袭王公统治，后来由英勇的主教统治，现在又回归到王公统治的模式。黑山军民同仇敌忾，没有让祖先留下的领土落入蛮族之手。其周边大国却纷纷沦陷。在黑山南边，信奉基督教的阿尔巴尼亚人在著名领袖乔治·卡斯特里奥蒂（George Castriot，也称斯坎德培）的领导下坚守了很长时间。1459年，首领去世后，阿尔巴尼亚随之沦陷。穆罕默德二世不断征战，将奥斯曼帝国在欧洲的势力范围几乎扩大到了和现在一样的规模。但奥斯曼帝国在取得伟大胜利的同时也遭遇了一些失败。在征服塞尔维亚和波斯尼亚后，土耳其人打通了

君士坦丁堡的圣索菲亚教堂

入侵匈牙利、德意志东南部和意大利东北部的道路，但只是入侵而没有征服这些地方。在扩张的道路上，土耳其人遇到了一些挫折。1456年，土耳其人被匈牙利人击败，穆罕默德二世仓皇逃走，兵家必争的古老边境要塞贝尔格莱德（Belgrade）避免了被吞并的命运。在欧洲的另一边（如果当时那里算得上欧洲），穆罕默德二世夺取了热那亚在克里米亚半岛的领地，之前统治该半岛及周边地区的鞑靼汗国也成了苏丹的附庸国。这样一来，奥斯曼帝国就成了波兰、立陶宛和俄国的邻居。穆罕默德二世在其统治后期的表现毁誉参半：他没能从圣约翰骑士团手中夺下罗德岛，却夺取了意大利南部的奥特朗托（Otranto）。如果这位征服者还在位，那么意大利可能会像希腊一样沦陷。但他于1481年去世后，意大利人又夺回了奥特朗托。

就这样，在几代强有力的苏丹的统治下，奥斯曼帝国吞并了两个帝国和无数小国。希腊人、斯拉夫人和阿尔巴尼亚人都成了被奴役的对象。值得一提的是，让他们成为阶下囚的却是与他们有着同样血统的希腊人、斯拉夫人和阿尔巴尼亚人，因为奥斯曼帝国军队的中坚力量就是禁卫军，而禁卫军的将士全部都是从被征服国家抓来的孩子中培养起来的。因此，东南欧的基督教国家是在为敌国输送了士兵后，又被自家孩子组成的军队击败的。不久，颇富远见的穆罕默德二世就发现，这些外族人的智慧也可以为他的统治服务。他注意到希腊人比土耳其人和其他附属国的人都要聪明，他完全可以将希腊人的思想作为统治希腊人的工具。于是，东正教变成了奥斯曼帝国巩固其统治地位的一种工具。简单地说就是，在被征服的土地上，低级神职人员一般都由爱国领袖担任，而主教和其他高级神职人员则由希腊人担任。因为希腊主教掌管了斯拉夫国家的教会，所以这些被征服国家的人民又多了一层精神枷锁。斗转星移，土耳其苏丹在世俗事务管理上也沿用了同样的政策。从某种意义上讲，希腊人成了那些受奴役民族的管理阶层。由于他们管理能力出众，土耳其人学会了在许多方面利用他们的这种能力。在所有被征服者中，有一种人甘愿为征服者服务。这些人通常在原来的国家里就属于最坏的一类人，往往比征服者还要腐败，对人民的压迫也更严重。因此，这些基督教信仰的人非但没有减轻反倒加重了奥斯曼人统治下的基督教民众的痛苦。实际上，斯拉夫地区的民众要承受来自土耳其人和希腊人的双重压迫。不过，我们这里说的希腊人仅指君士坦丁堡的希腊人，本土希腊人的境况比其他外族臣民好不到哪里去。我们还需明白一点，君士坦丁堡的希腊人也是被统治者，他们不可能进入帝国的高级管理层。高级管理层是留给穆斯林的——无论他们是土生土长的土耳其人，还是皈依伊斯兰教的外族人。事实上，在征服者穆罕默德二世的统治下，无论是土耳其人与基督教徒，还是穆斯林，他们的生死完全由穆罕默德二世一人说了算。

彼时，土耳其人统治着欧洲相当大的一片区域——几乎包括了亚得里亚海和黑海之间的所有土地。除了泽塔人依然顽强坚守的黑山和拉古萨城（Ragusa）保持着独立地位，其他地方都已失去了独立国家的身份。少数没有被土耳其人统治的岛屿和沿海地区分别归威尼斯人或其他法兰克人管辖。从那时起到塞尔维亚和希腊获得独立的当下，上述大片土地一直受土耳其人统治，其中大部分现在仍然是土耳其的疆域。那些土地上的人民不仅成了外国王公的臣民，还得臣服侵略自己土地的外国军队。在那些地方，原来的法律都已失效。那里的人民想要摆脱被奴役的生活只有一种方法，那就是皈依征服者信奉的伊斯兰

君士坦丁堡
的社会生活

教。有许多人就是通过这种方式一改之前被奴役的生活状态，摇身变为了压迫者。在有些地方，尤其是波斯尼亚，某一阶层的所有人都会这么做。为了保住自己的土地，那里的许多大地主都皈依了伊斯兰教，但其他百姓并没有改变自己的宗教信仰。自此之后，这些叛教者及其后代逐渐形成了一个寡头统治阶层，而他们的统治其实比土耳其人的还要糟糕。保加利亚虽然也发生了同样的情况，但远没有波斯尼亚严重。阿尔巴尼亚大多数地区的广大人民发自内心地接受了伊斯兰教。在那里，绝大部分地区的人民皈依了伊斯兰教，但仍有部分地区的人民坚持基督教信仰，分属于天主教派和东正教派。实际上，绝大多数被土耳其人统治的欧洲人都会选择坚持自己的宗教信仰，而无视土耳其人的威逼利诱。虽然只要皈依伊斯兰教就可随时跻身统治阶层，但他们并未因此放弃自己的信仰。他们忍受着侵略者无情的嘲讽和鞭挞，在自己的土地上过着奴隶一般的生活。他们忍辱负重，任由自己的生命财产被野蛮的侵略者发落，也任由家族荣誉被践踏。最可悲的是，他们的儿子被抓走后从小接受侵略者的思想教育，最终成为敌人的武器。靠着殉道般的精神，他们在土耳其人的残暴统治下生活了200年、400年、500年。西欧国家在不断进步，而这些地区却一直处于暴君的铁蹄之下，毫无发展。

　　人们可能会发问：起点非常低、实力又很弱的奥斯曼土耳其人为什么能够多次发动大规模的扩张战争，并最终占领包括基督教和伊斯兰教世界在内的广袤土地呢？奥斯曼人对其他伊斯兰教地区的侵略并没有什么值得我们去研究的东西，我们需要研究的是他们是如何保住这些被占领土的。奥斯曼帝国的崛起同许多其他东方王朝的崛起一样。不同的是，其他东方王朝过不了多久就会分崩离析，而奥斯曼王朝能一直延续下去。更准确地说就是，在巴耶济德一世驾崩后，曾一度四分五裂的奥斯曼帝国很快又重新凝聚了起来。之所以会如此，不外乎以下几个原因：苏丹之位由能力非凡的王储继承；建立有严格的帝国管理制度；部队纪律严明；最重要的是，帝国拥有一支强大的禁卫军。我们将会看到，奥斯曼帝国苏丹在宗教思想上统治的不仅是土耳其臣民，还包括所有正统的穆斯林。他们之所以能征服基督教徒，主要得益于当时东南欧国家自身混乱的状况。奥斯曼人在当时已发展成了一个强大的部落（还称不上国家），他们充满朝气，崇尚武力，笃信伊斯兰教，每个士兵都豪情满怀。王公们知道如何运用自己的权力，将奥斯曼帝国领导得羽翼渐丰。后来奥斯曼人发现，东南欧的许多公国各自为政，彼此之间还明争暗斗，根本没有统一国家的概念，而当时的东罗马帝国也呈现出日薄西山的态势，仿佛收复君士坦丁堡已耗尽了它的气数。可以肯定的是，13世纪在尼凯阿当政的帝国皇帝要远比14世纪在君士坦丁堡当政的皇帝更有作为。不过，君士坦丁堡过去的强盛和辉煌的传统让已经过气的东罗马帝国又存续了一段时间，而这也阻碍了极具活力的斯拉夫民族的发展，避免了斯拉夫民族崛起并取代东罗马帝国的可能。至于法兰克人统治下的那些公国，除威尼斯以外，都比较弱小，也根本算不上是独立的国家。这些公国的统治者虽然不像土耳其统治者那么糟糕，但归根结底也都是异族势力。生活在威尼斯人和法兰克人统治下的希腊人，在语言、种族和信仰上都与其统治者格格不入。因此，他们不可能对其统治者忠诚，无法形成民族认同感。这也是为什么土耳其苏丹可以凭着坚定的决心和纪律严明的军队，将这些四分五裂、正在衰落的公国逐个蚕食掉。我们要再次指出，土耳其一开始并不急于吞并被征服国，而是让其作为附庸国存在一段时间，以此来实现继续征服邻近公国的目的。这样一来，在实际统治这些公国之前，土耳其人就可对其大肆掠夺。人们可能会想，与其让土耳其人频繁掠夺他们的土地和掳走他们的孩子做奴隶，还不如让他们长期遭受奴役呢。

历史总是惊人地相似。让奥斯曼帝国比以往任何时期都更接近覆灭的因素，恰恰是过去那些帮助其走向成功的因素之一。基督教和伊斯兰教都有各自的分支教派，这些不同的分支教派之间也存在着矛盾。当然，与基督教与伊斯兰教这种不同宗教之间的矛盾相比，同一宗教下不同教派之间的矛盾似乎就不是什么大问题了。但实际情况并非总是如此。虽然帖木儿帝国和奥斯曼帝国都信奉伊斯兰教，但帖木儿帝国属什叶派，而奥斯曼帝国属逊尼派。两个教派之间的分歧直接导致了一场宗教战争。东罗马帝国也因此躲过了被巴耶济德一世灭亡的命运，又存续了50年。同样，基督教的天主教派和东正教派之间的纷争也帮了奥斯曼帝国的大忙。许多希腊人说，他们宁愿在圣索菲亚教堂看到土耳其人，也不愿看到拉丁人，结果他们确实如愿以偿了，而除少数贵族以外，其他拉丁人也不会真正帮助希腊人。这一切都表明了一个规律：最亲近的人才吵得最凶。也正是这样的内讧，才让基督教和伊斯兰教在竞争中互有胜负。

至此，土耳其实现了在欧洲统治的目标。征服者穆罕默德二世驾崩后的一些年里，奥斯曼帝国的疆域基本没有扩张。下一任苏丹巴耶济德二世（Bajazet II）于1481年至1512年当政，但不像其父那样文韬武略。他对科学和文学有着浓厚的兴趣，身上有一种宗教神秘主义的特质。他的主要战绩是，从威尼斯人那里夺取了几个据点，会时不时骚扰一下北方的匈牙利和其他基督教公国。接下来我们会看到，邪恶之举是如何反被邪恶报应的。土耳其人在侵略外族时的残暴行为也激起了基督教徒内心的黑暗面，从而引发了此起彼伏的以暴抗暴的斗争。这种情况当然不是统治阶级希望看到的。于是，巴耶济德二世被废黜。和所有被废黜的苏丹一样，他也很快离开了人世。他的儿子塞利姆一世（Selim I）继位，于1512年至1520年当政，被人称为"冷酷者"。在塞利姆一世统治期间，土耳其主要向欧洲以外的伊斯兰教国家征战，并将叙利亚和埃及纳入了奥斯曼帝国的版图。此外，苏丹还身兼伊斯兰教精神领袖哈里发的头衔。事实上，巴格达被蒙古人攻占后，阿拔斯王朝的哈里发就不存在了。在埃及，象征精神领袖的哈里发仍然存在，只不过没有任何世俗权力。塞利姆一世从埃及的哈里发那里夺过了精神领袖的头衔后，所有逊尼派，都承认奥斯曼帝国苏丹为他们的宗教领袖。波斯人和什叶派当然不承认苏丹至高无上的地位，就像基督教世界中的东正教和归正会不承认教皇至高无上的地位一样。要知道，哈里发从一开始就是集宗教和世俗统治大权于一身的，就像西欧的帝国皇帝同时是教皇一样。

这位新任哈里发的统治在某些方面比之前的埃米尔和苏丹的统治都要糟糕。无论是对基督教徒、什叶派，还是对自己的臣民，堪称杀人狂魔的塞利姆一世比之前的统治者都更残忍。不过，奥斯曼帝国统治有一个特点，即再暴虐的苏丹也必须遵循穆斯林法典。穆斯林法典写明，在处理所有特定事项时，苏丹都必须征得法典说明官的同意。客观地说，法典说明官有时确实会允许苏丹做出一些错误的行为，但有时也会阻止苏丹去犯严重的错误——塞利姆一世统治时期也不例外。这里，我们应该记住杰马利（Djemali）这位了不起的穆夫提（Mufti，法典说明官）。他曾数次力劝苏丹放弃暴力统治的念头。在塞利姆一世想要屠杀帝国内的所有基督教徒并禁止人民信奉基督教时，杰马利坚决不同意他这样做。

接下来是著名的苏莱曼一世（Soliman I）统治时期。从1520年到1566年，苏莱曼一世在位长达46年，被称为"大帝"和"立法者"。穆罕默德二世奠定了帝国基业，苏莱曼一世则拓展了帝国大业。与穆罕默德二世相比，他品德更加高尚，即使放在别的国家，他也会是一位出色的君主。虽然他偶尔也会犯一些东方专制君主都会犯的错误，但他的错误影响的不过是身边的大臣和家人。综合考虑功过的话，他应该算是一代明君。苏莱曼一世统治时期，奥斯曼帝国正值鼎盛时期，拥有世界上战斗力最强、纪律最严明的军队。不过，彼时基督教国家在国力上也与奥斯曼帝国相当。基督教国家之间长期相互斗争，没有联合起来共同对抗土耳其人，但长年的战争也让它们练就了对付土耳其人的本领。苏莱曼一世即位之初就率军攻占了罗德岛，迫使骑士团撤到了马耳他岛。在其统治末期，他再次率军围攻马耳他岛，但以失败告终。苏莱曼一世一生中最伟大且最有历史意义的胜利是在匈牙利战场上取得的。1521年，他在统治初期便率军攻占了通往匈牙利的要塞——贝尔格莱德。1526年，匈牙利国王拉约什二世（Lajos II）在摩哈赤（Mohacs）与土耳其人作战时阵亡。[①]之后，围绕匈牙利王位的继承问题，基督教各国发动了战争。特兰西瓦尼亚总督佐波尧·亚诺什（Zápolya János）和后来成为神圣罗马帝国皇帝的奥地利皇帝斐迪南一世（Ferdinand I）被不同势力推举为匈牙利国王。苏莱曼一世认为支持佐波尧·亚诺什对他有利，于是围攻维也纳，但并未取胜。最

---

① 又说是在战败逃亡途中因渡河失足而溺亡。——编者注

终，斐迪南一世占领了匈牙利西部地区；佐波尧·亚诺什在土耳其的支持下控制了特兰西瓦尼亚和匈牙利东部地区；苏莱曼一世则占领了面积更大的匈牙利南部地区，并在布达（Buda）设帕夏一职，负责治理该地区和贝尔格莱德。土耳其的成功再次得益于基督教国家之间的纷争。土耳其人在南欧因天主教和东正教的纷争而获益，在匈牙利则因天主教和新教的纷争而获利。东正教和新教是基督教的不同教派，都受到了偏执的奥地利大公的迫害。

除了占领匈牙利南部地区，苏莱曼一世还正式确立了瓦拉几亚大公国和摩尔达维亚大公国为其附庸国的地位。它们须向土耳其进贡，但土耳其苏丹不干涉它们的内政。土耳其人要在两个大公国居住，它们的大公也由各自的贵族和神职人员选举产生，这一制度从1536年一直延续到了1711年。后来，两个大公国的大公改由苏丹任命，一般由希腊人出任。有趣的是，希腊人在自己的土地上是奴隶，在别人的土地上却成了统治阶层。

虽然苏莱曼一世在其统治时期取得了辉煌成就，但伊斯兰教和基督教作家都认为，奥斯曼帝国也是从此由盛转衰的。这一时期，苏莱曼一世不再像以前的苏丹那样直接管理所有国家事务，大维齐尔的权力和女性的地位都得到了提升。税收任务摊派给了犹太人、希腊人和其他民族，其直接结果就是国库收入减少，百姓的负担却加重了。由于对外征战为帝国积累了财富，统治者便迷恋上了骄奢淫逸的生活，士兵们也开始为掠夺而非胜利而战。截至苏莱曼一世统治时期，奥斯曼帝国的国力一直都在稳步增强，但自他之后便开始减弱了。虽然新罗马的土耳其领主像之前的罗马和希腊领主一样，都有过复兴的时刻，也都有过向外扩张的时期，但总的来看，奥斯曼帝国正在一步步地走向衰落。

继苏莱曼一世之后即位的是他的儿子塞利姆二世（Selim II），绰号"酒鬼塞利姆"。从这个绰号就可以看出，这位苏丹完全无视穆斯林的法律。从1566年到1574年，在他短暂的统治时间里，奥斯曼帝国军队的实力大不如前。1571年，在著名的勒班陀（Lepanto）海战中，西班牙和威尼斯联合舰队完胜土耳其舰队。人们常说，虽然土耳其在海战中战败了，但其战略更胜一筹。这句话不无道理，因为土耳其人失去的只是舰队而已，日后完全可以重建，而威尼斯人失去的是塞浦路斯岛。此战之后，塞浦路斯成了土耳其的领土。不管怎么说，勒班陀海战都是奥斯曼帝国的一个历史转折点，它打破了奥斯曼帝国不可战胜的神话。之前，奥斯曼帝国虽然在某些事情上遭遇过失败，但总体而言一直处于上升态势。这次海战是它第一次在大型战役中输得一败涂地。随着军事实力的衰退，奥斯曼帝国的道德也在滑坡。伟大苏丹的统治一去不复返。尽管后期有几位苏丹也非常有能力且干劲十足，但像从奥斯曼一世到苏莱曼一世这么长的历史时期内都是由伟大的苏丹（巴耶济德二世除外）统治的情况不会再出现了。苏丹对边远疆域的控制减弱的同时，驻地帕夏的权力却在不断增强。帝国军队的纪律开始涣散，大多数苏丹的宫廷成了各种腐败的滋生地。17世纪初，人们就看到了土耳其衰落的迹象，认为奥斯曼帝国很快会土崩瓦解。但它为什么没有土崩瓦解呢？土耳其势力扩张的过程很容易解释，因为帝国早期的那些苏丹拥有禁卫军这样的武装力量，肯定会对外征战，而帝国开始出现衰落迹象后为什么还能延续如此之久这个问题似乎很难回答，但答案其实不难找到。帝国始终由同一个家族统治，并且统治者不仅是土耳其人的苏丹，还是所有正统穆斯林的哈里发，这是其能继续存在下去的根基。更重要的是，帝国仍然占领着君士坦丁堡，这座帝国都城在经历数次大风大浪后仍能屹立不倒。后期，帝国又得到了西欧各国政府邪恶政策的支持。不过早在这些政策实施之前，人们就开始发问，为什么奥斯曼帝国没有衰落？或许，占领着君士坦丁堡就是最好的解释。从拜占庭帝国最后几位皇帝的统治来看，拥有君士坦丁堡，帝国就能存续，否则会很快覆灭，尽管其存续对世界的发展已没有任何好处。如今，奥斯曼帝国的统治也面临相同的境遇。

我们追溯了奥斯曼帝国是如何从一个小小的部落扩张成为一个横跨欧亚的庞大帝国的发展历程。奥斯曼帝国之所以能发展得如此迅猛，当然与其历代君主身上的卓越品质密切相关，但这也容易让我们忘记他们在对外征服和对内统治时所犯下的罪行。我们之所以容易忘记奥斯曼帝国苏丹的个人罪行，是因为在其他时代或其他国家的历史上也都发生过类似的情况。但我们仍要说，纵观整个欧洲历史乃至整个世界历史，都难再找到第二个国家能像奥斯曼帝国这样将残暴的罪行贯穿历代苏丹的统治，也没有一个像奥斯曼帝国这样幅员辽阔的大国能通过剥削和压迫百姓来统治这么长时间。世界上其他帝国虽然也犯过很多错误，也给人民带来了诸多痛苦，但终归还是做了一些好事。不管怎么说，在欧洲历史上扮演过重要角色的大多数其他帝国虽然有其黑暗的一面，但也有其光明的一面。就拿罗马帝国来说，在建立统一帝国的过程中，统治者也犯下了许多罪行，给民众带来了诸多苦难，打乱了许多民族的平静生活。但它也给民众带来了诸多好处，也在破坏旧事物的同时创造新事物，在征服的同时播撒文明的种子。罗马帝国将自己的语言、法律及宗教等宝贵的遗产都留给了众多欧洲国家。反观奥斯曼帝国，它给百姓带来的只有苦难却没有利益。历代统治者只懂得破坏和压榨，而受压迫的民众除了默默忍受统治者的暴行，什么也得不到，什么也学不到。奥斯曼帝国的统治不仅是外族人对本族人的统治，还是野蛮人对文明人的统治！西欧国家进步了500年，而土耳其人的统治让东南欧的国家陷入了长达500年的奴役。无论对外说得多么委婉，土耳其人都改变不了其剥削和奴役被统治地区百姓的事实。这种恶行不是偶发情况，而是土耳其人统治的基本思想，是奥斯曼帝国的立国之本，根本不可能改变。从奥斯曼一世开基立业，到穆罕默德二世巩固基业，再到苏莱曼一世创造鼎盛局面，土耳其统治者尽是靠的上述邪恶手段。也正因如此，奥斯曼帝国的实力超越了世界上的所有大国。在土耳其人的统治下，世界上最繁华的地区变得满目疮痍，一片荒凉。我们看不到奥斯曼帝国给人民带来了什么直接的好处，但间接的好处还是有一个的。当时，东南欧各国不团结，加上东正教和天主教之间存在矛盾，希腊人、斯拉夫人和法兰克人没有联手对抗土耳其人，结果最终都被其奴役，受尽了压迫。这些国家因相互不团结、不宽容而受到了惩罚。如果它们能从中吸取教训，懂得彼此宽容，彼此团结，也算是从500年的奴役中有所得了。到目前为止，我们已经了解这些国家是如何一步步地被奴役的。一方面，我们探讨了它们受压迫程度不断加重的原因；另一方面，我们解释了它们为什么能看到希望，最终得以摆脱被土耳其人压迫的枷锁。在本章中，我们追溯了奥斯曼帝国走向强盛的过程。在下一章中，我们将接着追溯其走向衰落的过程。

第 **18** 章

奥斯曼帝国的衰落

Decay
Of
The
Turkish
Power

　　苏莱曼一世的统治结束后，奥斯曼帝国虽然偶尔也有复兴的迹象，但整体上是在逐渐走向衰落。其衰落体现在两个方面。虽然帝国有时还能赢得一些领土，但其整个疆域却在不断缩小。苏莱曼一世之后，除夺取塞浦路斯和克里特岛之外，帝国再没有任何重要的战绩了。帝国北方和匈牙利的边界以及近来和俄国的边界都在不断收缩。到当下这个时代，奥斯曼帝国已有大片领土被分离了出去，或以附属国形式存在，或以完全独立国家形式存在。就这样，自苏莱曼一世统治开始，奥斯曼帝国的版图就在以惊人的速度缩小。此外，在当代的大部分时间里，苏丹在其现有统治疆域范围内的权力也越来越小了。中央政府变得越来越腐败，完全被一些权臣、宠臣和女人控制了，苏丹再不像从前那么一言九鼎了。各行省的帕夏或总督也越来越独立。在有些省份，帕夏一职实际上已经实行了世袭制。尤其是在18世纪末，随着苏丹的权力降至历史最低点，一些地区实际上已处于一种无政府状态，不受帝国任何左右。我们可以看到，与之前大多数优秀的苏丹对帝国长时间统治的情况不同，整个17世纪，历任苏丹在位时间都非常短。他们不是被废黜就是被谋杀，和当下奥斯曼帝国的情况一样。我们认为奥斯曼帝国衰落还有一个原因，那就是苏丹自己没有接受过良好的教育。在登上王位之前，他们一直过着安逸但近似囚禁的生活，只知道纵情享乐，根本不学习为政之道，就这样突然获得了至高无上的权力。他们是不是没有之前的苏丹那么邪恶了？他们是不是具备君王该有的美德或能力了？对此，人们一度充满期待。

　　这就是奥斯曼帝国衰落时期土耳其苏丹统治的一个总体特征。但我们更关心的是，这种情况会对那些受土耳其奴役的民族产生怎样的影响。我们千万不要认为，土耳其苏丹权力的衰落就一定会给那些附

黑塞哥维那总督科斯坦帕夏

属国带来直接的解脱。它们虽然会从中获得一些间接的好处，但总体而言，随着土耳其苏丹权力的削弱及整个帝国的衰落，它们会遭受更多盘剥，而基督教臣民也将忍受更沉重的负担。一般而言，优秀的苏丹不会以压迫普通民众为乐。他们大多只对自己身边的人施加暴行，以排除异己。他们非常清楚，如果他们对被征服国家的奴役让那里的人民无法忍受，那么他们也将一无所获。在所有君主专制国家，人民从最高统治者那里获得公正和仁慈的机会要比从其下级管理者那里获得的机会大得多，并且许多君主认为采用专制手段是他们的特权，而不是下级管理者的权力。随着苏丹的权力越来越小，其附属国的人民便失去了被保护的机会。在这种情况下，众多下级管理者会代替专制君主，用更严厉的手段去压榨当地人民。在这种残酷的压迫下，人口明显减少，土地无人耕种和房屋无人居住的情况也出现了。尽管如此，中央和地方管理者的需求并未减少，这也让幸存者的负担变得愈加沉重。自从奥斯曼帝国开始衰落，东南欧国家总体上就处于这样一种状态，尽管偶尔也会有情况好转的时候。

奥斯曼帝国那些附属国的美好时代或者至少能看到希望的时代始于17世纪末。这主要得益于两方面的原因：首先，附属国可以不用再向土耳其进贡幼童了；其次，基督教国家的发展已超过了土耳其。只要血贡政策还在继续，那些附属国就永无翻身之日。自该政策废除之日起，那些附属国即使生存状况没有得到实际改善，也开始看到了希望。任何基督教国家在反抗奥斯曼帝国过程中的每一次胜利都令人振奋，都能让那些被奴役的国家燃起独立的希望。这就是本族人统治和外来者统治的主要区别。任何基督教国家与土耳其交战时，受奴役的人们都会将土耳其的敌人视为自己的朋友，而非敌人。土耳其的每一次失败、每一个威胁土耳其人统治的因素都能让他们看到解放的希望。那些跟土耳其开战的国家似乎不是他们的敌人，而是他们的朋友。不过，这些号称是他们朋友的基督教国家对他们的态度并不怎么友善。人们常常燃起希望，做出意欲改变现状的承诺，只是这些承诺从未实现。尽管如此，所有这些因素结合到一起，还是让他们的思想发生了转变，让他们从数百年卑躬屈膝所形成的悲惨和绝望的心态中解脱了出来。

从17世纪中叶开始，土耳其与相邻的基督教国家战争频发，虽然有时赢得了胜利，收复了一些领土，但从整体上看奥斯曼帝国的版图在不断缩小。17世纪下半叶，奥斯曼帝国的主要敌人是威尼斯联邦共和国和匈牙利王国。当时，这两个国家都属于神圣罗马帝国皇帝统治的疆域。奥斯曼帝国还与波兰王国发生了战争。16世纪和17世纪，波兰王国向东南方向强势扩张，其国土面积也达到了历史最大值。奥斯曼帝国还与俄罗斯帝国发生了战争。在过去很长的一段时间里，其与俄罗斯帝国的战争比跟其他国家的战争都要重要。但在16世纪下半叶和17世纪的大部分时间里，奥斯曼帝国主要是在与威尼斯和匈牙利两国交战。奥斯曼帝国与威尼斯和匈牙利发生的战争均极大地影响了其附属国的利益。与匈牙利的战争主要影响的是斯拉夫人，在一定程度上也影响了罗马尼亚人。与威尼斯的战争主要影响的是希腊人，在一定程度上也影响了斯拉夫人。威尼斯在东方的领地主要是一些岛屿及沿岸地区，这些地方容易失去，也容易收复，所以并不影响大局。在苏莱曼一世统治之前，位于奥斯曼帝国以北的匈牙利王国与其共享边界线的一大片疆域。随着奥斯曼帝国边境的收缩，匈牙利的疆界便不断向南延伸。多瑙河及其支流的沿岸地区有时被匈牙利占领，有时又成了土耳其的地盘。但总体来看，奥斯曼帝国的边境是在收缩的。从版图上可以看出，苏莱曼一世统治结束之后，土耳其已失去了大片土地。此外，威尼斯虽然在与奥斯曼帝国的交战中取得了一些胜利，经常能收复失地，有时甚至能夺取新的土地，但整体上是在退守，而奥斯曼帝国处于攻势。在这两种情况下，土耳其和威尼斯之间的边界变化或土耳其和神圣罗马帝国之间的边界变化，对于居住在这些有争议土地上的希腊人和斯拉夫人来说不过是换了个主人而已。不过，文明的主人和野蛮的主人还是有差别的。威尼斯对其遥远领地的统治非常糟糕，往往会压迫那里的人民，因此无法唤起他们的民族认同感或对共和国的忠心。尽管如此，威尼斯的统治也不像土耳其那么残酷和血腥。在匈牙利边境，神圣罗马帝国没有迫害当地人民，所以新教徒们并没有把土耳其人当作救星，而土耳其统治下的基督教臣民却盼望神圣罗马帝国军队每次都能取胜，帮他们脱离苦海。

除威尼斯和匈牙利之外，土耳其还与波兰和俄国发生过战争，这些我们稍后会详述。尽管偶尔会取得一些胜利，但整体而言土耳其在所有这些战争中都有损失。在此期间，战火从伯罗奔尼撒半岛一直烧到了顿河口。不过，匈牙利才是这一系列战争的核心战区。现在，土耳其和基督教国家斗争最激烈的地方就在这里，而土耳其的边境线也是从这里开始一步步地往回缩。这一时期，土耳其就像卷入了一场大规模的战役，一边要对付威尼斯，另一边还要对付波兰和俄国。同时，在多瑙河沿岸主战场的战斗也在如火如荼地进行。

我们知道，苏莱曼一世占领了匈牙利的大部分土地，只给名义上的国王留下了一小块土地。这些被占领土地由土耳其帕夏管理，而特兰西瓦尼亚兼并匈牙利的一部分地区后成了土耳其的附属公国。这些地区的情况经常发生变化，16世纪和17世纪还爆发过几次战争，但总的来说，土耳其在匈牙利仍然保持着绝对优势。到了17世纪下半叶，形势发生了变化。1663年，干地亚（Candia）围城战还在继续时，神圣罗马帝国第一次在匈牙利战场上占据了上风，当时的土耳其苏丹是穆罕默德四世，神圣罗马帝国皇帝是利奥波德一世（Leopold I）。这场战争因1664年的圣哥达（Saint Gotthard）战役而闻名。在这场战役中，神圣罗马帝国军队大败土耳其军队。这场陆战与勒班陀（Lepanta）海战一样意义深远。这是土耳其第一次在战场上遭受重挫，标志着土耳其历史的转折。神圣罗马帝国和其他基督教国家在对抗土耳其的战争中拉开了一系列胜利的序幕。

圣哥达战役之后，神圣罗马帝国和土耳其签署了为期20年的休战协定。但这时，居住在波兰、俄国和黑海北部土耳其附属国边境地带的蛮族哥萨克人爆发了内乱，最终导致了土耳其与波兰和俄国的战争。土耳其与波兰的战争从1672年持续到了1676年。在这场战争中，虽然著名的约翰·索别斯基（John Sobieski）在当选波兰国王前后打了几场胜仗，但波兰失去了重镇卡梅涅茨（Kamenetz）和整个波多利亚省（Podolia）。穆罕默德四世及其大臣柯普律吕（Koprili）共同指挥了这场战争。这场战争很有启发意义——波兰国王打了胜仗却将波多利亚输给了土耳其。土耳其当时由坚毅、睿智的大维齐尔柯普律吕治理；虽然波兰人是世界上无比勇敢的民族之一，但他们的政府管理混乱，频频失去在战争中获得的土地。土耳其与俄国是第一次交战，将从波兰那里刚刚得到的土地又输给了俄国。不过，俄土战争真正打响是几年之后的事情，尽管也还在我们讨论的这个时期之内。现在，我们最好还是回到该时期在匈牙利和希腊上演的更重要的战争上吧。

我们已经讲过，神圣罗马帝国皇帝在匈牙利推行的是抵制新教的宗教政策。这便让土耳其人有了可乘之机，因为匈牙利的新教徒完全有可能认为，统治者换成土耳其人的话，他们的生活会轻松一些。在宗教迫害方面，利奥波德一世确实残暴至极，给其臣民造成了巨大的伤害。由此引发的起义不仅让匈牙利，而且让整个帝国都向土耳其人敞开了大门。此时的土耳其苏丹仍然是穆罕默德四世，但大维齐尔柯普律吕已经去世。新任大维齐尔卡拉·穆斯塔法 (Kara Mustapha) 盲目自大，指挥土耳其军队与俄国作战，却以失败告终。1682年，卡拉·穆斯塔法不仅征服了匈牙利，还像苏莱曼一世一样再次入侵了德意志地区。1683年，土耳其再次围攻维也纳，但没有攻陷这座城市。救维也纳于水火之中的不是帝国皇帝本人，而是约翰·索别斯基率领的波兰人。实际上，是波兰这个斯拉夫国家解救了奥地利和匈牙利。但100年后，奥地利和欧洲列强瓜分了波兰。匈牙利战争一直持续到1698年，以土耳其人被赶出匈牙利结束。在这场战争中，初期的索别斯基和后期的欧根亲王战功卓著。当时人们可能会认为，将匈牙利人从土耳其的统治下解放出来未必是好事，因为他们又要接受利奥波德一世的统治。毫无疑问，在神圣罗马帝国的统治下，匈牙利肯定会有民怨，而在其他王朝统治下，它同样会有民怨。基督教政府勇于自我革新，伊斯兰教政府却不会这么做。在苏莱曼二世统治期间，另一位来自柯普律吕家族的英明的大维齐尔才出现了，他是极少数真正考虑土耳其统治下基督教徒福祉的大维齐尔之一。

基督教军队在匈牙利主战场抗击土耳其军队的同时，可以说土耳其南北两侧的对手也发挥了重要作用，即古老的威尼斯共和国和看似新兴但实质为复兴后的俄国。从这时起，威尼斯开始在希腊大陆战场上发挥重要作用。我们知道，伯罗奔尼撒半岛已完全由土耳其掌控，大部分地区受穆罕默德四世统治，到后来只有一小部分地区受苏莱曼二世统治。但在像迈纳（Maina）半岛这样的偏远地区，基督教徒一直过着独立于土耳其统治之外的生活。直到1614年，迈纳人民才被迫向土耳其进贡，即花钱从穆斯林手中购买基督教徒免受奴役的权利。西班牙和其他欧洲国家在与土耳其交战时，希腊海岸经常遭到侵扰，因此希腊人民实际上是在替土耳其主人受苦。最终，在围攻维也纳一年后，土耳其在匈牙利的势力大减，这似乎是威尼斯反击的一个好时机。1684年，在战争期间被选为总督的威尼斯杰出将领弗朗西斯科·莫罗西尼（Francesco Morosini）率军向半岛发起了进攻。一般认为，伯罗奔尼撒半岛要比克里特岛更容易防守。但在欧洲其他地区的帮助下，威尼斯军队攻占了整个伯罗奔尼撒半岛。战争在阿提卡（Attica）和优卑亚继续进行，雅典被攻陷，帕特农神殿也在围攻战中被毁坏了。帕特农神殿原本是罗马帝国的一座教堂，但被土耳其人当成弹药库使用。战斗中，一枚炮弹引爆弹药库，炸毁了神殿。威尼斯人暂时控制了伯罗奔尼撒，但没能攻占半岛以外的地区。因此，希腊的大部分地区虽然不受独立国家管理，但至少是受文明政府管理的。此时的希腊人只是想换个主人而已，毕竟威尼斯人要比土耳其人好。从政治上讲，伯罗奔尼撒半岛被纳入了威尼斯共和国，当地人民也从被压迫的屈辱生活中解脱了出来。

就在同一时期，土耳其开始卷入与上文提到的另一个对手的战争。这场战争将在很长时间内逐渐显现出其重要性，并且直接影响了当今欧洲的局势。这就是我们之前提到的俄国和土耳其之间旷日持久的战争。当时，喀山和阿斯特拉罕这两个鞑靼人的定居点长期以来都是受俄国统治的，但克里米亚半岛及其周边地区的鞑靼人定居点是独立的，而只要克里米亚半岛控制在鞑靼人手里，那么俄国舰队想途经黑海攻打君士坦丁堡时就有可能被鞑靼人切断退路。自穆罕默德二世统治以来，克里米亚汗国一直是奥斯曼帝国的附庸国。克里米亚人和北边哥萨克人的冲突引发了俄国、波兰和土耳其之间的纷争。到目前为止，黑海一直处于土耳其人的控制之下，是他们与斯拉夫人开展贸易的主要通道。自从穆罕默德二世夺取了热那亚人在克里米亚的领地后，欧洲国家就没有人到黑海地区从事商贸活动了。俄国一直想获得自由出入黑海的权利，而土耳其当然不愿与别国分享这一权利。1696年，彼得大帝派军攻占亚速后，俄土两国爆发了战争。之后的很长时间里，为了争夺黑海门户亚速的控制权，两国不断大打出手。在接下来的100多年，两国在制海权上你争我夺，互有胜负。

17世纪末，土耳其实际上是在与所有相邻的基督教国家开战，结果失去了所有边境土地——只有一处例外。在夺取波多利亚的同时，土耳其失去了伯罗奔尼撒、匈牙利和亚速。这些失地大多是在1699年和1700年通过签署条约的方式正式割让给了邻国。1699年的《卡洛维茨条约》是土耳其历史的一个转折点，标志着奥斯曼帝国由盛转衰。但直到那时，土耳其苏丹仍然认为所有欧洲君主都得向他俯首称臣，对各国使者也极其傲慢无礼。有时苏丹还会监禁外国使者，完全无视国际公认的外交法。土耳其苏丹机械地遵守伊斯兰教法律，不与任何基督教国家讲和，只有在战败时才同意休战。穆斯塔法二世（Mustapha II）统治时期，土耳其被迫与欧洲列强签订条约，割让了大量土地，将伯罗奔尼撒给了威尼斯，将波多利亚还给了波兰。但奇怪的是，条约规定的并不是永久和平，而只是25年的休战期，这是土耳其和从土耳其夺回大部分土地的大国之间达成的停战协定。根据该停战协定，土耳其放弃了几乎整个匈牙利，只留下了特梅斯瓦尔的巴纳特（Banat of Temesvar）、特兰西瓦尼亚和斯拉沃尼亚（Slavonia）的大部分地区。需要指出的是，该条约是在英国和荷兰的调解之下缔结的。这表明这时已经进入了现代外交的时代。俄国不是《卡洛维茨条约》的缔约国，但也与土耳其签署了为期两年的停战协定，第二年又将停战期改为30年。根据该停战协定，俄国获得了亚速的控制权。

由此，土耳其受到了有史以来最沉重的打击，并且这次打击过后再也没有真正恢复元气。土耳其再也不像《卡洛维茨条约》签署之前那样强盛了。但我们之前提到过，奥斯曼帝国就像之前的拜占庭帝国一样，也有复兴的时候，往往是复兴与衰落交替出现。因此，在18世纪的大部分时间里，土耳其仍能赢得一些战争的胜利，尽管只是夺回了大量从前的失地，并没有增添新的土地。不久，土耳其又和除波兰以外的所有欧洲宿敌爆发了战争。当时，波兰已经衰落。1711年，土耳其再次与俄国交战，并获得胜利。根据《普鲁特条约》，俄国将亚速还给了土耳其。1715年，土耳其夺回了伯罗奔尼撒半岛、泰诺斯（Tenos）及威尼斯在希腊东部占领的土地。随后，土耳其又着手准备夺取科孚岛和达尔马提亚，奈何神圣罗马帝国皇帝兼匈牙利国王查理六世和威尼斯于1716年结成同盟对抗土耳其。查理六世是查理五世之后最强大的帝国皇帝。人们开始盼望土耳其人被彻底征服，让信奉基督教的皇帝再次统治君士坦丁堡，但这样的事情并未发生。不过，在欧根亲王的指挥下，帝国军队取得了巨大胜利。土耳其控制下的匈牙利和斯拉沃尼亚的一小片土地被夺了回来，贝尔格莱德、塞尔维亚的大部分地区、波斯尼亚的一小片土地和瓦拉几亚的西部都变成了哈布斯堡王朝的领土。现在的情况与利奥波德一世统治时期不同了。从土耳其夺回的每一寸土地都象征着文明世界和良好政府的胜利。获得自由的人民把神圣罗马帝国军队当作救星，热烈欢迎他们的到来。1718年签署的《帕萨罗维茨和约》规定，双方休战25年，所有收复的土地都归神圣罗马帝国统治。但查理六世忽视了威尼斯的利益，还是将本可夺回的伯罗奔尼撒半岛划给了土耳其。

威尼斯将不再以一个欧洲强国的身份出现在我们的故事中了，尽管我们还会再次谈到其东方领地的命运。在18世纪剩余的时间里，与土耳其对抗的是奥地利和俄国这两个大国。到了19世纪，与土耳其对抗的就只有俄国了。

我们没有必要详细介绍当时战争和外交的所有细节，只需记录下奥斯曼帝国在衰落过程中的那些标志性事件。在彼得大帝统治后期，沙皇和苏丹居然联手对付过波斯人。这一令人费解的行为虽然值得我们去记录，但与我们谈论的主题没有关系。当战争再次在欧洲打响，战火一开始似乎在向土耳其蔓延。俄国急于夺回亚速，查理六世也准备继续其在统治初期就开始的征服土耳其的大业。

1735年，俄国对土耳其再次开战；1737年，奥地利对土耳其宣战。俄国攻占了很多地方，但都没能守住。查理六世也因缺少像欧根亲王那样卓越的将领而失去了大片在之前战争中获得的土地。根据1739年签署的《贝尔格莱德和约》，查理六世将贝尔格莱德和在塞尔维亚、波斯尼亚及瓦拉几亚赢得的所有土地都还给了土耳其。奥土两国之间的下一场战争发生在约瑟夫二世（Joseph II）统治末期。彼时，奥地利再次夺回贝尔格莱德，还占领了其他一些地方。但根据1791年的

《西斯托瓦和约》，利奥波德二世①几乎将这些土地全都还给了土耳其。在这次战争中，塞尔维亚人坚定地站在帝国一边，英勇奋战，学会了很多战术。然而，他们再次成为政治玩物，塞尔维亚则被不知廉耻的帝国皇帝拱手送还给了残酷的土耳其人。

《西斯托瓦和约》的签署标志着土耳其和神圣罗马帝国为争夺匈牙利、塞尔维亚和多瑙河沿岸其他地区的最后一场战争结束了。战争的结果是，匈牙利摆脱了土耳其的统治，但塞尔维亚和波斯尼亚仍然处于土耳其的统治之下。不过，有一点我们要记住，匈牙利、塞尔维亚及其他地区都有着相似的经历，即屡次失而复得。现在匈牙利王国和土耳其的界线与从1683年神圣罗马帝国解放维也纳之后到1791年贝尔格莱德被割让之前的界线几乎没有什么差别。现在，多瑙河沿岸部分地区处于文明政府的管理之下，部分地区仍处于土耳其的统治之下。出现这种结果并无特殊原因，纯粹是偶发因素使然，即查理六世在统治初期有卓越的将领辅佐自己，而在统治末期却没有了。

奥土战争就这样结束了。除了割让给土耳其的一块土地从土耳其的统治下独立了出来，两国最终确立的边界线直到现在再无其他变化。与此同时，俄土战争仍在继续。只要奥土战争还在进行，俄国通常就会与土耳其开战，而俄土战争在进行时，奥地利却未与土耳其开战。1736年，根据《贝尔格莱德和约》，奥地利将大量土地还给了土耳其，亚速被划定为非军事区，俄国舰队不得驶入黑海。直到叶卡捷琳娜大帝统治时期，俄国在与土耳其的战争中才真正获得了胜利果

① 利奥波德二世（Leopold II，1747—1792），德意志国王、神圣罗马皇帝、匈牙利国王和波希米亚选侯。——译者注

实。在她当政时期，俄土之间的第一场战争始于1768年，由土耳其主动宣战。1774年，战争结束，双方签订了著名的《库楚克开纳吉条约》。在这场战争中，有两点值得我们特别关注。第一，这场战争在煽动希腊反抗土耳其统治方面发挥了特殊的作用。俄国舰队出现在爱琴海时，伯罗奔尼撒半岛上的希腊人也在奋起反抗压迫者。但希腊人被俄国利用了，就像之前的塞尔维亚人被奥地利利用了一样。他们在与土耳其人战斗时并没有得到俄国人的援助，在遭到土耳其人的报复时也没有得到俄国人的保护。即便如此，当再次看到土耳其人遭遇强敌时，希腊人依旧很振奋，并想借机反抗土耳其人的统治。第二，黑山人民也加入了反抗土耳其的大军——他们从前一直通过不断的斗争维持着独立地位。土耳其人经常侵略他们的土地，但从未真正征服过他们。现在，黑山由主教统治，让我们稍感奇怪的是，主教还同时兼任民事和军事首领。俄国长期以来都在一定程度上帮助和鼓励黑山，并且在最近一系列的战争中发现，黑山是个不错的盟友，而黑山人民也信奉东正教，与土耳其水火不容。

战争结束后，俄土两国签订了标志着一个重要历史阶段开始的《库楚克开纳吉条约》。奥斯曼帝国的权力第一次在某种程度上受到了约束。根据该条约，俄国终于获得了亚速和黑海地区的一些地方；两国也均承认克里米亚汗国为独立国家，不再受土耳其统治。需要指出的是，条约还规定，土耳其苏丹仍然是克里米亚鞑靼人的宗教领袖哈里发，但不再是其世俗统治者。瓦拉几亚公国和摩尔达维亚公国被还给土耳其，条件是土耳其必须尊重两个公国的传统特权，同时承诺俄国在发现这些特权遭到破坏时有权提出抗议。这实际上就承认了俄国是生活在土耳其的基督教徒保护者的身份。事实上，条约还隐含了一条原则，尽管该原则并没用文字呈现，即土耳其的统治与我们通常理解的政府管理有所不同。这实际上是在宣布，那些被土耳其苏丹称为臣民的人需要另一个大国的保护，以免遭到那个自称为他们君主的人的迫害。无论是在条约签署的当下还是以后，该条约都被视为土耳其统治权开始衰落的象征——该条约确实让奥斯曼帝国在某种程度上受制于俄罗斯帝国。从此以后，土耳其的势力不断衰落，俄国的势力则不断增强。我们至少可以把土耳其的每一次衰落和俄国的每一次进步视为命运在间接地帮助那些附属国彻底摆脱土耳其的统治。

土耳其签订《库楚克开纳吉条约》后，开始逐步走向崩溃。1783年，克里米亚完全并入了俄国。俄国终于在黑海沿岸获得了一大片领土。这样的事情必然会发生，毕竟克里米亚汗国不可能一直独立下去。这就像美国的得克萨斯州一样，从墨西哥独立出去后，不久就投入了美国的怀抱。日益强大的俄国终于不用再受出海限制了。1787年到1791年的战争是奥地利参与的最后一场对抗土耳其的战争。战争在《西斯托瓦和约》签署后结束，贝尔格莱德也最终被划归土耳其。在两个基督教大国的夹击下，土耳其当时完全可以被彻底击溃。但正如我们看到的那样，利奥波德二世退出了战争，而俄国在看到盟友退出后，综合考虑当时欧洲的形势，也决定休战。即便如此，俄国还是通过这场战争获得了著名的奥恰科夫 (Otshakov) 要塞，将边境线推进到了德涅斯特河。俄国获益了，但基督教国家输了，因为俄国的领土扩张非但没有给基督教人民带来解脱，反倒将贝尔格莱德这座基督教城市推向了野蛮人统治的深渊。俄国在战争结束后没有感谢黑山人无私的帮助，这也许没什么不妥，毕竟黑山人也是在自救，最终守住了自己的领土。但曾经帮助过俄国和奥地利的希腊人和塞尔维亚人再次被推

黑海沿岸的波恩涅欧堡

向了土耳其人的统治之下，这就有些无耻了。尽管如此，这些附属国家还是看到了希望，感受到了自己的力量。在下一次俄土战争开始之前，一个附属国就为了自身解放，做出了奋勇抗击统治者的壮举。

第 **19** 章

反抗奥斯曼帝国的统治

Revolts
Against
The
Ottoman
Power

　　将贝尔格莱德还给土耳其是奥土战争中奥地利最后也最可耻的
行为。当它被无情地还给土耳其后，刚尝到文明国家生活滋味的塞尔
维亚人发现，他们的生活比之前任何时候都要糟糕。在把贝尔格莱德
还给土耳其时，神圣罗马帝国皇帝确实在条约中要求土耳其苏丹赦免
那些支持过他的塞尔维亚人。但现实情况是，任何赦免要求都毫无意
义。曾经获得自由的人如果再次被还给强势的苏丹，甚至萨拉森人^①
的哈里发，就必然会面临悲惨的命运。至于根据《西斯托瓦和约》被
交给土耳其的塞尔维亚人，他们的命运则更加悲惨，因为当时的奥斯
曼帝国大部分地区已处于彻底的无政府状态。塞尔维亚由当地的军事
首领控制，他们手下还有一支反叛苏丹的禁卫军。这支所谓的军队在
塞尔维亚的一些地方横行霸道，欺压百姓，肆意践踏着这个国家。一
些勇敢的基督教徒开启了独立生活模式，至少他们个人已完全摆脱了
土耳其的统治。在其他一些地方，苏丹允许基督教徒携带武器，一
来可以保护他们自己，二来可以对抗挑战苏丹权威的穆斯林叛军。因
此，附属国的人民通过这些方式培养了勇气，也学会了使用武器。有
一点我们要记住，那就是这些附属国无须再把他们最勇敢和最强壮
的孩子送给土耳其人了，而这些孩子日后会成长为本国的领袖。在
这种情况下，苏丹的统治反倒成了最微不足道的恶行了。因此，我们
有时会发现，事实上是苏丹和基督教徒在联手对抗地方压迫者。塞尔
维亚的情况就是这样。在地方压迫者的欺压下，塞尔维亚人向苏丹求
助，也一度得到了苏丹的支持。然而，反抗地方压迫者的战争逐渐演
变成了反抗苏丹本人的战争。这场始于1804年反抗地方压迫者的战争

---

① 萨拉森人（Saracen）是阿拉伯人的古称。——译者注

塞尔维亚妇女装饰坟墓

到了第二年就演变成了反抗土耳其苏丹的战争，最终使塞尔维亚从土耳其的统治下独立了。

此时，塞尔维亚及大部分附属国国内发生的事情都前所未有地与整个欧洲发生的事情纠缠在了一起。现在不仅是那些领土与土耳其接壤的列强，就连像法国和英国这样的西欧列强也开始直接参与东南欧地区的事务了。在贝尔格莱德回归土耳其之后、塞尔维亚起义之前的这段时间里，俄国和土耳其结为盟友。1798年，拿破仑率领法国革命军进攻埃及，这直接导致土耳其与俄国和英国结为盟友。令人奇怪的是，这个由伊斯兰教、新教和东正教国家结成联盟的结果之一，竟然是让已被法国人动摇了统治地位的教皇暂时又树立起了权威。1805年，俄国再次要求土耳其明确承认俄国的基督教徒保护国的身份。土耳其苏丹塞利姆三世（Selim III）感到很不满，随即便倒向了法国。当时，法国刚吞并了奥地利的伊利里亚（Illyrian）地区，成了土耳其的邻居。不久，塞利姆三世暴露了土耳其人的本性，违背条约规定，废黜了瓦拉几亚大公和摩尔达维亚大公。于是，英国和俄国与土耳其反目成仇。野蛮人像往常一样高傲，这次却遭到了痛击。一支土耳其舰队在普罗蓬提斯（Propontis）被英国人烧毁；如果英国人再投入一些兵力，君士坦丁堡就可能被攻陷，欧洲就可能彻底消灭来自亚洲的入侵者。后来，拿破仑和亚历山大一世结为盟友，计划彻底消灭土耳其，再将其领土分配给俄国、奥地利和法国。对土耳其各附属国而言，这样的领土分配自然是好事情。任何文明国家的主人，无论是俄国人、奥地利人还是法国人，都要比土耳其人好，即使是锐意改革的塞利姆三世也比不上他们。但至少对一些附属国来说，后续还有更好的事情发生。在基督教国家的帮助下，这些附属国的人们英勇奋战，将实现独立地位，再也无须仰人鼻息了。

俄土战争一直持续到1812年，以《布加勒斯特和约》的缔结宣告结束。根据该和约，俄国得到了比萨拉比亚和普鲁特河以东的摩尔达维亚公国，普鲁特河则取代德涅斯特河成了两国的边界。我们关心的是，俄土战争还影响了土耳其人与爱国的塞尔维亚人之间的战争进程。每当担心俄国入侵奥斯曼帝国时，塞利姆三世就会向塞尔维亚人做出共进退的承诺，而每当自己有机会击败俄国时，他就会收回或违背自己的承诺。严格来说，1805年之前，塞尔维亚人并不是在和苏丹作战，而是在和苏丹的叛军作战。在领袖卡拉乔尔杰（Karađorđe, 绰号黑乔治）的领导下，塞尔维亚人与当地暴君展开了英勇的斗争，还试图通过俄国的调解与苏丹达成更有利于他们的条件。但塞利姆三世非但没有答应他们的条件，反倒要镇压过去帮他与叛军作战的塞尔维亚人。卡拉乔尔杰和其他将领率军彻底歼灭了苏丹的军队，俄国援军也在赶来的路上。塞利姆三世被迫承认了塞尔维亚的独立王国地位，但仍要求其纳贡，并允许土耳其在贝尔格莱德保留少数驻军。但当听说法国战胜俄国后，塞利姆三世便马上收回承诺，继续与塞尔维亚人战斗。1807年，塞利姆三世被废黜，随后被谋杀。取而代之的穆斯塔法四世（Mustapha Ⅳ）也遭到了同样的命运。1808年，凶狠的马哈茂德二世（Mahmud Ⅱ）上台，继续推行塞利姆三世的改革，给希俄斯岛（Chios）的人民留下了深刻的印象。俄土战争一直持续到1812年，以两国签署《布加勒斯特和约》告终。和约规定，塞尔维亚仍然是土耳其的朝贡国，但土耳其不得干涉其内部事务。不过，土耳其现在不再惧怕俄国了，尤其是当拿破仑向俄国发动进攻时。于是，马哈茂德二世认为自己可以违反和约的规定了。塞尔维亚再次遭到了土耳其的攻击，卡拉

布加勒斯特议会（摩尔达维亚）

乔尔杰则慌忙逃往奥地利。塞尔维亚被征服，再次遭受土耳其的残暴统治。虽然塞尔维亚第一位民族英雄逃走了，但米洛什·奥布雷诺维奇（Milosh Obrenovich）站了出来。他逐渐为塞尔维亚赢得了自由，并于1817年被推选为塞尔维亚大公。塞尔维亚独立事宜拖了数年，尽管签有各种条约，但土耳其都没有完全履约。根据1826年签订的《阿克曼条约》，马哈茂德二世同意塞尔维亚实现自治，但塞尔维亚要向土耳其进贡，并允许土耳其在某些要塞保留驻军。尽管如此，直到1829年签订《阿德里安堡条约》后，塞尔维亚才真正获得了独立。

自那以后，塞尔维亚就成了独立自主的国家，但在奥布雷诺维奇及其后代和卡拉乔尔杰及其后代之间发生过多次王朝更迭。这片土地开启了繁荣发展的模式，这是在土耳其人统治之下不可能实现的。塞尔维亚虽然有了自治权，但由于土耳其在贝尔格莱德及其他要塞还有驻军，所以它在很长时间内并未实现完全自由。1862年，一起突发事件证明，只要土耳其士兵还在塞尔维亚，他们就会一如既往地欺压当地人民。土耳其驻军在对一名塞尔维亚年轻人实施暴行时遭到了抵抗，一怒之下便轰炸了贝尔格莱德。曲折的外交活动持续了5年，塞尔维亚人才最终彻底摆脱了敌人的控制。在土耳其驻军彻底撤走后，塞尔维亚便获得了真正的自由。这块土地上的人民再也不用向土耳其进贡了，暴君再也没有资格从他们那里压榨钱财去干坏事了。

希腊革命始于1821年。革命者主要是希腊人，其中还有信奉基督教的阿尔巴尼亚人。当然，他们也得到了其他附属国的一些支持。塞尔维亚人在独自战斗时，少数保加利亚和罗马尼亚的志愿者参加了希腊独立战争。但对希腊独立战争所做贡献更大的是来自英国、法国和其他西方国家的志愿者。拜伦勋爵（Lord Byron）积极投身于希腊独立事业的事迹早已名扬天下。希腊独立战争的主力军当数希腊人和阿尔巴尼亚人。他们的英雄事迹可歌可泣，比如苏里奥（Souliot）英雄马克·波萨雷斯（Mark Botzarês）和亚历山德罗斯·马夫罗科扎托斯（Alexander Mavrokordatos）。马夫罗科扎托斯并非军人出身，而是在君士坦丁堡担任官职的希腊人，也是该阶层唯一勇敢反抗土耳其的人。在米索隆基（Missolonghi）围攻战中，他率军英勇作战，击退了土耳其人。总之，在经历了许多波折之后，希腊人在各方力量的帮助之下成功守住了希腊的大部分地区。

战争持续了几年后，马哈茂德二世发现，无论是在其他地方的血腥屠杀，还是专门派去攻打希腊的军队，都无法消灭希腊人的斗志。与希腊战斗的同时还要与塞尔维亚战斗，马哈茂德二世有些难以应付，不得不向真正的外国势力求助。在土耳其势力衰落之际，埃及总督穆罕默德·阿里（Mehemet Ali）实际上已不受苏丹统治。马哈茂德二世为了镇压希腊人的起义，不得不屈尊向反叛的附属国求助。在一场与基督教徒的战争中，为了掠夺物资和奴隶，穆罕默德·阿里派遣儿子易卜拉欣（Ibrahim）率领一支埃及军队前去援助马哈茂德二世。独自坚守阵地的希腊人发现无法与土耳其和埃及联军对抗。易卜拉欣的作战原则是屠杀和奴役所有基督教徒，将希腊变为"荒漠"。因此，从1824年到1827年，他在克里特岛、伯罗奔尼撒半岛和希腊其他地方犯下了累累罪行。

1826年，英俄两国经协商制订了一个解放希腊的计划。实施该计划不是为了两国狭隘的私利，而是出于人道主义考虑。两个大国都否认该计划对自己有利，均声称考虑的是他国和全人类的利益。希腊将像塞尔维亚一样成为一个独立的进贡国。马哈茂德二世和俄国签订

坐在矮沙发上的埃及总督

了《阿克曼条约》，这对多瑙河沿岸的公国来说具有重要的历史意义。但在希腊独立的问题上，马哈茂德二世表现得非常固执。

1827年7月，英国、法国与俄国签署了《伦敦条约》，并在条约中承诺，将迫使土耳其承认希腊的独立地位，必要时可以对其动用武力。同年11月，纳瓦里诺（Navarino）海战爆发，3个欧洲大国联手击溃了土耳其军队，解放了希腊。最终，土耳其和埃及联合舰队被摧毁，希腊获救。马哈茂德二世不得不向三国屈服，接受了《伦敦条约》，同意希腊独立。

土耳其人的尊严被彻底击垮，整个奥斯曼帝国四分五裂，失去了大部分领土。塞尔维亚和希腊都获得了自由，而希腊不仅获得了自由，还完全独立。这对骄傲的马哈茂德二世来说是极大的羞辱。他曾十分傲慢地说过，不允许其他势力干涉他和被他称为附属国的国家之间的关系。但不久，他就被迫承认了这些附属国的独立地位，将它们视为独立国家，需要接见它们的使臣，同时派自己的使臣访问那些地方。

马哈茂德二世是土耳其历史上最残暴的苏丹之一。在统治后期，他将自己标榜为一名改革家，发表了众多宣言，承诺会善待不同宗教信仰的臣民。但他的所谓改革非但没有给基督教臣民带来任何好处，反倒激起了伊斯兰教臣民的反抗。波斯尼亚、阿尔巴尼亚和其他地方都发生了伊斯兰教臣民叛乱的事件。埃及总督穆罕默德·阿里也不再听从奥斯曼帝国的号令，建立了自己的政权，控制着埃及和克里特岛，后来又占领了叙利亚。新暴君的统治一般不像前任暴君那么糟糕。穆罕默德·阿里无法容忍手下人施暴，所以其政府管理即使不算太好，也至少是有严格秩序的。

1839年，阿卜杜勒·迈吉德（Abdul Medjid）继任苏丹之位。即位之初，他承诺要建立一个高效的政府，但很快就沉溺于骄奢淫逸之中。奥斯曼帝国各地的基督教徒都在遭受虐待，他们在向苏丹寻求保护无果后，只好向沙皇尼古拉一世诉苦。尼古拉一世很认真地听他们倾诉。彼得大帝和叶卡捷琳娜大帝一直想把土耳其统治下的基督教地区纳入俄国的疆域，并把土耳其人赶出东南欧地区。现在，尼古拉一世开始考虑实施这个计划，并与英国交流了意见。1853年3月，尼古拉一世公开要求成为土耳其境内所有基督教徒的保护人，同时派遣一支8万人的军队占领了摩尔达维亚公国和瓦拉几亚公国。

1853年10月，土耳其向俄国宣战。1854年3月，英法两国向土耳其伸出了援手。几个月后，撒丁岛加入了抗俄联盟。1856年，战争结束，参战各方共同签署了《巴黎条约》。根据该条约，比萨拉比亚的部分地区割让给了摩尔达维亚公国和瓦拉几亚公国。条约还规定，摩尔达维亚公国和瓦拉几亚公国须承认土耳其宫廷的权威，但同时会受到西方列强的保护；在土耳其生活的基督教徒享有和穆斯林平等的权利。

1856年以来，各附属国爆发了多次反抗土耳其的起义，而土耳其对独立的黑山共和国也发动了多次战争。

1861年，阿卜杜勒-阿齐兹（Abdul-Aziz）上台。在他统治期间，克里特岛人发动起义，从1866年到1868年一直在英勇地与土耳其统治者进行斗争。最终，起义遭到镇压，起义者则遭到了漫长而残酷的迫害。在此期间，还爆发了各种原因引发的其他骚乱。1875年以来，黑塞哥维那（Herzegovina）、波斯尼亚和保加利亚等地都爆发了公开叛乱，而土耳其也卷入了与黑山和塞尔维亚的战争，这些我们会在后面章节进行详述。

II

俄土战争（1877—1878）

君士坦丁堡深仇 400 年

The

Russo–Turkish

War

［英］R.G. 巴恩韦尔 ［美］F.V. 格林

著

王晋瑞

译

吉林出版集团股份有限公司

第**20**章
土耳其的行政管理制度

The
Turkish
Administration

————

　　奥斯曼帝国的省份遍及欧亚，全部接受君士坦丁堡苏丹的统治。帝国人口总数约为2850万，其中1350万为奥斯曼土耳其族裔，而这其中居住在欧洲的土耳其人还不足200万。整个帝国的穆斯林总共有1800多万，除土耳其人外，还有相互杂居的400多万土库曼人、阿拉伯人、阿尔巴尼亚人、库尔德人和切尔克斯人。此外，可能还有50万保加利亚人和斯拉夫人，他们在被土耳其人征服后皈依了伊斯兰教，主要生活在波斯尼亚地区。在帝国总人口中，还有1000万基督教徒，他们主要分属东正教派（又称希腊-俄罗斯教派）、亚美尼亚使徒教派和保加利亚教派。此外，除了犹太人和吉卜赛人，还有50多万罗马天主教徒和少数聂斯托利派（也称雅各派）教徒。总的来说，生活在土耳其帝国的人民享有完全自由的宗教信仰，但除伊斯兰教之外，其他教会和教派不允许通过公开宣扬其教义的方式吸纳改变信仰的皈依者。帝国内的所有基督教徒不分教派，都被称作"赖雅人"（Rayahs，即非穆斯林的土耳其人）。赖雅人没有资格在民事部门和军事部门任职，但有缴纳税赋的义务；他们可以在当地社区管理自己的事务，通常不会遭到政府的干预。赖雅人的穆斯林邻居并不关心他们如何处理内部的私人关系和社会关系。事实上，赖雅人在这方面享有很大的自由。因此，他们在大多数情况下可以依靠当地的农业、工业和贸易公平地促进地方繁荣发展。长期以来，在土耳其欧洲地区的保加利亚人和在小亚细亚及君士坦丁堡的亚美尼亚人已习惯从事各种比较稳定的工作，如农业、制造业和普通体力劳动；希腊人则喜欢从事利润丰厚的工作，如商业、金融及各种投机生意。一般来说，整个帝国范围内的穆斯林领主生性懒惰，好吃懒做，总是带有一种特权阶层的优越感，从未给帝国的财富积累做过任何贡献。当然，土耳其或叙利亚的穆斯林农

出行的吉卜赛家庭

民为了生计还是需要劳作的。同样，生活在土耳其城镇里的穆斯林商人、工匠及其他手工业者也都需要劳动。但被称为阿迦或贝格的土耳其农村地区的地主或乡绅十分看重自己的身份，绝不会屈尊亲自干活。这些阶层的土耳其人在大多数家庭和社会美德方面与任何其他国家人民的美德是一样的，但在勤奋方面，他们确实要差得多。平民阶层的土耳其人纯朴诚实，行为有节，如果没有人专门煽动宗教仇

土耳其井房

土耳其集市

恨，他们与人为善的品格都会深得所有生活在土耳其的外国居民的称颂。不过，生活在都城伊斯坦布尔的土耳其人的品格完全不同，他们多数为朝廷大臣、政府官员和部门职员，形成了一个特殊的阶层。苏丹会从这个阶层中选出帕夏和拜伊代替自己在帝国属地行使管理权。世界上任何国家可能都不像土耳其，居然会存在一个如此腐败、毫无价值的阶层，他们以苏丹的名义大肆盘剥和压榨属地臣民，无恶不作，其残酷统治远超我们的想象。统治阶层这种可怕堕落的道德虽然尚未感染整个土耳其民族，但他们凭借这种野蛮手段统治帝国已达400年之久。这种管理灾难也不是奥斯曼东方领主与生俱来的邪恶造成的。他们不过是像从前的西罗马帝国皇

集市上的面包师

集市上的理发店

帝和东罗马帝国皇帝一样，因为有了专制权力才变得如此堕落。如果不受约束，我们不敢说英国人或美国人处在同样的位置上就能好到哪里去。

我们可以通过上面的描述简单了解一下奥斯曼帝国的行政管理体制。奥斯曼帝国幅员辽阔，从多瑙河两岸和亚得里亚海沿岸一直延伸到红海沿岸和波斯湾，境内共有22个行省区，其中8个位于欧洲，14个位于亚洲。位于欧洲的省区有：君士坦丁堡都会区，包括属于博斯普鲁斯海峡亚洲一侧的斯库塔里社区；阿德里安堡省，包括鲁米利亚（Roumelia）或色雷斯的大部分地区，北至巴尔干半岛；多瑙河地区的图纳（Touna）省，从黑海沿岸的瓦尔纳一直向西延伸至多瑙河沿岸的卫丁城（Widdin），与塞尔维亚和罗马尼亚为邻；波斯尼亚和黑塞哥维那行省，位于帝国西北角，毗邻奥地利王国；塞萨洛尼基行省，包括位于爱琴海沿岸的古马其顿王国；西南省份莫纳斯提尔（Monastir）或普里斯伦德（Prisrend）、斯库台（Scodra）和约阿尼纳（Yannina），或阿尔巴尼亚和伊庇鲁斯（Epirus）；克里特岛省或坎迪亚省（Candia），包括希腊的罗得岛、希俄斯岛、米蒂利尼岛、科斯岛和塞浦路斯岛。位于小亚细亚、叙利亚和美索不达米亚的省区共有14个，其中比较重要的有：艾登与士麦那（Aidin with Smyrna）、阿勒颇（Aleppo）、巴格达、特拉布宗、埃尔祖鲁姆（Erzeroum）、亚达那（Adana）、黎波里叙利亚（Tripoli Syria）和库尔德斯坦（Koordistan）。行省总督或维拉耶特的总督被称为瓦利（Vali），通常由朝廷选拔出来的帕夏级别的官员担任。通常，瓦利通过巨额贿赂获得君士坦丁堡国务委员会的任命。由于任期非常短暂且不确定性很大，所以瓦利会想方设法捞取钱财，疯狂压榨不幸的地方百姓。每个省区设有5到6个州或桑贾克，由穆特卡利夫管理，接受瓦利监督。每个州下设许多县或卡扎，由凯马卡姆或穆希尔管理。所有州县的管理者也都由君士坦丁堡方面任命。再低一级的行政机构是乡或纳希耶，由穆迪厄管理。穆迪厄由当地居民选举产生，可以是基督教徒。乡的下级行政机构是村，由村长管理，接受穆迪厄的监督。委员会在土耳其语中被称为"梅杰利斯"，通常由一到两名基督教徒和10余名穆斯林组成，负责协助各级行政官员开展工作。瓦利有自己的委员会，由省级法官或穆夫提组成；穆特卡利夫也有自己的委员会，由地方法官或卡迪、神职代表和4名选民代表组成。凯马卡姆或穆希尔和穆迪厄也都有各自类似性质的委员会。但事实证明，这些行政委员会的作用就是为政府官员的非法压榨行为打掩护。实际上，这一整套复杂的行政体制就是为帕夏服务的。帕夏们会以各种非法方式搜刮民脂民膏，通过恐吓底层臣民的方式敛财。其中，赖雅人所受压榨最严重，因为他们反映的疾苦根本传不到苏丹的耳朵里。

谈到司法系统及民法和刑法制度，你会发现，土耳其有一套独特的庭审系统，而不同法庭对应的审判对象也不同。如果案件中的原告或被告任何一方涉及了基督教臣民，那么负责审理案件的审判团就由伊斯兰教法官和基督教法官组成。普通的穆斯林法庭则具有完全不同的性质，只审理原告和被告仅涉及穆斯林的案件，审判团由毛拉（对先生和学者的敬称）或《古兰经》法官组成，而担任这一高知审判团的审判长是穆斯林的精神领袖，他既是大法官也是哈里发。但自中世纪以来，一批又一批的文学家和评论家从伊斯兰教的道德和宗教戒律中又衍生出了新的法律，现在还加入了来自古罗马帝国法律或《帝国民法》及《拿破仑法典》中的法律条文作为补充。因此，新法律适用于处理现代的世俗法律事务。据说，穆斯林法院的地区法官都相当正

小亚细亚特拉布宗的要塞

直。总体而言，人们似乎都认为，土耳其的司法机构要比其行政机构或政府的行政部门办事公正得多。事实上，哈里发是伊斯坦布尔最受人尊敬的人物，代表着教会和法律的最高权威，地位远高于那些卑躬屈膝、贪赃枉法的苏丹的朝臣、寄生虫似的官员及各位国务大臣。毛拉、各级拉比（犹太教神职人员）、教师、经书抄写员和律师构成了受人尊敬的法庭审判团，审判长为哈里发；他们愿意通过自己的影响力来保护善良的伊斯兰教臣民不受腐败政府的压迫，不受不幸的基督教徒的侵扰，不受强权者的欺压。但犹太人并没有得到这种有效的保护。希腊教会的牧首通常都只是土耳其统治者实施暴政的工具，他们一直都在压制和镇压保加利亚国教。直到最近，保加利亚国教才得以恢复独立地位，但其宗教领袖没有资格左右苏丹政府的行为。亚美尼亚牧首或犹太首席拉比同样不能代表他们的信徒干预苏丹政府的行为，根本无法缓解各自同胞所承受的痛苦。

事实上，土耳其帝国行政管理中出现的所有邪恶之举归根结底就是独裁统治者的意志高于一切这一事实。世袭制让帝国苏丹产生了惰性，他们不求上进，能力平庸，无法真正靠自己的能力统治整个帝国。因此，他们必须委托朝臣代表自己行使权力，但这些朝臣根本不在意非穆斯林臣民所遭受的压迫有多么严重。即使苏丹的大臣和帕夏没有一味贪婪，没有无耻挥霍，即使整个土耳其政府没有腐败堕落，仅仅是朝臣们的这种消极工作的态度就无法使苏丹统治下的基督教臣民获得与穆斯林臣民平等的地位。在土耳其生活的各个种族和各个阶层的基督教徒仍被视为被征服者，仍在遭受穆斯林征服者的欺压和侮辱，仍在过着屈辱的生活，尽管他们的先辈被征服已是四五百年之前的事了。

现代的委员会制度，即省级或市级委员会已经让情况变得比以前还要糟糕。在没有新闻自由和发布公众舆论渠道的情况下，设立这些市级委员会从理论上讲有积极意义，但实际上增加了压迫者的数量。这种做法相当于用50个小暴君取代了一个大暴君，而每个小暴君都在拼命压榨地方百姓，想方设法捞取钱财。君士坦丁堡任命的穆迪厄或许是诚实之人，可能决心要反抗上级统治者的压迫，但还没来得及挫败委员会的阴谋，可能就被他们合伙陷害了。他们会向君士坦丁堡联名状告他犯有各种罪行，请求免去他的职位，这是他们惯用的伎俩。这样的状告书一般都会受到帝国宫廷的重视，因为地方委员会是君士坦丁堡最大的财政来源。地方委员会让一些优秀的帕夏腰缠万贯，而这些帕夏只需坐在博斯普鲁斯海峡边上的别墅里，给每个地方委员会摊派数千披亚士特[①]（piastre）的税收任务。

从理论上讲，委员会的委员应该是民众选举出来的当地知名人士；但实际上，这些委员都是由帕夏操纵的。容易轻信他人的奥斯曼人会认为，基督教徒在这些委员会中也有发言权。我们认为，允许一两个基督教委员加入帕夏的政务委员会是从理论设计上考虑的，但实际上我们从未听说过基督教委员能够发表自己的意见。省级议会或州一级委员会负责税收管理，会将所需税收金额下达给凯马卡姆；凯马卡姆再把税收任务分配给穆迪厄，穆迪厄再分配给每个村长，村长则必须向村民收税。市政委员会还给当地的面包、粮食和其他商品定价。但不幸的是，为了公平竞争，该委员会的委员多为商人，他们通常会根据自己的利益来调整价格。这些由商人组成的委员会还会审理

---

① 古代埃及和西班牙的货币单位。——译者注

犯罪案件，并征收税款。有公共工程建设需要时，地方议会会确定劳工价格和劳工人数。 民众可以通过参加一定时长劳动的方式来顶替税收，没有哪个部门能想出如此不公的剥削人民的方法了。政府费用由委员会的每个委员签字共同担负，每个委员也都承担各自的税收任务。所有恶行，包括不公正的劳动要求、双重征税、不合理的以物易物制度和其他沉重的负担都落在了不幸的农民身上，让他们陷入了极度贫困之中，永无出头之日。

刑事案件由梅杰利斯审理，经济案件由凯马卡姆或卡迪审理。当债务超过一定金额时，凯马卡姆或卡迪有权获得客户所追回金额的5%。勾结法官谋财的情况时有发生：有人捏造事实指控他人欠债，待债务偿还后，腐败的法官会从中收取5%或更高比例的报酬。如果有土耳其人被判向基督教徒还债，那么他可以拒绝服从卡迪的判罚，并将案件交给梅赫克梅审理。梅赫克梅是一个特别法庭，由卡迪担任大法官。法庭裁决完全根据《古兰经》教义做出，遇到困难时，可以找穆夫提来定夺。在这种情况下，基督教徒不再是同胞，而是赖雅人或被征服者，需要每年支付一定的哈拉奇（赎金）才能生存下去。如果基督教徒的证据得到采信，将会带来可怕的结果，即大罪过。因此，穆斯林的"是或否"足以推翻所有基督教徒的誓言或证词。1854年2月，土耳其苏丹颁布了一条法令，规定对基督教徒和穆斯林一视同仁，并且基督教徒所提供的证据在帝国的所有法庭都可以得到采信。该法令在欧洲国家的报纸上发表后，引发了一系列信心满满的评论。但我们从后来的事件中得知，统治者从未想过要将其付诸实施。基督教徒继续遭受着不公待遇，我们也从未听说过他们的证据得到采信。每位帕夏在被问及该法令时都表示，对此一无所知，也没有人正式向他们传达过。

在我们大多数人看来，巴勒斯坦是奥斯曼帝国在亚洲最重要的省份，但帝国政府对它的影响一直都非常糟糕。目前，糟糕的政府管理彻底阻碍了巴勒斯坦社会状况的改善：百姓仍在遭受压迫和不公待遇，缺乏财产安全感和人身安全感；官员大多缺乏正义感，并且极不诚信。官员在向穷人勒索钱财时，无所不用其极。根据词典的释义，用"贿赂"和"腐败"形容那些臭名昭著的手段都算是非常温和的词语了。更糟糕的是，政府管理不善是从高层就开始的。没有一位帕夏是诚实的，没有一位总督是公正的。整个帝国的政府管理体制都建立在腐朽的基础之上，基督教徒和一些诚实善良、无法躲过被盘剥命运的穆斯林在用他们的钱财和生命支撑着帝国的躯壳。没有人去想办法改变这一腐朽的基础，因为土耳其人固有的观点就是，基督教徒和犹太人不应该享有与穆斯林平等的地位。土耳其的伊斯兰教已经发展到了阻碍社会繁荣进步的阶段。从前，基督教徒和犹太人可以从事贸易活动，帝国统治者也懂得治国理政的艺术。现在，除了使用暴力手段，统治者根本不懂得如何治理国家。

受土耳其人压迫的不仅有叙利亚的基督教徒，还有阿拉伯的穆斯林。阿拉伯的穆斯林曾多次对基督教徒说："你们什么时候才能统治这个国家，让我们摆脱现在的压迫？再也没有比土耳其人更糟糕的统治者了。"由于土耳其人和阿拉伯人在种族和语言上的关系都不近，所以土耳其人不应该去统治阿拉伯人。土耳其人的宗教信仰只是徒有其名而已，他们并不同情闪米特人。土耳其人被派往巴勒斯坦做管理者，但表现得一塌糊涂。因为薪水太低，他们必须通过压榨当地百姓的方式获取钱财，再用这些钱财或贿赂上级官员，或支付日常开销，或偿还买官时欠下的债，或去买更高的官位，或在有百姓告发时破财消灾。土耳其人的政策决定了他们不可能管理好巴勒斯坦，只要他们在位，整个国家就既像沙漠又像监狱。土耳其希望巴勒斯坦贫穷下去，这样其他列强才不会对其有觊觎之心。

我们已经看到奥斯曼帝国专制统治在亚洲各省的实际运作机制。那里的大多数臣民与征服者都信奉同一宗教，只不过他们不属于同一种族而已。事实上，阿拉伯人远比土耳其人进步，在文明发展、法律和政府、科学和文学、商业和工业，以及和平艺术①方面可以与任何欧洲国家相媲美。在人类最贪婪的欲望驱使下，土耳其通过残酷的战争和专制手段成功压制住了西南亚更聪明的阿拉伯人。埃及的政府管理工作主要由阿拉伯人在国王或总督的领导下开展，他们在吸收了欧洲先进的管理制度后，让整个国家有了飞速发展。有可信的亲历者告诉我们，尽管1841年埃及帕夏穆罕默德·阿里被英国军队逐出了叙利亚，但他在统治叙利亚的8年时间里所做的工作要比之前和之后的土耳其统治者所做的工作都要好得多。因此，认为没有伊斯兰教政府可以做到风清气正、管理有方的观点是错误的，从巴格达和开罗到塞维利亚②和格拉纳达，阿拉伯人和摩尔人为世界树立了社会团结、人民自由和文化繁荣的政府管理榜样。也许在不久的将来，在埃及、突尼斯、叙利亚和幼发拉底河谷，阿拉伯民族可能会像希腊和意

---

① 指能促进和平及社会和谐发展的艺术形式和文化活动，包括音乐、戏剧、舞蹈、文学等。——译者注

② 塞维利亚（Seville）是今西班牙安达卢西亚自治区的首府，西班牙第四大城市，以其丰富的历史、文化和热情奔放的弗拉门戈舞而闻名。城市被瓜达尔基维尔河一分为二，拥有摩尔人统治时期的痕迹，如塞维利亚王宫等。——译者注

16 世纪末的塞维利亚

大利的民族一样取得伟大复兴的成就。不过，这样的愿景能否在当下实现，还得考虑到彼时土耳其帝国正在迅速土崩瓦解的现实。

上述评论只针对土耳其帝国在亚洲省份的情况。在土耳其统治者的野蛮压迫下，土耳其帝国在欧洲的基督教徒（包括保加利亚人、希腊人和斯拉夫人）处境恶劣，最终激起了西欧基督教国家的高度同情。我们认为，没有必要再列举更多证据来说明土耳其在鲁米利亚、保加利亚、马其顿、波斯尼亚和黑塞哥维那，以及克里特岛和黎凡特（Levant）地区的其他岛屿实行的黑暗统治。在苏丹政府的默许和纵容甚至煽动下，土耳其人对数千名无助的保加利亚人痛下杀手，这种骇人听闻的暴行已构成令人发指的重要犯罪事实。于是，长期遭受土耳其人各种折磨的基督教臣民的积怨达到了顶点，他们发誓要推翻土耳其人的统治。出于政治目的考虑，土耳其统治者本该牢记其在管理欧洲地区时的种种恶习，从中吸取教训。但令人可悲的是，在过去的20年间，关于这一方面的错误观念仍在大行其道。其结果是土耳其政府白白浪费了从各地强行征收来的巨额国债，这些国债非但没有延迟反倒加速了帝国的灭亡。关于这个问题，我们可以参考一些关于土耳其进出口的平均价值和收入回报的统计数据。从中我们可以看到，收入减少了1500多万美元。但值得注意的是，增加的项目包括烈酒、司法税或罚款，以及土地转让税，而土地转让税和国家繁荣发展毫无关联。我们认为（我们的观点也得到了土耳其当局的证实），收入减少在很大程度上是因为大量外国贷款并没带来回报。这些贷款诱使土耳其资本家将资金全部投入证券交易所，而不是投资给本国的实业发展。正是为了放贷，许多土地所有者才出售了土地。还有人把可以凑到的每一分钱都投资到这一赚钱渠道上，最终不仅损失了财产，还损失了佃户——

佃户需要靠土地生活。由此引发的最糟糕的结果就是，这些钱大部分都落入了外国投机者手中，最终流向了国外，而本国则陷入了贫困。在土耳其的任何一个地方旅行，哪怕是在很小的镇上，我们都会发现许多有钱人，他们只对感兴趣的土耳其政府债券这个话题进行思考和探讨。这种对债券过分关注的做法让奥斯曼帝国的商业机制无法正常运转。当人们无法通过公平的方式获得金钱时，往往就会采取贪赃枉法的手段。

尽管存在一些潜在的风险，但人们坚持认为奥斯曼帝国宫廷会履行偿还债务的义务。因此，本可预料的危机终于爆发时，所有贸易和企业都陷入了瘫痪。和其他所有行政部门一样，土耳其的金融部门在过去30年里也对金融领域进行了重大改革。但毫无疑问的是，尽管政府已经颁布了改革方案，但官员和行政管理人员变得比从前更加腐败了。

事实上，土耳其的存在有两个目的：其一，抢先占领其暂时无法管理和保护的国家，主要防止任何基督教国家占领土耳其；其二，为了五六十名银行家和放高利贷者及三四十名帕夏的利益，他们可以通过压迫被征服者大发横财。我们认为，现在的土耳其人并不比400年前的土耳其人懒惰散漫、奢侈浪费、目光短浅、野蛮残暴。但直到过去的50年间，这些恶劣的品质所产生的影响才完全显现了出来。土耳其人第一次拥向小亚细亚、鲁米利亚和保加利亚时，他们占领了一个人口众多且拥有巨大财富的国家。350年来，他们一直在消耗这片土地的财富，也耗尽了那里的人口。如果一个土耳其人想要房子或花园，就会把赖雅人业主赶走；如果他想要钱财，就会把一颗子弹放进手帕里，包好后送到附近富有的希腊人或亚美尼亚人手中。最

现代埃及人的晚餐

埃及乐队

后，当他们依靠压榨、盘剥在欧洲生活了350年，将人丁兴旺的富裕
国家变成"荒漠"后，发现自己也成了穷鬼。他们不能去挖煤，不能
去行乞，那会让他们很丢脸。他们用卑鄙的手段防止出现大家庭的情

有钱、时尚的土耳其人

况，即杀掉家里的女孩，将男孩充军。暴政严苛与否可从人口减少的
情况来判断。许多土地上现在都没人居住了，只留下了曾经人丁兴旺
的文明生活痕迹，过去宏伟的灌溉工程变成了废墟，被遗弃的城镇
也越来越多。边境地区的一座城市还保留着高高的城墙和宽敞的石
屋，却无人居住。过去，这里可是有6万居民的繁华城市啊！土耳其
在政府和宗教管理方面表现得一塌糊涂，已经耗尽了从前让其富强的
资源，而只留下了最糟糕的宗教政策——不思改革、仇视异教及最糟
糕的管理方式——暴力勒索、背叛欺诈。任何国家都不希望被其他国
家征服，但我们看不到土耳其有更好的出路，因为土耳其人完全没
有自我修正的意识。他们讨厌变化，也因此讨厌文明；他们讨厌欧
洲人，忌惮他们的一切主张。任何关于改变的词语都会让他们心生厌
恶、惊慌恼怒。只有武力才能迫使他们妥协和让步。在一个400年来
已习惯于被苏丹、帕夏、卡迪和禁卫军压迫和掠夺的民族，在一个既
没有贵族和中产阶级也没有公众舆论、通信手段、报纸甚至邮局的民
族，流于形式的改革又有什么价值呢？

  直到当下这个时代，土耳其人依然统治着大片广阔和肥沃的土
地。埃及、腓尼基①（Phoenicia）、叙利亚、希腊、迦太基、色雷斯、本
都、卑斯尼亚（Bithynia）、卡帕多西亚（Cappadocia）、伊庇鲁斯、亚美尼
亚和其他一些名不见经传的地方现在都成了奥斯曼帝国的领土。这片
大好河山目前令人心痛的状况并非自然环境造成的。它仍然处于北纬
34度到48度之间的北温带，与西班牙、法国和美国最好的地区处于相
同纬度。海姆斯山（Mount Haemus）仍然覆盖着大片森林；色雷斯、马其

---

① 腓尼基大致相当于今天的黎巴嫩和叙利亚沿海地区。——译者注

顿和塞萨利（Thessaly）的平原仍然盛产粮食；海岸、半岛及岛屿仍然拥有上千个港口和海湾；海浪仍然在拍打着覆盖有葡萄树和橄榄树的山脚。但在专制政府的统治之下，古代作家提到的人口众多、一派繁荣景象的城市已经变成"荒漠"。

这片土地上的所有管理者都称，土耳其帝国的许多土地比西西里岛上最肥沃的平原还要丰饶。即使用最粗陋的犁耕耘，这片土地上的收成也比法国粮仓厄尔河（Eure）和卢瓦尔河（Loire）流域的良田要好。银矿、铜矿和铁矿依然存在，盐产量依然很高。棉花、烟草和丝绸仍可作为该地区的主要出口产品；这里的优秀文化可以传遍整个帝国；这里出产的葡萄酒可以与勃艮第出产的葡萄酒相媲美。

在奥斯曼帝国的欧洲地区，几乎所有树种都能繁茂生长。橄榄、橙子、乳香无花果、石榴、月桂和香桃是大自然给生活在这片土地上的人们的馈赠。这里也是优质畜牧区。西欧国家为了改良它们那里的马匹品种，也会到这里选取最好的种马。这里有着丰富的牧草资源，是世界上最适合养殖牛、羊等生长周期较长的牲畜的地区之一。

在一个如此得天独厚的地区，人口数量却出现了大幅下降，物质财富也被消耗殆尽，工业生产处于停滞状态，所有通商河流和口岸均被切断，与外界的商贸活动被迫停止。为什么会出现这种情况？原因只有一个——君士坦丁堡腐朽的帝国政府统治。要知道，即使有再富饶的土壤，再宜人的气候，再得天独厚的自然条件，如果没有好的政府管理，社会也不会繁荣发展。土耳其人在征服拜占庭帝国后发现了大量宏伟的公共与私人建筑，而这些建筑有的被他们暴力摧毁了，有的则在岁月流逝中未经修缮而倒塌了。桥梁、引水渠和港口是遥远但开明的数代先辈留下来的宝贵遗产，但都遭到了同样的命运。就连

土耳其银行票据

帝都附近原本路况令人赞不绝口的道路现在也因无人修缮而破败不堪。这一切都是土耳其人统治的结果。历代土耳其统治者不仅奉行野蛮凶残的军国主义，还用狂热的宗教思想教导人们要用武力去获得一切，而不是鼓励人们通过辛勤劳动去推动社会进步。

第 **21** 章
君士坦丁堡和博斯普鲁斯海峡

Constantinople

And

The

Bosphorus

　　帝都君士坦丁堡在所有基督教国家的语言中仍被称为"君士坦丁堡"，而占领该都城长达423年的土耳其人称其为"斯坦布尔"或"伊斯坦布尔"。有人认为，这是对3个希腊词语es ton polin的误解，这3个词的意思是"进城去"[①]。当然，在拜占庭帝国统治时期，无论是城里人还是农村人去都城时都会这样说。古城拜占庭是公元前7世纪墨伽拉[②]人建立的一块殖民地。后来，该城成了希腊人和波斯人争夺的对象，再后来又成了斯巴达人、雅典人和马其顿人争夺的对象。在公元纪年开始之前，拜占庭城被罗马帝国征服。公元330年，罗马第一位信奉基督教的皇帝将这里定为新都。随后的1000年里，它都是东方的基督教圣城。之后，它又受奥斯曼帝国统治达400年之久。13世纪中叶，在海上霸主威尼斯的支持下，弗兰德斯王朝派遣西方十字军攻占了拜占庭。但不久，拜占庭又被希腊人夺了回去。随后，希腊人为了保卫拜占庭，又和伊斯兰教敌人对抗了200年。即使在15世纪，若不是法国和英国均发生内战无法联手抵抗土耳其入侵者，拜占庭仍可保留其欧洲基督教圣城的身份。这座著名的城市位于博斯普鲁斯海峡南部的海岬上，俯瞰着马尔马拉这片内陆海，地理位置极其优越。"金角湾"将拜占庭城与佩拉和加拉达（Galata）这两个基督教居民区分隔开来。佩拉是欧洲居民或游客的居住地，加拉达则是苏丹统治下的希腊臣民的聚居地。博斯普鲁斯海峡

---

① 据说，奥斯曼人问路人前面那座壮美的城市叫什么名字时，希腊人以为他们是在问他去哪里，于是答道："进城去"。——译者注
② 墨伽拉是古希腊阿提卡地区的一座重要城邦，位于科林斯地峡北部，雅典以南，与萨拉米斯岛隔海相望，曾是科林斯的属国，后通过战争摆脱了科林斯的控制，并分别于公元前685年和公元前667年在波斯普鲁斯海峡两岸建立了卡尔西顿和拜占庭两座城市。——译者注

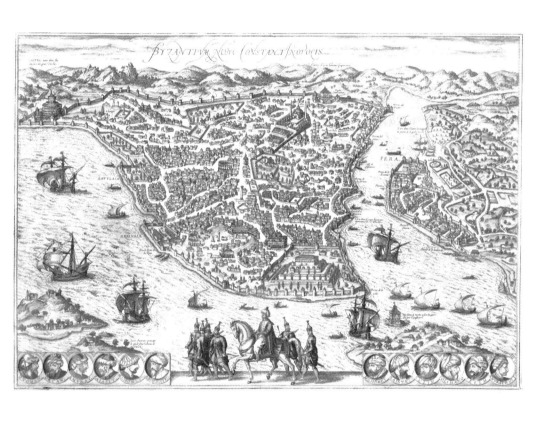

1572 年的君士坦丁堡

的对面，即亚洲海岸的那片土地，是只有土耳其人居住的城市斯库
塔里（Scutari）。该城建造于东罗马帝国统治时期，城墙是由砖石交替
叠加砌筑起来的，城市周长将近13英里。三分之二的城墙是沿着马
尔马拉海沿岸砌筑的，从七塔堡（Seven Towers）到塞拉格里奥角（Seraglio
Point）、博斯普鲁斯海峡，再到金角湾。其余部分跨过伊斯坦布尔所在
的岬角，在其后形成了一道三重防御墙，其间建有许多哨塔，呈现出
了各种中世纪的城堡式建筑风格。但现在整座城只剩一片废墟。过去

博斯普鲁斯海峡附近的黑海灯塔

黑海岸边的密维亚尼茨堡

都城的陆地一侧共有7道城门；金角湾和海港一侧共有12道城门，其
中7道面向马尔马拉海，但现在有些已经用砖石封堵了。君士坦丁堡
位于连接马尔马拉海、爱琴海、地中海及黑海的著名海上通道的西南
入口，地理位置优越，为世界各国艳羡。达达尼尔海峡与马尔马拉海
西端的博斯普鲁斯海峡有几分相似，将欧洲大陆与亚洲大陆分隔开
来。一直以来，君士坦丁堡都有着巨大的商业价值和重要的政治意
义。从前，罗马帝国选择希腊的拜占庭作为其在东方的都城，并将其

博斯普鲁斯海
峡上的卡维布
耶要塞

黑海岸边的布尤克利曼堡

土耳其军队攻陷君士坦丁堡

命名为君士坦丁堡。独立出来的东罗马帝国在这里延续了近千年的统治。尽管从民族构成和社会文明来看，这里生活的主要是希腊人，人民信奉的也是东正教，但在对外主权上它还是保留了罗马帝国的称呼。当然，在萨拉森人、鞑靼人、塞尔柱人和奥斯曼土耳其人的轮番攻打之下，尤其是信奉伊斯兰教的土耳其人的蹂躏下，东罗马帝国的统治根基开始动摇——严重程度远超西亚地区。事实上，东罗马帝国遭到来自西欧十字军的暴力侵犯也非常致命。十字军东征原本是想将巴勒斯坦的穆斯林赶出去，却攻占了君士坦丁堡；热那亚人和威尼斯人还侵占了黎凡特这一繁荣的商业地区，并且在海岸边建立了强大的海军和陆军。到了15世纪，当中世纪欧洲的各个共和国和封建公国摈弃了好战精神，开始推行不同政策的君主统治，也不再崇尚武力时，苏丹穆罕默德二世率领土耳其人开始征服整个鲁米利亚地区。很快，君士坦丁堡、多瑙河沿岸和亚得里亚海沿岸的所有省份相继沦陷。直到今天，这些地区的人民还过着暗无天日的生活。占领博斯普鲁斯海峡对土耳其帝国控制东南欧和西亚地区来说至关重要。

从马尔马拉海到黑海的直线距离约为15英里，但乘蒸汽轮船穿过蜿蜒的海峡需要多行驶几英里。君士坦丁堡，即土耳其人口中的伊斯坦布尔坐落在博斯普鲁斯海峡西南端的海岬上，一侧俯瞰着马尔马拉海，另一侧由金角湾将其与佩拉和加拉达分隔开来。伊斯坦布尔对面的亚洲海岸上坐落的是斯库塔里城，该城由很久以前小亚细亚的征服者波斯帝国建立。波斯人给它起的名字的字面意思是"邮政小镇"，因为波斯帝国为了保持与偏远地区的联系，建立了一支信使队伍，而斯库塔里就是信使们的出发地。希腊人则称它为"克里索波利斯"（Chrysopolis，黄金之城），因为人们经常带上黄金到这里进贡。斯库塔里是一个繁荣的城市，每隔一小时，就会有一趟蒸汽轮船渡过一英里宽的海峡到达对面的都城。斯库塔里城内有8座清真寺；郊区还有一大片墓地，葬有50万已故的土耳其人，成年男性的墓碑顶部还刻有一块包头巾。这里还有一座专门纪念苏丹马哈茂德二世爱马的纪念碑。读过霍普（Hope）所著《阿纳斯塔修斯》一书的读者可能还记得关于该话题的一段描述和思考。但在我们这个时代，自那部传奇小说问世以来，人们在提到斯库塔里时联想到的都是一些悲伤的事情。这里曾有一家战地医院，现在已改建为一个土耳其军营。克里米亚战争期

君士坦丁堡的一家咖啡馆

间，南丁格尔（Nightingale）小姐曾在这里护理军队的伤病员。斯库塔里周边和布尔古卢山（Boulgourlou）构成了一幅壮美的海景风光。这里不仅可以俯瞰普罗蓬提斯的海岸和岛屿，还可以俯瞰整个君士坦丁堡，是君士坦丁堡居民的度假胜地。

从博斯普鲁斯海峡南端海口出发，沿海峡时而向西时而向东航行，君士坦丁堡就被抛在了身后。与加拉达郊区相邻的是托普哈内（Top-hané），那里建有炮兵营房、大炮铸造厂和造船厂。接下来会经过苏丹的多玛巴切宫（Dolma baktche）——字面意思是"豆园"，苏丹一般会在这里接见国务大臣和外国使臣。这是一座宏伟的科林斯式建筑，周围有树丛和果园环绕，中间还有一座夏宫。夏宫旁边是一座较

南丁格尔小姐

土耳其葬礼

小的宅邸，刚刚去世的穆拉德五世（Murad Ⅴ）成为苏丹之前曾在这里居住。沿欧洲海岸前行的下一个地方就是奥尔塔库伊村（Ortakeuy），村子里的大多数居民是基督教徒，一些富有的亚美尼亚商人和银行家也在这里建了别墅，这里还有一座英国国教小教堂。位于对面亚洲海岸的是土耳其人的聚居区贝勒贝（Beylerbey），它是拜占庭帝国统治时期的一处战略要地。

当我们离开君士坦丁堡周边熟悉的景色时，迷人的博斯普鲁斯海峡便超乎想象地映入我们眼帘。单是海峡的名字，就让人不禁联想到古希腊神话以及荷马和埃斯库罗斯诗歌中的一些奇怪习俗——似乎与希腊的文明思想格格不入。"博斯普鲁斯海峡"的意思是"奶牛的通道"。在古老的神话故事中，可怜的伊欧被宙斯或朱庇特变成奶牛后，便在牛虻的折磨下游过了海峡。这里的海岸及黑海沿岸也让人联想到了伊阿宋与阿尔戈寻找金羊毛的故事、美狄亚的悲剧及大力神等诸神和其他半神半人的人物故事。很可能在遥远的古代，水手们非常害怕海峡独特的构造和复杂多变的水流，却因无法解释这样的自然现象而形成了迷信思想，又在迷信的基础上产生了这些奇幻的想象。海峡两侧都有7个突出的海岬，以及7个对应的海湾。这样一来，海峡相对的两岸之间看起来就像有7个明显的湖泊，被周边的陆地包围着。整体上，水是从黑海顺着海峡一路向南汇入地中海的，但海峡特殊的地貌构造会形成许多错流、涡流和逆流，在南风的作用下时常会出现倒流现象。这些奇特的现象，再加上海岸的奇异形状，都会让那个时期的水手惊诧不已，认为这是大自然在施魔法。对希腊人来说，博斯普鲁斯海峡就是一个具有超自然魔力的地方，就像西西里和意大利海岸之间的斯库拉[1]巨岩和卡律布狄斯[2]漩涡一样。

欧洲一侧的如梅利堡垒（Rumeli Hissar）和亚洲一侧的安纳多卢堡垒（Anadolou Hissar）隔着博斯普鲁斯海峡最狭窄的地方相望，在某种程度上形成了一个小海湾——被称作巴尔塔-利曼（Balta Liman）或战斧港（Battleaxe Harbor）。如梅利堡垒建在一大块突出的海岬上，其雄伟的塔楼耸立在一片古老墓地的柏树林中，是1453年征服君士坦丁堡的一座丰碑。如梅利堡垒是由穆罕默德二世于围攻君士坦丁堡的两年前开始修建的，之前穆罕默德一世已经在对岸修建了安纳多卢堡

---

[1] 斯库拉（Scylla），希腊神话中吞吃水手的女海妖。——译者注
[2] 卡律布狄斯（Charybdis），希腊神话中海王波塞冬与大地女神盖亚之女，是女海妖斯库拉隔壁的大漩涡怪，会吞噬所有经过的东西，包括船舶。——译者注

垒。穆罕默德一世让工人在工地为他凿了一把石椅，每天坐在石椅上监督工程进度。为了修建这座堡垒，他从安纳托利亚地区抽调了1000名泥瓦匠、1000名石灰工和1000名其他工种的工人。堡垒的平面布局是根据先知圣名的阿拉伯字母形状设计的。高高的堡垒有着厚达30英尺的墙壁，扼守着通往君士坦丁堡的水路。希腊教堂的大理石柱子和圣坛都被用作修建堡垒的材料，整个工程耗时3个月。塔楼上装有可以发射600磅石球的大型火炮，土耳其指挥官可以在此重创任何一艘过往的船舶，以展示奥斯曼帝国的实力。早在基督教诞生之前，波斯帝国的大流士（Darius）就曾在这里率领军队越过海峡，进入了色雷斯。

巴尔塔-利曼海岸见证过一系列重要历史事件。这里曾是土耳其重臣雷希德帕夏的官邸；1838年，《英土商业条约》在这里签署；1841年，《五国条约》在这里签署；1849年，《多瑙河公国公约》也在这里签署。再往北走的欧洲一侧是斯滕尼亚（Stenia）港，该海港在拜占庭帝国时期非常有名。接下来就到了萨拉皮亚（Therapia），那里有英国大使的避暑庄园。萨拉皮亚的名字，就像黑海和复仇女神的名字一样，说明了希腊人有给他们害怕的对象起好听名字的习惯。据说，科尔基亚公主和巫女美狄亚给这个地方生长的草药都喷了毒，但后来的希腊人决定称这个地方为"Therapia"（治疗场所），以讨好超自然的神灵和消除不好的影响。现在，没有比萨拉皮亚更令人赏心悦目、更有益健康的地方了。这里有一流的酒店和寄宿公寓，是许多在君士坦丁堡做生意的外国富商下榻的地方。萨拉皮亚还因1352年热那亚和威尼斯之间爆发的一场大规模海战而被写入了海军史册。

现代土耳其住宅外观图

现代土耳其住宅内部图

位于亚洲一侧的贝科斯湾（Beicos Bay）也值得我们关注。1853年冬，克里米亚战争爆发之初，英国舰队在这里停泊过几个星期。按照希腊诗歌故事讲述者的说法，位于贝科斯湾沿岸的是俾斯尼亚王国，由拥有许多公牛的领主安格斯（Amges）统治。安格斯对阿尔戈英雄不敬，遂被波吕克斯①杀死。他的墓头上长出了一株奇特的月桂，而任何摘下这株月桂树上叶子的人都会染上傲慢无礼的毛病，然后不受控制地用各种侮辱性语言攻击并激怒其邻居。贝科斯湾有一座"不眠修道院"——修道院要求僧侣们日夜不停地唱经和祈祷，而不是在规定的时间里举行圣事。海湾的北面耸立着一座高590英尺的引人注目的白垩山，被人们称为"巨人山"。山脚下是昂基亚尔斯克塞莱西（Unkiar Skselessi），即"杀手登陆地"。穆罕默德二世在征服如今的土耳其欧洲地区后，就是从这里登陆返回的。曾经矗立在这里的豪华宫殿已改建为一家造纸厂，但昂基亚尔斯克塞莱西因俄土两国在这里签订的一项条约而受到欧洲政治家的关注。他们经常就该条约展开讨论，因为条约规定封锁达达尼尔海峡，不对外国军舰开放。巨人山的山顶上有一处开凿的洞穴，长20英尺，宽5英尺，有石墙和灌木丛围挡着。人们满怀敬意地给这里起了不同的名字，如"巨人的照护所""大力士的床"和"乔什娜的坟墓"等。人们经常把衣服挂在灌木上晾晒，据说能祛病消灾。在巨人山下再往前走一两英里，就到了马赫贾尔布尔姆诺（Mahdjar Bourmnou）海岬。海岬上有一座城堡，是由法国工程师蒙尼尔（Monnier）于1794年建造的。对岸的德里塔比亚（Deli

① 宙斯与斯巴达王后丽达的儿子，参与了"阿尔戈"号远征。在阿尔戈英雄团队中，波吕克斯以拳击技艺知名，是全希腊最顶尖的拳击手。——译者注

东方乐队

Tabia）也是此人建造的。后来马赫贾尔城堡又被改造和扩建，这里是博斯普鲁斯海峡防御来自黑海的入侵者的要塞之一。

马赫贾尔布尔姆诺对面的比尤克德雷（Buyukdere）海港也值得我们关注。这里有美丽的花园，也是俄国大使馆的避暑庄园。庄园后面有一座树木繁茂的小山，可供人们惬意地在贝尔格莱德树林中散步或骑行。1732年，为给君士坦丁堡北部郊区提供生活用水，苏丹马哈茂德一世在这里修建了不少规模巨大的水库和引水渠。比尤克德雷和巨人山以北高高的山脉阻隔了远方的景色，这些山脉分别是海姆斯山脉的欧洲末端和奥林匹斯山脉的亚洲末端。这两座山脉相对而立，被帝国的希腊人称为希隆（Hieron）和塞拉皮翁（Serapion）。金羊毛远征队[1]的神话英雄从科尔喀斯（Colchis）回来后，在这里建起祭坛，以纪念12位奥林匹斯主神。后来，希腊人又在希隆海岬上建起了宙斯和波塞冬神庙，而塞拉皮斯（Serapis）神庙和西布莉[2]神庙则见证着亚洲信徒的虔诚之心。这片区域是拜占庭帝国军队与入侵帝国的哥特人、匈人、赫鲁利人（Heruli）、瓦兰吉亚人或法兰克人、俄罗斯人和鞑靼人发生激烈交锋的地方。14世纪，富有冒险精神的热那亚人占领了君士坦丁堡的一个郊区，并在黑海沿岸建起了自己的殖民地，控制了这条水道。他们击败了威尼斯人和其他商业对手，在海峡两岸各建了一座城堡，并在海面上拉起了一条铁链，禁止任何船舶在不支付通行费、未征得许

---

① 即希腊神话中伊阿宋和阿尔戈英雄们冒险获取金羊毛的故事。——译者注

② 西布莉（Cybele）是弗里吉亚的自然女神，被称为"众神之母"，象征着肥沃的土地，其形象常与溶洞、山峦、墙壁、堡垒、大自然和野生动物（尤其是狮子与蜜蜂）联系到一起。西布莉崇拜起源于古代安纳托利亚的弗里吉亚一带，后来传播到希腊，希腊人将其与大地女神盖亚合二为一。西布莉崇拜在公元前3世纪传到罗马，成为罗马最主要的崇拜之一。——译者注

———

可的情况下通行。但100年后，热那亚人在这里及其他地方的领地都转交给了土耳其苏丹。因此，土耳其的如梅利堡垒和安纳多卢堡垒取代了当时热那亚和拜占庭帝国的建筑。布尤尔-利曼（Buyul Liman）港保留了古代以弗所人（Ephesian）所使用的名字，是一个宽敞的、可以躲避黑海暴风雨的避风港。不过，船舶要先渡过菲尔-布尔努（Fil Bournou）和波瓦拉兹-布尔努（Poiraz Bournau）才能安全进入港湾。从卡里布耶堡（Karibjeh）再向前走的欧洲海岸是一片令人生畏的戈壁沙漠，被土耳其人称为塔什兰吉克（Tashlanjik），被希腊人称为吉波利斯（Gypopolis）或秃鹫之城。事实上，这个地方盛产这种贪婪的鸟类，让鸟身女妖的寓言有了一定的可信度。正是在这里，菲尼亚斯国王设宴款待阿尔戈英雄，但他们刚在餐桌旁落座，头顶那些肮脏、贪婪、长着翅膀的怪物就把盘子里的美食抢走了。告别这片荒凉的海岸，与左边的帕帕兹-布尔诺（Papaz Bournou）和右边的灯塔挥手再见后，航行者就进入了黑海。对于古代那些胆小而毫无经验的水手来说，这一路的航行一定是一次可怕的经历。我们在荷马和维吉尔的诗歌中读到，就连尤利西斯和埃纳斯都认为航行到黑海异常艰难，就像我们现在认为航行到北极一样艰难。博斯普鲁斯海峡出口有一簇岩石，因颜色为蓝黑色或石板色而被人们称为蓝藻岩；也有人称其为撞岩（Clashers），因为在一定的大气条件下，周围荡漾的海浪反射出的光线会让人产生一种岩石在相互撞击的错觉。船舶在经过这片区域时经常会出事故。神话故事中伊阿宋驾驶的"阿尔戈"号就有过这样的经历：在快速通过这片区域时，不知是船尾还是船舵被突然靠近的岩石撞断了。穿过这片朦胧的海洋，踏上遥远的海岸，就来到了一片幽暗的大陆——仿佛一个魔法王国。那里有一个火龙守护着的金色宝藏；野人住在那里，会屠杀滞留在海岸上无助的陌生人。因此，黑海一开始的名字并不好听，但希腊人决定为其换一个好听的名字，故称其为Euxine（意为"热情好客"）。他们虽然知道事实与此相反，但还是希望通过改名字的方式让黑海变得对人们友好一些。

第**22**章
土耳其的基督教徒

Christians
In
Turkey

绝大多数生活在土耳其的斯拉夫人都是基督教信徒，他们少数属于罗马天主教派，大多数属于希腊东正教派。在这些基督教徒中，有黑塞哥维那人、波斯尼亚人、保加利亚人、阿尔巴尼亚人、塞尔维亚人和部分希腊人。这些不同民族的基督教徒居住的范围绝不仅限于如今地图上所标示的像保加利亚和阿尔巴尼亚这样的界限之内，毕竟奥斯曼帝国长期以来的政策就是要尽力混淆民族边界、破坏民族传统和民族归属感。

阿尔巴尼亚人属于山地部落，在塞尔维亚帝国强盛时期和塞尔维亚人是盟友关系。塞尔维亚帝国灭亡后，阿尔巴尼亚人从山上下来，在逃亡的斯拉夫人留下的荒凉平原上定居。他们信奉罗马天主教。土耳其政府发现他们人口不多，看上去掀不起多大风浪，于是允许他们坚持自己的宗教信仰。那些留在山上的阿尔巴尼亚人保持着基督教信仰，但定居到平原的阿尔巴尼亚人为了得到苏丹的青睐，纷纷皈依伊斯兰教，获得了压制其他基督教徒的权利。在叛教的首领中，斯坎德培（Scanderbeg）是被父亲送到奥斯曼宫廷接受的教育。但斯坎德培放弃了伊斯兰教，加入了匈牙利摄政王亚诺什·匈雅提（John Hunniades）的阵营，开始与土耳其人作战。他率领阿尔巴尼亚人通过与土耳其人艰苦卓绝的斗争，赢得了民族独立。但追随者们没能捍卫好阿尔巴尼亚人的宗教信仰和民族独立尊严，斯坎德培去世后，他赢得的民族独立大业也付诸东流，好在他本人留下了一世英名。

这些人来自阿尔巴尼亚北部平原，只因与罗马天主教部落是近亲便被划入了基督教徒的行列。罗马天主教部落在山区过着独立、自由的生活。由于他们身上有强烈的回归古老天主教信仰的倾向，土耳其当局并不敢吞并他们。因此，如果将这些罗马天主教徒纳入土耳其，他们就有可能加入在土耳其发动起义的基督教徒队伍，并在物质上提供帮助，将起义的星星之火燃成燎原之势。其实，那些皈依伊斯兰教的阿尔巴尼亚人十分痛恨土耳其人，却对塞尔维亚人保留了一丝同情，尽管他们会无所顾忌地用穆斯林官员想象不到的非法手段压迫可怜的塞尔维亚人。南部的阿尔巴尼亚人与穆斯林和希腊人有更多共同点，也自称是穆斯林。南方和北方的阿尔巴尼亚人都曾为土耳其人打过不少仗，早在皈依伊斯兰教之前，他们就是土耳其在东方军队中唯一的基督教徒士兵。我们可以用几句话来说明土耳其的基督教徒与军队的关系，阿尔巴尼亚人与军队的关系也是如此。支持土耳其的人会说，基督教徒享有免服兵役的特权，而土耳其人和穆斯林即便不喜欢行伍生活也不得不服兵役。从这点来看，有些穆斯林的确有理由嫉妒其基督教同胞。但问题还有一面，那就是虽然穆斯林必须服兵役，但基督教徒如果不服兵役就要以缴纳免服兵役的重税为代价，穆斯林则可以免缴服兵役税。实际上，这种免服兵役税往往是当局敲诈基督教徒的借口。虽然苏丹宣布军队可征召基督教徒士兵，但除非基督教徒士兵和穆斯林士兵分别编队，否则苏丹的计划就不可能实现——基督教徒和穆斯林在日常生活习惯和道德观念上均存在不可调和的矛盾。

在土耳其的基督教徒中，保加利亚人要远比阿尔巴尼亚人虔诚。他们和塞尔维亚人是同族兄弟，有着共同的语言，只不过这种语言从他们口中说出来显得粗鲁，而从接近意大利地区的同族人口中说出来要温和得多。不同地区的保加利亚人彼此间的交流不存在问题，毕竟他们说的是同一种语言。土耳其最早攻打的是保加利亚，但事实上保加利亚几乎是和塞尔维亚同时倒下的，因为它是被慢慢征服的。在被征服的过程中，他们和大多数被征服的民族一样，努力为自己争取更好的条件。随着土耳其对其他民族的暴政日趋残酷，保加利亚人甚至感觉他们享有某种特权，渐渐习惯了土耳其人的统治。起初，保加利亚人在国家和教会方面都保持着自治权，只需向苏丹进贡即可。但一些皈依了伊斯兰教的贵族僭越穆斯林的权力，开始欺压邻国。后来，这些人有的被流放，有的被处置，而对保加利亚沉重的打击发生在一个世纪前，当时苏丹将君士坦丁堡一些腐败成风的教区主教强行派遣至保加利亚。这些土耳其政府的傀儡都是花大价钱买到主教职位的，自然会通过盘剥教区人民的方式回本。在土耳其人的统治之下，所有希腊教区的情况大都如此。基督教徒遭受着宗教和世俗管理者的双重盘剥，生活异常艰难。然而，在希腊、摩尔多瓦（Moldo-Wallachian）和塞尔维亚纷纷复国后，臣服不久的保加利亚人也恢复了振作起来的勇气。19世纪初，他们开始了一场促进教育的运动。现在，保加利亚男女都可入学的学校数量非常可观，教师在学校里认真教授学生古老的西里尔字母、保加利亚语和早期版本的《圣经》，以方便与邻国的塞尔维亚人自由交往。土耳其政府的策略是通过强迫帝国偏远地区的民众移民到保加利亚的方式扰乱当地人的生活。但当地人一直坚持自己的发展道路，在肥沃的平原上辛勤耕作。在良好的政府管理下，他们很快富裕起来，并逐渐融入了欧洲市场。他们种植棉花和玉米，发展丝织业。如果没有苛捐杂税，他们会很富裕，也会同意穆斯林生活在城里。城里的许多店主都是基督教徒，而沉重的税赋主要是从他们从事的行业和产业上征收，绝非从穆斯林身上征收。

在过去的几年里，保加利亚人一直在成功贯彻1857年法令中的一

———

项条款内容。该条款承诺在保加利亚恢复其传统教会形式，标志着保加利亚人向恢复其公民自由身份迈出了一大步。

保加利亚的穆斯林数量在减少，部分原因是他们必须服兵役，还有部分原因是蒸汽机的引入几乎摧毁了保加利亚诸如丝织业这样的工业。这样一来，穆斯林甚至比基督教徒还要贫穷。现在，部分政府税收源自伊斯兰教臣民。他们对此十分不满，便向基督教徒实施报复，肆无忌惮地谋杀他们，疯狂掠夺他们的土地。穆斯林之所以敢如此肆意妄为，是因为所有混合法庭的工作人员、法庭对基督教徒所提供证据的采信制度乃至为了确保这些规定得以执行而设立的巡回检查机构，都没有真正发挥作用。在整个土耳其，所有穆斯林都认为，每个基督教徒都可以是他们的欺压对象，而那些能得到公正判决或少得到些不公正判决的基督教徒都是生活富裕、毫无原则地花钱收买法官的人，他们也因此而不害怕自己的财富被土耳其人盯上。在土耳其各地，这样的基督教徒有很多。在与伊斯兰教道德观磨合了几百年后，在不断遭受折磨和苦难的过程中，他们学会了这样的生存之道。他们敢于对土耳其法庭和官员提出申诉，并寻求执政官的帮助，也敢于接受混合法庭中看似位高但无实际权力的人。

我们一般会将黑塞哥维那和波斯尼亚放在一起谈论，而这两个地区实际上一直受同一个土耳其总督管辖。现在，苏丹单独为黑塞哥维那任命了一位总督，称两个地区的人口构成情况不同，波斯尼亚的穆斯林人口比例远比黑塞哥维亚的多，所以有必要这么做。据说，此举让苏丹无法在波斯尼亚推行在黑塞哥维那可以实施的改革。不过，由于波斯尼亚和黑塞哥维那一再要求兑现1857年法令中所承诺的内容，即在土耳其帝国的所有省份都实施同样的改革，所

保加利亚新
郎给新娘的
聘礼

以现在很难看出这两个地区之间有什么区别。尽管如此，两个地区之间确实存在一个较大的区别：波斯尼亚的罗马天主教徒相对较多，更倾向于并入信奉天主教的奥地利帝国，而黑塞哥维那还是希望保持民族独立地位。

塞尔维亚帝国衰落期间，与斯拉夫人的其他分支不同，黑塞哥维那在很长时间内都保持着民族自治权。当地人在山上靠牧牛为生，尽可能远离土耳其人居住的城镇，与土耳其人互不干扰。然而，土耳其苏丹仍然时不时地想在那里证明自己至高无上的权力。就在10年前，苏丹粗暴地用一位伊斯兰教总督取代了当地部落首领的权力。黑塞哥维那的部落首领是当地人长期以来公认的领袖，但土耳其人一再破坏当地人与部落首领之间的关系。此外，土耳其定居者、税收官和其他官员的贪婪行为引起的叛乱此起彼伏，使这一地区成了动荡的代名词。西方国家根本无法想象，一个坏到如此程度的政府竟然还能长时间统治其属地的人民。在土耳其征服欧洲时造成的悲惨故事中，波斯尼亚的贵族扮演了极不光彩的角色。普通的波斯尼亚人和其他兄弟民族一样坚定地守护着自己的信仰，但不幸的是他们中间有一类特权贵族。这些贵族宁愿叛教也不愿失去原有的财富和地位，在看到波斯尼亚无法成功抵抗土耳其时，他们立即宣布自己也是穆斯林。因此，他们又拥有了欺压农民的权利。但这些不知廉耻的波斯尼亚贵族并没有学会如何讨好统治者，没能为人民带来一丝好处。在希腊主教和穆斯林官员的双重压迫下，当地的基督教徒过着悲惨的生活。他们坚持罗马天主教信仰，渴望在奥地利帝国的统治下生活。贵族们则盼望着他们精心保存的世代传下来的爵位证书和贵族徽章能够发挥作用的那一天。

现在，我们再把目光转向塞尔维亚公国。欧洲地理学界仍然称那片地区为塞尔维亚。其他诸如保加利亚和阿尔巴尼亚的部分地区被斯拉夫人称为"旧塞尔维亚"，但土耳其宫廷并不认可这样的称呼。塞尔维亚是土耳其侵吞的人口规模最大的斯拉夫省份，大约有125万人。在经历了400多年比其他任何省份都悲惨的被奴役生活，以及60年与土耳其英勇战斗的岁月后，塞尔维亚现在又恢复了自由公国地位，由世袭大公管理。农民出身的现任大公的先辈在40年前就领导了一场反对土耳其统治的叛乱，最终获得了公国独立权，并被人民推举为大公。

14世纪，塞尔维亚已经出现了统治王朝，并逐步将王国发展成了一个帝国。塞尔维亚在全国实行一套非常完整且非常典型的农村公社制度，人们的生活井然有序，人与人之间不存在阶级差别。对此有所了解的人会明白，为什么塞尔维亚要比周边的民族都先进，以及为什么塞尔维亚人不会向入侵的土耳其人妥协。土耳其人入侵塞尔维亚后，占领了所有堡垒和城市。塞尔维亚人则躲进了茂密的橡树林中，过起了山地丛林生活。他们根本不与土耳其人交流，而土耳其人也只有在掠夺财物或需要大批劳工为其统治者无偿服务时才会主动找上门来。就这样，一代又一代的塞尔维亚人在山林里终老，从未见过城市的样子。哪怕是最卑微的人也不愿忍受土耳其人的侮辱和伤害，更不愿看到家园的堡垒落入侵略者手中。一想到这些堡垒暂时无法夺回，他们就心痛不已。

农民的生活非常简单。一家之主负责给家里的男人和女人分配工作。晚上，全家人要在一起背诵或吟诵塞尔维亚诗歌。有的诗歌是代代相传下来为纪念帝国及其英雄而创作的古老作品，有的诗歌则是

黑塞哥维那的当地居民

本国诗人为纪念近期邻国抗击土耳其侵略者的英勇事迹而创作的新作品。塞尔维亚人生活简朴，有组织有纪律，即使长期生活在被压迫的环境下也有很强的凝聚力。一旦机会来临，他们便会去证明自己的强大。他们并没有将自己的国家拱手让给侵略者。现在回头去看，他们虽然在科索沃战役中输给了土耳其人，但并未放弃争取独立的希望和决心。拉扎尔一世（Lazar I）战死沙场后，其子拉扎列维奇（Lazarevitch）与土耳其苏丹签订了条约，并继任塞尔维亚大公，享有在封地的统治权。拉扎列维奇死后，土耳其人宣称，让基督教统治者拥有如此广阔的土地是不敬之举。于是，苏丹派遣了一支土耳其军队进驻塞尔维亚，接管了大公的统治权。塞尔维亚与匈牙利结盟后，被围攻了7次的贝尔格莱德才得以加强防御——塞尔维亚人在位于多瑙河下游的塞门德里亚（Semendria）建了一处要塞。这个带有25座塔楼的灰色石墙要塞可以控制摩拉瓦河（Morava）和多瑙河的交汇处，是入侵贝尔格莱德的必经之路。与在其他受压迫的基督教国家的情况一样，这处颇具特色的要塞始终在提醒塞尔维亚人民，是谁帮助他们重新获得了信奉基督教的自由。人们现在更加渴望在精神上追随上帝，既不受所听到的政治斗争和阴谋的影响，也不受贝尔格莱德当下混乱状况的影响。各个国家持有各种观念的人都蜂拥而至，希望借塞尔维亚崛起之势实现自身目的。塞尔维亚人从未气馁，他们年轻的大公虽然缺乏领导经验，但其拳拳爱国之心和坚韧不拔的意志品格有目共睹，是一个不折不扣的塞尔维亚人。

若不是匈雅提告诉塞尔维亚大公，他应该要求所有臣民都接受罗马天主教，或许塞尔维亚与匈牙利会结成长期联盟，而塞尔维亚人的历史可能也不会比奥地利帝国治下的斯拉夫省份糟糕。然而，塞尔维

———

亚人对专制的罗马天主教极其恐惧，而土耳其苏丹则承诺，他们如果臣服自己就可以保留自己的教会，不会受到宗教迫害。选择哪一方似乎一目了然，如果他们面对的不是一个阴险的帝国，那么他们的选择或许会是正确的。不过，他们还要为公民自由而抗争。经过1444年的瓦尔纳战役，土耳其苏丹控制了除贝尔格莱德以外的所有地区。在匈牙利人的帮助下，贝尔格莱德一直与土耳其抗争到1522年。塞尔维亚人相信土耳其人会宽以待人，却大错特错了——只有穆斯林能得到宽容对待。凝结着数代虔诚的大公和人民建筑智慧的基督教堂被土耳其人用作马厩。农民除被课以重税以供养土耳其军事殖民者外，还被迫接受无休止的徭役。在每隔5年的征兵季，他们还要把家里最健康的男孩送入土耳其宫廷，接受伊斯兰教教育，成年后为苏丹的军队效力。几乎每年，土耳其军队前往西欧作战都要经过塞尔维亚这片土地，还不忘恶意践踏当地人的生命，掠夺他们的财产。

贝尔格莱德的沦陷标志着土耳其征服了塞尔维亚，同时发出了土耳其驻军将会变本加厉地压榨当地百姓的信号。土耳其人在帝国内并不依法行事，致使帝国中央政府根本无法保证其下辖各省人民的自由和正义。160年来，黑暗一直笼罩着整个塞尔维亚。直到17世纪末神圣罗马帝国皇帝利奥波德一世攻打土耳其时，塞尔维亚才加入了神圣罗马帝国的阵营。1718年，根据《帕萨罗维茨条约》，土耳其将塞尔维亚割让给了奥地利。此后的20年里，塞尔维亚人民过上了和平的日子。他们抓住这一喘息之机，修建道路，恢复教堂，尽可能地弥补之前的损失。然而，好景不长，奥地利终因实力太弱而未能抵御土耳其人的进攻，不得不将塞尔维亚再次割让给他们憎恶的敌人。绝望之际，乔治·布兰科维奇率领3.7万户塞尔维亚人逃到了奥地利境内。奥地利同意他们在民事和宗教事务上高度自治，前提是他们必须履行守卫奥地利边疆的义务。但逃往奥地利的塞尔维亚人抱怨说，奥地利方面并未履约。对于他们的不满，我们现在无话可说，毕竟他们的处境要比留在本国的人民好得多。

然而，随着时间的推移，完全臣服土耳其也给塞尔维亚人带来了一些利好。土耳其驻军的权力受到了明确限制，农民不再被迫为封建地主服务。许多塞尔维亚人开始主动甚至渴望加入穆斯林军队，但他们心中的爱国情怀并没有泯灭。当一位具有改革精神的苏丹登上皇位，决心将欧洲的战术和军纪引入土耳其军队中时，禁卫军开始反叛，其中反叛最激烈的是那些长期在塞尔维亚执掌军权的人。他们公然对抗土耳其宫廷派驻到贝尔格莱德负责地方管理的帕夏。热爱和平的塞尔维亚人响应苏丹的号召，将叛军赶出了国境。一时间，整个帝国一片哗然，苏丹居然利用"基督教徒"击败了真正的穆斯林！不久，禁卫军便杀了回来，大肆蹂躏塞尔维亚人。虽然塞尔维亚人向苏丹反映疾苦，但自顾不暇的苏丹根本无法帮助他们。强盗之间斗争的直接结果就是，塞尔维亚人开始争取到了自己的权利。他们夺回了贝尔格莱德，并主张守卫本国堡垒的权利及其他一系列权利。如果不是拿破仑的运气鼓励了其盟友土耳其苏丹，塞尔维亚人完全可以通过每年进贡的方式换取这些权利。该时期塞尔维亚的领导人是农民领袖卡拉乔尔杰，他意志坚定，战斗经验丰富，管理能力出众，深得当时人民的拥护。他召集了国民议会，组建了参议院，恢复了杜尚王朝的法律。

然而，斗争风云变幻莫测，卡拉乔尔杰及其参议院议员后来被迫逃往奥地利。苏丹的军队则通过把当地领导人钉在尖桩上的方式镇压了塞尔维亚人的起义，还通过将婴儿扔进沸水和粪池的残忍手段嘲笑基督教的洗礼及其他宗教仪式。之后，苏丹任命米洛什·奥布雷诺维奇（Milosch Obrenovitch）为塞尔维亚领导人，通过他调和苏丹与愤怒的人民之间的矛盾。根据1815年的《布加勒斯特条约》，塞尔维亚被赋予了宗教信仰自由、商业自由、民族自治自由、自主征税自由、守卫城镇自由及管理拒绝出售土地的土耳其人地产的自由，并且可以在今后禁止他们在此居住。但米洛什未能抵住权力的诱惑，因滥用王权而被赶出了塞尔维亚。卡拉乔尔杰受邀回国，却在回国途中遭人谋杀。随即，米洛什的儿子米哈伊洛（Michael）被迫继承大公头衔，但他太年轻，没有任何管理经验。3年后，他在发现自己没有治国能力后主动退位，前往德国与法国学习。

塞尔维亚人又选择卡拉乔尔杰的儿子亚历山大继位，但他也无法令苏丹和塞尔维亚人民满意，于1858年被迫退位。最后，米洛什被邀请回国。在他执政的一年半时间里，整个公国发展有所起色。他还组建了一支用于国防的全国性民兵队伍。

米洛什逝世后，其子米哈伊洛即位。这时的米哈伊洛成熟睿智，但要同时面对土耳其、奥地利和英国的武力威胁。后来，他又卷入了保加利亚人和波斯尼亚人为逃离土耳其的压迫统治而向塞尔维亚移民的旋涡中。但他立场坚定，赢得了国外斯拉夫同胞的爱戴，也让一些大国对塞尔维亚刮目相看。1862年6月，一场风暴几乎让塞尔维亚完全从土耳其人的统治下独立出来，但尚有两支土耳其驻军未撤离，塞尔维亚仍需向土耳其苏丹纳贡。当时，贝尔格莱德要塞的土耳其驻军以几名土耳其士兵和一些塞尔维亚年轻人混战为由，对贝尔格莱德实施了疯狂轰炸。塞尔维亚人民虽极其愤怒，却表现得异常冷静，他们相信米哈伊洛的外交能力，也相信欧洲国家绝不会让这样的暴行再次发生。这一次，他们的希望没有落空。米哈伊洛不断开发国家资源，重建了教堂，开设了小学、中学、技术学校、学院和大学，并计划开挖矿山和修建铁路。1867年，最后一支土耳其驻军撤离塞尔维亚。现在，除每年向土耳其宫廷纳贡1.5万美元以外，塞尔维亚和土耳其已没有任何关系。

1868年，正努力平衡保守派和自由派利益关系的米哈伊洛大公在自家花园里遭人暗杀。后来的事实证明，谋杀米哈伊洛的是一名支持亚历山大重新执政的反对党人。米哈伊洛逝世后，留下了一个尚未成年的继任者。在米兰一世（Milan I）于1871年即位之前，塞尔维亚内阁坚定不移地走改良道路，做出了巨大的贡献。米兰一世执政期间，与塞尔维亚人民同心同德，充分调动国内资源，推动塞尔维亚取得了迅速发展。

只有黑山可以自豪地说，自塞尔维亚帝国灭亡以来，它从未被土耳其人统治过，土耳其人也从未踏入其领土，它也从未向土耳其宫廷纳过贡，而是一直在与土耳其抗争。黑山只是一个很小的王国，能保持独立的地位也许除了人民坚韧不拔的精神，还得益于其位于巴尔干山脉不毛之地的特殊地理位置。当地人说，上帝在创造世界时，将袋子里剩下的石头全部倒在了这片荒凉的旷野上。光秃秃的岩石和恶劣的气候一直是黑山人在对抗土耳其人时的强大"盟友"。山地居民们基本上没有什么财富可言，也更不会为了不让土耳其人抢走财富而放火烧毁自己的房屋和庄稼，而只需逃往条件更恶劣的高地即可。科索沃战役之后，泽塔省的首领一开始还占领着黑塞哥维那的大部分地区，并与阿尔巴尼亚人并肩抗争土耳其人。但斯坎德培死后，他便孤

为塞尔维亚解放事业捐款

掌难鸣了，不得不退到山地上，即现在的整个黑山地区。他们甚至连海滨地区也不得不放弃，尽管那里距黑山南岸的科托尔湾只有步枪射程那么远。科托尔湾是欧洲最优良的港口，也是斯拉夫人的天然商贸港。斯拉夫人为之奋斗了400年，到现在仍然没有使用过。

　　100多年来，逃亡到黑山的人发现，这里的山地是非常安全的避难所。黑山人的勇敢品质及当地的有利地形，让在这里避难的人都愿意和他们结盟。威尼斯人首先向黑山高地人伸出了友谊之手，两国贵族之间结成了许多姻亲。但这样的友谊并非没有缺点，因为威尼斯新娘完全有可能将其黑山丈夫带到自己富庶的家乡。1516年，黑山王公把治理国家的权力交到了黑山主教格尔曼·彼得罗维奇（German Petrovitch）手中。自此，黑山成了彼得罗维奇家族爵位世袭、政教合一的国家，爵位只能由叔叔传给侄子。1852年，达尼洛二世（Danilo）废除了王公必须禁欲和独身的法令后，黑山公国才开始了通行的爵位继承顺序。达尼洛迎娶了一位有远见卓识的维也纳女子。这位公国夫人在整个斯拉夫地区大力发展教育事业，为稳定斯拉夫政策做出了无可替代的贡献。

　　从过去几百年的历史中，我们可以看到黑山人是如何与土耳其人苦苦抗争，最终才获得了来之不易的胜利。他们每次与土耳其人签署休战协议或条约后，都会遇到对方背信弃义的情况。1703年，彼得大帝觉得与黑山结盟对自己有利，却同样背信弃义将黑山出卖给了土耳其，致使黑山人遭到了土耳其人的肆意践踏。威尼斯因拒绝黑山的援助，结果付出了惨痛的代价，失去了从波斯尼亚到科林斯地峡的广大地区。这场战争以黑山遭受7年围攻而告终。18世纪末，俄国和奥地利为了争取黑山这个盟友而相互明争暗斗，而它们之间的斗争从此也成了黑山统治者的宝贵工具。1813年，当伊沃（Ivo）撤退到黑山时，他与土耳其人达成的条件是，已属于威尼斯领地的科托尔不可再割让给其他大国，但后来的征服者拿破仑却将它割让给了奥地利。科托尔人民对此非常不满，试图重返黑山大家庭，但没能成功。丹尼尔（Daniel）大公已在尽其所能地帮助科托尔，但无奈奥地利加紧了对这个本应属于他的海港的控制，迫使他只好退守至采蒂涅（Cetigné），为那里的臣民谋福祉。丹尼尔的继任者彼得二世（Peter II）从欧洲列强那里获得了一份边境条约，这是欧洲列强第一次正式承认黑山的独立地位。在彼得二世的领导下，虽然黑山的对外形象没有太大改观，但人民的基本生活得到了很大改善。不受土耳其侵扰后，黑山人民不用再谨小慎微地生活。慢慢地，学校多了起来，道路多了起来，战争中的一些野蛮行为也被废止了。但割下死去敌人头颅的做法还没有完全摒弃，因为如果不这样做，周边的土耳其人就会把这种人道主义视为懦弱。

达尼洛制定了一部法典，并未理会土耳其的无端挑衅，只有真正的入侵才迫使他拿起了反抗的武器。1858年，他在格拉霍沃（Grahovo）击败土耳其军队后，获得了请求大国委员会划定黑山和土耳其之间边界的机会。最终，黑山得到了一些富饶的地区，也不必承认土耳其的宗主国地位，但没能要回科托尔海港。1859年，为妻子的健康而担心的达尼洛在科托尔遭人刺杀，令黑山人民哀伤不已。人们沿着崎岖不平的山路蜂拥而来，向奄奄一息的达尼洛发誓要为他报仇，但他发话让他们都安静地回家。在他去世后的很长时间里，黑山人民都没有穿过艳丽的服饰，没有动过武器，没有举行过聚会活动。他的继任者是目前在位的尼古拉亲王（Prince Nicholas）。尼古拉亲王虽然只有18岁，却以极大的智慧和谨慎的言行向人民证明了他适合这份充满挑战的工作。就像所有其他塞尔维亚地区一样，黑山的教育也得到了长足发展。人们自由地传播知识和真理，享有宗教信仰自由。在这个首都只有100户人家的王国里，有人曾一次向书商购买过32册《圣经》。

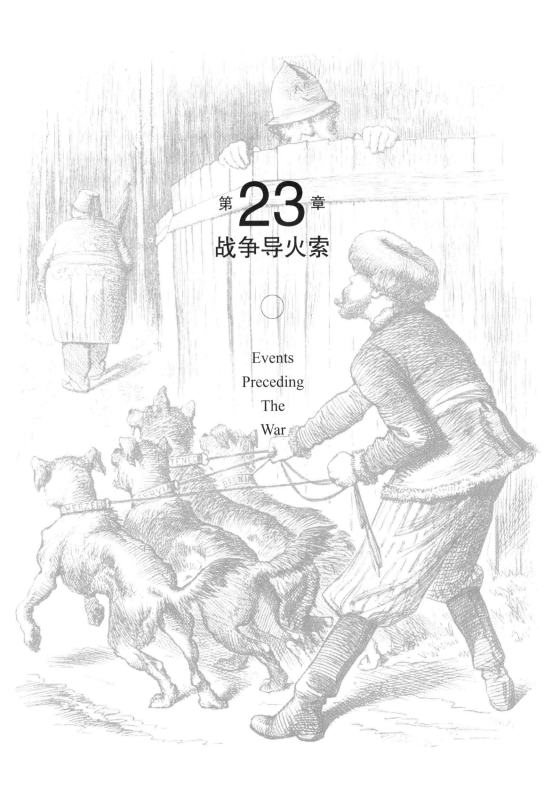

第 **23** 章
战争导火索

Events
Preceding
The
War

———

　　1874年，黑塞哥维那的庄稼收成很差，农民预感到他们的冬天将会过得比较艰难。代理官员收取土地承包税的征税官要求农民照顾好庄稼，待庄稼成熟时，他们会来征收苏丹规定的什一税。农民估计，即便粮食收成不好，最终的产量也应该能超出君士坦丁堡征收的数额。但在一个地区，苏丹的征税官直到1875年1月才来收税。当地百姓由于饥饿，已将部分粮食出售或吃掉了。征税官估算出的税额又特别巨大，因而遭到人们纷纷抵制。结果，农民遭到了抢劫、殴打、监禁，就连他们的首领在抱怨时也受到了被捕入狱的威胁。一些人被迫逃往邻近的独立王国黑山的山区，寻求与他们有着相同信仰的同族人的庇护。他们发现，黑山人正在首都采蒂涅商讨如何应对土耳其人侵犯其边境的问题。黑山人在得知他们的境遇后，便接纳了他们。

　　除了这一个地区，在黑塞哥维那的另一个地区，独断专行的警察强迫人们劳动，激起了当地人民的不满和反抗。当地政府立即向上级报告了这一情况。上级派了一支宪兵队前往那里，以武力迫使人民服从政府管理。其他邻近地区虽然很安宁，但一些罗马天主教地区的神职人员因其特权从未得到过现任苏丹的认可而鼓动教区民众要维护自己的宗教信仰，反对当地政府侵害他们的权利。

　　就在这时，奥地利皇帝访问了其属地达尔马提亚。达尔马提亚西南与黑塞哥维接壤，居民全是斯拉夫人，与黑塞哥维那人同族。淳朴的农民认为皇帝的到访一定有其政治目的，希望他是来帮助他们反抗土耳其压迫者的。虽然奥地利皇帝此行可能并无此目的，但他的访问还是鼓舞了黑塞哥维那人民的斗志。

　　4月底，土耳其宪兵到达发生叛乱的内韦西涅 (Nevesinje)，基督教徒逃到了山上，其首领也逃到了黑山。宪兵队继续前往并抵达比莱克（Bilec），但这里的农民只是消极地阻止他们进入村庄，拒绝在地方当局前露面。然而，当一名女性基督教徒遭到一名宪兵的凌辱后，人民心中的怒火被点燃了。波斯尼亚总督派遣了一名叫瓦利·塞利姆（Vali Selim）的帕夏前去调查奥地利皇帝访问达尔马提亚一事，指示他给不满的黑塞哥维那人民两个选择：要么老老实实地返回家园，要么移民至黑山不再回来。但黑塞哥维那人民拒绝与苏丹派来的这位使臣交谈。他们并不是反抗苏丹的权威，而是为了保护自己、家人及财产免受与他们同族却皈依伊斯兰教的那些官员的侵害。

目前，只有两个较小的地区发生了叛乱，几乎没有引起多少人的关注。不过，收留这些难民首领给黑山带来了诸多不便。黑山国王尼古拉承诺会将他们安全护送回国。尽管他们有护照，土耳其边防军还是向他们发动了攻击。为了将这些首领送回国，黑山不得不再次向土耳其提出申请。这些首领回到黑塞哥维那后没有受到"太多骚扰"，只是有些人的房子被烧毁，有一位在集市上遭到了袭击，有一位投诉遭袭击的首领在离开法庭时遭到了暗杀，还有一位在自己的田间被谋杀，甚至一个曾招待过这些首领的旅馆老板也惨遭不测。地方当局没有任何打算惩治这些暴行的意思，而民众与当局之间的矛盾也没有全面爆发。后来，土耳其人遭受攻击的情况不断出现，日益严重的事态引起了土耳其宫廷的注意。于是，宫廷解除了斯拉夫人出身的穆斯林穆夫提的职务，但没有对他进行任何惩罚。随后，一位依附土耳其人的无良主教成了新任穆夫提。附近的村民马上武装起来，静观其变。他们白天按部就班地劳作，晚上在道路上站岗放哨，以防政府向他们发动突袭。

苏丹接见外国大使

仲夏时节，苏丹代表团和当地民众举行了一次会议，当地民众还坚持要求黑山派一名使者出席大会。民众提出的要求就是让土耳其政府兑现在1857年著名法令中所做出的承诺：土耳其人不得侮辱女性基督教徒；基督教徒拥有宗教信仰的自由；基督教徒和穆斯林在法律面前一律平等；警察的过度执法行为应当受到约束；征税应当做到公正且及时。穆斯林认为基督教徒提出的这些要求有些过分，便试图通过恐吓的方式让对方做出一些让步，但他们的目的并未得逞。当波斯尼亚总督德尔维希（Dervish）帕夏到来后，人们又进一步向他提出了要求，也就是他必须兑现民众有权拒绝无偿的强制性劳动的承诺。

德尔维希帕夏承诺，如果他们愿意放下武器，他会尽最大努力为他们争取各项权利；他们则称，只有穆斯林邻居远离他们，他们才会放下武器。帕夏无奈地返回了都城，基督教徒也带着自己的家人和所有财产逃到了山上，全副武装的穆斯林则闯入政府的仓库大肆抢夺财物。邻近地区的人民仍在静观其变，随时准备与入侵者开战。

1875年7月1日，一些因疾病而不得不走出山区的基督教徒在内韦西涅被穆斯林武装分子杀害。紧接着，基督教徒采取了报复行动，袭击了一队护送物资的穆斯林边防军。这种小规模冲突频频上演。在一次冲突中，土耳其正规军也卷入其中，并由此引发了一场大规模起义。不过，起义者既没有团结起来，也没有选出一位合适的首领。一位塞尔维亚"激进分子"希望能担此大任，但被当地酋长毫不客气地拒绝了。在罗马天主教区，当地政府相信神职人员有帮助民众的能力，于是劝说民众放下武器。但和其他地方的神职人员一样，他们渴望的是维护自己的宗教权威，而并非去帮助推进任何有利于民众的运动。

第 23 章
战争导火索

———

快到7月底时，一位希腊东正教官员似乎不愿意让其治下的人民参加起义，于是要求政府派兵前来援助他。但穆斯林表示，和基督教徒一起战斗、阵亡甚至被埋葬在一起是一件他们无法容忍的事情。结果，该地区加入起义军的基督教徒人数飙升。

8月中上旬，起义军包围了特雷比涅（Trebigne）。几个星期后，克罗地亚爆发了起义。该地区的居民都是斯拉夫人，主要是罗马天主教徒和希腊东正教徒。与此同时，欧洲列强也关注到了这场斯拉夫人的起义。奥地利、德意志和俄国的大使与土耳其大维齐尔举行了会谈，建议双方暂停敌对行动，但遭到土耳其宫廷的拒绝。随后，在6个大国的建议下，土耳其宫廷委派瑟韦尔（Server）帕夏前往调查起义者的冤情，但同时禁止外国领事向起义者提供任何援助。

8月中下旬，土耳其人将起义军从特雷比涅赶进了山区。但一支由1200人组成的土耳其小分队在被派往15英里外的比莱特吉（Biletj）执行任务时陷入了敌人的伏击圈，伤亡惨重，只有少数残兵返回了特雷比涅。5天后，另一支土耳其武装部队在同一地点被击败。在接连胜利的鼓舞下，起义军于9月14日向比莱特吉发起了进攻，但被实力强大的土耳其军队击溃。同一天，他们攻陷了位于特雷比涅东北方向20英里的博贝（Bobe）的土耳其工事，并一路追击敌人至卢比涅，在那里缴获了大量物资和弹药。

在此期间，各国领事齐聚莫斯塔夫（Mostav），希望能在瑟韦尔帕夏和起义军首领之间进行斡旋，但起义军首领并未出席会议。领事们在起义军的据点找到了他们的首领，建议首领不要再与土耳其宫廷作对。然而，他们为维护和平所做的努力只是徒劳。一些逃到奥地利的黑塞哥维那人向各国领事发表了一份宣言，讲述了他们的疾苦，拒绝了欧洲列强的调停，要求从土耳其人的统治下解放出来。

9月上旬，土耳其苏丹向驻各省总督颁发了如下"勒令"或敕令：

> 毫无疑问，国家福利和国民福祉是建立在每一个人的财产、生命和荣誉安全的基础之上的，而这种安全只有在良好和公正的司法体制下才能得到保障。这就是我们上一次向大维齐尔发出庄严诏书的意义，其内容如下：
>
> 由于良好的帝国管理、优厚的国家福利和较强的居民幸福感一直是我们关心的东西，所以我们希望，社会各阶层都能享有平等的正义，都能得到有效的保护，从而保证所有人的权利不受侵犯、荣誉不受诋毁。由于司法部是代表国家形象的重要部门之一，我们必须要保证它能够按照我们的善念开展工作。因此我们下令，将这些目标和愿望全部公之于众，并全面执行。
>
> 为了确认上述主权国家的目标和愿望，我们到今天才下达了命令，并发布了后期的行动指示。这些计划能否执行下去？我们的目标和愿望能否成功实现？这些完全取决于地方政要诚实热情的工作——无论他们是法官还是其他行政官员，当然也取决于他们是否有推动事情向好的方向发展的意愿。所有公职人员，特别是在首都或各省的宗教法庭和民事法庭受命行使司法职能的人员，必须要格外注意保证审判的公正性，所有判罚必须有宗教法律和其他一般性法律的条文作支撑，以确保所有臣民都能无差别地享有最大程度的安全与正义。这是我们整个帝国的坚定意愿。

　　将上述情况告知每一位总督之后，朝廷会下达这样的敕令。作为总督的你们在收到敕令的同时，还会收到一份有可能违反奥斯曼帝国法律的各种行为的清单，并且全世界都知道这些行为。收到敕令后，你们需要迅速将这些指示精神传达给首都和所有其他地区的行政及司法部门的各级官员，还要确保敕令能迅速执行起来。所有官员将根据其工作表现的好坏受到嘉奖或惩罚。伟大的土耳其宫廷将会采取必要的措施来确保能随时了解公共事务的进程。你们都清楚，任何有违敕令的作奸犯科或玩忽职守之举，哪怕再微小都会让你们受到严厉的惩罚，所以你们千万要依令行事。现在，你们要尽快把土耳其宫廷的精神传达给所有官员，尤其是那些一再违反帝国法令的官员，让他们赶紧悬崖勒马。

　　10月，土耳其苏丹颁布了一项法令，准许征税官免除农业人口四分之一的什一税，并免征他们之前已经拖欠的税款。法令规定，应设立一个由各村社或集体选出的代表组成的执行委员会；委员会要充分尊重代表们提出的合理要求，并在参考这些信息的基础上制定改革措施。法令还称，帝国决定将逐步实施已经出台的改革措施。

　　10月27日，伊格纳季耶夫（Ignatiev）将军会见大维齐尔马哈茂德帕夏时说："黑塞哥维那叛乱至今仍未结束，沙皇对此深感遗憾。陛下认为叛乱之所以还在继续，是因为最近在莫斯塔尔组建的特别法庭行动不力，还因为归顺苏丹后的叛乱者仍然没有足够的安全感。这些叛乱者非但得不到保护，反倒会受到地方政府的侵扰。因此，苏丹承诺的改革措施迟迟未执行也是叛乱持续的一个原因。沙皇希望贵国尽快

俄国驻君士坦丁堡大使
伊格纳季耶夫将军

改善这种状况，否则他不能坐视奥斯曼帝国的基督教徒继续遭受迫害而不管，届时西欧列强也将被迫干预此事。"

谈判进行的同时，战斗仍在继续，黑塞哥维那人取得了一系列大大小小的胜利。随着冬季的到来，双方被迫暂时停止了激烈的交火。11月，黑塞哥维那人在戈西克（Gatchko）取得了一场胜利，缴获了300支步枪、50吨弹药和一车运往戈万斯科（Govansko）的补给。

12月12日，苏丹又颁布了一项敕令，作出了如下规定："穆斯林与非穆斯林之间的诉讼将移交至民事法庭处理；未经审判，不可囚禁任何人；不可虐待囚犯；所有臣民的财产权都应得到保障；宪兵应该从每个城镇遵纪守法的居民中选出；应该废除农役租佃制度；所有宗教领袖都应该享有自由组织宗教活动的权利；所有非穆斯林臣民都享有在世俗公职岗位工作的权利；应该尊重遗嘱中的内容；应该保证所有合理的申诉和请愿都能顺利提交给土耳其当局；有必要限制总督和其他高级官员的权力。法令中的所有规定都是为忠诚的人民的利益而服务的。大维齐尔即将采取必要的措施逐步推行改革，还将设立一个专门委员会负责监督改革进程。"

12月20日，苏丹组建了一个专门委员会。成员包括所有国务大臣和许多伊斯兰教及基督教民众，负责监督新改革方案的实施。然而，黑塞哥维那的起义军领袖在咨询过波斯尼亚的基督教代表后，决定不再理会苏丹做出的改革承诺，而是继续采取武力反抗方式，直到将土耳其人赶走。

1876年1月18日，起义军与土耳其人在拉古萨和特雷比涅（Trebinje）之间的公路上发生一场遭遇战。起义军声称他们击败了土耳其人，并给其造成了重大的人员伤亡。拉古萨和特雷比涅之间的道路也落入了起义军手中。

2月11日，土耳其苏丹颁布了一项法令，宣布按照奥地利及其他欧洲列强的要求执行改革和妥协方案，以改善波斯尼亚和黑塞哥维那两地基督教徒的生活状况。然而，黑塞哥维那起义军的领导人佩科·保罗维奇（Peko Paulovitch）和拉扎尔·索西卡（Lazar Socica）不接受苏丹的这些让步，而被派去斡旋的奥地利领事显然未能完成和谈任务。后来，土耳其当局又颁布了一项补充法令，宣布对所有在4个星期内返回家园的起义者实行大赦，同时承诺政府会自费重建所有被毁坏的教堂和房屋。但起义者根本不相信土耳其当局的提议，他们的首领于2月26日在苏托里纳（Suttorina）召开了一次会议，并发表了一份宣言。宣言称，土耳其政府所承诺的改革从未兑现过；只要有穆斯林反对，任何改革都会受阻；如果真的推行这些改革，穆斯林很有可能会反抗。因此，起义军希望获得完全的独立与自由，否则会继续抗争。这份宣言还表达了对奥地利收留黑塞哥维那难民一事的感谢，并在结尾处表明希望能够得到俄国的帮助。

在外交人员努力促和期间，双方整体上处于停战状态，只发生过几次小冲突。其中，3月6日的冲突影响较大。当时，塞利姆帕夏率领5个营的土耳其士兵前往戈兰斯科要塞运送补给，途中遭到了保罗维奇率领的起义军的袭击，后被击溃。据说，这一战土耳其军队损失了800名将士、675支步枪和4门火炮。土耳其军队被追击了4小时，一直被追到了利普尼克（Lipnik）。起义军共有1150人投入战斗，据说有10人阵亡，25人负伤。

起义初期，非常活跃的柳比布拉提斯（Liubibraties）现已撤退至拉古萨，在那里通过记者的帮助利用各家报纸积极鼓动人民加入起义军。最后，他召集了一小支由俄国人、塞尔维亚人和来自波兰、法国及意大利冒险者组成的队伍，组织大家从不同地点分批登船，于2月底在克里克（Klek）登陆会合。柳比布拉提斯率领队伍沿着奥地利边境向林布斯卡（Linbuska）行进。3月5日，他们击退了一队巴什波祖克[①]（Bashi-Bazouks）的侦察兵。3月11日，他们抵达达尔马提亚的伊莫希（Imoschi）附近，之后在接近奥地利边境时被捕。队伍的大部分人员都被解散了，但后来又加入了其他起义队伍。

4月28日，星期五，土耳其军队碰上了扼守在通往帕扎尔吉克（Presjeka）要道上的起义军，经过4个小时的激战后，将其驱散。土耳其军队将补给顺利送往尼克西亚（Niksics）后，又返回了帕扎尔吉克。星期六上午，得到增援的起义军再次对土耳其军队发起进攻。战斗一直持续到晚上，起义军最终不敌土耳其军队，放弃阵地逃亡。在两天的战斗中，起义军伤亡三四百人，好在后来又得到了一定程度的增援。星期日上午，土耳其军队得知驻扎在帕扎尔吉克附近皮瓦（Piva）峡谷一侧森林里的起义军想要切断他们的撤退路线，随即向起义军发起了猛烈的进攻。直到晚上8点，这场惨不忍睹的战斗才以起义军被击溃告终。对土耳其军队而言，这是一场决定性的胜利。起义军伤亡惨重，大约有1000人阵亡或受伤。此外，土耳其军队还缴获了大量武器，但并没有和残敌继续战斗，而是返回了戈西克。

5月6日，星期六，一群穆斯林暴徒手持棍棒和刀具冲进了一座清真寺，杀害了在此避难的德国领事亨利·阿博特（Henry Abbott）及其妹

---

① 奥斯曼帝国在局部冲突中使用的雇佣军或非正规部队，因其残忍的掠夺行为、散漫的组织纪律和野蛮的杀戮而闻名。——译者注

夫法国领事保罗·穆兰（Paul Moulin）。这两位领事与一位美国领事共同担负着一名基督教女孩的监护权。后来，这个女孩因皈依伊斯兰教而被从家中带走。亨利·阿博特是一位出生于塞萨洛尼基的英国人，娶了一位希腊籍夫人，还与美国领事哈吉·拉扎罗（Hadji Lazaro）有姻亲关系。土耳其政府立即向两国承诺，会就案情进行全面调查，严惩凶手。6名暴徒被公开处决，另有50人因参与暴乱而被捕。所有基督教国家对此次暴行愤慨不已，组建了一个外国联合调查委员会前往事发现场进行调查。法国、德国、奥地利与意大利向塞萨洛尼基派出了战舰，英国还派出了一艘炮艇，以便监督土耳其政府派出的委员会开展调查工作。

5月的最后几天，土耳其臣民突然向阿卜杜勒·阿齐兹（Abdul Aziz）发难。其统治生涯也走到了尽头。实际上，导致这位苏丹下台的并不是人民发动的革命，而是大臣们的联合行动。连年战争让国库出现了亏空，但苏丹坚决不愿掏腰包填补这个亏空。大臣们被逼无奈，只好出此下策。他们说服不了苏丹出钱，于是在告诉他人民对他不满后将他废黜了。随后，阿卜杜勒·阿齐兹被软禁在托普卡帕宫（Tophana Palace），后因自残双臂流血过多而亡。

塞萨洛尼基屠杀案发生后，基督教民众群情激愤，土耳其革命也随之上演。长期以来，伊斯兰教神学和法学学生（Softas）成立的"青年土耳其党"一直在鼓动土耳其政府进行内部改革，主张对黑塞哥维那叛乱采取更积极的行动。他们反对接受安德拉西照会（Andrássy Note），因为他们认为土耳其目前众多问题的根源来自黑山，于是主张对该公国采取果断的行动。塞萨洛尼基的暴行让君士坦丁堡的各个阶层都十分震惊，而青年土耳其党终于等到了盼望已久的机会。5

第 23 章
战争导火索

月7日，在教授和神职人员的带领下，青年土耳其党走上了街头。担心他们可能会采取极端行动，德尔维希帕夏命令禁卫军和其他城里的驻军在各自的军营里待命，以随时应对可能出现的紧急情况。在博斯普鲁斯海峡待命的铁甲舰队被紧急调集到王宫前，将舰艇上的大炮对准了贝斯奇塔赫（Beschichtach）、奥尔塔凯尼（Arnaout Keni）和阿尔诺特凯尼（Arnaout Keni），因为青年土耳其党有可能从这些地方发动进攻。然而，德尔维希帕夏在第二天就被调离了战争大臣办公室，被派往迪尔贝克（Diarbeker）任总督。2万名青年土耳其党人留在首都，不断煽动民众对抗当时的大维齐尔穆罕默德帕夏。他们不断提出新的要求，并且态度愈加坚决。他们宣称，米德哈特（Midhat）帕夏才应该做大维齐尔，还将这位政治家迎进了王宫。但米德哈特帕夏因提出的要求过多，最终未被任用。最后的折中方案是，解除穆罕默德帕夏的职务，任命穆罕默德·鲁赫迪（Mahmoud Ruchdi）为大维齐尔，同时任命侯赛因·阿夫尼（Hussein Avni）为战争大臣，任命阿卜杜勒·克里姆·纳达尔（Abdul Kerim Nadar）帕夏为军队总司令。阿卜杜勒·阿齐兹不停地从一个宫殿搬到另一个宫殿居住，这样的异常行为表明他内心非常不安。青年土耳其党持续不断的审议和示威并不能消除他的焦虑。当时，大臣们正在密谋利用民意逼其下台的计划，不久之后便将他废黜了。米德哈特帕夏受到鼓动，拒绝外出任职，最终在新内阁中获得一个虚职，但欣然接受了这一任命。民众要求宫廷交出所囤积钱财的呼声越来越高。除苏丹以外，所有人都清楚，青年土耳其党正在日益强大，他们远非一个无政府党派，而是宪政体制的支持者。

事态已发展到了非常危急的地步，大维齐尔穆罕默德·鲁赫迪、战争大臣侯赛因·阿夫尼和海军大臣艾哈迈德（Ahmed）与苏丹

阿卜杜勒·克里姆·纳达尔帕夏

进行了长时间沟通，敦促他接受青年土耳其党的要求，却遭到了拒绝。于是，他们只好按计划行动。傍晚时分，外交大臣在比尤克德雷拜访了各国大使，其实他早上5点就接待过他们了。晚上，各舰队均换掉了舰长。阿卜杜勒·阿齐兹就寝的多玛巴切宫一侧被陆军包围，另一侧被海军包围。侯赛因·阿夫尼帕夏则带着穆拉德·埃芬迪（Mourad Effendi）前往塞拉斯基拉特（Seraskierat），在那里会见等候的各位大臣及青年土耳其党和乌理玛^①（Ulema）代表。穆拉德·埃芬迪受到了热烈欢迎，并被拥立为新任苏丹。紧接着，雷迪弗帕夏将军赶往阿卜杜勒·阿齐兹的寝宫，宣布他已被废黜，并称新任苏丹穆拉德·埃芬迪已下令将他押送至后宫的阁楼中。阿卜杜勒·阿齐兹听到这一消息后非常愤怒，但看到自己的寝宫已被包围，知道抵抗也是徒劳，于是不得不与4个儿子及100个妻子被软禁到后宫的阁楼中。

　　星期二早上，街上热闹非凡。在以教授为首的青年土耳其党的带领下，包括消防员、挑水工、搬运工和船夫在内的四大行会组成了一支游行队伍。他们一路向苏丹的多玛巴切宫前进，途中并未受到苏丹部队的阻拦——苏丹的部队似乎没有接到关于如何应对该游行示威活动的任何命令。在游行队伍行进的过程中，又有数以千计的民众加入。苏丹的宫殿虽然由骑警把守，但在游行人群高喊"打倒阿卜杜勒·阿齐兹"和"穆拉德·埃芬迪万岁"的口号时，这些骑警并没有干涉他们。与此同时，根据伊斯兰教法典，大维齐尔下令宣布穆拉德·埃芬迪为新任苏丹。每艘战船鸣响了101声致敬礼炮。10

---

① 伊斯兰教学者的总称，被用来泛指伊斯兰教中的所有知识分子，包括阿訇、毛拉、伊玛目等。——译者注

土耳其苏丹穆拉德·埃芬迪

点，穆拉德·埃芬迪在埃尤布清真寺被授予了奥斯曼之剑。随后发布的一道诏书写道："根据多数臣民的意愿，我阿卜杜勒·阿齐兹决定退位，将苏丹之位让给穆拉德·埃芬迪。"

6月15日晚上，当新任苏丹政府的各位大臣在议事厅一起议事时，一名叫哈桑（Hassan）的前部队军官强行闯了进来，用一把左轮手枪打死了战争大臣侯赛因·阿夫尼帕夏。在其他人试图抓住他时，他又开枪射杀了外交大臣穆罕默德·拉希德（Mohammed Raschid）帕夏和两名随行官员。海军大臣鲁西德（Ruschid）帕夏也受了伤。在随后的打斗中，米德哈特帕夏家族的一位成员在试图抓捕凶手时也不幸被射杀。最终，一支士兵小分队冲了进来，才将其擒获。被擒的哈桑立即接受了审判，并于6月17日上午被处以绞刑。

土耳其政府与黑塞哥维那起义军的战争持续了近一年后，保加利亚也爆发了起义。对于这次起义，土耳其政府的态度与奥地利政府曾经对意大利革命的态度有些相似。整个冬天都可以看到许多可疑的迹象，这些迹象暗示着人们在准备做什么样的事情。然而，想要打听到一些具体有价值的信息尚且比较困难，一般打听不出什么结果来。在许多情况下，信息都是从保加利亚人自己那里传出来的。他们中的富人，尤其是城镇里的市民从一开始就比土耳其人知道更多关于爆发起义的消息。然而事实证明，这些消息要么是空穴来风，要么夸大其词，几乎起到了相反的作用，让土耳其当局陷入了一种虚假的安全感中。土耳其人没有采取任何特殊的措施来应对保加利亚可能爆发的起义，甚至连最普通的预防措施都没有做。到了春天，通常驻扎在保加利亚的鲁米利亚武装部队几乎又全部被调集到尼什（Nish）和卫丁（Widdin），为4月在离舒姆拉（Shumla）不远的朱马（Djuma）举行盛大集

在保加利亚国
旗前宣誓

市时维持秩序。此外，他们还从卫丁的军营派出了一队轻骑兵。因此，除了一些宪兵，各个城市只留下了极少兵力，根本无法保证在第一时间将军队派往动荡的地区。

5月1日，起义的消息从伊克蒂曼的凯马卡姆城传到了索非亚。凯马卡姆城位于鞑靼巴扎德吉克（Tatar Bazardjik）和索非亚之间，坐落在连接巴尔干山脉和罗多彼山脉的山脊上。据说，起因是当地民众与前来征税的土耳其宪兵发生了冲突。奥特利金（Otlikein）、阿雷塔尔安（Arretal-An）和伊斯拉迪（Islady）这些位于鞑靼巴扎德吉克和索非亚之间的山村地区是起义的发起地。据说，一位穆迪厄、一名副官和几名宪兵被杀，鞑靼巴扎德吉克和伊克蒂曼之间的电报线和两座铁路桥也被摧毁。冲突过后，起义军就像接到了统一命令一样从不同地方聚集起来，撤退到山里各处的坚固阵地上——他们已经事先在那里存放好了物资。

起义军的武器主要是米尼步枪和其他一些老式武器。不过，他们似乎还得到了不少弹药。说到武器，在初春时土耳其当局得到消息称，有一批军火正准备从罗马尼亚某处运过去。土耳其当局非常重视这条消息，立即采取了行动，但实际上只有一小部分武器落入他们手中。当土耳其人把注意力都放在罗马尼亚的这个地方时，几千支武器和大量弹药已被悄悄地送到了其他地方。

起义消息传到索非亚的当晚，驻扎在那里的一支重装部队就被派往了伊克蒂曼。与此同时，各地都向苏丹发去电报，请求速派增援部队。但此时的土耳其政府正处于缺兵少将的窘境——黑塞哥维那和塞尔维亚边境拖住了土耳其军队的主力，首都的军队不得已被派来守卫菲利波波利和阿德里安堡。为了防止叛乱蔓延，土耳其政府不得已采取了特殊措施，将穆斯林和切尔克斯难民武装了起来，然后将他们派往保加利亚。在3个星期左右的时间里，这支武装队伍扑灭了所有叛乱的火星。这些武装起来的穆斯林被称为巴什波祖克。他们好像立了一个规矩，即见到一个基督教徒就毫不留情地将其射杀。结果，基督教徒的田地全荒了。当然，这些野蛮的穆斯林还将发生叛乱的村庄全部烧毁了。一些忠诚的村民在听说他们的暴行后，一起躲到某个偏僻的角落以求自保。但巴什波祖克人发现他们后，会以密谋造反为由立即向他们发动袭击。在另一个村庄被列为扫荡对象后，又有一队惊恐万分的妇女和儿童加入了向城市逃难的队伍中。在200多个村庄被烧毁，数以千计的人民被杀害，数千人被冠以同谋叛乱的罪名抓捕后，保加利亚人的起义被镇压了下去。但巴什波祖克和切尔克斯人仍在大肆屠杀民众。除了有正规军队驻扎的城市，其他地方都不安全。与劣迹斑斑的巴什波祖克相比，正规军队虽然比较安分，但并非没有犯罪行为。他们也会抢夺商店里和市场上的物品，野蛮地蹂躏无助的妇女和年轻女孩。

政府对保加利亚人民的投诉和疾苦不闻不问，以致叛乱虽然平息了，但整个国家遭到了灭顶之灾。就在此时，革命又爆发了。新一任苏丹在即位后的第三天下令约束巴什波祖克的暴行，但巴什波祖克并不听令，致使零星的暴力行为又持续了3个星期。只要是正规军不在的地方，巴什波祖克就肯定会出现，他们已经变成了彻头彻尾的强盗。一名巴什波祖克在被要求将不义之财物归原主时的一番话就证明了这一点："我的君主允许我拿走这份财产，它已是我的合法财产。新任君主没有资格没收我的这份合法财物。"

8月初，有人前往曾经发生过叛乱的地区。这些可靠的见证人描绘了一幅令人悲痛的画面。在巴托克城（Batok），散落的头骨和成堆的套着衣服的尸骨随处可见。在一个地方，有100多个已经风化的骷髅头，全部是妇女和儿童的。进城之后，到处都是烧焦了的骷髅头和尸体，还有平躺着的仍然穿着衣服的完整尸骨。有些女孩和妇女的头骨上还留着棕褐色的长发。在教堂附近，遗骸的数量更多，地面上几乎布满了骷髅和腐烂的尸体。在教堂和学校之间的地面上，成堆的尸体散发着阵阵恶臭。教堂院子里的景象更加恐怖：堆积起来的腐尸足有3英尺高，其中还夹杂着一些断手、断腿、断臂和头颅。地上还有许多小孩的小手、小脚和小头颅，以及长满漂亮头发的女孩的头颅。教堂内部的情况更加糟糕：地板上布满了腐烂的裸露着的尸体。在一所学校的一栋漂亮的教学楼里，200多名妇女被活活烧死。在城市的各个角落，类似的场景比比皆是。在一些地方，野狗把埋得较浅的尸体刨了出来，小河的岸边也都堆满了尸体。

许多尸体被运到了30英里以外的鞑靼巴扎德吉克。巴托克城曾经有9000多居民，但现在只剩下1200人了。许多逃走的人再次返回后，面对被摧毁的家园失声痛哭，他们悲痛的哀号声传到了半英里之外。5月11日，帕纳古里什塔（Panagurishta）遭到了一支土耳其正规军和巴什波祖克的联合袭击。起义军没有发出任何求降的信号，但在经过一番抵抗之后，该城还是被占领。许多居民都逃走了，但仍有大约3000人遭到了屠杀，其中大多数是妇女和儿童。在这些死者中，约有400人是帕纳古里什塔镇的居民，其他人则是9个邻近村庄的村民——他们原本是来这里避难的。400座建筑被大火烧成了灰烬，包括集市和宏伟壮丽的殿堂，两座教堂也被夷为了平地。在其中一座教堂里，一位在祭坛上的老者被羞辱后活活烧死。镇上的两所学校也被付之一炬，还有一所学校因看起来像民宅而逃过了一劫。镇上几乎所有妇女都遭到了侵犯和蹂躏。这些暴徒根本不分年龄，连8岁的儿童和80岁的老妪都不放过。他们剜出老人的眼睛，砍掉她们的四肢，让她们就这样在痛苦中死去——一刀结束她们生命的人都算是有恻隐之心了。

这种烧杀掠夺、大肆屠杀的场面持续了3天，施暴者还逼迫幸存者埋葬那些惨死者的尸体，而这些残忍的施暴者主要是哈菲兹帕夏统帅的正规军。

起初，连土耳其人自己都认为不会有这样的暴行发生。但当英国公使馆的巴林（Baring）先生和美国总领事尤金·斯凯勒（Eugene Schuyler）先生对整个事件做了公正的调查之后，人们才普遍认识到，土耳其人确实犯下了滔天大罪。

9月下旬，格拉德斯通（Gladstone）先生在评论上述披露信息时说道："没有一个欧洲监狱里的罪犯，没有一个南海群岛上的食人者，在听到这些残暴之举时能不义愤填膺。政府对如此恶性事件调查得太晚了，非但没能给惨死的人及时报仇雪恨，反倒放任这种暴行继续蔓延。如此恶行可能从浸透了鲜血、散发着恶臭的土壤中，从弥漫着各种罪行和耻辱气息的空气中，再次萌发。对我们种族中那些施暴者来说，这种事情哪怕做一次都是一种致命的耻辱；如果我们纵容和包庇施暴者，放任他们继续胡作非为，那么我们整个种族都会蒙受奇耻大辱。"

格拉德斯通先生将英国人及所有文明社会人民的呼声总结为以下两点：

第一，停止无政府主义暴政（请原谅我使用这一措辞），停止一切烧杀掠夺行为。有证据表明，如此暴行在保加利亚仍时有发生。

第二，必须出台有效措施，防止最近在土耳其政府默认下的暴行再度上演。今后不仅要在波斯尼亚和黑塞哥维那限制土耳其的行政权力，还要首先在保加利亚限制其行政权力。哪怕是这样，在未来的许多年里，世世代代都不会忘记土耳其人在保加利亚犯下的滔天罪行。

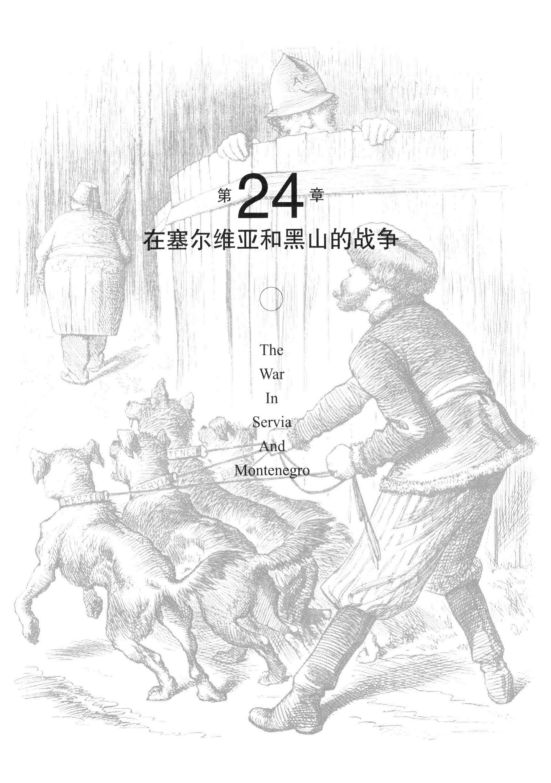

第**24**章

在塞尔维亚和黑山的战争

The
War
In
Servia
And
Montenegro

————

1876年初，塞尔维亚政府领导人卡利耶维奇（Kalievitch）主张与土耳其政府和谈，但遭到了国民议会的强烈反对。1月22日，国民议会通过投票表决，一致同意采用武力手段解决问题，并通过了战争经费预算。3天后，战争部要求一笔额外拨款，为军队提供装备。2月20日，政府向所有年龄在20至50岁的男性发出了征兵令。2月下旬公共选举期间，骚乱爆发，主战思想占了上风。但在米兰亲王向奥地利驻贝尔格莱德的代表作出促和保证后，人民的主战情绪暂时缓和了下来。随后的一个月里，主战派在给米兰亲王施加巨大压力的同时，还在首都发起了纪念发生在黑塞哥维那的穆拉托维萨战役的活动。驻扎在塞尔维亚边境的土耳其士兵开始对民众烧杀掠夺后，塞尔维亚政府迅速下令让当地民兵前去抗击土耳其军队。

4月，奥地利代表雷德亲王向米兰亲王发出照会，威胁说如果塞尔维亚向土耳其宣战，奥地利和土耳其联军将会攻占塞尔维亚。但塞尔维亚的大臣一致建议米兰亲王不要妥协。随着叛乱省份再次发起敌对行动，战争情绪也越发高涨。在听到有关保加利亚大屠杀和塞萨洛尼基领事被谋杀的消息后，塞尔维亚人民更是义愤填膺。最后，米兰亲王不得不顺应民意，组建了一个新内阁。新内阁由里斯蒂奇–格鲁奇（Ristitch-Gruitch）任首脑，成员大多为主战派。现在整个国家已经做好随时战斗的准备。5月24日，政府决定拨付1200万法郎的战争经费，并承诺在5年内兑现。5月29日，俄国将军切尔纳耶夫（Tchernayeff）被任命为塞尔维亚陆军总指挥，他刚上任就派遣部队前去守卫边境。与此同时，米兰亲王还与黑山大公进行了谈判，缔结了一项攻防同盟条约。

6月23日，塞尔维亚军队已进入战备状态。6月29日，塞尔维亚驻伊斯坦布尔代表向土耳其宫廷呈递了一份备忘录，写明了塞尔维亚和黑山的各项要求。但正如两国预料的那样，土耳其宫廷断然拒绝了它们的要求。7月2日，塞尔维亚和黑山同时向土耳其宣战，紧接着便侵入邻近的两个土耳其行省——波斯尼亚和黑塞哥维那。

米兰亲王在战争宣言中称，黑塞哥维那和波斯尼亚爆发的起义已将塞尔维亚逼到了无法退让的地步，尽管塞尔维亚没有做过任何妨碍和谈工作的事情，但土耳其方面做得非常过分，像铁桶阵一样把塞尔维亚包围了起来。

黑山大公也在同一天向土耳其大维齐尔发送了一份宣战书，以回应他一个星期前的来信。黑山大公称他无法接受土耳其政府的承诺，因为土耳其政府被其下属代理官员所做的虚假报告蒙蔽了，实际上土耳其军队已对黑山进行了封锁，并且驻扎在黑山边境的土耳其军队最近仍在不断增加兵力。但几经努力后，黑山大公最后还是听从欧洲列强的建议，放弃了参与叛乱的计划，转而开始支持和谈。然而，黑山人民现在看到的是，土耳其政府根本没有能力结束这场斗争，而大公本人也对此深表赞同，于是选择公开向土耳其宣战。

米兰亲王在向土耳其宣战的当天，就离家前往边防军营了。驻守在贝尔格莱德的塞尔维亚预备部队被紧急召集起来，在王宫前整装待发。米兰亲王也全副武装，在护卫的陪同下，骑着战马威风凛凛地出现在队伍中。似乎所有市民都走出了家门，前来为他们送行。军队排成方阵，将米兰亲王围在中间。米兰亲王拔出宝剑，高喊道："塞尔维亚的人民和勇士们，我就要离开都城，前往边境与英勇的边防军会合。我将与他们并肩作战，直至彻底击败我们的宿敌。塞尔维亚的人民和勇士们，我们胜利后再相见！"

塞尔维亚军队参
谋长官和僧侣在
修道院举行会议

————

塞尔维亚军队由如下几部分组成：第一部分是由阿林皮奇（Alimpitch）将军率领的德里纳（Drina）军队，包括步兵和骑兵，共有两万多人，由第一师的第一旅、第二旅和众多志愿军组成，志愿军主要为波斯尼亚人；第二部分是由达契奇（Dutchitch）大主教率领的伊巴尔（Ibar）军队，约有2万人，由西摩拉瓦（Western Morava）师的第一旅、第二旅和波斯尼亚西南地区的志愿军组成；第三部分是由切尔纳耶夫将军率领的主力军，即南方军队，约有4.5万人，由南摩拉瓦师的第一旅、第二旅和多瑙河及舒马迪亚（Shumadiya）师的第一旅组成；第四部分是由利萨宁（Lieshanin）将军率领的蒂莫克（Timok）军队，约有2万人，由第四师的第一旅、第二旅及几支志愿军组成。剩下的兵力还有第五师和第六师（多瑙河和舒马迪亚师）的第二旅，以及全部预备部队。

为了更好地理解上述部队的行动，我们有必要详细描述一下作战地区的地形。土耳其及其邻近省份的山脉与中欧的山脉在两个地方相连。贯穿达尔马提亚、波斯尼亚、西塞尔维亚到摩拉瓦河、黑塞哥维那、黑山、北阿尔巴尼亚（即斯库台湖）的山脉是阿尔卑斯山脉的自然延续部分，从西北到东南走向与亚得里亚海平行。特兰西瓦尼亚的喀尔巴阡山脉的延续部分以马蹄状走向从多瑙河畔的奥地利城市奥尔绍瓦（Orsova）对面的塞尔维亚—土耳其边境一直延伸至黑海。东塞尔维亚境内的山脉从蒂莫克河一直延伸至摩拉瓦河，是巴尔干山脉的支脉。在伊凡的草地[①]的山顶上，即塞尔维亚与帕夏领地卫丁和尼萨（Nissa）的交汇处，矗立着一座塞尔维亚的哨所，这里就是巴尔干山脉

———————————

① 《伊凡的草地》是一首流行于巴尔干地区的民歌，讲述了一个叫伊凡的年轻人离开自己的家乡和心爱的女孩，奔赴战场去战斗的故事。人们一般用"伊凡的草地"指塞尔维亚。——译者注

的起点。几年前，奥地利地理学家卡尼茨（Kanitz）首次对这里进行了探索。蒂莫克河就是从这里流向尼萨瓦（Nissava）河谷。由于当地人对这一山脉没有统一的叫法，卡尼茨便将其命名为"斯维特尼古拉巴尔干"——那里有一处十分重要的关口叫"斯维特尼古拉关口"。这条山脉的海拔高度为4160英尺。"巴尔干"是土耳其语，意指山脉。这里的许多山脉都是以附近保加利亚的一些城镇命名的，有时也以狭窄的关口命名。

摩拉瓦河宽阔的河谷将西部山脉与巴尔干山脉分隔开来，河水从塞门德里亚和贝尔格莱德下游的波扎雷瓦茨（Pozarevac）分两路注入多瑙河。河谷由塞尔维亚摩拉瓦河和保加利亚摩拉瓦河在塞尔维亚小城斯塔拉茨（Stalatz）汇合而成。溯较大支流保加利亚摩拉瓦河而上，我们会经过一个狭窄的隘口，再经过塞尔维亚边境小镇阿列克西尼扎（Alexinitza），之后就到了尼什平原。在远古时期，尼什平原显然是一个大湖，后来慢慢形成了一片三角洲。其中一角位于塞尔维亚边境附近，尼萨瓦河就是从这里注入保加利亚摩拉瓦河的。穿过三角洲东侧的尼萨瓦河谷，经古罗马时期修建的贝尔格莱德至君士坦丁堡的大道，就到达了风景秀丽的索非亚山谷。一名土耳其历史学家将这里称为"人间仙境"。再穿过保加利亚摩拉瓦河谷后，我们就到了科索沃平原，看到了通往塞萨洛尼基的古道。流经黑山和塞尔维亚之间的帕夏领地诺维巴扎尔（Novi bazar）后，伊巴尔河在卡拉诺瓦茨（Karanovatz）注入塞尔维亚摩拉瓦河，抵达科索沃平原。在这3条河流之间的三角洲上，有3座中等高度、尚未得到完全勘探的山脉。河水在流经这些山脉时，常被挤入狭窄的峡谷之中。

位于科索沃平原和索非亚平原南侧的一道山脊将波斯尼亚-阿尔

巴尼亚山脉和巴尔干山脉连接了起来，这道山脊由自西向东延伸的塔尔达格山脉（Tchar Dagh）和像一块巨石般的里尔山（Ryl），以及将近7000英尺高的金字塔般的维托斯山（Vitos）组成。从里尔山和维托斯山开始，一连串的山脉分别向西、南、东方向延伸。南部山脉与伊克蒂曼中部山脉相连，进而与巴尔干山脉连接起来。从君士坦丁堡通往索非亚、尼萨和贝尔格莱德的道路要经过伊克蒂曼山脉的两个隘口。里尔山和塔尔达格山脉之间有一片洼地，人们可以从保加利亚摩拉瓦河谷经此进入瓦尔达尔河谷，这片洼地是贝尔格莱德通往塞萨洛尼基的必经之路。通往君士坦丁堡的尼萨瓦河谷和通往塞萨洛尼基的保加利亚摩拉瓦河谷是仅有的两条适合行军的道路。

根据军事行动协定，塞尔维亚和黑山派军队越过了边境。1876年7月2日（星期日）上午，塞尔维亚部队向摩拉瓦河方向前进，逼近苏波维扎（Suppowiza）。米卢廷·乔瓦诺维奇（Milutin Jovanovics）将军率领部队攻占了塞奇尼扎（Seczenitza）和达杜莱茨（Dadulaicz），并击退了土耳其军队的进攻。保罗·戈格维奇（Paul Gorgewicz）将军率部占领了约波尔尼扎（Jopolniza）高地。星期一，切尔纳耶夫将军率部袭击了土耳其军队位于巴比纳格拉瓦（Babinaglava）的营地。经过3小时的激战，土耳其军队被迫撤离，匆忙中未能带走几门排炮和大量物资。星期一清晨，兰科·奥林匹克斯（Ranko Olimpics）率领塞尔维亚军队越过德里纳河（Drina），迅速推进至贝利纳（Bellina），然后开始用大炮攻城——炮火一直持续到5点，随后向城内发起了冲击。塞尔维亚军队右翼成功突破了土耳其的防御工事，但并没有打算驻守刚刚占领的哨所，而是沿街追击撤退的土耳其士兵，结果遭到了躲避在房屋中土耳其士兵的射击。他们的队伍开始混乱起来，随后便被赶出了城。右翼的混乱蔓延到了中路，致使奥林匹克斯被迫撤军。不过，他很快就稳定了军心，在德里纳河左岸驻扎下来。随后，塞尔维亚军队重整旗鼓，逐渐将前哨向贝利纳推进。奥林匹克斯还将大量波斯尼亚逃难者纳入自己的军营，其中不乏能上阵杀敌的人。也是在这一时段，土耳其军队放弃了小兹沃尔尼克（Little Zvornik）。塞尔维亚军队立即占领该要塞并严加防守，自此完全控制了德里纳河右岸地区。

7月2日，利萨宁将军率部从蒂莫克河沿岸向土耳其军队发起进攻。蒂莫克师的第一旅及志愿军组织"神圣军团"（Holy Legion）集中驻扎在塞查尔（Saitchar）周边，第二旅则控制着蒂莫克河沿岸地区。他们在前往卫丁的途中于卡拉乌尔（Karaul）附近遇上了敌军。利萨宁的军队由于管理涣散，很快就被击溃了，晚上被迫撤回了塞查尔，伤亡惨重。7月3日早上，奥斯曼帕夏率领土耳其军队进入塞尔维亚境内，立即向塞尔维亚军队发起了进攻。塞尔维亚骑兵虽然奋力抵抗，但最终还是被迫退守到塞查尔。基沙宁（Kieshanin）担心退路被敌人切断，最后向塞尔维亚军队将士下令，让他们放弃蒂莫克河右岸的防御工事。据说，塞尔维亚军队在这两天内兵力减少了1800多人，很多士兵战死沙场。不过，相较而言，土耳其军队的兵力损失估计更严重。奥斯曼帕夏尽管仍在率领土耳其军队骚扰塞尔维亚军队，甚至追到了贝尔格拉德希克（Belgradshik）以南，但并没想着要取胜。事实上也不可能再取胜了，因为土耳其军队主力不可能一直无限支持他向前追击敌人。

在南方，切尔纳耶夫将军将驻扎在阿莱克西纳茨和德利格拉德（Deligrad）的南摩拉瓦师交由米兰·伊万诺维奇（Milan Ivanovitch）上校指挥，并命令他越过摩拉瓦河左岸边境向尼萨要塞逼近。切尔纳耶夫则带着大部队向左侧的巴尼亚（Bania）和古尔古索瓦茨（Gurgussovatz）进军。随后，他又离开右边的尼萨，打算越过边界向阿克帕兰卡（Ak Palanka）和皮罗特（Pirot）进军。7月2日，伊万诺维奇率领两个旅的兵力，列为两个纵队，向姆拉莫尔（Mramor）进发，挺进托普利察（Toplitza）河谷，并在这里与土耳其军队进行了短暂交火，成功地吸引了尼萨守军的注意。切尔纳耶夫将军则率领大部队从古尔古索瓦茨赶往阿克帕兰卡，同时命令一支小分队取道格拉纳达向右推进到尼萨，并在摩拉瓦河右岸做观望状，让土耳其军队误以为他要围城。同时，他命令主力部队左侧的一支小分队向皮罗特进军。7月4日，切尔纳耶夫抵达阿克帕兰卡和皮罗特，在与敌军短暂交战后，于5日攻入了这两座城市。然而，由于没有像预想中那样得到保加利亚人的增援，再加上利萨宁在蒂莫克河的失利给塞尔维亚人的军事行动蒙上了一层阴霾，米兰亲王不得不下令让其返回塞尔维亚。7月10日，切尔纳耶夫放弃攻占的两座城市，踏上了返回塞尔维亚的路。

此后，塞尔维亚人的主动进攻行动宣告结束，他们的部队也都撤回了塞尔维亚。直到7月中旬，土耳其方面都没有采取任何军事行动。在3个星期的时间里，双方都保持着相对平静的态势，几乎没有发生冲突，也没有采取较大的军事行动。

7月下旬，土耳其人开始对蒂莫克河沿线的塞尔维亚军队发起了联合进攻。参加这次联合作战的部队主要是来自尼萨的埃尤布帕夏军，其右翼得到了苏莱曼帕夏军及来自卫丁的奥斯曼帕夏军的增援。塞而维亚人在蒂莫克河沿线的两个主要据点是古尔古索瓦茨和塞查尔及其周边。埃尤布帕夏率军向古尔古索瓦茨进发，其右翼有苏莱曼帕夏军沿皮罗特–潘迪拉罗（Pirot-Pandiralo）一线挺进，左翼有哈菲兹帕夏率先头部队沿格拉纳达–德文特（Granada-Derwent）一线打前阵，埃尤布帕夏本人则率预备军殿后。埃尤布帕夏的全部兵力约为3.3万人，其中至少有1万人留在了尼萨，1万人部署在尼萨至格拉纳达沿途的公路上。因此，攻打古尔古索瓦茨的兵力只有1.3万人，后来埃尤布帕夏又从预备军中调集了一些人马。奥斯曼帕夏负责对塞查尔发动进攻，他的手下有大约1.8万名正规军。这样一来，进攻蒂莫克河防线的土耳其士兵最多只有3.5万名正规军，外加数千名巴什波祖克成员。

7月28日，奥斯曼帕夏袭击了利萨宁部在韦利基伊斯沃尔（Weliki Iswor）的前哨阵地，迫使塞尔维亚军队撤回塞查尔。大批市民开始撤离塞查尔。8月5日，和土耳其军队短暂交战后，利萨宁将军下令放弃塞查尔这座城市。紧接着，尚未撤离的市民也都纷纷撤走了。傍晚时分，利萨宁将军和守城将士向帕拉钦（Paratchin）撤去。然而，他们并没有撤到摩拉瓦河谷，而是暂时停在了波利瓦茨（Bolyevatz）和卢科沃（Lukovo）的隘口。8月6日土耳其军队进入塞查尔时，城内已空无一人，没有施暴对象的他们放火烧毁了几乎整座城。与此同时，哈菲兹帕夏于7月29日率军向蒂莫克河下游格拉纳达的塞尔维亚人发动了袭击。7月30日和31日，塞尔维亚人虽然在格拉纳达和德文特英勇抗击土耳其军队，但最后还是被迫撤到了古尔古索瓦茨。苏莱曼帕夏也率军取道潘迪拉罗进入了塞尔维亚境内，霍瓦托维奇（Horvatovitch）将军已很难阻止他们入侵的步伐。8月2日，霍瓦托维奇将军被迫放弃了边境上的所有前沿阵地，将约6000人的部队全部集结到了古尔古索瓦茨南部的特雷西巴巴（Tresibaba）。哈菲兹帕夏和苏莱曼帕夏胜利会师后，埃尤布帕夏亲自指挥土耳其军队向特雷西巴巴发起了进攻。8月3日和4日，霍瓦托维奇仍在坚守，但最终还是被迫将特雷西巴巴让给了在兵力上占据巨大优势的敌军。8月6日，霍瓦托维奇又将古尔古索瓦茨让给了敌军，因为再僵持下去，塞尔维亚军队很有可能被完全包围起来。于是，他率领队伍撤向巴尼亚隘口，将后卫部队留在了契特卢克（Tchitluk）和泽罗维扎（Zerovitza），自己则与阿莱克西纳茨的军队会合，进入托普利策山谷，联手对抗姆拉莫尔的土耳其军队。在姆拉莫尔，他们遭遇了阿里·萨希卜（Ali Sahib）率领的土耳其军队及尼萨的卫戍部队，结果被击退。不过，土耳其军队在蒂莫克河沿线取得胜利后并未穷追猛打，而是很快又放弃这些地方。于是，霍瓦托维奇于8月18日再次进入古尔古索瓦茨。随后，他将所有兵力都集中到了尼萨，准备向南摩拉瓦河的阿莱克西纳茨–德利格拉德发动进攻。土耳其的这些军事行动都是由战争大臣阿卜杜勒·克里姆帕夏负责指挥的。

阿卜杜勒·克里姆率军从尼萨出发后，一路沿西北方向行军。19日，他的队伍与驻守在苏波瓦茨（Supovatz）的塞尔维亚先头部队发生了激战。苏波瓦茨是一个防守要塞，与克努乔瓦茨（Knuchovatz）、德利格拉德和亚历山大形成了一个不规则三角形，其中德利格拉德为该三角形的顶点。作为要塞，苏波瓦茨其实并不坚固，它只是阿莱克西纳茨外围的一个阵地。土耳其军队沿摩拉瓦河左岸前进，直扑苏波瓦茨。土耳其军队共有2.5万多人，而与之对抗的塞尔维亚军队只有6个营，战斗结果可想而知。后来，塞尔维亚军队撤向了阿莱克西纳，苏波瓦茨落入了土耳其人之手。20日，阿卜杜勒·克里姆又率军向从阿莱克西纳茨到巴尼亚（Banja）的整条塞尔维亚军队防线发起了进攻，却遭到猛烈反击，甚至都没能越过佩斯齐扎（Peschitza）。战斗就这样日复一日进行着，而阿莱克西纳茨是双方争夺的战略要地。从塞查尔撤退后，切尔纳耶夫便将所有赌注都押在这个阵地上。如果土耳其军队攻占了这里，那么他们只需再攻下德利格拉德即可，而这里如果还没有塞尔维亚守军，就更容易攻破了。切尔纳耶夫的兵力为7.9万人。据说为了攻打阿莱克西纳茨，阿卜杜勒·克里姆的兵力已增加至4万人。如果土耳其军队攻陷阿列克西纳茨和德利格拉德，他们就能避开所有隘口，从宽阔的道路前往摩拉瓦山谷，然后直抵贝尔格莱德。

8月26日，土耳其军队沿着摩拉瓦河左岸挺进，在苏波瓦茨突破塞尔维亚的哨卡后，沿阿莱克西纳茨整条防线继续推进。双方交战的炮火非常猛烈，枪炮产生的硝烟和土耳其人烧毁村庄产生的烟雾交织在一起，让整个山谷都笼罩在一片阴霾之中。塞尔维亚人的防御重任落在了阿莱克西纳茨的民兵旅身上，而该旅也得到了德利格拉德的炮兵和步兵的支援。泰西卡村（Tessica）附近的战斗持续了好几小时，迟迟不见硝烟散去。虽然土耳其军队在兵力上占优势，但塞尔维亚军队的步兵英勇地抵住了敌人的每一次进攻，炮兵也表现出了非凡的技能和勇气。4点左右，土耳其军队开始撤退，塞尔维亚军队开始转守为攻。土耳其军队损失惨重，被赶回了边境。

上述行动失败后，阿卜杜勒·克里姆决定将全军集中到左岸，然后向西进发，经阿莱克西纳茨和德利格拉德，如果可能的话再进入左岸的摩拉瓦河谷。于是，埃尤布帕夏接到命令，率部在佩斯齐扎河左岸集结，在右岸留下几支非正规军即可。为了掩护埃尤布渡河，这些非正规军于28日向阿莱克西纳茨发动了进攻，随后又撤了回去。8月30日，阿卜杜勒·克里姆将主力部队集结到了左岸的佩斯齐扎附近。

9月1日上午，塞尔维亚人沿边境线的阵形大致如下：其最右侧阵地向西南延伸至锡特科瓦茨村（Sitkowatz），向北延伸至普雷西洛维茨村（Precilowitz）。他们还占领了位于高地上的默塞尔（Mersel），扼守着摩拉瓦河左岸和贝尔贾（Belja）旁边的公路。在贝尔贾的西南侧，塞尔维亚人的左翼部队沿着阿莱克西纳茨阵地向东北方向延伸了一段距离。

在随后的战斗中，塞尔维亚人经过一整天的苦战，仍然败给了土耳其人。土耳其军队占领了阿莱克西纳茨城对面的整个摩拉瓦河左岸，控制了向西可通往克鲁乔瓦茨（Kruchovatz）的道路，但没有控制北面从阿莱克西纳茨到德利格拉德的道路，这是一条经摩拉瓦河谷通往贝尔格莱德的公路。一开始的几小时内，双方展开了炮战：土耳其军队在德雷诺瓦特（Drenovat）有3个炮台投入战斗，塞尔维亚军队有2个炮台与之对抗。后来，土耳其军队向东北方向慢慢推进，贝尔贾和更北边的索特纳（Suotna）的塞尔维亚军队的炮台则以持续不断的炮火顽强地压制着土耳其军队的进攻。但塞尔维亚步兵表现得非常糟糕，未能给炮兵带去有力的支持。夜幕降临时，土耳其步兵的进攻改变了战局——阿卜杜勒·克里姆帕夏率军突破了贝尔贾的防线，很有可能会切断塞尔维亚人撤往德利格拉德的退路。

塞尔维亚人在摩拉瓦河左岸的防线大约有4英里长，作战部队中约有2.5万名步兵和25门排炮。与此同时，在摩拉瓦河的右岸和阿莱克西纳茨的东面，一场完全不同于左岸的战斗正在进行。显然，整个土耳其军队作战行动一致，而塞尔维亚军队则因阿莱克西纳茨遭到大范围进攻而陷入了被动。黎明时分，一支大炮加步枪的土耳其军队与驻守在右岸卡坦（Katan）的塞尔维亚军队展开了激战。在猛烈的炮火攻击下，塞尔维亚军队被迫撤离卡坦。随后，土耳其军队从圣斯蒂芬（St. Stephen）和斯坦尼（Stanej）方向朝东边距阿莱克西纳茨一小时路程的普拉科瓦茨推进。不过，双方的主战场仍在摩拉瓦山谷和摩拉瓦河左岸的山坡上，我们主要关注的也是这里的作战情况。一些英勇的俄国军官在那里帮助塞尔维亚人与土耳其军队抗战时献出了自己的生命。

9月1日在阿莱克西纳茨附近取得胜利的土耳其军队并未继续乘胜扩大战果，而是按兵不动。10天后，他们重新开始向塞尔维亚人控制的阿莱克西纳茨和德利格拉德之间的阵地发起进攻。10日，土耳其军队试图在特里南（Trjnan）附近的摩拉瓦河上架桥，但被塞尔维亚人击退。11日，土耳其军队再次尝试在波维希特（Bovovichte）架桥时，双方在冯孔亚（Vonkonja）和尼伊尼阿德罗瓦茨（Nijni Adrovatz）之间的战线上发生了激烈的交火，土耳其军队再次被击退。马乔·维尔比扎（Macho Verbitza）率领的黑山人在战斗中表现尤其突出，他本人受了轻伤。12日，从特里南到波维希特的摩拉瓦河两岸的战斗再次打响。塞尔维亚人成功在卡通村（Katun）南边的河段架起了一座桥。土耳其人发现后，用灯光向整个土耳其军队发出信号，提醒他们关注塞尔维亚军队的行动。切尔克斯人和其他土耳其骑兵向塞尔维亚军队发起了冲锋，双方在整条战线上展开了厮杀。最终，塞尔维亚人取得胜利，成功将土耳其人赶回至距摩拉瓦河左岸两三英里的地方。

战斗刚开始时，黑山人分为两支部队：一支部署在南部边境，与土耳其的梅敦（Medun）、波德戈里扎（Podgoritza）和斯库台湖的阵地相望，采取严密防守的战术；另一支部署在面向黑塞哥维那的边境，采取攻势，分纵队攻向斯托拉茨（Stolatz）。右翼的一个纵队向戈西克进发，在攻占了该城前面的几个防御工事后，试图将该城包围起来。塞利姆帕夏在该城留下一支守军后，率领两个营的兵力向内韦西涅（Nevesigne）进发，计划从那里前往莫斯塔尔与穆赫塔尔帕夏会合。7月11日，据说由尼古拉亲王亲自率领的中路纵队攻到斯托拉茨，经过短暂交战后攻占了该城及其周围的堡垒。

莫斯塔尔的女子

7月16日，黑山人在内韦西涅袭击了塞利姆帕夏，迫使其撤到了布拉吉（Blagui）；17日，他们再接再厉，在那里再次击败土耳其军队。不过，穆赫塔尔帕夏率领土耳其预备军从莫斯塔尔赶来解围；19日，在发现黑山人只有4个营的兵力后，穆赫塔尔帕夏率领土耳其军队击败了奋力抵抗的黑山人。遭遇这次失败后，整个黑山军队从内韦西涅、戈西克和科里托（Korito）一路撤退。穆赫塔尔帕夏率军取道西边的路线，紧追不舍，打算赶在他们前面切断他们撤向黑山的退路。同时，阿尔巴尼亚的土耳其军队将向南部边境发起进攻。7月27日，穆赫塔尔帕夏抵达比尔斯克（Bilsk）以北数英里的普拉纳（Plana）修道院，打算于28日从那里挺进左侧，从黑山人的后方发起攻击。于是，穆赫塔尔帕夏命令比莱克（Bilek）的指挥官在该城东部潜伏，等待进一步命令，必要时助他一臂之力。同时，他命令特雷比涅的指挥官送来一车补给，但这个任务很难完成，因为特雷比涅自己的补给还没有着落呢。7月28日，穆赫塔尔帕夏率土耳其军队分三路纵队从普拉纳出发，但让他始料未及的是，他们刚动身就遭到了黑山人的袭击。土耳其炮兵开始反击时，其先头部队便撤了回来，结果两翼的纵队也纷纷后撤。土耳其军队的队伍中一如既往地夹杂着不少巴什波祖克成员，这些非正规军一看到有激烈的战斗爆发就开始仓皇逃窜。结果，土耳其军队人心惶惶。见此情形，黑山人挥舞长刀冲入敌阵，见人就砍。正在为炮兵打掩护的土耳其正规军被纷纷砍倒。其中

黑塞哥维纳军队的
指挥官穆赫塔尔

一路纵队的指挥官奥斯曼帕夏也成了黑山人的俘虏。穆赫塔尔帕夏率军慌忙撤退至比莱克，发现在那里仍不能重整旗鼓后，便继续向特雷比涅撤退，并于7月29日抵达了那里。

黑山和黑塞哥维那盟军立即分成了几支部队。其中一支部队占据了比莱克前的战略要地，其他部队则封锁了特雷比涅通往外界的道路。穆赫塔尔帕夏从特雷比涅连续向君士坦丁堡发出求救信息，最后终于等来了援助。9月2日，他率领一支1.2万人的队伍从特雷比涅出发，于3日越过边境后到达萨斯拉普（Saslap）。在扎戈纳（Zagona）与敌军短暂交战后，土耳其军队在萨斯拉普扎营休整。黑山人也在他们的对面驻扎了下来。双方偶尔会发生交火，但9月16日之后，这里又恢复了平静。

黑山南部边境的梅敦堡（Fort Medun）是两军争夺的战略要地。黑山人成功地包围了该堡垒，并数次击退了前来输送补给的土耳其军队。8月初，土耳其军队兵力大增；8月15日，土耳其军队指挥官穆罕默德帕夏率军对黑山人发起了攻击，但被彻底击溃，损失惨重。他本人被传唤至军事法庭接受审判，他的工作则由德维希帕夏接替。9月6日，德维希帕夏率军渡河抵达莫拉恰（Moratcha）北岸，在罗加齐（Rogatzi）向黑山人发起了进攻，但最终也被击退，损失惨重。9月11日，他在波德戈里扎西北方向的韦利布罗多（Welie Brodo）高地再次发动进攻，但最终被迫撤回了波德戈里扎。

第 **25** 章
争取和平

Efforts
For
Peace

1876年7月，塞尔维亚和黑山向土耳其宣战，其他附属国则对土耳其持有不同态度。先是黑塞哥维那和波斯尼亚爆发了叛乱，紧接着是保加利亚人民发动起义，但都被土耳其镇压了。埃及虽不情愿，但还是应土耳其政府要求派出了一支镇压起义的军队。罗马尼亚选择保持中立，在边境部署了一支部队，密切关注局势，尽量不让自己卷入战争。7月16日，罗马尼亚政府向各担保大国递交了一份照会，希望土耳其能够像其他列强一样承认瓦拉几亚和摩尔达维亚联合公国过去的名字——罗马尼亚。照会要求，土耳其政府应该承认罗马尼亚驻君士坦丁堡代表的外交官身份；土耳其与罗马尼亚应该就多瑙河岛屿的归属问题做出明确划分。此外，照会还要求罗马尼亚应该享有制订贸易、邮政、电报和运输合同等方面特权。最后，照会要求修正土耳其与罗马尼亚在多瑙河下游的边界，以确保附近的罗马尼亚人享有自由使用河流的权利。

继塞尔维亚之后，黑山也对土耳其宣战了。面对不断出现的新情况，欧洲列强也不得不考虑应该采取什么样的应对政策。土耳其政府发表声明称，其目的是不承认塞尔维亚和黑山为战争发起国，塞尔维亚尤其称不上战争发起国，它不过是土耳其的一个附庸国而已，其所有行为都属于宗主国的内部事务。1864年，土耳其宫廷签署了《日内瓦公约》。根据该公约的规定，交战各方的医疗卫生机构有战争豁免权，它们负有照护伤病员的责任。但黑山和塞尔维亚并没有被视为交战国，因此该公约的条款对这两个国家就不具约束力。《日内瓦公约》国际委员会向各缔约国发出了一份建议书，其中并未谈及土耳其所遇到的政治问题。委员会表示，任何缔约国都必须履行双重义务，也就是在发生内战时，对待本国臣民也应遵守《日内瓦公约》中

多瑙河岸的地下房屋

的相关规定。各缔约国没有必要在土耳其的问题上采取什么特别行动，因为在英国政府的要求下，土耳其的指挥官在处理起义士兵的问题时也必须遵守《公约》中的规定。

　　苏丹穆拉德五世即位后没有能力应对当前的困境，很快就将自己的无能暴露无遗。随着欧洲列强对土耳其政府不断施压，他终日目光呆滞，精神恍惚，变得愈发无能。从维也纳请来的一位医生检查过他的身体后说，他已处于一种无责任能力状态，虽然还不能确定他患了绝症，但他的身体状况已不适合干任何工作。根据医生的建议，大臣委员会于8月31日决定废黜穆拉德五世。同废黜阿卜杜勒·阿齐兹一样，这次大臣委员会也征得了哈里发的同意。因此，废黜事宜进行得非常顺利。

　　阿卜杜勒·哈米德（Abdul Hamid）被提名为新任苏丹，所有大臣和高级官员都在托普卡帕宫恭迎他登上苏丹之位。哈里发在宣读了穆拉德五世因身体欠佳被废黜的公告后，为阿卜杜勒·哈米德二世这位新任苏丹举行了即位仪式。在场的士兵和广大民众都在热烈祝贺新任苏丹即位。随后在阿卜杜勒·哈米德二世回宫时，士兵们鸣响了礼炮向他致敬。9月9日，埃尤布清真寺举行了萨拉姆利克（Salamlik）仪式，宣布新任苏丹正式就职。

　　帝国法令宣布，阿卜杜勒·哈米德二世继承苏丹之位完全符合奥斯曼帝国的法律规定。大维齐尔、各部大臣及其他官员都要各司其职，要保障帝国所有臣民的自由，维护社会公共治安，确保司法公正。帝国法令指出，"帝国此时所面临的危急状况完全是滥用法律造成的。因此，国家财政信誉严重受损，司法工作极不完善，同时制造业、农业和贸易也都处于停滞状态。为了消除这些弊政带来的影

穆拉德五世去加冕的途中

响，帝国将成立一个专门委员会，以保证现行的法律或之后可能出台的措施能够得到贯彻执行。该委员会还将监督政府的财政预算。公共职能应该委托给真正有能力的人去负责，并且不可无缘无故地解雇这些人。"帝国法令还要求各部大臣采取切实措施扩大国民接受教育的范围，积极推进国内改革，以改善国家的行政状况和财政状况。帝国政府称，"前段时间，黑塞哥维那和波斯尼亚因受到他国的恶意煽动而起兵造反，紧接着塞尔维亚也发生了叛乱。在战场上阵亡的两军将士其实都属于同一个国家。大臣们必须尽快采取有效措施终止这种事情的发生。"苏丹确认了之前与外国列强签订的所有条约，并表示帝国官员应该切实履行这些条约的规定，努力增进土耳其与这些国家的友好关系，并将这种关系保持下去。哈利夫·佩迪夫（Halif Pedif）帕夏被任命为战争大臣，接过了阿卜杜勒·卡里姆帕夏的军事指挥权；萨费特帕夏被任命为外交大臣，接替了被哈桑暗杀的前任大臣的工作。

以奥地利和英国为首的欧洲列强在土耳其和塞尔维亚之间积极斡旋，希望促成双方停战。塞尔维亚人坚称，他们起义的初衷非常单纯，就是要让斯拉夫同胞实现自由，否则他们不会接受任何提议。土耳其政府虽然表面上让塞尔维亚提出停战条件，但实际上并不想做出真正的让步，只是将其视为一个实现和平的必要步骤而已。英国代表亨利·埃利奥特（Henry Elliot）爵士要求萨维特帕夏提出停战条件，并表示英国等列强可以考虑将这些条件强加给塞尔维亚，但前提是土耳其必须停战。这样，欧洲列强才能有时间就双方提出的条件进行讨论，最终达成共识。英国使臣奔走于君士坦丁堡和贝尔格莱德之间，经过努力斡旋，最终促使土耳其和塞尔维亚达成了为期7天的停战协定，停战有效期持续至9月25日。当然，土耳其与黑山也暂时停战了。土耳其政府向英国、俄国、奥地利、德国、法国和意大利的大臣们提交了一份声明，提出了其主张的和谈条件：1.1857年之前土耳其占领塞尔维亚的4座要塞贝尔格莱德、塞门德里亚、塞沙巴茨（Schabatz）和洛什尼扎（Loshnitza）仍归土耳其所有。2.塞尔维亚的其他要塞都需拆除。3.将塞尔维亚军队减员至一万人。4.米兰亲王要到君士坦丁堡亲自拜见土耳其苏丹。5.向苏丹支付战争赔款或增加进贡。6.修建一条连接贝尔格莱德、尼什、阿德里安堡和君士坦丁堡的铁路，由土耳其负责管理。7.将所有从邻近土耳其省份移民到塞尔维亚的人口驱逐出去。

几个欧洲大国立即指出有几个要求不太合理。土耳其后来同意放弃或修改两三个要求，比如米兰亲王无须朝拜苏丹，要求占领塞尔维亚的要塞也从4座变为了两座。与此同时，德利格拉德的塞尔维亚军营再次爆发了反抗土耳其统治的起义。9月16日，那里的军队拥立米兰亲王为塞尔维亚国王。这支军队中至少有5000多名俄国志愿兵，还有许多俄国军官或非现役军官。军官们集合起来，之后前往切尔纳耶夫将军那里，宣布了拥立米兰亲王为塞尔维亚国王的决定；随军教士还主持了庄严肃穆的仪式，将此决定奉为天意。切尔纳耶夫将军接受了军官们的决定，将该决定通报给了在帕拉金（Paratjin）及其他地方带兵的军官，并向米兰亲王发去了贺词，祝贺他当选为塞尔维亚国王。该事件引起了欧洲大国和塞尔维亚周边地区的不安，也影响了正在进行的和谈。不过，里斯提茨（Risticz）先生领导的塞尔维亚政府不可能承认这一事实，因此来自军方的代表团尚未抵达贝尔格莱德就被劝返了。

10月7日，欧洲大国代表正式向土耳其政府提议停战6个星期。12

日，土耳其政府对此做出回应称，从1876年10月开始停战6个月，但同时要求在这6个月内，塞尔维亚人不可再侵扰当时已被土耳其人占领的地方；任何国家都不得向黑山和塞尔维亚输送武器弹药；尽力避免任何可能引发周边省份不满情绪的事情发生。除该停战提议以外，土耳其政府还提交了一份着眼于整个帝国未来发展的新宪法草案。

离开土耳其很长时间的俄国大使伊格纳季耶夫将军于10月19日返回君士坦丁堡，随后立即与其他欧洲大国代表进行磋商，明确重申了俄国的态度：确保保加利亚、波斯尼亚和黑塞哥维那的独立自治地位；土耳其须在欧洲大国委员会的指导下完成其所承诺的改革。土耳其人对俄国大使的行为深感震惊，认为这是俄国在向土耳其发出最后通牒，俄国有可能动用武力来实现上述目的。

与此同时，罗马尼亚方面也传来了几个不好的消息：卡罗尔亲王拒绝承认阿卜杜勒·哈米德二世为土耳其苏丹，还允许俄国穿越其国土向塞尔维亚输送军队，并且下令在加拉茨附近集结大批军队参加秋季军事演习。10月23日，人们发现已故苏丹的支持者正在密谋废黜阿卜杜勒·哈米德，扶持阿卜杜勒·阿齐兹的儿子优素福·伊兹丁·埃芬迪（Yusuf Izzedin Effendi）为苏丹。参与此次事件的主谋有哈里发梅希丁·埃芬迪（Meshid-Din Effendi）、档案馆馆长里扎·贝格（Riza Beg）、切尔克斯人拉米兹（Ramiz）帕夏和几位著名的宗教领袖。该计划得到了许多狂热的穆斯林的支持，原打算于11月1日实施，但后来有人走漏了消息。最终，主谋被秘密处置，许多参与者被流放到了偏远的岛屿。

停战期间，双方发生了几次小冲突，再次点燃了战火。驻扎在摩拉瓦河谷的塞尔维亚军队拒绝延长停战时间，在切尔纳耶夫将军的率领下再次向土耳其阵地发动进攻。9月28日，一场较大规模的战役打响了。战斗持续了12小时，但塞尔维亚军队并未取得决定性战果。28日清晨6点，塞尔维亚方面共有17处炮台向土耳其人开火，其中5处部署在摩拉瓦河左岸。战线从与阿莱克西纳茨和德利格拉德相邻的德鲁泽瓦茨（Drusevacz）沿朱尼斯卡山脉（Djuniska）东侧的高地一直延伸至维利基西吉戈瓦（Veliki Sitjegova）。一小时后，塞尔维亚军队的步兵团发起冲锋，推进到摩拉瓦河，准备袭击土耳其的大桥。但为了切断土耳其军队向尼什方向撤离的退路，塞尔维亚军队向哈菲兹和阿德帕夏指挥的土耳其军队左翼发动了更猛烈的攻击。塞尔维亚军队的16个营在德鲁塞瓦兹（Drusevaez）通过夜间架起的浮桥越过摩拉瓦河，经特西察（Tesicza）向法兹利（Fazly）帕夏指挥的土耳其军队右翼发起进攻。这是塞尔维亚军队一次双面夹击的行动，但由于兵力不足且战斗力不强，这样的贸然行动遭遇了惨败。中午时分，塞尔维亚军队被全线击退，损失惨重。从清晨就持续不断的炮火也暂停了。下午和晚上，塞尔维亚军队又向土耳其军队左翼发动了两次进攻，但均被击退了，并且伤亡惨重。塞尔维亚军队阵亡的将士中有许多俄国军官，他们总是冲在队伍的最前面。战斗结束后，双方仍然坚守着各自原来的阵地。9月29日，切尔纳耶夫将军又指挥塞尔维亚军队向土耳其军队左翼发动了一次进攻，却仍以失败告终。30日，土耳其军队用猛烈的炮火予以回击，控制了苏达克河（Sudak），占领了格雷代丁（Gredetin）和佩什查尼扎（Peshtchanitza），并于第二天占领了苏达克河左岸的高地。接下来的时间里，没有大的冲突发生。10月19日，土耳其军队在通往克鲁切瓦茨（Kruchewatz）的道路上袭击了塞尔维亚军队在朱尼斯山附近的一处防御工事。从这座防御工事再往东几英里就是阿莱克西纳茨。土

罗马尼亚卡罗尔亲王

被废黜的土耳其苏丹阿卜杜勒·哈米德

耳其军队可能会由此转向塞尔维亚军队在德利格拉德阵地的右侧，然后攻下该阵地，封锁莫拉瓦山谷，之后就可以直达贝尔格莱德。土耳其军队攻占了塞尔维亚军队的13个防御阵地；塞尔维亚军队则节节败退，伤亡惨重。拜兰节当天，土耳其军队顶着狂风暴雨，同时袭击了摩拉瓦河左岸阿莱克西纳茨以南的布伊米尔（Buimir）阵地和由霍瓦托维奇上校率军防守的从维利基希尔杰戈瓦茨（Veliki Siljegovacz）到格雷代丁的防线。土耳其军队虽行军缓慢，但几乎没有停下来，塞尔维亚军队则在森林里顽强抵抗。有时，双方会在某个地方持续半小时的肉搏战，但土耳其士兵锐不可当，一路攻陷了设防的村庄和防御工事，将塞尔维亚军队赶到了西面的山里。在此役中，塞尔维亚军队损失惨重。下午4点，天色已暗，战斗遂停了下来。就在同一天，老战场塞茨查尔（Saitschar）附近也发生了一场战斗。在大量俄国人的帮助下，塞尔维亚军队穿过卢科沃和巴尼亚隘口，向坚守在塞茨查尔的土耳其军队发起了进攻。塞尔维亚士兵虽然作战勇猛，却在皮亚尼察（Pianinitza）遇到了土耳其军队的顽强抵抗，而梅德雷德斯基（Medredsisky）上校率领的一个旅几乎全军覆没。另一支由俄国将军诺西洛夫斯基指挥的塞尔维亚军队在攻打科皮特的战斗中也经历了惨败，一路被土耳其军队击退至卢科沃。土耳其军队还顺路攻占了非常重要的博尔耶瓦茨（Boljevatz）阵地。看起来，在俄国军官（现在每个营都有14名俄国军官）的指挥下，塞尔维亚军队似乎比以前会打仗了。由切尔纳耶夫将军统率的塞尔维亚军队指挥部也转移到了卡夫尼克（Kavnik）。

10月29日，切尔纳耶夫将军率领的俄塞联军遭受了严重的失败。在德利格拉德对面，摩拉瓦河谷的朱尼斯山或特鲁巴维纳山（Trubavena）遭到了哈菲兹帕夏和苏莱曼帕夏率领的两支土耳其军队的突袭，而塞尔维亚民兵有的太过胆怯，有的对俄国军官心怀不满，因而拒绝参加战斗。于是，1000名俄国志愿兵成了阻击土耳其军队的主力军。他们不畏死亡，英勇作战，最终有数百人战死沙场。但由于大多数塞尔维亚士兵逃离，经过几小时的激战后，俄国志愿兵被迫放弃了阵地。切尔纳耶夫将军部署的防线被彻底切断，西边通往克鲁切

伊格纳季耶夫将军的传令兵

瓦茨的公路被土耳其军队控制了。塞尔维亚军队被迫从德利格拉德撤离，留下阿莱克西纳茨听天由命。在遭受长时间的轰炸后，阿莱克西纳茨于31日向土耳其军队投降。塞尔维亚军队司令部在拉扎耶（Razanj）驻扎了一两天，但现在看来，这对于阻止土耳其军队进攻贝尔格莱德或塞尔维亚的主要军火库克拉戈耶瓦茨似乎起不到任何实质性作用。10月31日晚，俄国向土耳其发出了最后通牒，要求其在48小时内做出停战2个月的承诺，否则就召回俄国驻君士坦丁堡的大使。最终，各方达成停战协定，土耳其苏丹下令要求其各地军官立即停止在塞尔维亚的军事行动，塞尔维亚也暂时脱离了危险。

11月2日，英国驻俄大使洛夫特斯（Loftus）勋爵拜访了亚历山大二世。沙皇陛下以最诚挚和庄严的方式承诺："俄国无意占领君士坦丁堡，虽然根据当前形势，俄军占领了保加林（Bulgarin）的部分地区，但此举只是暂时的，等基督教区人民的和平与安全得到保障后，俄军定会撤离。"

几天后，即11月10日，沙皇亚历山大二世在莫斯科发表演讲说："我过去一直在努力，将来也会继续努力，以和平的方式切实提高基督教徒在东方的地位。但如果我发现之前要求土耳其政府承诺的事情并未兑现，而这些承诺对确保基督教徒的利益又至关重要，那我会坚决独自行动。我相信，在这种情况下，为了维护俄国的荣誉，整个俄国都会响应我的号召。"

11月13日，戈尔查科夫亲王发布了一份通告称，俄国不喜欢战争，会竭尽全力地阻止战争发生，并且会坚持不懈地努力维护和平，直到其所主张的人道主义原则建立起来为止。

就在11月4日，德比（Derby）伯爵[1]向英国驻土耳其的代表们致函，建议在君士坦丁堡召开一次会议，邀请包括土耳其在内的大国各派两名代表出席本次会议。

11月19日，君士坦丁堡的大议会表示，土耳其宫廷同意出席既定的会议。当天，戈尔查科夫亲王再次起草了一份重要通告，向各大国通报了俄国的具体要求。

伊格纳季耶夫将军负责向大会提交了以下方案：1.全面解除波斯尼亚、黑塞哥维那和保加利亚境内土耳其人和基督教徒的武装。2.所有官员由教区选举产生，只有本地人才有资格参选。3.按照教派人数比例，组建一支由基督教徒和穆斯林共同组成的民兵和警察队伍。4.在某些城镇，土耳其军队的集结须提前报备。5.将非正规部队的士兵和切尔克斯人遣返至穆斯林聚居的省份。6.废除土地租赁税，并在所有纳税人的同意下用货币税取代什一税。7.法院和行政部门应该将各省使用的几种斯拉夫语列为官方语言。8.召集社会各界名流，就将要实行的行政改革广泛征求意见和建议(这似乎是在建议各省都要召开一次自己的特别大会，保加利亚主教负责组织保加利亚的社会各界名流大会)。9.基督教总督经欧洲大国的同意后，由土耳其政府任命，负责三个省区的行政管理事务，任期一般为5到6年。10.严惩所有参与最近恐怖事件的人员，并勒令其向受害者家属做出相应的赔偿。11.设立领事委员会，以监督上述改革方

---

[1] 即爱德华·亨利·斯坦利（Edward Henry Stanley，1826—1893），第十五代德比伯爵。他是一名英国保守党政治家，曾于1866至1868年和1874至1878年两度担任英国外交大臣，并于1882至1885年出任英国殖民地事务大臣。斯坦利以其在东方危机（1875—1878）期间的外交决策而闻名，倾向于采取孤立主义的政策，避免让英国卷入与其他国家的直接冲突之中，认为英国有责任与所有周边大国保持友好关系。——译者注

遭遇狼群袭击的塞尔维亚救护车

案的实施。

12月11日，在君士坦丁堡，一场预备会议在俄国大使馆所在的宫殿里召开，与会代表分别来自英国、法国、俄国、奥地利、匈牙利、德国和意大利。这次预备会议于12月21日闭幕。在向土耳其政府汇报这次预备会议的相关情况时，伊格纳季耶夫将军邀请土耳其派代表参加12月23日召开的正式会议。

12月中旬，土耳其政府发生了重大人事变动。大维齐尔梅赫米特·鲁什迪（Mehemet Rushdi）帕夏辞职，米德哈特帕夏继任。这标志着土耳其政府中两个重要人物长期以来的明争暗斗结束了。关于在米德哈特思想指导下起草的宪法，二人之间一直存在着不可调和的分歧。

12月23日，大会在萨弗特（Savfet）帕夏的主持下召开。在大会的开幕致辞中，萨弗特帕夏在谈到土耳其政府关于自由的观点时称，土耳其臣民只要不践踏帝国的尊严，不破坏帝国的主权，就将享有一切自由权利。大会的第一项议程是核查全权代表的身份。大会刚开始不久，会场外就响起了礼炮声。萨弗特帕夏解释说，这些礼炮象征着帝国宪法已正式颁布，也预示着土耳其的政府管理模式将发生翻天覆地的变化。

新宪法首先宣称奥斯曼帝国的领土不可分割，其次确立了苏丹既是穆斯林的哈里发也是所有奥斯曼人的君主。新宪法还将伊斯兰教定为奥斯曼帝国的国教，但政府并非教会领导下的行政机构，所有帝国臣民不论宗教和种族，都享有平等的权利。宪法规定，土耳其帝国的立法机构由参议院和众议院组成；参议院议员由苏丹提名，众议院议员按照每10万名居民推选1名代表的比例通过投票产生。参众两院的议员都将获得报酬，每届任期为4年。地方政府由市级议会选举产生。

第 25 章
争取和平

————

12月28日，大会第二次会议召开。会议决定将停战时间延长至3月1日。对此，伊格纳季耶夫将军几乎没有任何反对。在随后的会议中，由于土耳其坚决反对英国、俄国及其他列强的联合决议，大会一度陷入僵局。大会建议组建一个任期为一年的国际委员会，以监督土耳其的改革落实情况，但遭到了以萨费特帕夏为代表的土耳其大臣们的反对。大会还建议雇用一小支外国军队，并以此为核心发展起一支由基督教徒和穆斯林共同组成的地方武装警察部队；此外，这支外国军队还可以在国际委员会巡察帝国的各省区时保护委员们的安全。但该建议也遭到了土耳其大臣们的反对。1877年1月18日，土耳其帝国大议会召开了一次会议，在会上一致通过了一些决议。最终，土耳其政府完全拒绝了之前外国列强提出的建议，外交会议也随之中断，紧接着各国驻土耳其大使及派遣的特使或全权代表都纷纷离开了君士坦丁堡。此次的土耳其帝国大议会由240名议员组成，其中有54名议员为基督教徒。在这些基督教徒议员中，有不少亚美尼亚和罗马天主教的元老及大拉比。大维齐尔米德哈特帕夏在发言中提到了各国大使撤离后土耳其可能面临的危险处境。他说，法国和英国的大使已经宣布，他们的国家今后不会再对土耳其发动战争，同时不会再向土耳其提供任何援助。奥地利政府虽然保持中立态度，但很有可能同意为土耳其的斯拉夫臣民提供援助。在大议会通过不接受欧洲列强所提建议的表决时，似乎只有一位亚美尼亚新教徒代表发表了反对意见。会议即将结束时，议员们为土耳其政府投了信任票，并授权其在必要时可以就特定建议继续与欧洲各大国进行谈判，前提是不能违背宪法的精神。

1月20日，会议闭幕。在全权代表大会上，萨费特帕夏宣读了一

在君士坦丁堡
的部长会议上
讨论东方问题

份大议会于上个星期四做出的决议。该决议没有提及各省区总督的任命问题；在关于国际委员会的问题上，决议提议新设立一个选举委员会取代国际委员会，并由奥斯曼帝国官员担任该委员会的主席。有关塞尔维亚和黑山独立的事情也未提及，留待以后讨论。索尔兹伯里勋爵（Lord Salisbury）称，大会闭幕之前必须得出一个结论，因为土耳其政府拒绝接受大会要求其做出的两项保证。伊格纳季耶夫将军也表达了类似的观点，希望土耳其不要再对塞尔维亚和黑山采取进一步的敌对行动，而要尊重其统治下的基督教臣民。这位俄国大使还说，大会代表收到了来自马其顿、色萨利、伊庇鲁斯和克里特岛的基督教民众的请愿书，请求大会能多考虑一下如何改善他们的生存条件。虽然受大会的职责范围所限，诸如此类请愿书所涉及的话题可能不会在会上讨论，但俄国大使伊格纳季耶夫将军还是迫切地想在欧洲全权代表大会闭幕时陈述这一事实。

君士坦丁堡会议失败后，戈尔查科夫亲王发布了一份报告，在描述了过去发生的事情后，他写道："我们有必要弄清楚，一直以来与我们共进退的英国内阁接下来打算干什么，从而既能应对土耳其拒绝接受和谈条件的事情，还能确保实现他们的计划。"

然而，在有些国家对此要求进行咨询之前，俄国政府已经准备好了一份协议。如果其他大国都不同意该协议内容，那俄国可能会陷入尴尬的境地。3月31日，六国代表还是在伦敦签署了俄国事先准备好的那份协议。协议内容如下：

"那些想要共同实现东方和平并抱着这一希望参加君士坦丁堡会议的国家都很清楚，要想实现这一目标，最有效的方法首先是各国之间能够就满足各方利益的协议达成一致意见，并一起重新划定共同在为改善土耳其统治下基督教人口状况的过程中各自所追求的利益。对于在波斯尼亚、黑塞哥维那和保加利亚即将实行的改革，土耳其政府已经表示接受，但条件是必须由其亲自实施这些改革。"

各国意识到要实现与塞尔维亚方面的和平。

谈到黑山，各国认为，为了保证战后长期稳定的秩序，有必要重新调整边界，保证博亚纳河（Boiana）的自由通航。

各国认为，土耳其政府同两个公国妥善处理好边境关系是朝着和平方向迈出的一大步，也是各国共同的愿望。

各国要求土耳其政府采取切实行动巩固来之不易的和平，除保留维持秩序所必需的军队外，将其他军队全部撤离；应该尽快实施改革措施，以确保各省区的人民过上幸福安宁的生活，而实施改革的条件也已在大会上讨论过了。各国意识到，土耳其政府已宣布准备好了落实和平协定中的一个重要环节。

各国特别关注了土耳其政府于1876年2月13日发布的通告，以及土耳其代表在大会期间宣读的土耳其政府所做的声明。

鉴于土耳其政府的良好初衷，以及其迫切实行改革措施的积极态度，各国有理由相信，土耳其一定会从即将到来的和平中获益。通过积极推行改革措施，土耳其政府可以切实改善基督教人口的生存状况。这对维护欧洲和平至关重要，也是人民的共同愿望。只要踏上这条道路，土耳其政府就会发现，坚定不移地沿着这条道路走下去，土耳其不仅能收获各方赞誉，还能从中获得切实利益。

各国提议，它们需要通过各自在君士坦丁堡的代表及驻地方的代理人，严密监视土耳其政府是否会落实及如何去落实其承诺。

各国认为，如果它们的希望再次落空，处于苏丹统治下的基督教

欧洲人在君
士坦丁堡参
加部长舞会

人民的生活状况没有得到任何改善，东方的和平再次遭到威胁，局势再度恶化，那么各国将有必要发表联合声明，称这样的局面不符合它们的利益，也不符合整个欧洲的利益。在这种情况下，它们有权考虑采取各国共同认可的、被认为最佳的必要手段，从而保证生活在土耳其的基督教人民的福祉，确保和平给人民带来的利益。

俄国大使在签字时发表了如下声明：

"土耳其如果接受欧洲的建议与黑山达成和平协议，并表达出在维护和平的前提下调整其驻军的意愿，以及能够切实推行议定书中提到的改革措施，就可派遣特使前往圣彼得堡商讨双方裁军的事宜。对此，沙皇陛下也会欣然同意。但如果再次发生类似于保加利亚大屠杀的事件，那么裁军计划肯定会被叫停。"

该议定书遭到了土耳其的拒绝，因为这实际上是在要求土耳其放弃其在欧洲各行省的主权，并且土耳其在这些行省实施改革时还要受到外部多重势力的胁迫。4月12日，综合考虑许多其他类似的情况后，土耳其政府表示愿意开始改革，但条件是要按照自己的方式进行，还发表了如下说明：

"土耳其不允许外国代理人或代表在保护其同胞权益的同时，还拥有官方监视权。事实上，土耳其帝国政府不明白为什么自己会在正义和文明的名义下受到如此不公正的对待，这种屈辱在整个世界都史无前例。《巴黎条约》明确规定了互不干涉内政的原则，该条约适用于包括土耳其在内的所有缔约国，不能简单地因一份新的议定书而遭到废除，况且土耳其并没有在这份议定书上签字，而且，土耳其援引《巴黎条约》的条款，并非意在强调该条约专为土耳其的利益服务，或暗示没有该条约土耳其就无法享有某些权利。实际上，该条约当时是为整个欧洲的和平而签署的，得到了各方的重视。20年前，正是该条约使各大国集体承认，土耳其帝国的主权神圣不可侵犯。"

这时，君士坦丁堡的政府高层突然发生了变动，大维齐尔兼帝国宰相米德哈特帕夏遭到了免职。原本在他的坚持下，土耳其政府近来完全站在了欧洲大国的对立面，正根据他提出的合理计划在整个帝国范围内推行宪法改革。从帝国宰相沦为被流放的囚犯，米德哈特帕夏经历了人生的大起大落，而这翻天覆地的变故只是瞬间发生的事情。这一惊人的变化正是土耳其帝国的绝对统治者苏丹阿卜杜勒·哈米德二世一手策划的。2月5日，米德哈特帕夏应召入宫。这位帝国宰相前脚刚踏入皇宫，就有人向他宣读了将其驱逐出境的苏丹诏令。随后，土耳其政府给所有驻外大使都发了一份声明，称米德哈特帕夏的所作所为动摇了人们对他的信任，而他本人也遭到了流放。声明还称，土耳其的政策不会因这件事而发生变化，苏丹仍然希望宪法改革尽快实施。

被免职的决定宣布后，米德哈特帕夏随即被带上了帝国的"伊泽丁"号游艇。该游艇迅速驶向地中海，将他送出了土耳其的领土。

促使米德哈特帕夏突然下台的原因，极有可能是苏丹担心两种情况的发生，而这两种情况似乎都会危及他的皇权。第一种情况是，米德哈特帕夏的几个追随者言行轻率，不够谨慎；第二种情况是，推行新宪法可能带来巨大的变化。在这些情况下，苏丹至高无上的威望和权力就会遭到严重削弱，官员任免的权力也将转移到改革派手中。这样一来，各个部门的官员都有可能被免职，许多苏丹宠臣也势必会不满，他们自然不愿放弃手中的权力。对于帝国可能出现

圣彼得堡码头场景

米德哈特帕
夏将流放至
布林迪西

的这种变化，苏丹深感不安，开始恐慌起来，认为所有这些革新不过是一个剥夺他权威的巨大阴谋而已，而米德哈特帕夏的敌人又危言耸听，故意歪曲和抹黑他的言行，并敦促苏丹立即采取极端措施，否则其王位难保。在他们的一再蛊惑下，苏丹同意立即采取果断的行动。

2月5日上午11点左右，苏丹紧急召见米德哈特帕夏的消息从宫廷传出。接下来的一件事情暗示了政府内部将发生巨大的变革。人们听到一阵号角声后，发现一支部队穿过横跨金角湾的浮桥控制了通往政府机关办公处的各条街道。这支全副武装的部队进入城内后，直奔大维齐尔的官邸，他们在楼梯上分兵把守，控制了出入大维齐尔官邸的通道。现场很快就聚集了形形色色前来看热闹的臣民，他们中既有土耳其官员和普通市民，也有一些来自欧洲的无业游民。大家七嘴八舌，传言苏丹又任命了一位新大维齐尔。此时，帕夏、贝伊和埃芬迪等各级官员已挤满了顶楼的会客厅，他们正热火朝天地谈论着发生如此变故的各种可能的原因。外面的人群也十分激动，以至于守卫的士兵要端起刺刀才能维持好秩序。此时，在广场上待命的乐队奏响了土耳其国歌。第一个音符刚一响起，人群中就暴发出一阵欢呼。会客厅里的官员立即涌向窗口，迫切地想知道新上任的大维齐尔会是谁。这一刻，所有人都非常兴奋。乌理玛、将军、外交官和秘书官全都混在人群中，急切地等待着要亲眼看一看取代伟大的改革者米德哈特帕夏的究竟是什么人物。就在这时，埃德姆（Edhem）帕夏穿过由军队和警察队列形成的通道缓缓地走了出来，宣告他就是新任的大维齐尔。紧跟在他身后的有戴着金色头巾的哈里发和佩戴着土耳其勋章和绶带的苏丹秘书。他本人也一身盛装，最外面是一件由金丝织成的外套，胸

土耳其大维齐尔埃德姆帕夏

前佩戴着他获得的所有荣誉勋章。他刚走进官邸，代表已被任命的帝国礼帽就戴到了他的头上。紧接着，秘书大声宣读了苏丹的任命书。

埃德姆帕夏被任命为大维齐尔后，土耳其政府又进行了改组。卡德里贝伊（Kadri Bey）被提升为帕夏后，任理事会主席；原司法大臣杰夫德特（Djevdet）帕夏任内政大臣；阿德里安堡总督哈西姆（Hassim）帕夏接任司法大臣。在伦敦处理有关债券持有人事务的奥迪安（Odian）埃芬迪被召回君士坦丁堡。驻巴黎大使萨迪克（Sadyk）帕夏被召回土耳其，出任多瑙河地区的总督。

2月20日，塞尔维亚和土耳其之间的和平谈判结束了。谈判刚开始时，土耳其政府的态度可以简单地总结如下：土耳其苏丹愿意在恢复战前状态的基础上与塞尔维亚达成和解，但同时要求土耳其有权派遣代表常驻贝尔格莱德。

土耳其政府认为这一要求不是对塞尔维亚不信任，而是基于多方考虑后的慎重决定。罗马尼亚最近已试图获得更多类似的特权，但最终未能如愿。土耳其政府驳回了罗马尼亚的这一请求，理由是罗马尼亚本来就是土耳其的附庸国，而卡罗尔亲王从各方面来说都是奥斯曼帝国的代理官员，所以没有必要再专门任命一次。由于俄国在贝尔格莱德驻有一名代表，所以苏丹希望土耳其同样可以在该城派驻一名代表。土耳其政府还指出，如果派遣出去的代表只是充当间谍，那么他们在私下里秘密开展这样的行动岂不更合理？此外，公认的政府派驻代表可能会在许多方面都对塞尔维亚有利。土耳其还明确表示，这样的派驻代表绝不会干涉塞尔维亚的内政。出于道义，米兰亲王必须做出让步，才能换来土耳其既往不咎的态度。关于塞尔维亚的宗教自由问题，土耳其政府表明了其支持宗教宽容的态度，但如果塞尔维亚人反对这样的态度，土耳其政府也不会横加干涉。

在接下来的一次会议上，土耳其决定放弃在贝尔格莱德派驻代表的要求，但要求必须在和约中写明两国在战前的关系状态。土耳其认为，双方在爆发敌对行动之前，塞尔维亚的行为是不折不扣的公然叛乱。

2月28日，双方签署了和平协议。协议内容包括3点：维持战前的领土状况；大赦起义者；土耳其军队须在协议签署后的12天内全部撤出塞尔维亚的领土。

在签署协议的当天，塞尔维亚代表的喜悦之情溢于言表，他们发自内心地感激土耳其付出的努力。签署现场就设在萨费特帕夏的家中。代表们走进屋内时，文件已摆好。一番寒暄过后，签字笔被人递了上来。作为东道主，萨费特帕夏率先走到签字桌前。正当他准备落笔时，马尔提斯（Martics）先生用塞尔维亚语喊道："祝阁下幸福！为您的杰出贡献鼓掌！愿上帝保佑您！"萨费特帕夏一言不发地签好字，然后回头对克里斯蒂克斯（Christies）先生及其同行代表说："也感谢你们的付出，也祝贺你们。"克里斯蒂克斯和马尔提斯随后也在文件上签了字，就此达成和平。在2万名塞尔维亚人及俄国人付出了生命的代价后，塞尔维亚的山谷和丘陵地区又恢复了和平。手中的剑从来不像现在这样无用，从来不像现在这样可以安然入鞘。对那些不顾一切制造流血冲突的人而言，这绝对是一次深刻的教训。

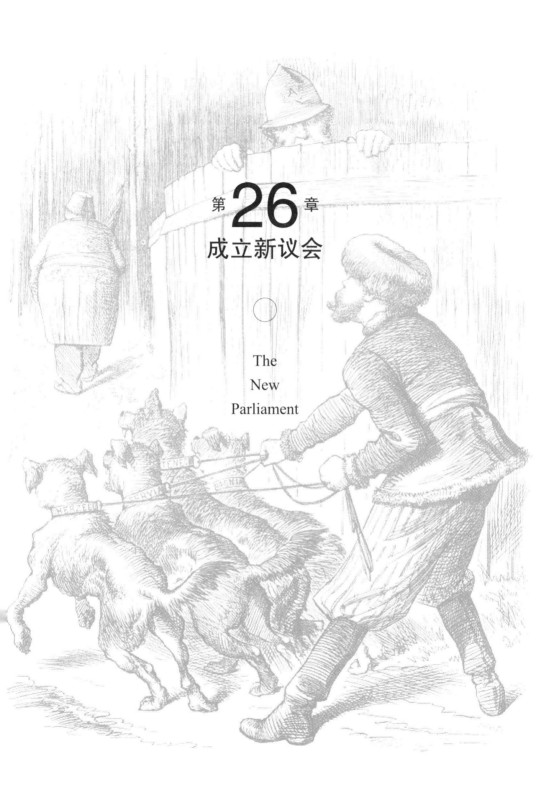

第 **26** 章

成立新议会

The
New
Parliament

————

　　1877年3月19日，星期一，在欧洲最美丽的宫殿的大厅里，土耳其苏丹亲自主持了帝国新宪法下的第一届议会。对后世历史学家来说，该事件意义非凡。整个会议的场面令人印象深刻，有许多亮点都值得我们去关注，以至于用一章的篇幅恐怕都很难将这些引人瞩目的场景完美地呈现给读者。我们可以先介绍一下此次会议的召开地点——多尔玛巴赫切王宫[①]。我们虽然称它为欧洲最漂亮的宫殿，但不可忽视一个事实，那就是在纯粹主义或严谨主义的建筑师看来，它是最不协调的建筑。的确，仅从技术层面来看，任何有艺术品位的人都很难相信，一座无视一切艺术规范的宫殿竟能如此美轮美奂。这座由大理石建造的宫殿坐落在美丽的博斯普鲁斯海岸，整体上兼具拜占庭和古希腊的建筑风格。其主体结构是纯白色的，立面配有科林斯式柱子，主体之上是各式各样具有东方建筑元素的亭台楼阁和尖塔，让整座宫殿的外观看上去有些古怪又别具魅力。"多尔玛巴赫切"的字面意义是"豆园"（Bean Garden）。

　　一些了解多尔玛巴赫切宫历史的人都会有一些稀奇古怪的记忆。如果说这座宫殿对君主而言已算得上是非常美观、实用、舒适的住所，那么它应该也属于土耳其最早的一批奢华建筑。据说，建造宫殿的大部分经费都是用土耳其造币厂发行的首版纸币支付的。苏丹阿

————

① 多玛尔巴赫切王宫（Dolmabahçe Palace）是奥斯曼帝国晚期的标志性建筑，始建于1843年，1856年完工。宫殿以奢华的欧洲风格设计而闻名，内部装饰使用了约14吨黄金和至少6吨白银，展示了奥斯曼帝国的辉煌。宫殿还以水晶楼梯和巨大的水晶吊灯而著称，其中包括一个重达4.5吨的波希米亚水晶吊灯，据传是来自英国女王维多利亚的礼物。多玛尔巴赫切王宫曾是6位苏丹的居所，也是土耳其共和国创始人凯末尔的逝世地。自1984年起，宫殿作为博物馆对公众开放。——译者注

卜杜勒·迈吉德一边惬意地抽着装满上等烟丝的烟斗，一边凝视着自己的杰作问道："这真是个不错的地方，建造这座宫殿一共花了多少钱？"据说，他身边在和平年代功勋卓著的大维齐尔雷希德帕夏回答道："哦，尊敬的陛下，只花了两令①纸所印制的钞票而已。"可以想象，他在回答时温柔的脸上一定露出了最温和的笑容。"只用了两令纸！"高贵如斯的宫殿，价值如此高，造价却如此低！坐落在博斯普鲁斯海峡景色最美之地的多尔玛巴赫切宫都经历了什么，留下了怎样的记忆？自宫殿建成后，整个奥斯曼帝国的历史就发生了巨变。那些曾经应苏丹要求到这里集会的各国大使都已撤离，过去习惯于在这里接见来宾的苏丹们也被赶下了皇位，一位已经一命呜呼，另一位已变成彻头彻尾的疯子，而今天，就在这座宫殿的大厅里，新上任的苏丹即将推行一项改革。这场改革或许能给帝国带来长远利益，为帝国发展提供源源不断的动力，甚至某一天可能彻底改变帝国的政治制度。大约600年前，身为游牧民族的土耳其人进入了色雷斯，虽然在克森尼索（Chersonesus）遭遇了惨败，但最终还是成功跨越达达尼尔海峡，在拜占庭帝国美丽的土地上定居了。现在，他们准备抛弃胜利者的姿态，虚心地学习基督教国家的宪政体制。

一大早，多尔玛巴赫切宫就挤满了达官显贵。10余位帕夏身着华服在走廊里踱来踱去，在场的众多将军足以指挥一整支军队，他们的副官也随处可见，几十位政府官员自然也悉数到场了。真应该用照相机记录下这一幕。走进赛义德帕夏的房间，还没来得及点上一支香烟，你就会看到海军大臣和苏丹的妹夫马哈茂德帕夏；除此之外，你

---

① 纸张的计量单位，1令为500张全开纸，1张全开纸可裁为16张A4纸。——译者注

还能看到战争大臣和大维齐尔。当时，对于非穆斯林来说，能看到哈里发是一件非常庄严的事情。历史并没有提到斯坎德培维齐尔通常对基督教徒做了些什么，但我们认为当他在卷香烟时，不信教的人最好还是不要待在他身边。踏进走廊，你会发现两边都是政要：古铜肤色的那位是刚从阿莱克西纳茨赶回来的内吉布（Nedjib）帕夏——与塞尔维亚的战争让他变成了现在的模样；他的长官阿卜杜勒·克里姆却看起来神采奕奕，似乎如果有需要随时可以奔赴战场；身着盛装的司法大臣阿西姆（Assim）帕夏则一脸严肃，默不作声；内政秘书杰特（Djerdet）帕夏跑来跑去，看来土耳其内陆的实际统治者的工作并不轻松。在宫殿的通道和走廊上还有一些苏丹敬重的帕夏、贝伊和埃芬迪，他们在紧张忙碌着，为接下来的仪式做准备。他们的旁边就是宫殿的前厅，所有参加仪式的人都要经过这里。所有乌理玛都穿着标志身份的绿色刺绣斗篷，戴着金色的头巾和土耳其毡帽，有的还佩戴了荣誉勋章，时不时地从前厅走过。来自各个部队的将军也越来越多；帕夏们都挤到了中央壁炉周围；贝伊们则在门边聚成一堆。就算伊斯兰教先知穆罕默德本人要亲临现场，人们也不过如此激动，场面也不过如此热闹吧；就算先知穆罕默德要举行一个招待会，人们的穿着也不过如此华美吧。

　　大厅里一共站着900多人，他们排列整齐，全部身着镶有金丝银星、配有名贵宝石的盛装。他们站立的队形构成了长方形的三条边。与会者个个将头微微前倾，认真倾听着一位身材矮小、身穿绣花外套的绅士宣读一份盖有金印的文件上的内容。他们这样站立倾听的同时，长方形第四条边的位置有一张金色的沙发或者说一把宽敞的宝座。宝座前面站着一位年轻人，他头戴土耳其毡帽，身穿大

———

衣，手持宝剑斜指向地面。环顾四周，你会发现人们穿戴的服饰五花八门，就像他们的面孔一样各不相同。比较传统的人身穿绿色和金色的长袍，头裹金色的头巾。他们的旁边是一些穿着欧洲服装的人，这些人的头上只戴着土耳其毡帽。站在角落里的那些人一定都是外交团的成员。在那位站在宝座前、脸色苍白的绅士面前，300多位表情严肃、德高望重的人分两拨站立着。他们的周围都是士兵、军官和社会上的杰出人士。大厅里的听众都是土耳其帝国的达官显贵。站在宝座前面的是所有奥斯曼人的哈里发，他面前的两拨人是新成立的土耳其参议院和立法机构成员。大家都在等待聆听帝国宣言。几分钟后，这300人就将接管巴耶济德之子穆罕默德一世所创建的帝国统治权。

仪式主持人通知苏丹一切准备就绪后，苏丹随即步入大厅。他在军服外面披着奥斯曼帝国绶带，胸前佩戴着帝国的荣誉勋章，手里握着象征权力的宝剑。待所有人行过礼后，苏丹将宣言递给了大维齐尔。大维齐尔吻了一下宣言，然后将它交给了苏丹的秘书赛义德帕夏。赛义德帕夏满怀真情地敬礼，然后在一片寂静中开始高声读起了宣言。

宣言提及土耳其在过去的各种努力，认为帝国内部的各种阴谋导致了地区骚乱，这也是让帝国目前陷入困境的主要原因。苏丹谈到，为了平息地区骚乱，帝国不得不维持一支庞大的军队，而巨大的军费开支又让帝国的财政陷入了困境。宣言最重要的部分还是在谈论土耳其的财政状况，指出阿卜杜勒·阿齐兹政府根本不重视财政收支平衡；土耳其陷入被动局面完全是这些统治者的糟糕表现所致，他们非但没有通过保障国库充盈的方式摆脱经济困境，反倒用随意降低债务利息的方式躲避经济困境。紧接着，苏丹在宣言中谈到了和平问题，宣布已与塞尔维亚签署了和约，并希望同黑山也能达成和约。之后，苏丹又列举了几部他认为有利于帝国发展的法律，并宣布要建立一所学校来专门讲授行政职责方面的知识。他在宣言中还感谢了军队在过去所做的一切，传达了君士坦丁堡会议失败的消息。最后，他强调指出土耳其"通过克制与真诚的行为与欧洲大家庭取得了比以往任何时候都更加紧密的联系。"宣言在这句话之后的一片寂静中结束了。接着，人群开始向苏丹敬礼；苏丹非常优雅地向大会鞠躬致谢后，离开了大厅。传令官高声发出鸣炮令后，博斯普鲁斯海峡上空便响起了此起彼伏的礼炮声。土耳其第一届议会就这样开幕，又在众人的祝贺声中闭幕了。

第 **27** 章
战争爆发

Hostilities
Begun

1877年4月24日，俄国对土耳其宣战。沙皇的宣战书内容如下：

"忠诚可爱的臣民都知道，我们一直非常关心在奥斯曼帝国饱受压迫的广大基督教徒的命运。改善他们的处境、改变他们受压迫的命运，是整个俄罗斯民族的共同愿望。现在，为了改善巴尔干半岛上基督教徒的生存状况，俄罗斯民族已经做好随时付出生命的准备。我们一贯坚决维护臣民的生命和财产安全，整个国家的管理制度也证明了我们始终在维护国家和平发展的利益。尽管黑塞哥维那、波斯尼亚和保加利亚相继发生了令人发指的惨案，我们仍然没有放弃用和平方式解决争端的想法。我们的首要目标是，在与欧洲大国及盟友和朋友通力合作的情况下，以和谈的方式改善东方基督教徒的地位。两年来，我们在不断努力促使土耳其政府进行改革，以保护波斯尼亚、黑塞哥维那和保加利亚的基督教徒不受地方专制政府的迫害。实际上，实施上述改革是在履行之前土耳其与整个欧洲签订的一份协定。我们的努力虽然得到了其他国家外交代表的支持，但还是没有达到预期效果。土耳其政府仍然不愿为基督教臣民提供任何有效的安全保障，还拒绝接受君士坦丁堡会议的决议。我们希望采取一切可能的和平手段来说服土耳其，于是向其他国家的政府提议起草一份特别议定书，并在议定书中写明君士坦丁堡会议决议中最基本的和谈条件。同时，我们要求土耳其政府遵守这一国际法案，而该法案所列出的不过是最基本的和平条件而已。但土耳其政府连最基本的要求都拒绝接受，完全无视整个欧洲基督教国家的意愿，拒绝遵守议定书中的实质内容。我们努力尝试了各种可能的和平手段，但最终均未奏效。面对一如既往偏执傲慢的土耳其政府，我们不得不采取更加果断的行动。无论是从社会正义感还是从国家尊严的角度考虑，我们都必须这样做。鉴于土耳其如此顽固不化，我们只好诉诸武力。我深信我们的行为是正义的，我们的诚心也定会换来上帝的帮助。我要向所有忠诚的帝国臣民宣布，现在整个俄罗斯帝国的思想前所未有地统一，是时候采取行动了。如果确实有必要——国家尊严和荣誉受到严重挑战时，我们会独自采取行动。现在，我祈求上帝保佑我们英勇的军队，同时命令这些军队向土耳其边境进军。"

两天后，土耳其苏丹向帝国军队发表了讲话，这算是土耳其对俄国的宣战书，或者苏丹对沙皇态度的回应。苏丹将发动目前这场非正义和不必要的战争的责任推给了俄国政府。之后，他接着说道："我们的敌人俄国想要剥夺我们的民族权利，想要否定我们的独立地位，想要毁灭我们整个国家。现在，俄国已经向全世界宣告，只有实现了上述3个目标，它才肯罢休。这就是俄国侵略我们的真正原因！在没有任何道义和合法理由支持的情况下，俄国悍然举兵入侵我国。"苏丹接着谈及土耳其陆军和海军的士兵，对他们的勇气和忠诚表达了由衷的自豪和绝对的信任。最后，他总结道："英勇的将士们，请你们放心，无论你们身处何种险境，抑或享有怎样的荣耀，我的心将永远与你们同在。如有需要，我将亲自高举代表哈里发和苏丹的神圣旗帜，义无反顾地加入你们，与你们并肩作战。我将身体力行，与你们一起捍卫奥斯曼帝国的权利，维护奥斯曼帝国的荣誉，为实现帝国的独立甘愿献出自己的生命。"

俄国对土耳其宣战的当天，5万人的俄军渡过了俄国的卢比孔河（Rubicon），即普鲁特河，1877年俄土战争随即爆发。这支分散在俄国比萨拉比亚的军队可以从不同路线会聚到普鲁特河的几条主要航道，然后再沿着这些航道抵达罗马尼亚腹地。之后，俄军可以从罗马尼亚腹地直接向普鲁特河以东的多瑙河进发，通过这样一条最短的行军路线，迅速控制多瑙河沿岸从加拉茨到布勒伊拉（Ibraila）的铁路。因此，分散在比萨拉比亚各处村落的俄军在穿越边境之前先会合成三路大军，右路军向雅西对面的边境进发，中路军向莱奥瓦（Leowa）对面

俄军先锋卫队

的边境进发，左路军向博尔赫拉德（Bolgrad）对面的边境挺进。

右路军驻扎在一片破败的丘陵地带，其补给全部由穿越基谢涅夫（Kischeneff）连接内陆和港城敖德萨（Odessa）的铁路运输。普鲁特河在每年的这个时候都处于汛期，河面宽阔、水流湍急，而罗马尼亚一侧河岸又布满沼泽。因此，普鲁特河成了俄国与罗马尼亚的天然疆界。距斯库亚尼（Sküjany）铁路桥约12英里的乌格尼（Ungeni）也有一座跨河大桥。右路军通过这两座大桥跨越边境，向摩尔达维亚的旧都雅西进发。雅西比较落后，约有7万人。俄军抵达后，立即派出一队人马控制了帕斯恰尼（Paschkany）这一交通枢纽。

中路军从俄国的本德镇（Bender）出发，抵达贝希塔马克（Beschtamak）并从此越过边境，然后前进大约15英里来到莱奥瓦，从这里渡过了普鲁特河。自1857年条约签署后，俄国的边境就不断从普鲁特河向后收缩，乌格尼铁路桥以南约30英里的地方如今主权不明。

左路军作为第三路军从博尔赫拉德对面越过了边境。那里的边界线拐向了正东方向，其余部分也都偏向东边。在罗马尼亚的这一地区，有好几条路可从边境通往多瑙河下游。3支分队分别前往25英里外的基利亚（Kilia）、大约35英里外的伊斯梅利亚（Ismailia）和大约40英里外的雷尼（Reni）。之后，俄军迅速从雷尼赶赴加拉茨和布勒伊拉，控制了塞列特河（Sereth）上的铁路大桥，并部署炮兵把守。

俄军越过边境线后的阵地部署如下：左路军控制了多瑙河布勒伊拉段及其下游河段之间的所有交通要道，保证了加拉茨和布勒伊拉之间的铁路正常通行；中路军和右路军则以左路军为中心，分别向南方挺进。对俄军而言，牢牢控制多瑙河与多布鲁查（Dobrudscha）之间的交通要道具有极其重要的战略意义，因为土耳其人只要从这里越过多瑙

向摩尔达维亚旧都雅西进发

河就会遭到部署在雅西和莱奥瓦的俄军的阻击。此外，保障铁路的安全运输也格外重要，这也说明了俄军为什么必须立即占领布勒伊拉以东的各处据点。

就在俄军逐步占领罗马尼亚的各个城镇、准备横渡多瑙河时，土耳其舰队司令霍巴特（Hobart）帕夏乘坐一艘名为"雷西莫"（Rethymo）号的小船进入了多瑙河，想在河上部署一支铁甲舰队，以阻挡俄军越过多瑙河。就在他的小船快要靠近鲁斯丘克（Rustchuk）时俄军在加拉茨和布勒伊拉迅速架起了炮台，并配备了火炮，水兵还在水下布置了水雷，以防止敌军将领逃离。土耳其舰队司令万分慌张是情有可原的。如果说霍巴特帕夏乘坐的是一艘铁甲舰，并且配有精良的作战武器，那么即使它停泊在西里斯特里亚也尚有反击之力。然而，它只是一艘木船，只配有一门40磅阿姆斯特朗大炮，停在河道里被俘获是迟早的事。"我应该怎么办？"霍巴特帕夏在心中反复问自己这个问题。是直接冲破封锁线，还是干脆承认自己无法抵挡俄军的炮火和水雷，然后直接弃船坐火车逃往瓦尔纳？那些最了解他的人都说他一定会想方设法率领船上的所有人冲破封锁，逃离险境。持该观点的人不是完全没有道理的，因为虽然这么做会冒很大的风险，但他们认为，像霍巴特帕夏如此优秀的人是会拼尽全力争取自由的，他会为了自由不惜舍弃自己的生命。这个说法到底是否可信，让我们来看看事情的真实经过就知道了。多瑙河不算太宽，但也不算太窄。在有些水域，船舶可以比较容易避开射来的炮弹，而在有些水域，船舶会惨遭炮轰，难以逃脱。加拉茨和布勒伊拉（Braila）之间的水域就是比较危险的地方。然而，这里水流湍急，船舶行驶速度快。更重要的是，这艘船的指挥官从来没有在海战中失败过。

夜幕降临，尽管俄军已布好伏击圈，但霍巴特帕夏还是做好了冲入黑海的准备。为了防止烟囱冒出的烟雾暴露位置，他下令暂时关闭船上的锅炉，在其他方面也做了周密的安排。据说，"雷西莫"号行驶速度非常快，可达每小时15海里。

霍巴特帕夏开始实施其冒险计划时，多瑙河的流速也很快，大约为每小时5海里。小船靠近加拉茨时，霍巴特帕夏发现整个河面都处于俄军炮火的攻击范围内，任何行驶在上面的船舶都可能被击沉。此外，水下还布有大量水雷。

天刚黑，"熄灯"指令便传达了下去。"雷西莫"号快速前行，很快便到了敌军的炮台下。船上的土耳其军队可以清晰地看到俄军的灯塔、重炮和众多士兵。突然，一枚信号弹从罗马尼亚一侧的岸边腾空而起，提醒俄军炮手，霍巴特帕夏的小船冲过来了。紧接着，又有数枚信号弹发射升空；随后，嘶哑的命令声清晰地传了过来。在阵阵号角和战鼓声中，俄军士兵迅速到达了各自的作战位置。

事实上，霍巴特帕夏随时都有可能被他无视的重炮炸到天上去。但正因身处如此巨大的险境，他才下定决心拼死一搏，驾驶小船快速驶向了河岸，距离炮台仅剩30多米。也正因距离如此之近，俄军的大炮反倒因不能调近射程而无法瞄准小船。最终，俄军只能眼睁睁地看着霍巴特帕夏的小船以每小时20海里的速度冲出了封锁线。

霍巴特帕夏确定俄军已经对自己构不成威胁后，当即下令"雷西莫"号向敌人的营地中心发射了一枚炮弹。爆炸声随后便在俄军的营地中心响起。

这次炮击到底给俄军造成了多大损失？我们不得而知。但这的确是俄土战争中第一次在多瑙河上空响起的炮声。霍巴特帕夏随后回到

从多瑙河上的吉尔盖沃俯瞰鲁斯丘克

控制多瑙河岸上的俄军炮台

君士坦丁堡，受到了土耳其人的热烈欢迎和祝贺。

5月3日，俄土双方在布勒伊拉发生了一场小冲突。两艘土耳其炮艇从马钦（Matchin）顺流而下，于大约11点到了该城对面。俄军在港城巴尔博斯（Barbosch）上游的沿岸没有炮台，在附近的兵营里也只有两门野战炮。一开始，俄军发射了几枚空弹，想吓退土耳其军队，但遭到了土耳其军队炮艇的激烈回击。随后，俄军将大炮架到了飘扬着俄国国旗的副领事官邸的屋顶上予以回击。冲突造成了一名妇女死亡，两名儿童受伤。俄军的一枚炮弹击中了土耳其军队的一艘炮艇。中午时分，土耳其军队的两艘炮艇撤向上游。下午，土耳其军队的炮艇又折返回来，在布勒伊拉对面徘徊，却不与俄军交火。下午4点左右，位于多瑙河两岸的哥萨克人和土耳其人发生了激烈交火。显然，土耳其军队前来是想摸清俄军炮台的位置和火力情况。

9日清晨，布勒伊拉附近的俄军炮兵不堪其扰，向格特谢特（Getschet）的土耳其步兵发起了猛烈炮轰。一些炮弹的毁伤半径达到了1500码①，有两名罗马尼亚人和一名在布勒伊拉下游田间劳作的妇女在炮火中丧生。

在将土耳其步兵轰出由胸墙和战壕组成的阵地后，一支俄军步兵于6点乘敞舱小船开始渡河，其间没有遇到任何抵抗。他们在登陆后摧毁了土耳其军队的防御工事，烧毁了他们的营房和哨岗，然后又毫发无损地折返了回来。

格特谢特对面的俄军炮台位于老多瑙河与新多瑙河的交界处，成功地阻止了土耳其军队的浅水重炮艇驶出老多瑙河。俄军炮台的大炮

---

① 英制长度单位，1码≈0.914米。——编者注

一架好，土耳其军队的炮艇就立刻躲回到格特谢特港，在那里向布勒伊拉发射炮弹进行反击。土耳其军队的舰艇曾数次试图冲出格特谢特港，进入多瑙河的主航道，但每次都会遭到俄军大炮的猛烈轰炸，最终不得不返回到原来的停靠点。

10日，奥尔特尼察附近的一个罗马尼亚炮台上的俄军和驻扎在图尔图卡亚（Turtukaia）小镇前的土耳其军队炮兵之间爆发了一场持续了5小时的激战。虽然土耳其军队有两艘浅水重炮艇加持，但图尔图卡亚还是在敌人的猛烈炮轰下着火了，致使土耳其军队两度举白旗。由于一艘炮艇严重受损，加上小镇处于一片火海之中，土耳其军队于傍晚时分停止了炮击，于夜间撤出了阵地。

11日下午，不久前溯河而上威胁到加拉茨的那艘土耳其炮塔舰驶出了马钦岛，后面还跟随着两艘炮艇。3点半，这艘炮塔舰停在了岛那头树木繁茂的地方，舰上的3根桅杆高过树冠，清晰可见。在罗马尼亚兵营下面、布勒伊拉附近的炮台上，俄军炮手先是用射程约为4000米的轻炮向土耳其军队的炮塔舰开火，但没有任何效果。俄军指挥官下令，让炮手用炮台上的2门8英寸口径的大炮进行轰炸。第一发炮弹没有击中目标；第二发炮弹采用高仰角、低射程的方式发射，成功落在了炮塔舰的甲板上。这发炮弹一定是击穿甲板后进入了弹药仓，才让这艘倒霉的炮塔舰内部随即闪烁着巨大的、耀眼的光芒，紧接着是腾空而起、久久不能散去的滚滚白烟。透过这些白色烟雾，形状各异、大小不一的黑色碎片喷涌而出，直冲云霄。硝烟散去后，这艘炮塔舰只剩下舰尾，依然矗立的后桅杆上还飘扬着土耳其的国旗。舰首被彻底击入了浅水区，前桅和主桅也在爆炸中不见了踪影。俄军乘两艘蒸汽船从布勒伊拉赶来，登上沉船，拿走了土耳其的

土耳其炮艇上的场景

布勒伊拉的俄军炮台向敌军开火

国旗，收集了一些船体残骸，救出了一名锅炉工和一名工程师——二人均严重受伤。这艘炮塔舰载有200名船员，由凯兹姆（Kezim）贝伊指挥。在河下游的加拉茨，沉船碎片被打捞了上来。见此情景，炮台上的俄军士兵群情激昂，军官们也互相拥抱着庆贺胜利。

28日上午，又有一艘土耳其炮艇在马钦运河河口附近被俄军击沉。27日晚上，在罗马尼亚舰队指挥官穆尔杰斯库（Murgescu）少校的配合下，由杜巴舍夫（Dubascheff）上尉率领的一支40人的俄军小分队乘坐三四艘小船驶离多瑙河北岸，直奔马钦河下游、布勒伊拉对面的佩特拉费特伊（Petra Fetei）据点，那里停泊着一艘大型土耳其炮艇。漆黑的夜晚，在被土耳其哨兵发现时，他们已包围了这艘炮艇。后来，土耳其哨兵发现了他们，并冲着他们大声喊道："喂！那边是什么人？"穆尔杰斯库少校用土耳其语回应道："自己人！"土耳其人显然觉得事情有些反常，他们并不知道这些船是从哪里来的，只是胡乱地向马钦方向开炮射击。炮弹都打偏了，没有伤到小船上勇敢的俄军士兵。就在对方胡乱射击的过程中，杜巴舍夫上尉指挥几名俄军士兵潜入水下，悄悄地游到了土耳其炮艇旁边，然后在其底部安装了威力无比的水雷。俄军士兵将水雷紧紧地固定在炮艇上面后，又对引爆装置的电池和电线进行了排布；在确定了具体的引爆时间后，他们悄悄地撤到附近的河岸上。凌晨3点半，这艘土耳其炮艇连同上面的所有军官和士兵都被炸到了天上，场面相当惨烈。后面也没有船员获救的消息，他们应该是和炮艇一样被彻底毁灭了。

6月22日是个星期五。这天早上，俄军准备渡过多瑙河。让人意想不到的是，他们竟然选择在加拉茨完成渡河任务。人们都认为，俄军会选择在吉尔盖沃（Giurgevo）和图尔纳马古雷尔（Turna Magurelle）之间

———

的某个地方渡河。土耳其军队也是这么认为的，并且将几乎全部兵力都集结到了鲁斯丘克和尼科波利斯之间的地带，还开始减弱西里斯特里亚方向的防御力量，甚至到了多布鲁查几乎都没有军队驻守了。

俄军的渡河路线完全出乎土耳其人的预料，也出乎其他旁观者的预料。

在河北岸，俄军花了 4 天时间在布勒伊拉附近修建了一座桥梁。该桥梁位于新多瑙河与老多瑙河交汇处下游一点儿的地方。驻扎在马钦和高地的土耳其军队将修建桥梁的全过程尽收眼底，但没有采取任何举措。俄军则利用这难得的窗口期于 21 日晚完成了架桥工作，只在整个河面留出了一条供船舶通行的狭窄通道。

新多瑙河与老多瑙河交汇处的水位仍然很高。河谷的大部分地方都被水淹没了，但这里的水位迅速降了下去。由于土耳其人并没有阻止俄国人渡河来到对岸，这座桥是从两边的河岸同时修建起来的。因此，罗马尼亚那边开工的同时，土耳其这边的工程也启动了。整座桥大部分都采用了栈桥结构，只有在真正的河道上才架设了长达 1000 码的浮桥，毕竟这里水流湍急，河水也比较深。

浮桥在河面上就位后被固定在从河岸两侧同时建造起来的栈桥上。栈桥沿着旧河道一直通往马钦的公路边上。

只要看一下地图就会发现，多瑙河的两条河道几乎是平行的，先是在赫索瓦（Hirsova）分流，到布勒伊拉后又汇聚到了一起。旧河道在马钦下游突然向左转弯，形成了一个直角。从马钦通往布勒伊拉的公路正是沿着这条河的北岸（或右岸）向前的，但现在还淹没在河水之中。土耳其军队认为，俄军会通过修好的栈桥渡河，但俄军并未打算从这里渡河。建桥只是他们玩的障眼法，以便骗过一直密切关注他们动向的土耳其军队。

除修桥之外，俄军还准备了众多木筏和小船，打算先取道加拉茨再绕至马钦。事实上，俄军就是靠这种方式成功渡过了多瑙河。正因如此，土耳其军队在桥头布下的埋伏圈落了空，俄军则躲过土耳其军队成功渡过了多瑙河。齐默尔曼（Zimmermann）将军没有选择从布勒伊拉到马钦的那条被水淹没的公路，而是决定从加拉茨渡河，并控制该要塞上方的高地，取得制高点。俄军之所以能够顺利渡河，是因为计划的保密工作做得非常好，也因为将士们视死如归、英勇无畏。士兵和马匹由平底船运送过河，大炮则由驳船运输过河。两个分队过河后，靠着一些小船和木筏穿过了河边被水漫过的一片沼泽地。在古科夫（Gukoff）准将的指挥下，第七步兵团的2500名士兵带着大炮在白天渡过了河，与先前抵达的俄军成功会师。从加拉茨渡河而来的部队控制了修建在山脊上的一片防御工事，与控制着马钦的另一处高地隔河相望。俄军在加拉茨东南部的加尔比纳（Garbina）和瓦哈雷（Vaharei）驻扎下来。凌晨3点，俄军的第一发炮弹落在了土耳其军队的炮台。6点，双方展开了猛烈的炮击。起初，俄军向前推进得不是很快，但随着来自雷尼和加拉茨增援部队的不断加入，俄军的战斗力得到了大幅提升，参战士兵达8000人。直到上午9点，双方的炮击战仍然进行得如火如荼。中午时分，炮火才逐渐平息。

土耳其军队似乎早已提前掌握俄军的行动计划，一直处于高度戒备状态，并做好了随时迎敌的准备。土耳其士兵作战勇猛，毫不退缩。几名俄军士兵被刺伤，这说明双方已展开白刃战。战局开始变得对俄军不利：船舶载重有限，一次只能运送1800名士兵过河作战；士兵登陆的地方又是一片泥水齐膝的沼泽地，四周还长有高高的

齐默尔曼将军

芦苇。如此恶劣的作战环境让俄军带来的4门大炮毫无用武之地，只得被舍弃在泥沼中。土耳其骑兵则表现出色，挥舞着军刀英勇地冲入了俄军的步兵团。

俄军选择在经过瓦卡雷尼（Vakareni）和加尔比纳通向加拉茨的一道狭窄山脊的两侧发起了进攻。此役，俄军的伤亡人数在150到200人之间，有3名军官阵亡，另有两名军官受伤。

土耳其军队沿库斯滕耶（Kustenje）铁路线向梅迪杰（Medidje）方向撤退，放弃了多布鲁查的整个北部地区。

6月25日下午，俄军炮兵开始轰炸尼科波利斯。土耳其军队在该要塞两侧的炮台予以回击，封锁了阿卢塔河（Aluta）的河口。这里需要说明的是，图尔纳马古雷尔（Turna Maguerelle）距离多瑙河干流大约仅2000米，与尼科波利斯（Nicopolis）隔河相望，两座要塞之间的空地全被水淹没了。这片区域与多瑙河干流之间还隔着一片土地，而这片土地上坐落的正是港城图尔纳马古雷尔。

在这次炮击战中，俄军在图尔纳马古雷尔左右两侧的阵地上一共部署了大约30门重炮，攻击范围覆盖了6000米长的河水淹没区。除此之外，俄军还有几门排炮和12磅的火炮，这样的大炮一般不会在固定的炮台使用，即使是当前控制图尔纳马古雷尔的第三十一师也只有在野战时才偶尔用到。

这次轰炸不具毁灭性。截至目前，俄军总共发射了大约500发炮弹，但其轰炸目标并非尼科波利斯镇，而是土耳其军队的炮台。土耳其军队虽然进行了反击，但火力并不猛烈。他们往往是在一个炮台打几发，然后又将大炮移到另一个炮台再打几发，从而让俄军误以为他们的武器弹药储备充足。

6月27日上午，俄军从西姆尼察（Simnitza）再次渡过多瑙河。西姆尼察和土耳其的西斯托瓦隔河相望，位于西斯托瓦上游可俯瞰多瑙河的一片绝壁上。在西斯托瓦下游2英里的土耳其一侧，河岸比较陡峭，地势也相当险峻，到处都是起伏的谷地。接近河边的陡坡上树木繁茂，各种鲜花和葡萄藤铺满了整个山坡，一直延伸至光秃秃的山脊。西斯托瓦下游2英里土耳其一侧的河岸是一片狭窄的洼地，由上游一条水量充足的溪流冲刷形成。这片洼地的右侧防御薄弱，因而驻扎着一小支土耳其军队。土耳其军队还在营地上方的山脊上部署了一个重炮连。在洼地和西斯托瓦之间，土耳其军队借树木掩护安置了几门大炮，并在紧邻西斯托瓦镇右侧的地方建了一处露天防御工事，还配了几门野战炮。西斯托瓦地势开阔，城内及周边最多驻扎有土耳其军队的一个旅，好在这里离鲁斯丘克和尼科波利斯都不远，用不了一天就能抵达。以上就是土耳其一侧的情况。

西姆尼察位于罗马尼亚一侧的河岸，地势很高。在西姆尼察和靠近土耳其河岸的多瑙河之间，有一大片土地，其间有绿草地、沙地和沼泽地。这片土地之前一直被水淹没，最近才显露出来。由于多瑙河的一条支流将这片土地与西姆尼察隔开了，所以这里实际上更像是一片孤岛。先前有一条公路和一座桥跨越这片土地将西姆尼察城和多瑙河上的登陆点连接了起来，但后来公路和桥梁都被洪水冲垮。因此，俄军现在需要通过一段浮桥才能到达这里。此外，这里的许多地方仍被水淹没——交错的溪流不断地冲刷着这里，从而形成了大片沼泽，使得从这里通过变得着实不易。只有在下游，即上文提到的土耳其一侧洼地的对面，才有一片柳树林和桤木林，能够为俄军的军事行动提供掩护。流经西斯托瓦阵地的多瑙河河面大约有1200步宽，流速

从尼科波利斯向多瑙河疾驰的骑兵

非常快。西斯托瓦对面还有一个海拔较低的岛屿，但我们要讲的战事与它无关，就不在此赘述了。由于罗马尼亚一侧的地势比土耳其一侧低，所以土耳其军队能够完全掌握俄军进驻西姆尼察的行动。由此看来，土耳其军队做出上述战备部署也就不足为奇了。

这次渡河要尽可能出其不意，因而最好是等到夜幕降临后再采取行动。德拉吉米洛夫（Dragimiroff）的师承担了渡河任务，预计于清晨在土耳其一侧驻扎下来。米尔斯基（Mirsky）的师作为后援计划夜间从利萨（Lissa）出发，并于次日早上7点抵达西姆尼察，待德拉吉米洛夫的师在对岸扎营后再跟进过河。如果德拉吉米洛夫的师渡河失败，那么米尔斯基的师将继续战斗，不惜一切代价强渡多瑙河。尼古拉大公已下死令，只许胜利不许失败，无论如何都要在西姆尼察渡过多瑙河。如有必要，其他师会被调来增援。哪怕会流血和死亡，俄军也必须成功渡河。

夜幕降临，德拉吉米洛夫将军开始了战术部署。他首先在己方阵地前沿部署了一排野战炮，希望用炮火压制对岸的敌军。与此同时，步兵抓紧时间穿过沼泽，进入有柳树林覆盖的地带。夜色很好地掩护俄军行动的同时，也带来了诸多不便。直到天快亮时，俄军才做好了渡河准备。由于河上没有桥，俄军只能靠小船渡河，每艘小船能坐15至40人。在柳树的掩护下，这些小船由马车拖着穿过沼泽，停到了岸边。小船一到位，士兵们便上船开始向对岸划去。德拉吉米洛夫站在泥泞的岸边，为英勇的将士们祷告，希望他们能快速到达对岸。他虽然很想亲自率领士兵渡河，也颇有指挥天赋，但必须暂时留在后方。率领士兵渡河的光荣任务落在了约尔钦（Yolchine）少将头上，他率领的旅由瓦林斯克团（Valinsk）和明斯克团（Minsk），即第

俄国尼古拉大公

五十三团和第五十四团组成。小船接连划向了对岸的洼地，后来连蒸汽小拖船也用上了。

这一晚，土耳其守军无法安睡。他们为数不多的几门大炮立即向俄军渡船、隐藏在柳树林的士兵及正在穿越沼泽的队伍开火。此外，洼地上方山坡上的土耳其步兵负责坚守登陆点的阵地，也开始朝俄军渡船射击。约尔钦少将名不虚传，曾在高加索战争中积累了丰富的作战经验。他身先士卒，驾船冲在了最前面，而土耳其军队的步兵枪手就在离岸边大约50码的地方。抵达岸边后，约尔钦示意士兵迅速卧倒。虽有一两名士兵中枪倒地，但其他人随即开枪还击，掩护后面渡河的船。小船接连抵达岸边，下船的士兵则如法炮制，掩护后面的渡船。

后来，成功渡河的士兵越来越多，包括年轻而英勇善战的斯科贝洛夫（Skobeloff）。约尔钦命令手下士兵全部上好刺刀，站起来跟着长官一起向敌人发起冲锋。在天蒙蒙亮的清晨，俄军冲锋时发出的呐喊声甚至盖过了土耳其军队的枪声。俄军的还击发挥了作用，但土耳其军队并不会坐以待毙。约尔钦手下的士兵在顽强地向山坡上发起冲锋，但推进得很慢。俄军的船舶还在两岸间往返，缓慢地运送士兵。只要土耳其军队的大炮一响，俄军的大炮就会猛烈还击，但双方的炮火无论多么猛烈，都无法在短时间内重创对方。土耳其军队的炮弹不断落在水中、柳树林里和在沼泽中行进的俄军队伍中。一枚炮弹恰好落在了俄军的一艘小船上，而这艘船上载有两门大炮、若干名炮手和指挥官。船上的大炮和官兵随小船一起沉入水底，这是俄军此役最惨痛的一次伤亡。尽管如此，大量俄军士兵已抵达多瑙河两岸。渡河任务仍然在继续，7点过后，约尔钦的整个旅都到了河对岸，立即在那里部署了一个炮兵连。最终，德拉吉米洛夫本人也渡过了多瑙河。

向左前方看去，你会发现大批队伍正在那里待命，或正在向柳树林这一天然掩体行进。在步兵营的掩护下，河边一长排的火炮正不停地向土耳其军队的阵地发射炮弹。不过，这是一种非常冒险的阵法：炮兵连彻底暴露在了土耳其军队的视野内，而土耳其军队的大炮不会一直保持沉默。俄军的炮弹精准地命中了西斯托瓦城边的防御工事。但土耳其炮手没有丝毫退缩，仍然在枪林弹雨中顽强抵抗；一台大炮哑了，另一台大炮马上发出了呼啸的炮弹。场面一度极其悲壮！俄军一半的兵力都暴露在洼地里，除下游的那片柳树林以外没有任何掩体。密集的子弹从洼地射向山坡树林，噼里啪啦的声音不绝于耳！山脊上土耳其军队的大炮接二连三地向柳树林发射炮弹，逼得约尔钦的队伍不得不采取行动。西斯托瓦看上去就要变成一座空城了。尽管如此，在被身边爆炸的炮弹扬起的尘土中，土耳其炮手依然顽强地坚守在自己的位置上。隐蔽在树林中的土耳其军队的大炮也没闲着，不时朝俄军阵地发射炮弹。救护人员或抬着担架穿梭在炮火中，或抬着浑身是血的士兵艰难地走向战地手术室。炮弹一落入水中，大片水花便冲天而起，犹如碎裂的玻璃一样在空中闪闪发光。奇怪的是，载满士兵和辎重的小船竟然总能幸运地躲过呼啸而来的炮弹！但凡有一枚炮弹落在这些人员与辎重密集的船上，就会给俄军造成巨大的损失。哪怕有一枚炮弹落在那些躲在岸边隐蔽处的士兵中间，也同样会给俄军造成巨大的伤亡。

米尔斯基亲王（Prince Mirski）收到了行动指示。他命令师部向下游的平原地区挺进，做好随时渡河的准备。行至西姆尼察后，全师一直

多瑙河上的"诺夫哥
罗德"号铁甲炮舰

在西姆尼察后面的高地上待命。忽然，有士兵大喊道，一艘土耳其军队的铁甲炮舰正沿多瑙河顺流而来。确实，在远处靠近岛尖的地方，可以看到一艘带有两个烟囱的大型船舶正向下游缓缓驶来。此时渡河的小船一定要当心，因为敌人有可能会发射水雷过来。但俄国军官一点儿都不慌张，似乎还在盼望这艘大船的到来。原来，这艘看似是铁甲炮舰的大船其实是两艘绑在一起的大型驳船，是专门前来运送俄军士兵过河的。船上看起来空无一人，但肯定是有舵手的。俄军选择这条航道还是冒了很大风险的。驳船缓缓前行，穿过了土耳其军队在西斯托瓦所设炮台的封锁区，几乎没有被敌人发现，最后停到了渡口上游罗马尼亚一侧的岸边，等待俄军士兵上船。米尔斯基亲王站在浮桥上，看着他的部队分批走向驳船，并向他们致意。排在第九师前面的是为本次战争专门组建的步兵旅的一个先遣团，隶属于陆军。这个专门组建的步兵旅由全军最优秀的射击手组成，并且这些射击手均配有伯丹步枪。米尔斯基亲王的师由功勋卓著的4个团组成，在塞瓦斯托波尔围城战中损失惨重。这4个团分别是叶列季克团（Yeletik）、谢弗斯克团（Sefsk）、奥尔洛夫团（Orloff）和布良斯基团（Brianski），即俄军第三十三团、第三十四团、第三十五团和第三十六团。士兵们非常勇敢地冲下陡峭的山坡，穿过小桥，来到了沼泽地。他们首先看到的是令人感到压抑的地方——战地医院。重伤员要先在这里接受治疗，然后被转送至西姆尼察的后方医院。大约有20名残疾士兵躺在血迹斑斑的担架上，等待接受医生的治疗。不少重伤员都想放弃治疗，要求将自己直接活埋。

在洼地上方的斜坡上，俄军与土耳其军队展开了一场激烈的战斗。土耳其军队已全部集结，部署在山脊上的炮台周围，密切地关注着约尔钦旅的动向。约尔钦旅刚登陆土耳其一侧的河岸时，并没有得到俄军的有力支援。在击退了第一波登陆的俄军士兵后，土耳其军队士气高涨，想乘胜追击，将敌人赶到多瑙河中。但在约尔钦旅的冲锋下，土耳其军队的士兵瞬间纷纷倒地。俄军一路势如破竹，冲上了山坡。土耳其军队则被打得连连后退，甚至因担心遭俄军截获还提前挪走了炮台的大炮。中午刚过，俄军就控制了制高点，在那里驻扎下来，俯瞰着保加利亚内陆，背对着被他们征服的多瑙河。土耳其军队的步兵试图绕路回到山下的西斯托瓦，但一支俄军将其拦截并击溃了。随后，这支俄军控制了通往西斯托瓦的公路，打消了土耳其军队经此运送大炮的念头——土耳其军队的大炮一直都部署在西斯托瓦附近的防御工事里。

至于土耳其军队的铁甲炮舰，则被困在了东瓦尔迪姆岛南侧的航道内——四周的水雷让它寸步难行。虽然它可以在被控制的区域内愤怒地向外发射炮弹，但一门俄军的大炮还是沿着罗马尼亚一侧的河岸离它越来越近。突然，一发炮弹击中了这艘铁甲炮舰，重创了这艘世界公认的火力最猛的新型战舰。土耳其军队的战舰失去战斗力后，俄军随后便按部就班地打扫战场了。俄军的驳船现在可以在河面上自由航行，可随时停靠在各个渡口，被用作临时渡船。

俄军凭借出色的战略与战术完成了此次渡河任务。直到俄军开始渡河时，土耳其军队才看出了端倪。彼时，外交官都在国外，沙皇及其侍从都待在图尔纳马古雷尔，俄军在尼科波利斯的阵地前一天刚遭到了猛烈轰炸，这些都给人一种俄军不会渡河的错觉。这次成功的行动或许是现代战争中最伟大的军事行动之一，仅造成俄军1000人伤亡。

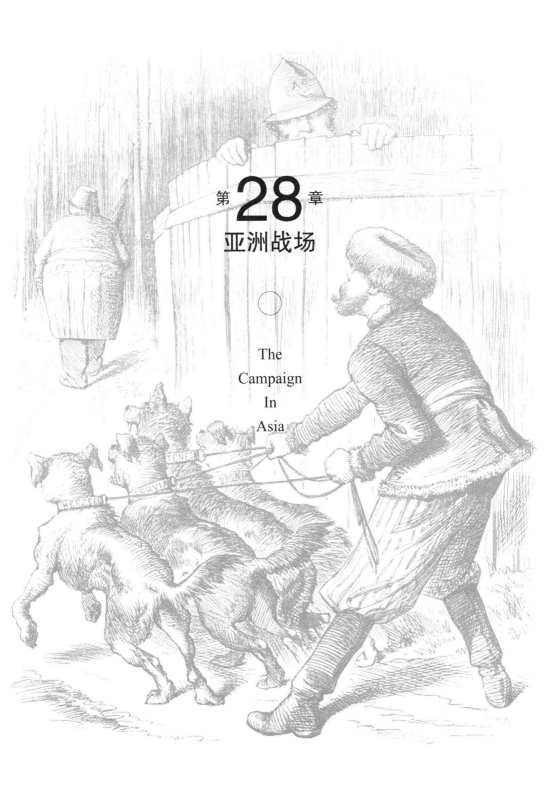

第 **28** 章

亚洲战场

The
Campaign
In
Asia

　　俄军在欧洲越过普鲁特河的同时，高加索地区的军队分三路越过了土耳其的亚洲边境。亚历山德鲁波尔（Alexandropol）的主力军向卡尔斯（Kars）进发；里奥尼分遣队向巴图姆进发；埃里温（Erivan）分遣队向巴亚济德（Bayazid）进发。在洛里斯·梅利科夫（Loris Melikoff）副官的指挥下，亚历山德鲁波尔的主力军分两路纵队进入土耳其后攻下了土耳其的哨所，于当天分别抵达了莫拉穆萨（Molla Musa）和巴什舒拉格尔（Bash Shuragel）。4月27日，军队大部分人马越过了卡尔斯柴河（Kars Tchai），在库鲁克达拉（Kuruk Dara）、哈德什瓦利（Hadshi Vali）和苏博坦（Subotan）过夜。29日，军队抵达扎伊姆（Zaim）和安吉凯夫（Angi Keff），随后派出了27支中队，带着16门大炮，前去切断卡尔斯和埃尔祖鲁姆之间的通信线路。在察夫夫瓦德斯（Tcavwchvadse）少将的率领下，这支俄军在28日至30日的侦察中成功摧毁了卡尔斯和埃尔祖鲁姆之间的电报系统，并追击了一支从卡尔斯向埃尔祖鲁姆行进的土耳其军队。该土耳其军队由8个营组成，由穆赫塔尔帕夏亲自率领。为了援助察夫夫瓦德斯少将，洛里斯·梅利科夫将军又派了12个掷弹兵营，命令掷弹兵们放下背包轻装上阵，在40门大炮和5支骑兵中队的掩护下从卡尔斯绕向土耳其军队的侧翼，并迅速向维辛克夫（Visinkeff）挺进。与此同时，从卡尔斯集结的8个营携几门大炮，在堡垒大炮的掩护下占领了一个阵地。在俄军炮火的攻击下，土耳其军队的一门大炮被摧毁。交战过后，洛利斯·梅里科夫将察夫夫瓦德斯的队伍留在了维辛克夫，自己则带着剩余的队伍于5月1日返回了扎伊姆的营地。各地人民没有抵制或反抗俄军，对俄军非常友好，他们都认为接受俄国的统治对他们有利。4月24日，新组建的卡拉帕奇（Karapapachs）中队带着自己的队旗前来投靠俄军，希望能为其效力。该地区的所有非正规骑兵要么加入了俄军，要么被驱散了。

在奥克罗布吉奥（Oklobjio）中将的指挥下，里奥尼分遣队分两路向巴图姆挺进。左路军在德尼别科夫（Denibekoff）少将的指挥下向穆查斯蒂尔（Muchastir）进发，右路军在谢伦蒂耶夫（Scheremtieff）将军的指挥下沿阿奇马勒姆公路（Atchmarum）前进。4月25日，左路军经过一场激战后，攻占了穆查斯蒂尔，并于26日加强了对该阵地的防御。沿阿奇马勒姆公路行军的右路军也与土耳其军队展开了一场遭遇战。在25日的战斗中，俄军共有30人受伤，其中包括第四十一炮兵旅第六炮组的指挥官穆什洛夫（Muscheloff）中校。

4月30日上午，埃里温分遣队在特古卡索夫（Tergukassoff）将军的率领下抵达巴亚济德，攻占了这个小镇及其堡垒。当看到俄军逼近时，土耳其1700多名守军慌忙撤退到安拉达格山区（Allah Dagh）。

高加索山脉这一巨大的天然屏障隔开了欧洲和亚洲，但已经很多年都不再是俄土两国的分界线了，山脉本身及其南部绵延数百英里的山坡现在已成为俄国领土的一部分。整个格鲁吉亚和亚美尼亚的部分地区已经属于沙皇的领地，可以为俄军远征土耳其的军事行动提供便利。其实，征服这些地区绝非易事，但俄国一直在坚定不移地推行兼并政策，在克服了一切障碍后逐渐将其领土向南边的地中海方向延伸。一旦越过高加索山脉这道巨大的屏障，自然边界就不复存在，俄国进一步向外扩张便只是时间问题。除南岸之外，整个里海现在都被俄国控制着。俄国在里海的舰队数量正在稳步增加，海军基地正在加紧建设。铁路再向那里延伸一些，里海就快变成俄国的一个内湖了，因为波斯已经像一颗成熟的李子随时会落入沙皇嘴里。人们可以通过3种不同的途径前往俄国统治下的外高加索地区：第一，通过黑海的港口前往，主要是苏呼姆-卡利港（Sukhum-Kali）和波季港；第二，通过里海沿岸的巴库港（Baku）；第三，通过唯一一条穿越高加索山脉的公路。这条公路穿过卡斯贝克山口（Kasbek Pass），整个冬天都因厚厚的积雪而无法通行。外高加索地区的政府所在地是第比利斯。该城大约有10万居民，市民主要为格鲁吉亚人和亚美尼亚人。第比利斯也是外高加索地区的军火和主要军事物资供应地，但防御工作做得不是很好。第比利斯紧挨卡斯贝克山口的南边，人们可以从弗拉迪卡夫卡斯（Vladikavkas）火车站出发，通过一条翻越海拔8000英尺的山脉、长约140英里的公路来到这里。这条公路也被认为是格鲁吉亚军用道路，始终保持着良好的路况，冬天的雪刚一融化，就会有工人对道路进行维护。有一条铁路从第比利斯通往亚速海的罗斯托夫和塔甘罗格。第比利斯与港城波季大约相距200英里，连接两座城市的有一条铁路和一条公路，但自从跨越众多溪流的铁路建成以后，公路就处于常年失修的状态。波季是一个自然环境很差的港城。里奥尼河口有一片沙洲，船舶只能停泊在港外的锚地，船上的货物必须先卸到驳船上，再由驳船运到港口。驳船需要行经一片沼泽后才能靠近港口，而这片沼泽是引发疟疾和发热病的罪魁祸首。据说，没有一个欧洲人在那里过夜后不患发热病的。波季以北约六七十英里的地方是苏呼姆-卡利港。尽管无法避开南风，但该港的停泊条件要好很多。苏呼姆-卡利比波季宜居得多，如果不是俄国认为不值得在这里投资，这里或许早已通过铁路与第比利斯连通了。俄国一直打算吞并距其南部边境更近、地理条件更好的土耳其港城巴图姆。从第比利斯到外高加索的里海港城巴库，有一条路况良好、长约350英里的驿道。巴库是一个小港城，只有大约

1.2万人，坐落在一片贫瘠荒凉的土地之上，但那里盛产石脑油，并且石脑油制备是当地的支柱产业。巴库有一个避风港，距阿斯特拉罕（Astrachan）和伏尔加河口500多英里。

　　俄国的外高加索地区具有各种各样的自然特征。里奥尼河在波季注入黑海，其流经的平原地区被茂密的森林覆盖，是发热病高发区。库那河（Kura）最终注入里海，其上游是肥沃的谷地，下游则和阿拉塞斯（Araxes）河下游一样是一片贫瘠的草原，只有通过精心灌溉才能种植农作物。除了草原地带，库那河流域其他地方的土壤都很肥沃。一路向上延伸到山脉南坡的是一连串可耕种的梯田。该流域不仅可以种植各种粮食作物，还可种植棉花和亚麻，烟草种植量也在增加。此外，这里有肥沃的牧场。人们还在这里还发现了丰富的矿物资源：以铜为主，兼有铁和银。我们在上文提到过，从俄国内陆进入外高加索地区有三种路线，即经黑海到达波季，通过弗拉迪卡夫卡斯铁路和卡斯贝克山口到达第比利斯，取道伏尔加河和里海到达巴库。但自从向土耳其宣战后，俄国就失去了对黑海航线的控制权。因此，俄军现在只能翻越高山了。但冬天一到，这条路便无法通行，而里海的航线或许也会因冰封而无法通行。从波季到第比利斯再到巴库有一条大道，这条大道几乎与高加索山脉的走向平行，是外高加索地区的主干道。这条主干道的一侧有数条与之垂直的道路一直延伸到土耳其的边境，其中有一条驿道沿黑海海岸从波季一直通向了圣尼古拉堡（Fort St.Nicholai）。自俄土两国开战以来，圣尼古拉堡一直在遭受土耳其舰队的轰炸。连接距波季约40英里的内陆村庄奥皮里（Orpiri）和奥祖尔盖蒂（Ozurgeti）的这条驿道一直延伸至圣尼古拉堡，路况良好。战争爆发之初，一支俄军侦察部队就是经此驿道前往巴图姆

由俄军护送的
从卡尔斯到亚
历山德罗波尔
的邮车

的，后来被驻扎在楚鲁克（Tchourouk）的土耳其军队击退。另外一条通往土耳其边境的要道是从位于第比利斯和波季之间的一处要塞出发的，一路沿库拉河上游延伸至边境小镇阿哈尔茨奇（Akhaltsich），该镇有大约1.4万名居民。

还有一条公路从第比利斯通往阿恰卡拉奇（Achalkalaki），全长100多英里，途中经过比利克鲁奇村（Biely Klutch）。最近第比利斯的部分兵工厂就搬迁到了这个村子。曾经繁华的阿恰卡拉奇城现在变成了一个贫穷的山村，但一个比较重要的要塞设在这里，就位于不远处的山丘上。从第比利斯出发，有几条路线可以通往俄国边境要塞古姆里（Gumri）或亚历山德鲁波尔，而从这里就有一条通往土耳其亚洲地区的干道。一条峡谷将这座要塞与城市隔开了。俄军已大幅提升该要塞的防御能力，在炮台上配备了许多大口径的克虏伯火炮。从东面的俄国城市和峡谷可以轻松攀登上来。亚历山德鲁波尔已经被俄军变成一个巨大的边境军营。梅利科夫将军指挥的军队聚集在这里，将沿大路向卡尔斯挺进。毫无疑问，这里已成为俄军出征土耳其最前沿的大本营。目前，从第比利斯到亚历山德鲁波尔最好但同时最长的路线是沿主干道向巴库方向前进，到新阿格斯塔法（Novo-Akstafa）后，转向通往德利扬（Delijan）的驿道。到德利扬后，该驿道又分成两条岔路，一条通向亚历山德鲁波尔，另一条通向埃里温。选择这条路线要走大约170英里的路程。还有一条路线虽然较短，只有大约120英里，但路况不好。埃里温距土耳其边境40英里，从这里沿驿道可通往伊朗的大不里士，再往前还可抵达德黑兰。这座城市约有1.2万人，大部分居民为亚美尼亚人；这里的军事防御仍比较传统，主要靠城墙的厚度。从埃里温出发，通过几条小路可越过阿勒山抵达巴亚济德。巴亚济德是土

第比利斯的亚洲预备军

耳其边境角落的一个要塞，位于阿勒山脚下。俄军抵达后，巴亚济德的土耳其守军没做任何抵抗便弃城向埃尔祖鲁姆方向撤退了。这里有一条与边境线平行的公路，虽然许多路段的状况都很糟糕，但俄军还是可以借此从圣尼古拉堡、阿哈尔茨奇、阿恰卡拉奇和亚历山德鲁波尔通往阿勒山脚下的各个村庄。波季-巴库公路和土耳其边境之间是一片峡谷与溪流交错的地带。

现在让我们将目光转向土耳其领土。土耳其的东部城市埃尔祖鲁姆距俄国边境小镇亚历山大德鲁波尔约180英里，两个城市之间是一片沟谷交错的山地。埃尔祖鲁姆有大约4万人口，比大多数土耳其城市建设得要好很多，其房屋大多由石头建成，其中一些看上去非常美观。整座城市坐落在大山脚下的一座小山丘上，市内有70多座清真寺和3座基督教堂。市内的喷泉随处可见，水是通过管道从山上输送来的。城市的南、北、东三面均有高山环绕。土耳其人在绕城的山坡上建有防御工事，但防御能力都不强。以埃尔祖鲁姆为中心的多条公路可通往巴亚济德和巴图姆等边境城市。其中两条主干道一条通往140英里之外的卡尔斯（距亚历山德鲁波尔大约40英里），另一条经卡拉卡利萨（Kara Kalissa）通往大约180英里之外的巴亚济德。第一条干道，即通往卡尔斯的公路，在卡尔斯以西约16英里的麦什德（Meshed）分出了两条通往埃尔祖鲁姆的岔路，一条经巴尔德斯（Bardez）和奥尔蒂（Olti），一条经呼罗珊（Khorasan）。另一条干道靠北，直接从卡尔斯通往奥尔蒂，中途不经过巴尔德斯。巴亚济德通往埃尔祖鲁姆的公路也有一条从卡尔斯通往卡拉卡利萨的岔路。从距埃尔祖鲁姆约70英里的奥尔蒂出发，有一条道路通往距边境约20英里的阿尔达汉（Ardahan），对面就是阿克哈尔卡拉基

1877 年 5 月 5 日，俄军猛攻阿尔达汉要塞

（Ackhalkalaki）；还有另外两条道路分别通往阿哈尔茨奇对面的边境和巴图姆。因此，土耳其军队只要在奥尔蒂和呼罗珊之间占据一处要塞，就可以控制从俄国边境到埃尔祖鲁姆的所有道路。从呼罗珊行至奥尔蒂大概需要4天时间。这条道路的前面是一条被称为索汉里–达格（Soghanli-Dagh）的山脉。山上覆盖着苏格兰冷杉林，山谷中有纵横交错的溪流，也穿插着许多小道。其中一些小道甚至可以通车，部队可以避开大道从这里行军。1829年，帕斯凯维奇（Paskievich）就是以这种方式最终攻占了土耳其军队坚守的阵地。

我们再来谈谈土耳其边境的防御。先从巴图姆开始。巴图姆虽然北面毫无遮蔽，但因水深且靠近海岸，加上南面的高山让它可以免受南风的侵袭，所以仍是一个天然良港。由于距俄国边境仅约30英里，这里的海陆防御力量都很强大。对任何一个领土与黑海接壤的国家而言，巴图姆都是一个战略要地，因为它是亚速海以南东海岸唯一的良港。毫无疑问，巴图姆如果被划入俄国版图，早就通过铁路和第比利斯相连了，这也是俄国对巴图姆如此垂涎的原因。波季港之所以能有现在的繁荣程度，并非其自然条件有多优越，而要归因于一次笔误。当年土耳其根据《阿德里安堡和约》将卡尔斯和大海之间的领土割让给俄国时，双方约定的边界线是恰鲁奇河（Tschorooch），于是条件优越的巴图姆港就划给了俄国。然而，直到和约正式生效后，人们才发现，和约的边界线写成了距巴图姆约18英里的恰洛克河（Tscholock）。这样一来，俄国失去了巴图姆港，得到了波季港。下一个要塞是阿尔达汉。这个山村拥有一座古老的城堡，其防御主要依靠野战工事。为应对当地恶劣的气候，村子里的房屋大多建在地下。从阿哈尔茨奇和阿克哈尔卡拉基都可以到阿尔达汉，这也让阿尔达汉成了绝佳的防御要塞，可以抵御来自两边的敌人。卡尔斯城有一部分是被城墙围起来的。卡尔斯-柴河（Kars-Tchai）两岸建有城堡，中间由石桥相连。卡尔斯位于产粮的平原地带，人口在1.3万到1.4万之间。由于城市四周都是高地，所以很难做到周密的防御，但土耳其人还是修建了许多堡垒来加强防御。4月30日，土耳其守军出卡尔斯城，在堡垒的掩护下占据了一处阵地。埃尔祖鲁姆位于幼发拉底河上游西岸，从巴亚济德前往埃尔祖鲁姆需要跨过幼发拉底河。埃尔祖鲁姆与特拉布宗之间有一条路况良好、长约200英里的公路，与埃尔祖鲁姆和迪亚贝基尔（Diarbekir）之间的巴格达大篷车路距离差不多。从迪亚贝基尔到斯坎德龙海湾（Gulf of Scanderoun）大约有300英里。

后来，起义像野火一样蔓延。周边地区上千切尔克斯人带着各种各样的武器聚集到了土耳其的军旗下。他们先是将整个地区的俄国驻军和哨兵赶到了甘加拉（Gangara），随后又摧毁了那里。得到这些胜利的消息后，哈桑帕夏又为切尔克斯人送来了一批弹药和新步枪，组建了一支强大的地方武装，然后又率领他们沿着通往第比利斯的铁路线进军，直指库塔伊斯（Kutais）。还有一支队伍则绕到了驻扎在巴图姆对面的俄军军营的后方，发动那里的人民起义。

6月10日和11日，两军在巴图姆展开了一场意义重大的决战，以土耳其人获胜告终。土耳其人没有为由巴什波祖克控制的外围高地配备任何火炮进行防御，个中缘由只有他们自己最清楚。巴什波祖克就待在高地的战壕里，虽然阵地位置不错，却缺少大炮。关于这一点，俄军一定很快就会弄明白，因为在10日下午的进攻过程中，他们发现敌人的反击除步枪射击以外，好像再没有更猛烈的火力了。于是，他们大胆放弃了一切掩护，奋不顾身地向敌人的阵地发起了冲

锋。他们冲出营地，穿越辽阔的楚鲁克苏平原（Tchwruk-Sou），然后无
所畏惧地向山上冲去。土耳其军队其他战线的大炮也未能阻止俄军
的冲锋。尽管如此，第一天战斗结束时，土耳其军队仍然坚守着阵
地。哈桑帕夏一点儿都不慌张，只是美滋滋地想着，真主决不会允许
其仆人和穆罕默德的朋友被敌人驱散，因而仍未向巴什波祖克坚守的
阵地提供大炮。第二天早上，战斗又开始了。俄军冒着枪林弹雨冲到
了敌军的战壕前。他们发起了4次冲锋，试图突破防线，但均被不屈
不挠的巴什波祖克击退了。在战斗中，俄军有大炮助阵，而土耳其军
队没有，但这并不影响战局，因为俄军的炮弹似乎很难击中穆斯林士
兵，总是会偏离他们想要攻击的目标。甚至当俄军的大炮对准土耳其
士兵时，这些士兵就会从隐蔽的战壕中冲出来，直接奔向俄军的炮口
下，然后追击弃炮而逃的俄军炮手。这场战斗中曾出现过一个血腥但
悲壮的场面。当俄军排成一列密集的纵队慢慢向山坡上进军时，一队
隐蔽在树林里的巴什波祖克作为土耳其军队的右翼正在等着他们进入
伏击圈。待作战时机一到，这些士兵便突然冲出树林，向俄军发起了
突袭，从而制造了一场大屠杀。完全暴露在开放地带的俄军别无选
择，要么进行反击，要么快速逃走。一开始，俄军反击的意志还十
分坚定，但很快便动摇了。在遭到土耳其军队一阵猛烈的扫射后，俄
军乱了阵脚，开始向后撤退。有士兵干脆扔掉步枪，迅速向平原方
向奔逃，土耳其士兵则在他们身后穷追不舍。不过，溃逃的俄军士
兵很快就得到了俄军炮火的掩护，迫使追击的巴什波祖克向山上撤
退，再次躲进了山林里。即便如此，土耳其军队仍然在这次战斗中大
获全胜，只付出了1000名士兵伤亡的代价，就歼敌4000多人。总体而
言，土耳其军队在此次战斗中的表现可圈可点，值得优秀的指挥官学

习借鉴。然而夜幕降临后，帕夏居然下令让军队从部分高地撤离。结果第二天一早，俄军便占领了这些高地。因此，土耳其军队虽在战斗中获胜，却失去了有利阵地。在随后攻打卡尔斯的战斗中，俄军占据上风。

在洛里斯·梅利科夫将军的率领下，俄军骑兵于4月28日、29日和30日在卡尼切夫（Kanicheff）、弗拉迪卡尔斯（Vladikars）、提克莫（Tikmo）、萨内布托（Sanebuthor）和巴济格兰（Bazigran）方向进行侦察。一支分队抵达拉谢朱尔特（Lachejuirt）后，摧毁了从卡尔斯到埃尔祖鲁姆一条7英里的电报线路。另一支分队在切雷梅蒂夫（Cheremetieff）将军的指挥下抵达了萨甘卢克（Saganluc）附近的瓦里蒙（Varimon）。从卡尔斯向埃尔祖鲁姆行军的8个营和一个炮兵连遭到了俄军骑兵的追击，丢下了运送辎重和弹药的马车。梅利科夫将军为了支持俄军骑兵的行动，于4月29日率领4万大军攻向了驻扎在距卡尔斯5英里的穆赫塔尔帕夏军营。土耳其军队虽然拼命抵抗，但终被有强大炮火支援的俄军赶出了阵地。穆赫塔尔帕夏集结所有在卡尔斯的守军，企图率领6万大军于第二天6点收复失地。但俄军已于前一天晚上部署好2个师和10个炮兵连加强防守，最终击退了土耳其军队。双方均付出了惨重代价，但土耳其军队伤亡更大。

大约在同一时间，当埃里温师的先遣队抵达巴亚济德时，巴亚济德的1700名土耳其守军弃城而逃，退至阿拉达（Allada）高地，给俄军留下了大量弹药。俄军迅速占领了巴亚济德城及周边堡垒，从而控制了通往埃尔祖鲁姆的道路。

5月16日，科马洛夫（Komaroff）少将率领4个步兵营、2个炮兵连和3支由非正规骑兵与卡拉帕克（Karapack）民兵组成的中队在卡尔斯城前

为俄军骑兵战
马上铁蹄

开展侦察行动。左翼的非正规骑兵和卡拉帕克民兵在行军途中遭到了由1000名龙骑兵、8个步兵营和一个炮兵连组成的土耳其军队的猛烈攻击。6支达吉斯坦（Dagestian）骑兵中队被派去支援左翼的俄军。随后，双方便展开了一场激烈的肉搏战。战斗过后，土耳其军队除有伤员和两名士兵被俘外，还有64人阵亡，大量马匹和武器也成了俄军的战利品；俄军方面有1名军官和20名骑兵阵亡，5名军官和54名骑兵受伤。

5月17日，俄军攻占了阿尔达汉城外的堡垒，缴获了土耳其军队的60门大炮及大量补给和弹药。此外，俄军还占领了之前驻扎有14个营的土耳其军营，以及卡尔斯的一个前哨堡垒。从下午3点到6点，俄军猛烈的炮火一直没有停歇，终于将阿尔达汉城墙炸开了一个缺口。6点，来自埃里温、第比利斯和巴库的俄军部队与工兵也赶来攻城。土耳其军队再也无法抵挡下去了，开始弃城而逃。尽管天色已晚，俄军骑兵仍在穷追猛打，致使大量土耳其士兵阵亡。晚上9点，伴随着军乐队高奏的国歌声，俄军踏遍了整座城市及周边的所有堡垒。

攻占阿尔达汉后，俄军便紧锣密鼓地对卡尔斯发起了围攻战。他们决定首先夺取城市正前方的卡拉达格堡（Fort Karadagh），因为该堡垒不仅控制着通往古姆里和亚历山德鲁波尔的道路，还控制着卡尔斯-柴河右岸的堡垒。俄军的进攻起初比较顺利，激烈的战斗在大炮的不断轰炸下持续了5小时。土耳其军队步兵虽然不断被击退，但增援士兵在源源不断地补充上来。在巨大炮火的掩护下，土耳其军队突然向俄军发动袭击。随后，两军的步兵便展开了一场肉搏战。虽然俄军士兵在敌人的炮火和弹雨中无所畏惧，但他们的队伍其实在迅速地减员。土耳其步兵上好刺刀，数次向俄军士兵发起冲锋，将他们杀得节节败退。俄军士兵在撤退的过程中遭到了土耳其军队的炮火轰炸，伤亡惨重，而擅长冲锋战的切尔克斯人也杀死了许多哥萨克人。

5月30日，俄军再次对卡拉达格堡发起猛烈轰炸。他们在攻城战中投入了更多重型大炮，连续不断地向土耳其堡垒发射炮弹。然而，这样的狂轰滥炸并没有起到作用。

6月14日上午，俄军分别从西边和东边的阵地向泰赫马斯堡（Fort Tekhmass）和卡拉巴格堡（Fort Karabagh）发起了缓慢但精准的打击。随着时间的推移，俄军的炮火越来越猛烈；围城士兵也开始采取新的作战行动，向两座堡垒发起了联合冲锋。战斗一直持续到晚上才结束。在这场大炮和步枪激烈交火的战斗中，攻城士兵的每一次冲锋都因毫无掩护而伤亡惨重。第二天，战斗继续进行。俄军似乎下定决心要不惜代价夺取其中一个或者全部坚固的堡垒，因为控制了这两座堡垒就能对卡尔斯形成致命的威胁。土耳其守军则严阵以待，有力地回击了俄军发起的进攻。面对俄军猛烈的炮火和疯狂的进攻，土耳其守军的表现令人刮目相看。16日的战斗依旧充满血腥。为了取得胜利，俄军付出了巨大的人员伤亡代价。土耳其士兵用刺刀一次又一次地击退冲上来的俄军士兵，但一批又一批的俄军士兵前赴后继，冒死冲破土耳其军队的炮火后，迎着土耳其军队的刺刀冲了上来。土耳其军队英勇迎战，展示出了高超的作战技术。俄军处处受阻，被迫再次撤退，只留下伤亡士兵躺满战场。

同一天，在阿拉什卡尔（Alaschkar）和距离托普拉卡勒（Topra Kalé）不远的德利巴巴村（Delibaba）之间的公路上，发生了自俄军入侵亚美尼亚以来最激烈的战斗。这条公路从巴亚济德通往卡普里肯伊（Kapri

俄国哥萨克骑
兵侦察敌情

Kenyi），是土耳其军队右翼的行军路线。土耳其军队占领了塔布尔（Tabur），打算在那里修筑战壕，等待俄军进犯。但到了晚上，土耳其军队萌生了大胆的想法。15日早晨6点30分，土耳其军队的6个步兵营和所有野战炮兵连向泽德坎（Zeidekan）进发，两个后备营则留在了塔布尔。中午时分，土耳其军队夺回了他们在前一天晚上放弃的高地。这些高地距塔布尔大约有6英里。俄军也重新占领了他们在前一天夺取的高地。那天，双方都没有发动进攻，晚上都在各自所处的高地上安营扎寨。第二天晚上，两军的岗哨之间发生了几次交火。在其中一次交火中，一名巡岗的土耳其将军受了重伤。

6月16日，两军之间的战斗打响了。俄军步兵于凌晨5点整装待发，6点开始向土耳其军队阵地挺进，进入了他们和敌军营地之间的山谷。在步兵前进的同时，炮兵也开始猛烈轰炸土耳其军队的营地。土耳其军队的炮兵在向俄军炮兵还击的同时，也在向迅速推进的俄军步兵发射炮弹。然而，土耳其军队在使用大炮方面极不熟练，显然没有给正在渐渐逼近的黑压压一大片俄军步兵造成多大的困难。俄军步兵仅用了20分钟就从自己的营地出发，进入了山谷，并且登上了位于两边高地之间山谷中隆起的一个小山脊。通过这样的军事行动，俄军成功地将土耳其军队的右翼向后逼退了一些。随后，两军的步兵开始交火，前后持续了一个多小时，但俄军显然不敢再向前推进了。双方的步兵停火后，土耳其军队的炮兵还在不断向俄军士兵发射炮弹，但未能将他们从山脊赶回到他们在高地上的营地。不过，土耳其军队的大炮的确起到了一定作用，因为俄军在挨了一小时的炮轰之后，也从自己的营地里搬来了4门野战炮进行猛烈还击。俄军大炮的威力迫使土耳其军队的左翼开始向后撤。随后，俄军步兵又向土耳其军队右翼发起了猛烈的攻击，也将其逼退了一段距离。土耳其军队指挥官在试图重新召集手下的士兵时，因头部中弹而亡。两小时过去了，双方的阵地都没有再发生任何变化。土耳其军队的步兵和炮兵还在不断地向俄军开火，但奇怪的是，俄军并未还击。俄军不断进行着在土耳其人看来似乎毫无目的的变阵，但他们很快就明白了俄军这么做的目的。俄军把所有大炮从营地搬了出来，部署在最有利的位置上，然后将大部分步兵调到了左翼。一切准备就绪后，俄军炮兵开始轰炸土耳其军队的左翼，强大的俄军右翼随即朝土耳其军队左翼猛扑上去。俄军发起这次进攻时，土耳其军队的步兵和炮兵已陷入弹药不足的窘境。然而，土耳其人非常勇敢地抵御着俄军的冲击。直到大量人员纷纷倒下、兵力严重不足，土耳其军队的右翼才放弃了阵地。哥萨克骑兵冲进了撤退的土耳其士兵中，大肆屠杀掉队的士兵。

最后，土耳其军队撤退至塔布尔。在这次战斗中，土耳其军队除手握宝剑冲锋陷阵的指挥官梅赫梅特帕夏战死沙场外，还损失了2000名士兵，而俄军在这次战斗中仅损失了500人。

6月16日的战斗结束后，俄军准备向土耳其军队右翼，或者更确切地说是右路军，发动大规模的进攻。但由于土耳其军队右翼得到了6000名步兵和1150名骑兵的增援，俄军的计划未能成功实现。土耳其军队在前线投入了所有兵力。在一阵步枪相互扫射和骑兵相互厮杀后，战斗结束了，双方都没有动用大炮。当天（18日）晚上，俄军撤退至卡利亚斯平原，在那里布阵，并部署了6门克虏伯大炮，为其向泽迪坎（Zedikan）撤退的队伍打掩护。土耳其军队右翼根本不知道俄军的计划，因为俄军的骑兵仍在不断向帕辛（Passin）方向推进。在右路军

哥萨克人与巴什波祖克之间的战斗

得到艾哈迈德帕夏的增援后，艾哈迈德·穆赫塔尔（Ahmed Mukhtar）将队伍交给库尔特·伊斯梅尔（Koort Ismail）帕夏临时指挥，自己动身前往距德利巴巴峡谷大约4英里、距卡利亚斯15英里的塔伊-霍迪亚村（Tai-Khodja）。6月20日，他率领一支由600人组成的切尔克斯骑兵部队抵达土耳其军队右翼的营地，占领了河左岸卡利亚斯小平原的一部分。

21日早晨7点，两军展开了殊死搏斗。俄军的阵地位于河右岸，与土耳其军队的阵地相距3英里。双方接连不断的炮火持续了两小时。上午9点，俄军士兵向土耳其军队的阵地发起了冲锋，他们一鼓作气渡过河，击溃了土耳其军队的前线部队。土耳其士兵纷纷后退，在己方处于有利位置的两个炮台持续不断发出炮弹的掩护下，开始了大规模撤退。

俄军也无法再坚守阵地，开始向后撤退。其间，他们的骑兵遭到了切尔克斯骑兵的攻击，损失惨重。在特古卡索夫（Tergukasoff）将军的命令下，俄军的正规部队和非正规部队的骑兵纷纷下马，变成步兵继续作战。下午2点，土耳其军队将俄军击退至河对岸，之后继续追击了4个小时。但在占据有利位置的俄军炮兵连的不断轰炸下，土耳其军队因左翼遭到重创而不得不整体向后撤退。就在土耳其军队有序撤退的同时，俄军乘机继续向前推进，再次越过了他们的前沿阵地。双方又展开了激烈的交火。4点30分，土耳其军队的一支预备纵队突然向俄军右翼发起攻击，将其压制了回去。双方旗鼓相当，战斗一直持续到夜幕降临。战斗结束后，土耳其军队有580人阵亡，480人受伤。俄军的伤亡情况也与之相当。俄军开始向阿拉什基尔特（Alashkirt）撤退，而得到援兵的土耳其军队则在其后紧追不舍。

第二天（22日），穆赫塔尔帕夏又发起了一场激烈的战斗。俄军骑兵不得不下马作战，在战壕中充当步兵，但最终还是被土耳其军队驱离阵地，并遭到了追击。溃败的俄军一路狼狈地撤至塞德坎（Seidekan）。整场战斗持续了33小时，土耳其军队伤亡逾2000人，俄军的损失则更惨重。

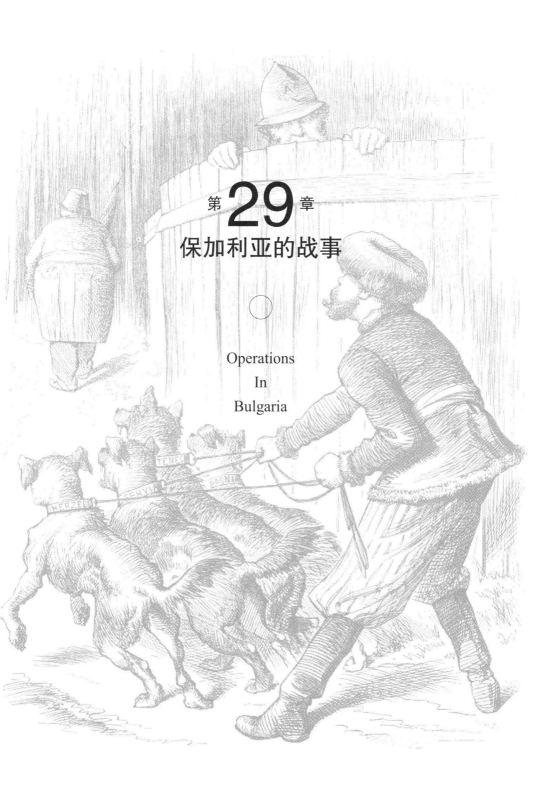

第**29**章

保加利亚的战事

Operations
In
Bulgaria

俄军从西姆尼察渡过多瑙河的行动自星期三（6月27日）早晨开始持续了一天一夜，尽管队伍在条件允许的情况下已在争分夺秒。一天之中，渡船数量增加至约300艘。对向鲁斯丘克方向撤退的土耳其步兵，德拉戈米罗夫将军率领部队紧追不舍。土耳其军队殿后的步兵在到达山顶之前，一直在断断续续地与追击他们的俄军交火。在跑步退向山顶时，他们还被俄军步兵和为数不多的哥萨克骑兵追赶了一小段距离。夜幕降临，德拉吉米洛夫将军调来了一支马拉炮兵部队，朝土耳其军队的营地轰炸了一段时间。

27日下午，俄军攻占了西斯托瓦。一支哥萨克小分队沿着泽科迪尔峡谷（Jerkir Dere）蜿蜒而上，找到了位于谷口的登陆点。随后，小分队向右转，沿着穿越一片田野和花园的小径，非常谨慎地继续前行。这支战斗力极强的队伍小心翼翼地向西缓慢前进，最终抵达了西斯托瓦。最前面的纵队先是进入破败的堡垒侦察了一番，发现了两门废弃的野战炮。然后，他们慢慢摸索着进了城，在街道拐角处观望一番后，又以两到三人一组的方式耐心地对所有街道巡查了一遍，还排查了几处可疑的房子。

就在土耳其人逃走和俄军进驻西斯托瓦期间，保加利亚人洗劫并摧毁了所有土耳其人的房屋。如此大规模掠夺和破坏的场景，让人感觉好像是胜利的军队在攻占该地后进行大洗劫一样。在整个西斯托瓦，所有土耳其人房屋的窗户上都没有一块完整的玻璃。所有被毁的房屋内都一片狼藉：橱柜被砸碎，地板被撬裂，书架被推倒，炉子被砸烂。破坏者仅仅是想找到一些钱财。地板上散落着各种物件的碎片，以及印有稀奇古怪文字的、被撕碎了的书。从这些条件较好的房子里散落的大量撕碎了的书籍来看，西斯托瓦比较富有的土耳其人似乎都是爱读书之人。室内家具被肆意毁坏，墙体被搞得千疮百孔，沙发也都遭到了破坏。总之，单从内部来看，所有房屋都遭到了严重的毁坏。

遭到破坏的不仅限于住所，西斯托瓦的8座清真寺也未能幸免于难，其内部遭受的破坏程度简直难以形容，连清真寺的栏杆都被砸成了无数碎片。破坏者仿佛是在享受大搞破坏所带来的快感。土耳人在西斯托瓦经营的店铺为数不多，但这些店铺中有价值的东西都被洗劫一空，室内的置物架也被推倒摔成了碎片。西斯托瓦的一切都遭到了破坏，少数完好的房屋与大多数已破败不堪的房屋混杂在一起，显得十分突兀。

俄军的渡河进程被突然出现的一艘土耳其铁甲炮舰中断。这艘铁甲炮舰正在缓缓地向上游驶来。看上去，它是从东马迪姆岛（East Mardim）后面的海峡下游冒着可能被水雷击中的风险驶来的。小岛西端对面的俄军炮台立即向它发射起了炮弹，而它也随即对俄军炮台还以颜色。这艘炮舰经过了俄军的炮台，并不断向对方发射炮弹。双方的炮击持续了大约一个半小时。俄军士兵纷纷从河边跑回至浮桥上，等待渡河的步兵也撤退至柳树林里以躲避敌人的炮火。离开西姆尼察的纵队调转了行军方向，致使运送行李的马车陷入了混乱。虽然桥梁已经建好，但俄军觉得土耳其铁甲炮舰可能会给他们制造极大的麻烦。土耳其铁甲炮舰在慢慢地逆流而上，烟囱冒出来的烟也越来越近。最后，这艘炮舰行驶到了渡口，一动不动地在渡口停了将近两小时，其间并未向俄军开炮。俄军并没有将它驱逐出渡口的打算，但它莫名其妙地自行离开了，慢慢地顺流而下。

俄军从西斯托瓦出发，继续向东南方向行军，来到了20英里外的

保加利亚人
押运现金

比埃拉村（Biela）。土耳其军队在比埃拉村聚集了大量兵力。6月30日
（星期六），双方在此展开了一场激烈的战斗。双方都拼尽全力，仿佛
成败在此一举。

土耳其军队指挥作战的将军采取了严守阵地、绝不退缩的战
术，并想方设法地将土耳其军队的最大优势发挥出来。

俄军首先开始向土耳其军队发起猛攻，但从一开始土耳其军队的
炮兵就给俄军的冲锋部队造成了致命的打击。土耳其军队的步兵在战
斗中也表现得英勇顽强。最后，俄军的冲锋部队没能抵挡住土耳其守
军的猛烈反攻，撤了回去。战场上躺满了俄军士兵的尸体和奄奄一息
的伤员。

星期一，俄军再次向比埃拉发起进攻。这一次，驻守扬特拉河
（Yantra）大桥的是埃赫雷夫（Echreff）帕夏率领的来自鲁斯丘克的部队。

俄军试图用猛烈的炮火掩护步兵行动。土耳其军队已预料到俄军
的意图，因而在还击的火力上有所保留，只是在不紧不慢地发射着炮
弹。很快，俄军步兵便发起了进攻，利用一切可以隐蔽的地方向前挺
进。即将逼近大桥时，他们突然用火枪向守桥的土耳其士兵射出了密
集的子弹。土耳其士兵驻扎在防御良好的半圆形战壕后面，控制着大
桥及其入口的道路。看到俄军进入攻击范围（不超过300码）后，土耳其
士兵在己方大炮的有力支持下，连续不断地向俄军疯狂射击。

俄军虽然在密集火力的封锁下遭受了重创，但仍然前赴后继地
在稳步向前推进，同时利用纵队齐射的方式予以还击。他们顽强的
斗志让人想起了克里米亚战争中的老兵。显然，俄军打算不惜一切
夺取胜利。

土耳其军队虽然遭到了俄军的坚决还击，但可以在战壕后从容

不迫地向近距离的俄军连续射击，从而保持着稳定的火力。最终，俄军招架不住了，开始撤退。土耳其士兵则从战壕里跳了出来，上好刺刀，迅速追击撤退的敌军。不过，他们将节奏把握得很好，并未追击太远，不久便返回到了原来的阵地。

夜幕降临后，俄军沿着通往蒂尔诺瓦（Tirnova）高地的小路撤离了比埃拉。两边有众多哥萨克人为他们探路和引路。

7月8日，一支由骑兵和马拉炮兵组成的俄军抵达蒂尔诺瓦，突袭了土耳其守军，除攻占土耳其军营外，还缴获了大量弹药和补给。这支由3000名正规步兵和数量不明的非正规炮兵组成的土耳其守军，朝着舒姆拉方向撤退到了奥斯曼巴扎尔（Osman Bazar）。4天后，尼古拉大公率领第八军抵达蒂尔诺瓦，俄军正式占领了那里。从西斯托瓦到蒂尔诺瓦的出征更像是一场军事游行或者凯旋游行，而非一场武力征战。事实也确实如此。俄军一路上都受到了当地民众的热烈欢迎，许多村口还竖起了用树叶和鲜花编织的欢迎拱门。牧师带领着欢迎人群唱着歌迎接俄军的到来，他们都手举圣像、旗帜或欢迎标语。欢呼声震耳欲聋，人们的喜悦之情也溢于言表。

在向蒂尔诺瓦进军的同时，俄军还将第九军的一个师、第八军及保加利亚步枪旅组成了一支强大的队伍，由尼古拉大公亲自指挥，从西斯托瓦向尼科波利斯挺进。俄军打算在攻占尼科波利斯后，接着向南行军，经普列文（Plevna）向巴尔干半岛挺进。之后，他们可以跟随第八军穿过蒂尔诺瓦，或者通过洛瓦茨关隘（Lovatz Pass）挺进鞑靼巴扎德吉克和菲利波波利。前往尼科波利斯的部队于7月15日（星期天）抵达了该城上方的高地。经过从早上5点到晚上9点连续不断的轰炸，俄军成功地占领了该城。由艾哈迈德帕夏和哈桑帕夏指挥的6000名守城士

保加利亚村民盼望俄军进村

兵全部投降。

但在普列文，俄军遭遇了欧洲战场上的唯一一次严重的军事失利。这次失利完全源于对日常军事防御的疏忽，后果非常严重。

在第九军攻打尼科波利斯时，指挥官派骑兵前去攻占当时防守薄弱的普列文，却忽略了对这支侧翼队伍的保护。但后来事实证明，占领普列文并非一件易事。从卫丁赶来的一支土耳其纵队在发现自己因行军延误而来不及救尼科波利斯后，转而占领了普列文。为了弥补这一失误，克鲁德纳（Krüdener）将军事先没有侦察敌情，就派遣了3个步兵团前去攻打普列文。这3个步兵团在经过一番艰苦的战斗后，于7月20日再次占领了小镇。他们把行李和背包都扔到了街上，也不再维持原来的作战队形，以为战斗已经结束。他们边走边唱，没有派士兵到小镇的各个角落去巡查，也没有派骑兵前往侦察，完全处于一种精神涣散的状态。

他们为此付出了惨重的代价。刹那间，密集的子弹从数百个窗户和阳台后面射向了街道上精神涣散的俄军。俄军四面受敌，不得不慌忙撤退，有一个团将所有背包都留在了大街上。在如此仓皇的撤退过程中，俄军共死伤大约2900人，其中一个团伤亡近2000人。

7月22日，沙科斯科伊亲王（Prince Schackoskoy）接到命令，将2个步兵旅留在奥斯曼巴扎尔后，率领一支骑兵旅和一支步兵旅从战区的东面向西面出发，前往普列文。第四军第三十师在西姆尼察准备渡河前往蒂尔诺瓦时，收到了前往普列文听令于沙科斯科伊亲王的命令。在尼科波利斯附近的第九军也收到了前往普列文与其他部队联合行动的命令。

据说，来自卫丁的由奥斯曼帕夏率领的军队占领了普列文，还

从卡拉法特俯瞰卫丁

得到了来自索非亚的土耳其军队的增援，总兵力大约为3.5万人到4万人。土耳其军队的防守战壕从许多村庄穿过。这些村庄均距普列文大约5英里，以普列文为中心形成了一个半圆，而防御半圆的两边则是维德河（Vid）。有消息称，土耳其军队一支强大的先遣队埋伏在沙科斯科伊军队必经的格里维扎（Grivitza）。土耳其军队的前哨阵地从北到南依次是：普里兹扎（Plizitza）、布科瓦（Bukova）、拉季索沃（Radisovo）、图西里奇（Turcirici）和波格特（Bogot）。

正如我们所说，沙科斯科伊率军驻扎在卡拉雅克布加斯基村（Karajac Bulgarski）。其兄弟部队的指挥官克鲁德纳男爵当晚驻扎在卡利索维尔村（Kalisovil）。该村位于尼科波利斯通往普列文的路上，距沙科斯科伊军队总部西北约8英里。克鲁德纳将军名义上是整个行动的总指挥，但实际上听命于驻扎在蒂尔诺瓦的尼古拉大公。

28日晚，年轻的斯科贝洛夫将军离开蒂尔诺瓦赶往沙科斯科伊亲王军队的总部所在地，被任命为哥萨克旅的临时指挥官。然后，他接到了率领哥萨克旅向南进军的命令，如果可能，还要占领普列文和巴尔干山脉之间的重镇洛夫查（Loftcha）。这是一次冒险的远征，需要沿敌军前线行军，很可能会在途中和目的地遭到敌军的抵抗。不过，斯科贝洛夫还是带着轻松的心情率军执行这项危险的任务去了。

29日早晨，沙科斯科伊亲王率部离开卡拉雅克布加斯基，沿着通往普列文的大路朝格里维扎方向进发。上次攻打格里维扎时阵亡的俄军士兵仍尸横遍野，未得到安葬。俄军越过了美丽的草原，穿过了草木繁茂的小山谷。他们虽然看不见土耳其士兵，但可以听到从南面，即斯科贝洛夫向洛夫查镇行军的方向传来的阵阵炮声。沙科斯科伊亲王率部掉转方向，开始向南行军，白天在波尔金村（Pordin）附近的平原上扎下营来，并在营地的最前方部署了步兵团。就这样，俄军拉长了战线，打算在集中火力攻打普列文的同时，用两翼的骑兵将土耳其军队的阵地完全包围起来。

29日夜晚到30日凌晨，俄军士兵拆掉了帐篷，给战马上好了马鞍，做好了日出后投入战斗的准备，等待着进攻命令。但克鲁德纳将军后来还是决定再等一天，一方面完善战术部署，另一方面让因长途跋涉而疲惫不堪的士兵多休息一天。因此，30日俄军没有采取军事行动，只是向前推进了一段距离，以便第二天能够迅速进行战斗。有消息传来，土耳其军队没有再从普列文赶赴洛夫查增援的队伍了。这样一来，俄军也无须再派更多兵力去监视洛夫查土耳其军队的动向了。30日下午，俄军在波尔金召开了一次军事会议。克鲁德纳将军、沙科斯科伊亲王及各师、旅的将军们出席了会议；团长和参谋们则在等待着最后的部署和作战指令。会议最终决定，于次日早晨5点向普列文前方的土耳其军队阵地发起密集进攻，沙科斯科伊亲王和总参谋部要在4点向阵前挺进。尼古拉大公麾下赶来的几支援军被安排到了不同地点待命，负责将稍后的战果报告给蒂尔诺瓦的尼古拉大公。俄军在侦察中发现，土耳其军队的实力超乎他们最初的预判，因而也意识到此次任务的艰巨性。另外，还有两万名正规军正从卫丁赶来。土耳其军队的阵地本身就很坚固，而高超的战术更是让其防御如虎添翼。

30日至31日的夜间非常潮湿，俄军原定下午4点行动，却一直等到了6点。步兵兵力大约3.2万人，有160门野战炮，还有3个骑兵旅。克鲁德纳男爵率领第三十一师负责在右侧战线发动进攻，后方还有第五师的3个团在卡拉雅克布加斯基随时待命。克鲁德纳男爵将进

身着切尔克斯酋长服装的尼古
拉大公和切尔克斯侍女

格里维扎堡垒

攻部队分成了两个纵队，每个纵队由一个旅组成。负责在左侧战线进攻的是沙科斯科伊亲王率领的第三十二师的一个旅和第三十师的一个旅，后方第三十师的另一个旅在佩利萨特（Pelisat）待命。土耳其军队的阵地整体呈凸形，有点像马蹄状，但顶部较尖。克鲁德纳男爵率部从格里维扎向维德河挺进，攻打土耳其军队左翼。同时，沙科斯科伊亲王也从拉迪索沃（Radisovo）向维德河方向挺进，攻打土耳其军队右翼。在俄军左侧，斯科贝洛夫率领的一支哥萨克队伍由一个步兵营和一个炮兵连组成，负责截击从普列文前来支援洛夫查的土耳其军队，不让沙科斯科伊亲王部的进攻受到干扰。在俄军右侧，拉斯卡洛夫（Lascaroff）率领两支骑兵队伍，负责保护克鲁德纳部免遭土耳其军队的攻击。

31日早晨，天色阴沉。俄军认为这是一个好兆头。士兵们在列队经过将军的身边时，发出了阵阵欢呼。从身体条件看，世界上似乎再找不到比他们更健康的人了。他们身强体壮，只穿着外套轻装上阵，随身的背包里也只有口粮和弹药；他们看上去可以去任何地方做任何事情。沙科斯科伊的右路纵队越过了佩利萨特和斯加利维卡（Sgalievica），左路纵队则直奔拉迪索沃。炮兵从一开始就不断向前推进，做好了独立作战的准备。

上午9点30分，右侧的克鲁德纳部发起进攻，部署在山脊上的炮兵连向村庄上方的土耳其军队防御工事发射了密集的炮弹。土耳其军队起初十分震惊，但很快便开始了猛烈的还击。一时之间，双方你来我往，难分高下。

沙科斯科伊亲王首先要攻打的是拉迪索沃村。拉迪索沃村位于土耳其军队阵地所在山脊南面的山谷之中。山谷南面仍有一道山脊。在这道山脊上，沙科斯科伊亲王的参谋长比肖夫斯基（Bischofsky）上校部署了炮兵。他们向对面山脊上的土耳其炮兵阵地发起了连续炮击，成功压制住了敌军的火力。俄军步兵在炮火的掩护下冲入山谷，轻而易举地攻占了拉迪索沃村。驻守的少量土耳其士兵出自非正规部队，全都死在俄军的刺刀下。随后，俄军步兵留在了村子里。

俄军炮兵连的炮击快速且精准，迫使土耳其炮兵从对面的高地上撤了下去。在最后一阵猛烈的炮击声中，沙科斯科伊亲王骑着战马在炮兵连后方从右向左一边巡查一边指挥。在陪同他的骑兵护卫队中，有两匹战马被敌人的炮火击中而亡。经过大约半小时的激烈交火后，对面山脊上土耳其炮兵的阵地没有了声音。这时，俄军炮兵连抓住时机，迅速翻下山谷，穿过拉迪索沃村，占领了土耳其军队放弃的炮兵阵地。俄军的步兵则紧随其后，在村子周围的林中空地及炮台后面的陡坡上隐蔽了起来。

现在，俄军在拉迪索沃村那边的山脊上一共部署了5个炮兵连，向位于中央山脊上的土耳其炮兵阵地发出了密集的炮弹。虽然俄军炮兵连处于暴露的位置，但他们的火力持久而猛烈。俄军参谋部则在拉迪索沃村后方的山脊上等待着炮战的结果。从山脊上向土耳其军队的阵地望去，可以看到那里有4个炮兵连在守卫着小村外围的防御工事。这些防御工事看上去是土耳其军队在中央山脊上修建的最重要的防御阵地。防御工事位于一座山丘上，那里的大炮可以封锁四周的山谷，让敌人很难靠近。远处还有许多其他防御工事，一直延伸至宽阔的山谷边缘。站在山谷边缘，可以看到普列文城里在阳光照射下闪闪发光的建筑屋顶和教堂塔楼。这片宁静与不远处喧嚣的炮火声形成了鲜明对比。

截至下午1点，俄军步兵还没有投入战斗，双方投入战斗的也都只有炮兵。俄军右翼的克鲁德纳部几乎没有再前进半步，尽管该部在两翼同时向土耳其军队发起进攻中发挥着不可或缺的作用。克鲁德纳部向前包抄的速度非常缓慢，而土耳其军队阵地的防守力量也不容小觑。如果沙科斯科伊亲王能综合考虑这些事实，后面的战况就不会太糟糕。与一开始的推进速度相比，克鲁德纳部的包抄几乎停滞了，而沙科斯科伊亲王部包抄得很快，已经到了可以与敌人正面交锋的位置。克鲁德纳部要么是没有全力以赴地向前推进，要么是遇到了沙科斯科伊部所没有遇到的困难，才导致包抄行动落后。沙科斯科伊亲王已经迫不及待，决定独自攻向土耳其军队。该错误决策带来了严重的后果。

2点30分左右，战斗进入第二阶段。为了确定俄军炮兵是否已为步兵的进攻扫除障碍，沙科斯科伊亲王及其参谋骑马来到了炮兵连所在的山脊上。但当土耳其大炮朝这一小群人狂轰滥炸时，他们不得不匆忙跳下马。焦急地观察了很长时间后，沙科斯科伊亲王及其参谋长认为，俄军步兵向土耳其军队发动有效进攻的时机已经到来。

在切科夫将军指挥的炮兵阵地后面，还有两支步兵旅埋伏在拉索沃山谷中待命。位于队伍前面的几个营接到命令，准备起身越过山脊，冲向土耳其军队的阵地。进攻命令得到了士兵们的热烈响应，因为长时间的按兵不动已让他们颇感恼火。士兵们迈着轻快的步伐，以数列纵队的队形，犹如潮水般迅速穿过了峡谷，爬上了峡谷后面的陡坡。冲在最前面的是步枪连。俄军炮兵连的炮火越来越密集，预示着俄军步兵马上就要发起冲锋了。为了掩护好进攻的步兵，在他们越过山顶、沿山坡而下、穿过中间的山谷、冲向土耳其军队阵地的整个过程中，俄军的大炮始终一刻不停地向土耳其军队的阵地发射着炮弹。在快要达到山顶时，俄军步兵分为两路纵队，趁着炮火的间隙，以这种队形交替翻过了山顶。土耳其军队的炮弹呼啸着落在行进的俄军队伍中，造成了不小的伤亡，但俄军长长的队伍仍然踩着残茬和枯枝，在山谷里的灌木丛中穿行着。俄军没有事先划定冲锋线，一开始还保持着整齐的队形。但后来，随着士兵不断倒下，整个队伍变得急躁起来。他们四处散开，迅速向敌军阵地扑了上去。后面打掩护的士兵也冲了上来，迫不及待地投入战斗。在这场名副其实的追捕战中，俄军士兵怒不可遏地冲向了那些躲在胸墙后向他们开火的敌人。

不久，冲在前面的俄军士兵就开始向土耳其军队阵地射出了密集的子弹。这条参差不齐的战线穿过一片玉米地，慢慢向前推进，逐渐形成了一个凹形包围圈。他们离土耳其军队阵地越来越近了，尽管步枪子弹在连续不断地射向敌人，但炮兵连的猛烈轰炸才是压制敌人的主要火力。弹药车带着火药和炮弹疾驰而来，顿时，俄军大炮火力倍增，火枪的噼啪声也变得更加响亮了。随着战斗不断白热化，士兵们冲锋时发出的喊杀声也一浪高过一浪。随着左侧一个村庄在炮火的轰炸下燃起熊熊火光，残酷的战斗已经进入最疯狂的阶段。匍匐在山坡上的援军也纷纷翻过了山脊。有伤员开始陆续从山脊撤向后方，任凭阵亡的和伤势较重的士兵躺倒在留茬地[①]和玉米地里。俄军士兵仍在潮水般地不断涌向敌人的阵地。

俄军左右两侧英勇的炮手坚决地向敌军阵地发射着炮弹，而在被炮弹横扫的山脊上，土耳其炮兵开始变得不再坚定了。远处不断有俄

---

① 即农作物收割后留有残茬的耕地。——译者注

俄军救护车

军的后援部队高喊着加入冲锋队伍中去。

突然之间，这些各自冲锋的士兵统一了行动。军官们挥舞着手中的宝剑，示意大家先集中到一起。距敌人的阵地只有大约100码时，第三十二师的一个团在上校的率领下率先冲向土耳其军队的阵地。隐蔽在战壕里的土耳其士兵坚守阵地，不断向冲上来的俄军开火，给俄军造成了很大伤亡。上校的战马倒下了，但上校立刻站了起来，挥剑率领士兵继续冲锋。遗憾的是，他只迈出了几步，就中弹倒地而亡。

俄军士兵端着上好刺刀的步枪，愤怒地高喊着冲向敌人的阵地，要为上校报仇。他们跨过土耳其军队的胸墙和战壕，像雪崩后的雪块一样出现在土耳其军队中间。没有几个土耳其士兵能够躲过骁勇的俄军士兵那锃亮的刺刀。俄军攻占了第一个阵地的外围工事。但俄军士兵并不擅长打小规模战斗，不会利用掩体保护自己，而是在明处向敌人开火。他们不屑于躲在战壕后面攻打敌人的主要阵地，宁愿在光秃秃的山坡上断断续续向前推进。在一些土耳其步兵火力很猛的地方，俄军的前进会受阻，山坡上可看到许多伤亡的俄军士兵。但在多数地方，俄军向前推进得非常迅速。然而，俄军用了半小时才在战壕里再次集结起来，准备向土耳其军队的主要防御工事发起冲锋。

但这一次，土耳其军队没有坚持到和俄军拼刺刀的时候，而是在一阵射击后放弃了阵地，全部撤到了阵地后面的花园和葡萄园里。他们在树丛间狭窄的小路上拥挤着撤向第二个阵地，想尽快躲到那里的炮台后面。

土耳其军队就这样丢掉了第一个阵地。作为一个村庄，它能给俄军提供足够的掩护。沙科斯科伊亲王如果头脑清醒，就应该固守这里，耐心等待右翼的克鲁德纳在攻克格里维扎后赶来与他会合。然而，胸前的乔治大十字勋章让他有些忘乎所以，最终做出了鲁莽的决定。

克鲁德纳部显然是被敌人拖住了，正在与土耳其军队激烈交战。让人意外的是，与克鲁德纳部作战的土耳其军队兵力与部署在宽阔的中央山脊上的守军兵力一样强大。第一个阵地无论是在自然条件上还是在防御工事上都无法与第二个阵地相提并论，何况那里还有许多炮台。奈何沙科斯科伊亲王一意孤行，誓要夺取第二个阵地，任谁也无法劝阻。

战斗与否完全取决于沙科斯科伊亲王的意志。关键时刻，他调集一半预备部队投入战斗，并将另一半人马部署在左侧战线上。

这股新生力量立即发挥了作用。所有士兵不再在后方待命，而是奋勇冲向敌军阵地。侧翼防御工事内的土耳其军队见势也加大了防守力度。刹那间，炮弹伴随着白烟从土耳其军队的炮台喷涌而来，逼得黑压压的俄军士兵只好匍匐前进。显然，这是一场短暂却惨烈的战斗。大批俄军士兵快速穿过了葡萄园，但没有再往远冲，而是小心翼翼地向土耳其军队阵地的西面和北面移动，将其半包围了起来。阵地后面的土耳其军队则不断将炮弹精准地射向俄军。

事实上，俄军虽攻下了土耳其军队的第二阵地，却没有驻守。在很长一段时间里，工事内并无士兵。他们都投入了侧翼的战斗中。

下午6点左右，土耳其军队派出一支重兵，试图夺回第二阵地。沙科斯科伊亲王立即在第一阵地部署了两个炮兵连，以阻止土耳其军队的进攻。尽管俄军一直在奋力战斗，但土耳其军队并未轻易放弃，仍于7点之前重新夺回了第二阵地。

第三十五师第一旅很早就突进至前线左侧，从那里可以看到普列文城内的塔楼和房屋。但他们的突进实在太鲁莽，彻底将其右翼暴露给了部署在山脊上的土耳其炮兵。俄军无法抵抗夺取普列文的诱惑，尽管通往那里没有坦途。明知不可能成功，俄军还是一次又一次地发起冲锋，直到筋疲力尽。他们甘愿战死，也不愿后撤。即使援军来了，也只是增加了伤亡人数。弹药也供应不上了，因为他们将弹药车远远地抛在了身后。再乐观的人也不得不放弃胜利的希望。

有两个步兵连确实从土耳其军队防御工事的右侧绕过，潜入了普列文城，但犹如进入了地狱之门。四周高地上土耳其大炮发射的炮弹呼啸而来，城市后面的葡萄园里也尽是土耳其士兵。俄军的这两个步兵连在短暂逗留之后就开始撤离。至此，俄军失去了所有获胜的希望，也丢掉了扭转败局的机会，即使在撤退时也得不到任何掩护了。土耳其士兵毫不留情地向他们发起反攻，在战斗中占据了上风，并且仍在坚定地扩大战果。

黄昏时分，成群的土耳其士兵冲向了他们原来的第一阵地，缴获了3门俄军还没来得及撤走的大炮。土耳其军队的炮弹又开始呼啸着越过拉迪索沃上方的山脊，纷纷落在早已挤满俄军伤员的村子里。即便如此，伤员还在持续不断地翻越山脊，艰难地往村子里撤退，重伤员则大多选择坐以待毙。天黑之后，巴什波祖克蜂拥而至，对战场上的俄军伤员展开了屠杀。他们在山脊上一直待到月亮升起，听着从山下传来失败者阵阵痛苦的喊叫声和求饶声，以及胜利者的狂欢声。此时此刻，心肠再硬的人也会备受折磨吧。

8月7日，土耳其军队又在从弗拉蒂纳村（Vladina）附近的洛夫查通往普列文的公路上打了一场胜仗。

继上次击溃俄军之后，土耳其军队又派出骑兵追击向扬特拉河方向撤退的俄军，并且追击了很远。

8月5日，土耳其军队发现，俄军在等来大批援军后开始集结队伍，准备重新向土耳其军队阵地发动进攻。土耳其军队指挥官迅速将分散的队伍集结起来，占据了弗拉蒂纳村附近的一个坚固阵地，并在那里修筑了战壕，等待着即将来犯的俄军。土耳其士兵对自己的指挥官充满信心，个个摩拳擦掌，迫不及待地想投入即将到来的战斗。

8月7日一大早，土耳其军队期盼的战斗到来了。面对俄军的大举进攻，土耳其军队显然又采取了与在普列文大捷时相同的作战策略。

俄军以向土耳其军队炮台发起猛烈轰炸的方式拉开了战斗序幕，却遭到了土耳其炮兵的有力回击。这样的炮兵对决持续了一段时间后，俄军并未占据上风。随后，俄军调集所有兵力在两侧和中路同时向土耳其军队阵地发起冲锋，密密麻麻的步兵扑向了土耳其军队的战壕。战壕中的土耳其士兵则向俄军士兵猛烈开火。

整条战线上的殊死搏斗持续了一整天。俄军试图将所有守军驱离其指挥官精心挑选的阵地，但未能成功。俄军每一次冲锋均以失败告终，还损失了大量人员。

土耳其军队坚守着每一处阵地，顽强抵抗来犯之敌。他们从最近一次与俄军作战的胜利中获得了极大的勇气，但同时意识到，如果他们此役输给不惧死亡的俄军，后果将不堪设想。

俄军是以坚定的决心和勇气发动这次进攻的。土耳其军队需要指挥官有高超的战术素养，士兵有不怕死的精神，才能成功抵御俄军步兵的猛烈进攻。毕竟俄军士兵一直在奋不顾身、前赴后继地冲锋，根本无惧土耳其军队杀伤力巨大的炮火。

土耳其军队指挥官瞅准时机，命令士兵转守为攻，向敌人发起猛烈反攻，决定了当天的战局，最终再次获胜。俄军被全线击退，在战场上留下了大量伤亡人员。

在巴尔干地区战事频频的同时，多瑙河地区也发生了一系列军事行动。7月21日，西里斯特里亚下游爆发了一场激烈的河战。参与这场河战的是那些最近用水雷炸毁了一艘土耳其铁甲炮舰的人。土耳其军队的多瑙河舰队自攻占尼科波利斯后，就从人们的视线中消失了，现在又出来执行任务，却没能逃过一场厄运。俄军指挥官认为，是时候让驻守在多瑙河上的那支正在成长的俄军舰队出动，以协助多瑙河右岸的陆军作战了。因此，杜巴索夫（Doubasoff）中尉指挥"尼古拉"号战舰和两艘汽艇向距西里斯特里亚14英里的土耳其军营开炮，试图把他们从那里赶走。如此放肆之举令土耳其军队十分恼

停泊在多瑙河上的俄军炮舰

火。土耳其海军高层仍记得其舰队的已故指挥官曾因消极应战而被君士坦丁堡问责的事情，于是派出了一艘铁甲炮舰前去迎战。由俄军工程军官马克西莫维奇（Maximovitch）中尉指挥的"尼古拉"号发射的第五发炮弹引燃了土耳其军队炮舰的驾驶台。尽管土耳其军队迅速将火苗扑灭了，但俄军的第十发炮弹给土耳其军队炮舰造成了更猛烈的火势。土耳其军队炮舰被迫停止射击，靠向岸边，让所有船员迅速离舰上岸。俄军密集的炮弹加速了这一进程。随后，土耳其军队的一艘汽艇和另一艘炮舰从西里斯特里亚赶了过来，还将一组大炮运到了岸上。见此情景，"尼古拉"号和两艘帆船收兵回营，没有遭受任何损失。23日，土耳其军队的5艘汽艇和两艘炮舰从鲁斯丘克赶来，但部署在斯洛博西亚（Slobosia）的俄军重炮摧毁了3艘汽艇，击沉了一艘汽艇。就这样，几天之内土耳其军队已有4艘汽艇报废，剩下的一艘汽艇和一艘炮舰也遭到了重创。

与此同时，俄军还准备向位于西里斯特里亚上游60英里的鲁斯丘克发动进攻。鲁斯丘克位于一片海拔为50英尺到100英尺的高原上，距离河边只有20到80步。鲁斯丘克四周建有围墙，有些地方还有护城河包围，但整座要塞看上去并不具备强大的防御能力。好在由于位于多瑙河（从这里自西南流向东北方向）罗马尼亚一侧的巴尔塔迈鲁湖（Balta Mairu）的存在，以及多瑙河及其支流洛姆河（Lom，不要与保加利亚西部同名河流混淆）的存在，从西面攻打鲁斯丘克几乎不大可能。因此，只能从东北和正南方向攻城，尽管那里有武器装备精良的防御工事。一座坚固的堡垒守护着鲁斯丘克，它不仅控制着整座城市，还控制着多瑙河及周边岛屿，甚至控制着罗马尼亚海岸一侧吉尔盖沃的低洼地区。

第十二军和十三军在西斯托瓦渡过多瑙河后，合编为鲁斯丘克军，由皇太子担任总司令，准备围攻鲁斯丘克城。第十二军军长坎考斯基（Camcowsky）将军被任命为鲁斯丘克军的参谋长，皇太子的弟弟弗拉基米尔大公则接过了第十二军的指挥权，随后便率领部队直奔鲁斯丘克。7月初，骑兵师率先抵达鲁斯丘克城附近，将城外的土耳其士兵赶回了城里。不久，第三十三师也抵达这里。第一师则从另一条平行线路行军，逼近了多瑙河。

在7月的前两个星期，俄军将主要兵力分布在扬特拉河沿岸，将总部设在比埃拉村，意图阻止土耳其野战军从拉斯格勒（Rasgrad）前往奥斯曼巴扎尔。能够感觉到鲁斯丘克军的将士对按兵不动的举措已失去耐心，但这一决策还是必须贯彻下去。有土耳其部队列队准备前往蒂尔诺瓦时，俄军就可以阻断或者破坏其前进路线。当

鲁斯丘克轰炸中的土耳其军队战地医院场景

增强防守的增援部队抵达多瑙河

然，俄军的目的远不止这些。土耳其野战军会因此而无法向前推进战线，但他们如果想向左侧行军，进入巴尔干山脉，去阻断俄军的行军路线，就会将自己的侧翼和后方完全暴露给俄军主力。俄军长时间按兵不动，就是在等待这一刻。一旦机会来临，他们就会迅速出击。俄军的决策很明确，也很谨慎，完全不同于腓特烈·卡罗尔[①]（Frederick Charles）亲王一贯的作战命令——"无论何时何地，主动寻找

[①] 1877年俄土战争期间的一位重要军事人物。他当时是罗马尼亚大公，也被称为卡罗尔大公，在该次战争中，他同意提供军队支援俄国，条件是由他指挥军队围攻普列文要塞。1881年3月26日，罗马尼亚脱离奥斯曼帝国完全独立，卡罗尔大公宣布成为罗马尼亚国王，也是罗马尼亚霍亨索伦-锡格马林根王朝的第一位国王。——译者注

敌人，发现后便与之战斗"。

快到7月中旬时，俄军才最终解除了渡过扬特拉河的禁令。俄军奉命向鲁斯丘克方向进发，将总部迁至位于扬特拉河东岸、比埃拉村和多瑙河中间地带的贝列奥瓦村（Beleova）。新的阵地中心选在了扬特拉河和洛姆河之间的多莫吉拉村（Domogila）附近，距鲁斯丘克城17英里。

到7月底，鲁斯丘克被彻底包围，大批俄军集结到了黑洛姆河（Black Lom）西岸。黑洛姆河自南向北，在鲁斯丘克注入多瑙河。俄军主要集中在多瑙河附近，只有右翼骑兵驻扎在奥斯曼巴扎尔以北25英里的波洛马尔卡（Polomarka）。至于中间一带的村庄，全都有军队驻守。

第 **30** 章
穿越巴尔干

Passing
The
Balkans

7月12日早晨，古尔科（Gourko）将军率领8个骑兵团和狙击旅的6个营从蒂尔诺瓦出发。他的主力部队一路向蒂尔诺瓦东南方向的埃伦娜（Elena）挺进，但他们有必要先搞清楚，传闻中驻扎在奥斯曼巴扎尔附近的土耳其军队到底有多少兵力，其战线是否会从奥斯曼巴扎尔向

古尔科将军

南一路延伸至巴尔干山区。因此，古尔科将军亲自率领一队骑兵沿着通往奥斯曼巴扎尔的舒姆拉路段进行了一番侦察，之后胸有成竹地返回了营地。他了解到，驻扎在奥斯曼巴扎尔地区的土耳其军队大约有6000人，构成了多瑙河和巴尔干半岛之间土耳其军队的左翼，但他们的战线并没有延伸至巴尔干山区。因此，古尔科将军留下第九军的一支小分队监视奥斯曼巴扎尔附近的土耳其军队阵地，之后沉着冷静地率领余部调转方向，朝正南方向的巴尔干山区挺进。

在埃伦娜附近，古尔科将军集结队伍，在两次强行军后进入了巴尔干山脉中心地区，并对埃伦娜巴尔干地区发动了进攻。通过该地区的3个几乎彼此平行的隘口，均可进入通贾（Tunja）山谷。其中，中间的隘口以其南部出口的村庄命名，叫汉卡（Hanka）或海科伊山口（Hainkoi Pass）；最东边的隘口是祖潘奇梅萨里山口（Zupanci Mesari Pass）。给古尔科将军当向导的都是生活在巴尔干山区幽深山谷里的基督教居民，他们从未完全接受过土耳其人的统治。在这些居民的指引下，古尔科将军的队伍顺利地找到了3个隘口。他们兵分三路，分别从3个隘口翻越山脉。古尔科将军率领大部队走的是汉卡山口。汉卡山口是一个狭窄的峡谷，两边都是险峻的岩石，山路也有些曲折。山路的坡度出乎意料地平缓，只是太窄了一些，很难让装有火炮和山地大炮的车辆通行。行至最困难的路段时，古尔科将军的侦察兵发现了一处有土耳其士兵把守的要塞。哥萨克骑兵的突袭让土耳其士兵惊慌失措。看到大量同伴伤亡后，土耳其守军惊魂未定，纷纷夺路而逃。

和其他两个隘口一样，这里的炮台位置也是经过精心选择的，只是没有配备大炮。跟节奏缓慢的土耳其军队相比，古尔科将军所率部队的行动非常迅捷。就在土耳其军队祷告时，他已率领骑兵穿过了他

俄军补给车队

们武器装备匮乏的防御工事。穿过汉卡山口后，古尔科将军的队伍抵达了上文提到过的通贾山谷，随后又进入了占据地理优势的埃塞凯村（Esekei）。从埃塞凯村到卡赞利克（Kazanlik）、耶尼萨赫拉（Yeni Saghra）和埃斯基萨赫拉（Eski Saghra）3个战略要地的距离都差不多。

卡赞利克位于希普卡山口（Shipka Pass）的入口处，而希普卡山口是卡赞利克与加布罗瓦（Gabrova）之间的通道之一。耶尼萨赫拉位于通往扬波利（Yamboli）的铁路干线上。埃斯基萨赫拉位于巴尔干半岛的另一端，在马利察（Maritza）山谷的高坡上，是通往山谷各个地方的良好枢纽。

古尔科将军知道自己身后有援军，似乎也相信"一事成功百事顺"这句谚语，于是同时对上述3个地方采取了行动。他派遣了一支哥萨克小分队前去切断耶尼萨赫拉的铁路，又派出一支骑兵小队攻占了埃斯基萨赫拉，夺取了土耳其军队的运输物资。但有情报传来称，卡赞利克和希普卡山口有土耳其军队重兵把守。古尔科将军认为这些守军属于他在奥斯曼巴扎尔侦察到的那支军队，于是决定切断二者的联系。他命令手下切断了这支守军和其主力部队之间的通信线路。如此一来，对付他们就容易多了。但如果他们属于西面的土耳其军队，或者干脆就是一支独立的队伍，那么在古尔科将军看来，直接进攻也不失为明智之举。因此，他并没有率领队伍沿东南方向进入山谷，朝着阿德里安堡闪闪发光的塔尖这一既定方向前进，而是向西朝通贾山谷的卡赞利克挺进。

14日，俄军强行突破了汉卡山口。土耳其军队向西撤退至科纳罗（Konaro），但在第二天得到增援后，又向古尔科将军的先遣队（一个步枪营）发动了攻击。经过一番激战后，俄军击退了土耳其军队，攻占了科纳罗及敌军的两座军营。

同一天，派往耶尼萨赫拉的一支哥萨克小分队成功切断了那里的电报线路和铁路。第二天，即16日，古尔科将军率军向纳格利斯（Naglis）进发，在接近山区时将部队分为了三路纵队：右路纵队由步兵组成；中路纵队由骑兵和步兵组成；左路纵队是清一色的骑兵，主要负责掩护侧翼，并在可能的情况下攻打敌军侧翼。抵达乌夫拉米（Uflami）时，坚固的阵地挡住了俄军的去路，迫使俄军不得不与土耳其炮兵、骑兵和步兵交战。就在俄军快要战胜土耳其军队时，5个营的安纳托利亚士兵赶来增援，表现得非常出色。他们在2000步开外就向俄军射击，给俄军造成了巨大伤亡，而俄军收到的命令是，距敌人600步时再开火。因此，俄军在推进过程中伤亡惨重。待推进到合适的射程范围后，他们火力全开，很快就打得安纳托利亚人放弃了阵地。

俄军主力为4个步枪营和两支哥萨克步兵中队。土耳其人称俄属哥萨克人为教士，因为他们都佩戴有十字架，与土属切尔克斯人不同。俄军在发动正面进攻的同时，其轻骑兵和龙骑兵也向土耳其军队的侧翼发起了冲锋。战斗异常激烈，佩刀和刺刀都用上了。最终，土耳其人被赶下阵地，伤亡惨重，仅在一个地方就有400人战死。土耳其士兵素来顽强，但乌夫拉米的失败似乎摧毁了他们的斗志，以至于他们在随后的战斗中也不再拼死抵抗了。

17日，古尔科将军率军逼近卡赞利克。天气酷热，致使行军异常艰难。士兵们跳入溪水中，浸湿衣服，以此来降温。战斗差不多进行了一整天。当天晚上，古尔科将军率军进入了卡赞利克。土耳其军队从希普卡山口的守军中抽调了一支纵队前去占领卡赞利克入口两侧

一个山地炮兵连离开君士坦丁堡前去守卫巴尔干山脉

的高地，以阻止俄军进入。但俄军的步枪营已抢先一步占领了两侧高地，迫使土耳其军队灰溜溜地撤退了。

按照原计划，古尔科将军应于16日到达卡赞利克，并于17日从后方向驻守希普卡山口的土耳其军队发动进攻，米尔斯基亲王则同时率第九师从正面发动进攻。但攻打卡赞利克的战斗太激烈了。占领卡赞利克后，士兵们已精疲力竭，无法于当日继续行军。因此，古尔科将军未能与米尔斯基亲王联手进攻希普卡山口。但米尔斯基亲王仍然从加布罗瓦向南行军，之后向土耳其人的阵地发起了进攻。他将奥尔洛夫团 (Orloff) 分为三路纵队，派他们前去进攻敌人的阵地。

希普卡山口共设有六重防御战壕和炮台，守军由精挑细选出来的土耳其、切尔克斯和埃及士兵组成。埃及士兵作战能力非常顽强。在3路进攻的纵队中，右路纵队几乎没有遇到任何抵抗，一路向前冲，结果后来失去了中路纵队的支援，在与土耳其军队交战了五六小时后，才得以在敌人的战线上立足。左路纵队由两个连组成，因半途迷路而被12个连的土耳其士兵包围了。身处绝境的他们只得边打边撤退，在与土耳其军队恶战了4小时后，损失了8名军官和150名士兵。

18日，古尔科将军的队伍恢复了元气，从希普卡阵地后方向土耳其军队发起了进攻。他派遣了两个步枪营打头阵。当这两个步枪营靠近土耳其军队阵地后方时，土耳其军队派了一位谈判使者举着休战旗走了出来。俄军立刻停下了前进的脚步，一名军官迎着土耳其使者走了过去。在二人谈判的过程中，俄军士兵出于好奇，不再保持原来的队形，而是一窝蜂地凑到一起，挤在两位谈判者身后，想听他们在谈些什么。突然之间，从土耳其军队阵地上射来了一阵密集的子弹。土耳其使者在听到一声信号后，掉头就跑开了。俄军士兵也听到了信号，却不明所以。这阵突如其来的射击非常猛烈，短短几分钟内，俄军的两个步枪营就有142名将士伤亡。幸存人员没有等待进攻命令，也没有考虑任何队形，愤怒地叫喊着，奋不顾身地冲向了敌人的阵地。对土耳其军队而言，这一刻无比糟糕。但俄军步枪营在发现米尔斯基亲王没有从北面配合他们进攻后，只是把土耳其军队驱离了阵地，占领了他们的军营，并未继续追击。

当天晚上，古尔科将军要求土耳其军队放弃在希普卡山口做无意义的抵抗，尽快向俄军投降。土耳其军队指挥官默赫梅特帕夏送来一封信，表示愿意投降。双方经过一番谈判后，将土耳其军队投降的时间定在了第二天中午12点。就这样，双方达成了停战协定。第二天一大早，俄军的医护兵在前去阵地转运步枪营留下来的伤员时，传回消息说，土耳其士兵早已撤离阵地，全部逃跑了。土耳其军队同意投降不过是为了争取逃跑时间的诡计而已。

与此同时，米尔斯基亲王在18日仍然按兵不动，还在等待古尔科将军行动的进一步消息。但在19日，年轻的斯科贝洛夫率领米尔斯基亲王的骑兵连从北面进入希普卡山口进行侦察时吃惊地发现：他们在经过敌人一排排的防御工事时，竟然没有遇到任何抵抗；土耳其军队的营地已空无一人，火还燃烧着，饭还没煮熟，没写完的电报也留下了。最后，他抵达隘口最高点，看到了南面的景象。脚下的山谷里有扎营的部队！是敌人还是友军？帐篷看起来像土耳其军队的，但士兵看起来像俄国人。斯科贝洛夫试着用俄语向下面喊话，但没有得到回应。最后，当看到救护人员悬挂的红十字旗后，他才明白山谷里的是自己人。于是，他们立即集结在一起。

土耳其军队一路向西逃往赫尔美吉（Hermedji）方向。古尔科将

土耳其军队在行军中寻找食物

军一直在卡赞利克按兵不动，直到占领巴尔干山区的第八军经过这里，给他们送来大量补给后，才又继续向前行军。一开始，这条山路只适合牛车通行，但俄军马上发动大量人员改善了路况。

在接下来的日子里，俄军继续向巴尔干地区南部挺进，逐渐逼近阿德里安堡。为了成功挺进耶尼萨赫拉，古尔科将军组织了一支由三路纵队组成的队伍，命令他们从不同地方向耶尼萨赫拉进发。具体计划如下：由保加利亚步枪旅、两个炮兵连和3个骑兵团组成的右路纵队从埃斯基萨赫拉出发；由步枪旅、一个哥萨克骑兵团和4个炮兵连组成的中路纵队在古尔科将军的亲自指挥下从卡赞利克出发；由5个步兵营、2个炮兵连和一些哥萨克士兵组成的左路纵队从海科伊出发。3路纵队的目的地都是耶尼萨赫拉。7月29日，古尔科将军从卡赞利克出发，艰难跋涉了40英里。即便如此，他的部队在第二天早晨仍然对耶尼萨赫拉火车站前的土耳其军队防御阵地的左翼展开了进攻，以便支援左路纵队对土耳其军队右翼实施打击。土耳其士兵拼命抵抗，残酷的刺刀战持续了很长时间。午后，俄军夺取了阵地，赶走了所有土耳其士兵，占领了耶尼萨赫拉，缴获了3门大炮，炸毁了耶尼萨赫拉火车站和土耳其军队的大量物资和弹药。由于骑兵未到，俄军当时没有追击逃跑的土耳其军队。第二天，哥萨克骑兵向撤退的土耳其军队发起了追击战。下午有消息传来说，俄军右路纵队在强行突破埃斯基萨赫拉时陷入了极大的危险。于是，古尔科将军决定向西进军，去营救右路纵队。当天（30日）晚上，他率军抵达卡拉布纳尔（Karabunar）。虽然当时夜色已暗，但整个山谷都被燃烧的村庄照亮了。第二天早晨，他继续沿通往埃斯基萨赫拉的道路抵达德祖兰里（Dzuranli），但并不知道这里有大约3万土耳其士兵会挡住他们的去路。土耳其军队的炮火连续不断地扫向路面。古尔科将军马上采取了反击措施，下令让5个步兵营在炮兵的掩护下冲向土耳其军队阵地。土耳其军队的一个炮台炸死了俄军48匹战马，另一个炮台炸死了8匹。后来，大批土耳其士兵向俄军左翼发起进攻，而俄军散兵旅得到第九师两个团的支援后奋起反击。战斗异常激烈，最终俄军击退了土耳其军队的进攻。再后来，一队切尔克斯骑兵向山坡上的俄军右翼发动了进攻。就在他们快要得势时，洛伊希滕贝格（Leuchtenberg）率领骑兵从埃斯基萨赫拉赶来，击退了切尔克斯人，保护了俄军右翼。古尔科将军继续前进，到达了一个可以远眺埃斯基萨赫拉的阵地。这时，一个躲过土耳其军队哨卡的传令兵带来情报说，由保加利亚步枪旅组成的右路纵队在埃斯基萨赫拉遭到了大约2万名土耳其士兵的围攻。古尔科将军虽然兵力不多，但仍决定前往救援，同时要守住现有的阵地。然而，当两支庞大的土耳其纵队分别从侧翼和后方向他的阵地发起进攻时，他不得不放弃援助保加利亚人的计划，只能让他们自求多福了。他自己则率领队伍艰难地越过狭窄的达尔博达山口（Dalboda Pass），又经海科伊山口，于星期四（8月2日）完成了撤退。在这次撤退中，大批伤员就像弱小的苍蝇一样死去了，就连强壮的士兵也有因疲劳和中暑而倒下的。保加利亚步枪旅组成的右路纵队在从埃斯基萨赫拉向卡拉布纳尔行军的途中，遇到了大量敌军，被包围了起来。7月31日，经过一番激战，保加利亚人不得不撤退到了埃斯基萨赫拉北面的山谷，然后又从那里撤至希普卡山口。保加利亚步枪旅一开始有1600人，撤回希普卡山口的只有四五百人，可见战斗有多么惨烈。

　　面对苏莱曼帕夏的优势兵力，古尔科将军未能守住耶尼萨赫拉和埃斯基萨赫拉这两处战略要地。这也预示了一个不可避免的结果，即在8月初，古尔科将军没能占领巴尔干山脉以南的任何重镇，只是控制了希普卡山口南面的阵地。俄军控制着海科伊山口，负责守卫的两个团分别驻扎在德雷诺瓦（Drenova）和加布罗瓦，米尔斯基亲王指挥的主力部队则占据了从蒂尔诺瓦到希普卡的地区。

　　8月16日，土耳其人对俄军左翼进行了一次全面侦察。从多瑙河到巴尔干山脉以南，从大炮封锁下的鲁斯丘克到拉斯格勒，从奥斯曼巴扎尔到贝布罗瓦（Bebrova），穆罕默德·阿里帕夏麾下的士兵对这6个地方之间的俄军阵地发动了一系列袭击。虽然双方没有爆发激烈的战斗，彼此损失也非常小，但此举让土耳其军队转守为攻，意义重大。

　　就在同一天，苏莱曼帕夏的一支纵队试图从通贾山谷出发强行突破海科伊山口。但他们刚进入山谷，就遭到了俄军阵地上的炮兵和把守海科伊山口一个团的猛烈打击，最后被迫撤了回去。

　　苏莱曼帕夏于8月19日率军占领了希普卡村，21日开始向山口前面的俄军阵地发起进攻。这里有必要向读者解释一下，我们不能从严格的字面意义上去理解希普卡山口。这里没有峡谷，没有狭窄的小道，没有一个地方能让300名勇士复现温泉关战役那般的辉煌；这里也没有深深的壕沟，守军将士必须与敌人进行残酷的搏斗才能将其歼灭。希普卡山口之所以会有这样的名字，是因为这个地段的巴尔干山脉高度碰巧低于整个巴尔干山脉的平均高度。这段山脉呈上下起伏的锯齿状，从北起的扬特拉山谷到南面的通贾山谷连绵不断，对旅行者而言是绝好的立足之地。实际上从整体来看，在巴尔干山区，山脉和峡谷交错，很少能见到连续的山脉或峡谷。因此，希普卡山口简直就是天赐的交通要道，尽管在诸如战争爆发的情况下，从这里通行是不可能的。过去的一条小路现在却变成了虽然陡峭但非常实用的大路。山脊两侧有时凹陷成浅坑，有时凹陷成深深的峡谷。这些凹陷的洼地既不平整，也不连续，否则下面的洼地应该比上面的高地更容易开发出通畅的道路。

最高峰两侧均为洼地，这些洼地的后面紧接着又是凸起的山脊。因此，位于最高峰既可以控制两侧的洼地，还可以控制洼地后面的较低的山脊。从最高峰可以开辟出一条通往俄军阵地的道路。但山脊并不连续，会突然中断，形成陡峭无比的山谷，而巴尔干山脉的北面就有一处陡峭险峻的山谷，几乎无法让人进入。因此，对土耳其军队而言，这些地势险要的地方可作为希普卡中央山脊两侧的阵地。俄军虽然也可以从这些山坡上下来，但需要先艰难地穿过中间的峡谷，再爬上希普卡山脊陡峭的山坡，并在山顶的道路上互相牵着手才能前行。如果真有部队能成功做到，并占领了希普卡阵地，那他们一定是首先突破了阵地前坚固的防御工事。如果没有重兵扼守，敌人确实可以沿着条件恶劣的道路，摸索着进入加布罗瓦附近的低地，展开烧杀掠夺。然而，途经希普卡山口的道路才是巴尔干山区唯一可以通行的线路。

参加希普卡山口战役的部队如下：保加利亚步枪旅、斯托列托夫（Stoletoff）将军指挥的第九师的一个团、德罗钦斯基（Derotchinsky）将军指挥的第九师第二旅和托伊茨温斯基（Toitzwinski）将军指挥的步枪旅。由彼得罗切斯蒂（Petrotchesti）将军指挥的第十四师第二旅于上午9点到达，并入德拉吉米洛夫将军的部队，由拉德茨基（Radetzky）将

运送保加利亚伤员的新发明

军任总指挥。拉德茨基将军本人指挥的第八军由第九师和第十四师组成，共有20个营，满员时约有1.7万人，但现在每支队伍都存在减员的情况。散兵、保加利亚步枪旅及古尔科将军的队伍都遭到了重创。第十四师在强渡多瑙河时经历了艰苦的战斗。米尔斯基亲王第九师勇士的鲜血染红了希普卡的山口的石头。现在，俄军的总兵力不超过1.3万人。

21日，土耳其军队发动了进攻，直接向希普卡村上方的陡坡推进。驻扎在山口防御工事里的守军由保加利亚步枪旅和第九师的一个团组成。两支队伍都因先前的战斗减员严重，防御武器估计也只有3000多把刺刀和40门大炮了，而距此地最近的俄军援助点是40英里之外的蒂尔诺瓦。俄军顽强抵抗，没有让土耳其军队获得任何实质性的优势，但还是被迫将最外围的防线推后至圣尼古拉山（Mount Saint Nicholas，希普卡山口的最高峰）的山坡上了。由于俄军在战壕前埋有大量地雷，土耳其军队的先头部队在向俄军阵地发起冲锋时，踩到了脚下的地雷，致使大批士兵被炸成了碎片。在第一天的战斗中，俄军只损失了200人，主要是保加利亚步枪旅的士兵。

22日，双方的战斗并不激烈。土耳其军队主要是在俄军阵地的左右两侧大范围迂回，然后寻找机会发动攻势，但每次都会遭到俄军凶猛顽强的反击。

23日，土耳其军队从正面和侧面向俄军阵地发起进攻，并逐渐缩小包围圈。这块阵地的先天缺陷暴露无遗：狭窄且暴露，极易被包抄和孤立。幸运的是，增援部队及时赶来，才避免了一场灾难。德罗钦斯基将军指挥的第九师的一个旅从塞尔维（Selvi）疾驰而来，及时向斯托列托夫将军指挥的守军伸出了援手。攻守双方的战斗持续了一整

———

天。随着太阳慢慢落山，土耳其士兵像螃蟹的爪子一样在俄军阵地的两侧不断向前逼近，马上就要在俄军的背后合拢了；爬上山脊的纵队也在俄军阵地后方的道路上互相搀扶着逼了上来。

这一刻充满了戏剧性，是平淡无奇的日常生活根本无法比拟的。两位俄国将军认为他们即将被土耳其军队包围，于是在蟹爪合拢之前向沙皇发出了最后一封电报，表明了他们对战局的判断，也提出了如何阻止这种战局发生的策略。他们还说，即便被彻底包围，他们也会坚守阵地，直到援军到来。无论如何，他们与将士们都会坚守阵地，战斗到生命最后一刻。

到了下午6点，土耳其军队暂时停止进攻，但俄军因其后备部队也被包围而无法利用该时机反扑。在太阳的炙烤下，士兵们早已筋疲力尽、又饿又渴。他们已经3天没有进食，阵地内也找不到一滴水喝。可怜的士兵们躺在光秃秃的山脊上，喘着粗气，任由土耳其军队的步枪向他们扫射。还有士兵被迫放弃阵地，躲在岩石间顽强地抵抗着。悬崖上和山谷里回荡着土耳其士兵胜利的欢呼声。

两位俄国将军站在被第一个阵地半包围着的山峰上，用望远镜焦急地注视着从扬特拉山谷通向这里的褐色道路。这是一条穿过浓密的灌木和阴暗岩石的陡峭山路。斯托列托夫将军突然抓住身边兄弟的胳膊，兴奋地大叫起来，同时向山下指去。一支长长的黑色纵队在红褐色路面的映衬下清晰可见。"现在，让我们感谢上帝吧！"斯托列托夫神情庄严地说道。两位将军都摘下了军帽。看到一条"黑色的长蛇"在褐色的山路上盘旋而来，守军士兵都兴奋得跳了起来。阳光透过绿色的灌木丛，驱散了阴霾，照在刺刀上闪闪发光。俄军士兵的阵阵欢呼声响彻山谷，彻底淹没了土耳其士兵的喊杀声。一段时间过后，援军前面的队伍已靠近卡拉乌拉（Karaula）哨卡，登上土耳其军队前面的小高原，继续前行。现在可以看到，这是一支骑兵队伍，因为马匹很容易辨认。那么，拉德茨基将军派骑兵到悬崖峭壁这样的地方来对付土耳其步兵的决定是有意为之还是被逼无奈呢？不管是哪种情况，这支先头部队还是发挥了重要作用。他们在土耳其军队阵地右侧的一块高地上部署了山地大炮，开始轰炸土耳其军队设在山林中的炮兵阵地——土耳其军队就是通过该阵地向俄军阵地右侧发动攻击的。现在，骑兵都下马向山下前进。这时，一队俄军步兵迅速冲了上来，在进入对土耳其军队右侧阵地发动进攻的射击范围后分散开来，纷纷躲在石头和灌木丛后面，朝土耳其军队阵地开火。

这是俄军步枪旅的一个营，而步枪旅的其余营也紧随其后。这是一支无须在巴尔干地区再打一仗便可将其名字与伟大的巴尔干山脉联系到一起的步枪旅，也是跟随古尔科将军胜利前进和艰难撤退的同一支步枪旅。该旅已连续行军35英里，中途没有进食，也没有睡觉，在没有得到片刻喘息的情况下又投入了战斗。这才是真正优秀的作战部队。在英勇的指挥官茨维廷斯基（Tzwitinsky）将军的率领下，他们向俄军右侧山林中的土耳其军队阵地发起了进攻。殿后的拉德茨基将军则亲自率领散兵和参谋人员，冒着土耳其军队的三重火力，抵达了第一阵地炮台旁边的山上，与另外两位将军成功会师。白天的战斗就此结束。

晚上，可以暂时不用对威胁到俄军右翼的土耳其军队阵地重新发动进攻了。但俄军还是觉得，在土耳其军队被彻底赶出右侧那片树木繁茂的阵地之前，他们没有任何安全可言，更没有回旋的余地。土耳其军队昨天攻打的俄军阵地的左翼现在相对安全一些。因此，第二天天刚放亮，俄军便再次开始向上述提到的土耳其军队阵地发起进攻。

山谷里的战斗进行得非常激烈，俄军派来的第九师增援部队取得了明显战果。上午9点左右，德拉吉米洛夫将军率领自己师部第二旅，即波多利斯克旅（Podolsk）的两个团赶到了前线。将吉多默团（Jitomer）留下做后援，德拉吉米洛夫将军率领另一个团沿山路前往第一阵地。除那条如履薄冰的道路之外，再无其他路可走，因为左面低洼地的道路断断续续不可通行，并且据说那里还埋伏着巴什波祖克。吉多默团在通过这条道路时就损失惨重，到达山顶后又因土耳其军队的步枪火力同时来自两个方向而找不到安全的掩体。于是，俄军步兵只能躲在战壕里，待需要时再冲出来。

山谷里的枪声时断时续，从早上一直响到了中午时分。显然，守在山脊树林阵地上的土耳其军队非常强大，打算绕过自己阵地的左侧，再穿过狭窄的山谷咽喉，最终绕到俄军的后方。

11点左右，山谷里的枪声越来越大了。很明显，这是一场拉锯战，一会儿俄军占据上风，一会儿土耳其军队占据上风。某个时刻，俄军士兵被全部赶出了树林阵地，土耳其士兵则在其身后紧追不舍。到阵地边缘后，他们会卧倒，继续向俄军开火。

在树林里作战是一件很恐怖的事情，因为除了阴暗的树叶间偶尔闪过一抹暗色及树叶上升起像肥皂泡一样的白色烟雾外，什么都看不见。嘶哑的喊叫声会从神秘的地狱随风飘回自己的耳畔。战斗会朝什么方向发展呢？是具有强大后援的俄军上好刺刀，以快速凶狠、势不可挡的冲杀结束这场拉锯战，还是行动敏捷的土耳其军队将其北方对手赶出树林，一路驱逐到炮火纷飞的开阔地带？没人知道答案。

俄军散兵和布雷安斯基团（Breanski）虽然挫败了土耳其军队从其左翼迂回到俄军后方的企图，却在正面攻打陡坡上的土耳其军队时遇到了困难——土耳其军队有树林做掩护，未取得任何进展。12点，俄军决定对土耳其军队的阵地右侧发动进攻，同时下令让散兵和山下的士兵再次向山上的土耳其军队发动猛攻。吉多默团的两个营各自留下一个连作为后援，之后便从俄军第一阵地的半掩体中走了出来，以连为单位排成纵队，穿过了一片相对平坦的草地，继续朝着山谷另一面的山顶前行。由于路况良好，他们不用翻越陡峭的山坡。但土耳其军队阵地就在树木繁茂的山顶上，那里的炮台已部署好山地大炮对准了他们。此外，山脊右侧的土耳其步兵团也做好了迎战准备。一时间，土耳其军队枪炮齐发，许多英勇的俄军士兵中弹倒地，鲜血染红了草地。但俄军没有停止前进的脚步，很快便冲进了山顶的树林。俄军炮兵竭尽全力掩护他们冲锋，除山顶的炮台外，山下的一支后备炮兵部队也投入了战斗。现在，俄军炮兵必须停止轰炸了，因为俄军已冲入树林，盲目轰炸会误伤自己的队友。战斗胜负只能靠步枪和刺刀决定了。

现在，战斗进入了最令人揪心的时刻。其他俄军将士只能注视着神秘莫测的树林，为自己的队友祷告。土耳其步兵在正面和侧翼顽强抵抗了一小时，但显而易见的是俄军正在逐渐占据上风。土耳其军队正在撤走其部署在阵地右翼的大炮，这足以说明他们已经发现，如果这些大炮再不撤走，就有落入敌人之手的危险。不久，土耳其军队撤走了阵地左翼的大炮，这表明散兵和布雷安斯基团也攻占了土耳其军队阵地左翼的山脊。土耳其军队阵地只剩下了中央的山峰。

战斗打得难解难分。看上去，俄军可以取得胜利，但没有十足的把握。这是一个非常激动人心的时刻，拉德茨基将军不负众望，能随机应变积极调整战略部署。上文提到，吉多默团的两个营在从山顶后方向山上进军时留下了两个连作为后备部队。现在，拉德茨基将军率领其中一个连，吉多默团的上校率领另一个连，都投入了战斗中。吉多默团的士兵对按兵不动的安排一直颇有怨言，现在收到长官的号令无不激昂奋进。当他们越过草坡冲向谷口时，响彻云霄的欢呼声完全盖过了火枪射击的噼啪声。不久，他们便冲入了树林。

现在，俄军正齐心协力向山顶上的土耳其军队阵地发起冲锋。士兵们跨越土耳其军队简陋的胸墙后，与敌人展开了激烈的刺刀战。不久，俄军士兵中便暴发出了一阵巨大的欢呼声，这说明他们已消灭土耳其军队并且占领了阵地，此时是下午2点。然而，一整天都在顽强战斗的土耳其军队不愿服输，又从山脊后面的山谷里冲了出来，试图夺回失去的阵地，但被猛烈的炮火击退。3点，土耳其军队放弃了努力，战火得以暂时熄灭。

24日，激战继续上演。拉德茨基将军率援军赶来，击退了即将占领山口的土耳其军队，暂时稳定了战局。但俄军的处境仍然十分危急：土耳其军队不仅通过夺取左侧的贝尔德克（Berdek）和右侧的山脉给俄军的两翼造成了威胁，还在右侧的山上构筑了防御工事，并部署了炮台，控制了通往山口的道路。就这样，土耳其军队占据了与这条蜿蜒前行的道路平行的长达1500码的一段山脊。土耳其军队在山脊上构筑的几处堡垒都可以对道路构成直接打击，步兵也沿着树木茂密的山脊做好了埋伏。俄军要想通过这条道路前往山口几乎比登天还难。

拉德茨基将军刚赶到，便开始认真地排兵布阵。从山口最高点开始，有一道很高但很窄的山脊向右延伸，与通往山口的道路几乎成直角。在半英里远的地方，山脊突然隆起，形成了一座陡峭的山峰。峰顶有一处俄军堡垒，可以有效保护俄军的炮台。再往前走半英里，山脊又隆起了另一座山峰。峰顶上修筑的就是上文提到过的土耳其堡垒，也是上文所提山脊的首端，它从俄军阵地右转，与通往山口的道路形成了平行之势。因此，土耳其步兵可以控制这段道路。

俄土两军的堡垒所在的两座山峰树木繁茂，就连连接两座山峰之间的山脊也覆盖着茂密的树林。在树林的掩护下，拉德茨基将军率领部队沿着这条山脊前进，同时命令俄军的两三个炮台向土耳其军队的堡垒开火。与此同时，他还派出队伍越过道路一侧的低洼地带，从陡峭的山坡一侧前去攻打加布罗瓦一侧的土耳其军队堡垒。不久，一阵可怕的枪声传来，表明两军已经接触，打响了战斗。接下来的几小时内，不绝如缕的枪炮声一直在山间回荡。

俄军士兵像在丛林生活的印第安人一样在树林的掩护下前进，边走边开枪。不久，他们就来到了距土耳其军队堡垒不到50码的地方。在这里，他们遇到了暂时还无法逾越的障碍。土耳其士兵砍倒了堡垒周围的树木，形成了一个鹿砦①，致使俄军几乎无法从此处通过。俄军在树木的掩护下绕到了鹿砦的边缘，然后突然向前冲了上去，但很快就被击退，付出了惨重的代价。由于被大量灌木、树干和树枝缠身，俄军士兵只能爬行前进，行动非常不便，而土耳其军队却可以近距离向他们猛烈开火，将他们成片地射倒在地。在对土耳其军队堡垒发起的第一次冲锋中，极少数俄军士兵在掩护下撤了回来，讲述了他们的遭遇。很显然，这种情况下的进攻是不可能成功的。只有

---

① 将树枝交叉放置，形成军用障碍物，因形状像鹿角而得名。——编者注

一个营前去进攻，由于兵力不足，其中一个连几乎无一生还。拉德茨基将军派出援军后，俄军再次发起进攻。在猛烈而持续的火力攻击下，土耳其军队再也无法坚守，慢慢撤离了阵地。俄军则在己方大炮的支援下，对敌人紧追不舍，最终成功占领了山脊。在这里，双方展开了殊死搏斗。俄军维持着强大的火力，并且不断有增援的步兵纵队加入；土耳其军队则一直在慢慢撤退。到了晚上9点，俄军开始分成三路纵队向前推进；土耳其军队则利用一切可能的掩体顽强反击，但由于明亮的月光把周围的地形照得格外清晰，他们无法完全隐藏起来。因此，土耳其军队被迫继续向山上撤退——他们占领的阵地只剩下了山顶。晚上11点，俄军高喊着口号，向土耳其军队阵地发起了声势浩大的进攻，他们突破掩护炮台的防御工事，眼看就要占领山头。就在这个关键时刻，土耳其军队指挥官号召所有士兵奋起反击。士兵们从炮台后面的战壕里冲了出来，一边高喊着"安拉"，一边端着带刺刀的步枪冲向敌人，把俄军赶下了山坡，迫使他们穿过山坡上的树林，撤退了回去。空气中充斥着双方士兵的喊杀声和尖叫声，场面惨烈得难以用语言描述。这就是一场血腥的战斗。俄军快速撤了回去，但在新的援军到来后，他们于凌晨1点再次攻向土耳其军队的高地，并在登到山顶后夺回了一部分阵地。不过，他们很快又被赶了回来。2点，俄军再次发动进攻，但结果仍和上次一样。此后在6点之前，他们都没有再次发动进攻。到了6点，俄军等到了大量增援，于是向土耳其军队发起了最后的冲锋，而这一次，同样得到增援的土耳其军队平静地等待着来犯的俄军，他们先让俄军士兵登上山顶，再端起刺刀向他们发起冲锋。俄军随即乱了阵脚，慌忙逃下山坡，钻进了树林。他们被彻底击溃，逃进了山谷。土耳其军队仍高举刺刀，一路将他们追至俄军的堡垒。堡垒里的俄军立即向土耳其军队猛烈开火。星期天上午，俄军在等来新的援军后又发动了一次进攻，再次未果后便返回了自己的堡垒。双方的炮击持续了一整天，但均未取得明显进展。

星期二（28日）上午，苏莱曼帕夏再次派兵向俄军阵地发起了进攻。土耳其军队先是让炮兵在10点开炮，然后让步兵在10点30分开火。土耳其炮兵发射精准，每一发炮弹都落在了俄军的炮台上。土耳其步兵攻打到俄军的战壕附近后，土耳其炮兵被迫停止了轰炸。作战神勇的土耳其士兵高喊着战斗口号，冲上山头，与敌人拼起了刺刀，最终击退了所有据点的俄军士兵。

俄军退到了一块坚不可摧的岩石后面，以此作为掩体。由于天色已晚，土耳其士兵也十分疲劳，无法将俄军从那里彻底赶走。到了晚上，土耳其军队将许多大炮推到阵地上，并于次日黎明时分开始向俄军发起猛烈的攻击。土耳其军队一路向前推进，逼近了俄军最后的那些阵地。战斗持续了一整天，但战局没有发生任何变化。

星期四拂晓，战斗再次打响。土耳其炮兵发射精准，每一发炮弹都落在了散兵坑里。中午时分，俄军中央阵地的炮台被压制住，士兵们很快便放弃了该阵地，像羊群一样四散逃命。土耳其军队的炮弹仍在发射，将撤退的俄军打得落花流水。但不久，俄军在等到大量增援部队后，重新夺回了他们的阵地和散兵坑。土耳其士兵像战斗英雄一样手举刺刀奋力作战，但由于没有后援，他们在英勇抵抗了一阵后被迫后撤。不过，他们保住了之前占领的大部分重要高地。

随后，土耳其军队又推进至俄军阵地的后方，俄军则对土耳其军队的左翼发起攻击。激烈的战斗持续了一整天。最终，俄军被

土耳其军队在希普卡发起刺刀战

击退，损失惨重。由于受到土耳其军队在右侧高地部署的炮台的压
制，俄军中央阵地的炮台根本发挥不了作用。

第 **31** 章

攻打普列文

Operations
Before
Plevna

　　苏莱曼帕夏率军向希普卡山口进军的同时，奥斯曼帕夏的部队正沿着通往加布罗瓦的公路从洛夫查向塞尔维挺进。如果一切顺利，苏莱曼帕夏打算取道加布罗瓦前往蒂尔诺瓦，并于8月22日中午时分开始向俄军在塞尔维前占领的阵地发动进攻。

　　8月的最后一天，第三次普列文战役打响。土耳其军队于上午8点对俄军阵地发起猛攻，引发了双方开战以来最激烈的战役之一。由于俄军阵地最前线距离波雷丁（Poredin）四五英里，土耳其军队首先向佩利萨特和兹加林斯（Zgalince）发起了进攻。在佩利萨特村前一英里，有一座俄军堡垒。土耳其军队先是攻占了这座堡垒，随后被俄军夺回，又在当天很快夺了回来。兹加林斯是俄军的军营中心，前面有一座堡垒和一系列战壕作屏障。土耳其军队攻占佩利萨特村前的堡垒后，便可以将俄军左翼赶回到佩利萨特村。俄军在佩利萨特村前挖了许多战壕，并部署了守卫士兵。土耳其军队下山进攻的途中也没有朝敌人开火，在敌人猛烈的炮火轰炸下只走了一半路程。当逼近位于佩利萨特和兹加林斯之间山顶上的俄军战壕时，他们遭到了密集的步枪射击。他们试图爬上山顶，却遭到了狂风暴雨般的炮弹袭击。15分钟到20分钟过后，土耳其军队伤亡惨重。还未抵达俄军的战壕，土耳其军队就已有溃败迹象，于是开始带着伤员撤退。然而，他们刚从俄军的一轮炮火中撤出，又遭遇了另一轮炮火的袭击。英勇的土耳其军队伤亡惨重，许多士兵的尸体就躺在距俄军战壕不到10英尺的地方。战壕所在的小斜坡上布满了土耳其士兵的尸体；在不到10平方英尺的地方，就躺着多达7具尸体。这场战役非常惨烈，土耳其军队再次被击退后，被迫撤退。尽管俄军的火力一刻也没有减弱，其防线也从未动摇过，其后备部队还在后面整装待发，随时准备在前线吃紧时冲上前去，但土耳其军队仍然发动了第三次进攻。结果，屠杀的场面再次上演，只不过这次屠杀只持续了很短的时间。土耳其军队又被彻底击溃了，他们一边撤退，一边沮丧地开枪还击，一边忙着抬走自己的伤员和阵亡士兵。土耳其军队仍然坚守着佩利萨特前方的堡垒。他们向后撤退，显然是还想守住那里，但俄军并没有给他们在那里待太久的机会。土耳其军队对俄军中央阵地堡垒的进攻和对俄军左翼战壕的进攻一样，也遭遇了失败。俄军先以凶猛的火力迎战，然后派6个连的士兵与土耳其士兵拼起了刺刀，像旋风一样将他们赶出了阵地。下午4点，土耳其军队四散撤逃。俄军攻占了他们的第一阵地，骑兵还追击了他们一段距离。此役，俄军共投入2万人的兵力，伤亡约500人；土耳其军队伤亡2500人。

9月3日，俄军成功从奥斯曼帕夏手中夺回了洛夫查。梅雷廷斯基（Meretinsky）将军和斯科贝洛夫将军率领的部队攻占了这个山口阵地。在占领普列文后，奥斯曼帕夏做的第一件事就是确保守住洛夫查。洛夫查位于从普列文经塞尔维通往加布罗瓦的公路上，奥斯曼帕夏不断往东南方向的洛夫查派兵。洛夫查也位于从拉霍瓦（Rahova）或尼科波利斯经特洛伊到巴尔干山脉以南的菲利波波利的路线上，所以该山口也以"洛夫查"命名。

正如事先预料的那样，俄军攻占该山口阵地的战斗异常激烈。战斗在土耳其军队已加固防御的散兵坑和堡垒间持续了整整12小时。土耳其军队顽强抵抗，双方均伤亡惨重。这次战斗在许多方面都意义重大，不仅预示了普列文战役肯定会爆发，还让奥斯曼帕夏下决心在土耳其军队右翼部署了一支强大的队伍。这次战斗也让从普列文到索非亚的道路暴露在俄军的攻击下，而这条道路是奥斯曼帕夏接收补给的必经之路，也是土耳其军队撤退的最佳线路。

9月7日（星期五）上午，期待已久的普列文战役打响了。成功攻占洛夫查后，俄军决定迅速实施夺取普列文的作战计划。自上一次普列文战役失利以来，俄军一直在波雷丁、斯卡林卡（Scalinka）、佩利萨特和波戈特等前沿阵地及其周边地区无所作为。尽管苏莱曼帕夏在巴尔干山脉另一侧的表现令人侧目，但土耳其军队明显担心在普列文遭到俄军的攻击。

因此，当俄军官兵得知上级会进行军事调整时，似乎都松了一口气。两三天来，处于半休眠状态的俄军又注入了新鲜血液。一些部队突然神秘地消失了，原来由他们把守的阵地很快便有了新的接管部队。星期天，皮肤黝黑、英俊潇洒、彬彬有礼的罗马尼亚统治者查尔斯·霍亨索伦亲王率领一支英勇的护卫队前来担任驻普列文俄军的总司令。除了向新盟军下达进攻命令，查尔斯·霍亨索伦亲王似乎没有什么再值得等待了。洛夫查战役的胜利让攻打普列文的命令有了下达的可能，因为俄军左翼兵力得到了充实，右翼由3个罗马尼亚师占领。此外，在普列文城前原来由特洛塔夫（Trotaff）指挥的军队至少还有10万人的兵力。

战斗于早上7点打响，持续了10小时，但双方仅仅停留在炮兵对决上。俄国人和罗马尼亚人的炮台一整天都在从四面八方向位于格里维扎高地上方的土耳其堡垒轮番轰炸。

当星期六上午恢复炮击时，第一眼看上去很难发现俄军从前一天对土耳其军队的狂轰滥炸中取得了什么优势。白天，格里维扎高地上土耳其堡垒的护墙确实被俄军的炮弹炸得残破不堪；但在夜幕的掩护下，土耳其军队又将这些护墙修复如初，看起来好像从未遭到任何炮击似的。不过，俄军也在夜间采取了军事行动，占领了格里维扎方向的一大片土地。他们的工兵在夜色掩护下不断向前推进，在距格里维扎村相对较近的高地上建起了一座攻城炮台，并配备了攻城大炮。这样一来，土耳其堡垒就完全处在了俄军大炮的射程之内。

太阳刚一升起，攻城炮台上的大炮就在其他方向强力大炮的支援下，开始轰炸土耳其人的阵地。攻城炮台右侧的大炮先是沿着山谷向下扫射，然后越过绵延起伏的山谷，将炮弹射向了前几次战斗中所谓的土耳其军队第一阵地，即位于中央高地建有防御工事和堡垒的村庄。该阵地还遭到了一直驻扎在拉迪索沃上方高地的沙科斯科伊亲王的两三个野战炮兵连的轰炸。土耳其堡垒无法回击俄军的攻城炮台——这个距离超出了其射程范围，只能被动挨打，但仍可以回击山脊上的俄军野战炮台。

9日清晨，猛烈的炮声再次响起。在构成土耳其军队第一道防线的山脊上，所有炮台都投入了战斗。俄军趁着前一天的夜色调来许多重型火炮，并部署在离敌人更近的地方。此外，他们还进入了土耳其人的阵地和多瑙河之间的地带，向东北方向推进，之后开始向土耳其军队的第二道和第三道防线侧翼猛烈开炮。

临近正午时分，土耳其军队的各处堡垒都接到了特殊命令，要求炮手们只在必要时才开炮。奥斯曼帕夏希望通过这种方式让俄军误认为，他们已经几乎压制住了土耳其军队的炮火，可以放心大胆地用步兵向土耳其军队发起进攻了。但截至下午一两点，俄军仍然在轰炸土耳其军队的阵地。2点45分左右，土耳其军队发现奥尔霍尼亚（Orkhonie）公路上扬起了一些灰尘。紧接着，侦察兵飞速赶来报告说，敌人正在向维德山谷推进。几分钟后，土耳其人看到有6到8个俄军步兵营带着几门大炮与两个俄军骑兵团一道从平原前来。与此同时，有消息传来称，在土耳其人的阵地东北方向，即土耳其军队的第3道防线靠后一点的地方，一支俄军的步兵部队正沿着宽阔的洛夫查公路向山下行军，而沿着洛夫查公路可以通往普列文城上方的

在普列文，土耳其军队
骑兵侦察并击退敌军

山丘。参战兵力众多的普列文战役看上去一触即发。奥斯曼帕夏迅速调整策略。他命令大约1000名非正规骑兵和三四百名切尔克斯士兵带着几门大炮作为先头部队出发，前去探明敌军的虚实，随后又将驻扎在普列文城上游的3个营部署到河边的公路上。与此同时，他还从总部营地的后备部队中抽调了5个营的兵力，将他们部署到山谷一侧的树林中，并给他们增配了两门大炮。土耳其军队的整个战略部署进行得有条不紊。俄军骑兵排成长长的纵队，几乎贯穿了整个平原。因为前面的侦察兵不多，他们不得不经常停下来，等待消息。步兵以营为单位紧随其后，包括4个作战营、3个支援营和1个后备营。炮兵连有一半走在队伍前面，另一半走在队伍后面。当他们穿越平原时，太阳正炙烤着大地，照得每把刺刀和每杆长矛都清晰可见。整个行动看上去就像一次和平检阅。为了追上俄军，并向其发动攻击，土耳其军队选择从左侧山脊下的一条小路行军。土耳其军队的骑兵和6个营带着两门大炮沿这条小路悄无声息地前进，而埋伏在树林里的土耳其军队也做好了随时快速前进的准备。俄军从容不迫地走了过来，漫不经心地走进了为他们设好的陷阱里，离土耳其军队的埋伏圈越来越近。这时，一些机警的俄军士兵发现情况不妙，突然转身快速后撤。失望的土耳其士兵请求长官允许他们向敌人发动进攻。长官立即下达了行动命令。但他们追得越紧，俄军跑得越快。不过，他们还是很快追上了俄军，向他们开了火，并用半小时的激战击退了俄军。

就在这场小规模战斗进行的同时，俄军大部队正沿洛夫查公路赶来。为了应对这一轮新攻势，奥斯曼帕夏立即在俄军将要经过的玉米地里部署了4个营的兵力，同时命令另外4个营带着4门大炮驻扎到一座山丘上，将炮口直接对准行进中的俄军。在俄军行军道路一侧的山脊上，土耳其军队原本部署有两个营的兵力。现在，他们全部从堡垒中出来，埋伏到了距俄军约600码的胸墙后面，另外又有两个营的兵力加入了他们的左翼。不久，战斗便打响了。俄军正想迅速冲过玉米地时，遭到了来自四面八方的猛烈射击。枪林弹雨从右侧的胸墙后面、左侧的山脊上和前方的山丘上，以及附近的各处堡垒里倾泻而来。一刻钟后，土耳其士兵开始高喊着"安拉"冲向敌阵，迫使俄军士兵开始四散逃窜。但随后，更多俄军步兵营以雷霆万钧之势从山上冲了下来，他们的野战炮也开始了对土耳其军队阵地的轰炸。激烈的战斗再次拉开了帷幕。土耳其军队第一营和第二营在后退，在胸墙后面的两个营见势迅速下山增援。双方越来越多的兵力进入了玉米地，更多大炮投入了战斗，枪炮声更是此起彼伏。显然，一场真正的遭遇战开始了。奥斯曼帕夏表现得一如既往地冷静，他命令埋伏在俄军右翼对面的各营立即投入战斗，只保留前方山丘上的两个营作为后备力量。土耳其士兵以分散队形下了山，然后匍匐着进入玉米地，冒着猛烈的炮火尽可能地快速向前推进。一发发炮弹就落在他们身边。他们即便没有被炮弹击中，身上也会落满石块和泥土。这称得上是一场殊死搏斗。俄军占据了山顶，而土耳其军队只占据了山脚和山脊两侧。相比之下，俄军明显更占优势。因此，不管出于何种意图和目的，这场战斗看上去都像是土耳其军队在进攻，而非俄军在进攻。土耳其士兵一边向前推进，一边高喊"安拉"。每隔几分钟，他们就欢呼一次，用这种方式彼此鼓励，同时给敌人施压。阿迪尔（Adil）帕夏指挥土耳其军队右翼以分散队形向前推进；奥斯曼帕夏则在指挥中路部队稍微后撤的同时，命令左翼向前推进。这样一来，土耳其军队就对俄军形成了一个半圆形的包围圈。5点30分，土耳其军队已攻上了半山腰，并且没有任何援军加入；俄军不断后退，但又不断得到增援。战斗在继续，土耳其军队也在慢慢向山上推进。每当占一点上风时，他们就会高声欢呼。6点15分时，他们距离山顶还有四分之一的路程。他们又喊着口号发起了冲锋，却招来了俄军十分钟的猛烈射击。在这个过程中，他们仍在穿越玉米地前行。最终，他们到了玉米地的尽头，将俄军士兵一览无余。随着奥斯曼帕夏"冲啊"的一声令下，土耳其士兵奋勇冲向俄军阵地。俄军士兵见状，拔腿就跑。奥斯曼帕夏给身边的切尔克斯骑兵下达追击命令后，他们也冲上了山坡。6点45分，俄军发射了最后3枚炮弹，因为许多士兵已死在土耳其人的枪下，活着的士兵则夺路而逃。紧接着便是一阵欢呼声，随着两声大炮的轰鸣，战斗结束了。土耳其人登上山顶，看到了满山的俄军士兵的尸体。5分钟后，炮声消失了，一切归于平静。

第二天是星期一，没有什么特别的事情发生。星期二，双方期待已久的大规模进攻开始了。从黎明开始，土耳其军队阵地就遭到了来自四面八方的猛烈炮击，战事一直持续到中午。大批俄军士兵从普列文城上方洛夫查公路附近的山坡上蜂拥而下，向构成土耳其军队朝北第三道防线的山丘挺进。奥斯曼帕夏做好了迎战的心理准备，紧锣密鼓地进行着防御部署工作：所有堡垒里都有士兵把守；两侧战壕里的士兵已就位；后备部队在最佳的位置待命，以便协助防御力量最薄弱的地方。在南侧，俄军面临的任务是夺取位于高高的山脊上的3座堡垒。在北侧，俄军的任务同样是攻占另一道由5座堡垒镇守的高岭，而这5座堡垒之间还由堑壕相连。奥斯曼帕夏拥有的一大优势是，他的总指挥部就位于整个阵地的中心位置。在这里，他可以随时掌握全局，并能以最明智的方式调用其后备部队。

我们先来描述一下发生在洛夫查的战事。俄军以密集的阵营向前推进时，土耳其军队并未着急地向他们开火。直到俄军的先头部队进入他们的最佳射击范围后，土耳其军队才向来犯的敌人射出了密集的子弹。紧接着，战壕内守军士兵的头顶上响起了比以往任何时候都威猛的炮声。在呼啸而来的炮弹中，俄军加快了脚步，以分散的队形向前推进。即便如此，仍有俄军士兵一个个或一排排地倒在了硝烟弥漫的战场上。现在，土耳其步兵也加快了射击速度，密集的子弹从各处堡垒里和战壕中倾泻而出。在沿着战壕来回横扫的弹雨中，成百上千的进攻者倒下了。但俄军士兵前赴后继，先头部队刚被打散，就有后方士兵替补上来。他们看似在送死，但随着源源不断的士兵冲上前来，俄军似乎要拿下该阵地了。

此时，土耳其军队的后援部队也来到了前线。他们的加入让各条战壕都能持续不断地保持着强大的火力。蜂拥而上的俄军士兵越接近红白相间的火线，来自四面八方的火力就变得越猛烈。一时间，所有守军的枪炮都投入了战斗。黑压压的俄军士兵离土耳其军队的战壕边缘已经非常近，近到他们的指挥官都可以使用手中的左轮手枪向敌人射击。正当双方都已杀红了眼时，土耳其军队的防线再次得到增援。突然之间，土耳其军队发出了冲锋的信号。士兵们一边高呼着"安拉，安拉"，一边射出了最后一发子弹。紧接着，他们便跳出战壕，端着带刺刀的钢枪向俄军杀了过去。俄军士兵被这种恐怖的阵势吓坏了，转身拔腿就跑。很快，在土耳其军队的追击下，夺路而逃的俄军身后的地面上就躺倒了一大片伤亡士兵。此外，大量俄军士兵在穿越山谷逃往对面树木茂密的山丘时，因遭到了土耳其军队的炮击而倒地不起。

在普列文城前
严阵以待的土
耳其军队

俄军攻打洛夫查大桥和洛夫查城

与此同时，俄军对奥斯曼帕夏大本营北侧的进攻也在进行中。下午3点左右，阿迪尔帕夏已完成了在那里的防御部署，守军将士正严阵以待。守卫山头的三重半月形堡垒里安排的兵力已达容量上限，每位士兵都领到了双倍数量的子弹，最上方的炮台也得到了充足的弹药。俄军冲了上来，在通过山谷洼地时完全暴露在了土耳其军队的大炮之下，这也注定了他们从一开始进攻就会付出惨重的代价。

俄军一开始是井然有序地慢慢向前推进的。临近4点时，他们突然接到向敌人的战壕发起冲锋的命令。长长的队伍冲上了山脊，毫无畏惧地冲向了敌军阵地。这是多么壮观而惊心动魄的场面啊，又是多么恐怖的场面啊！当俄军快速发起冲锋时，躲在战壕中的土耳其士兵则用步枪向他们猛烈开火。俄军士兵接连不断地出现在山脊上，但注定会被一排接一排地消灭殆尽。俄军一个营接一个营英勇地冲上了那片致命的高地，却被肆虐的炮火成片地击倒在地，仿佛农民用收割机收割成熟的麦子一样轻松。在每一次暴风骤雨般的炮火攻击下，冲上高地的俄军士兵似乎没有一个人能够侥幸地活下来。与此同时，土耳其军队的指挥官们则在沉着冷静地指挥士兵们尽可能镇定地装弹，将枪口瞄准敌人的腰间再开枪射击。

尽管如此，俄军还在前赴后继地冲向土耳其军队的战壕，其增援部队也并未吸取先头部队失利的教训，还在以同样的战术向土耳其军队的阵地发起冲锋。不断有新兵补充上来，对土耳其军队阵地的北面发起了一轮又一轮的冲锋。但每一次冲锋都得到的是同样的结果。俄军虽然甘愿铤而走险，不惧死亡，但始终无法突破土耳其军队的防线。最后，土耳其士兵高呼胜利口号，冲出战壕，疯狂地向仅剩数百人的残敌发起了歼灭战。

这场扣人心弦的战斗结束后，战场上相对平静了一段时间，只是偶尔还会听到几响沉闷的炮声。这样的状态持续了一段时间后，奥斯曼帕夏在指挥部统观整个战局时，有消息传来称，俄军再次向洛夫查一侧逼近。因此，土耳其军队又悄无声息地为受到威胁的战壕配备了充足的兵力。如果消息准确，俄军的这一次进攻将比以往任何时候都要猛烈，投入的兵力也比以往任何时候都要多。此外，俄军还将对山脊西侧发动攻击，目的是夺取土耳其军队阵地最薄弱地方的一些外围堡垒。通往这些外围堡垒的道路有一段覆盖着低矮的灌木，相对容易突破。这部分阵地交给了巴什波祖克把守，而正规军则驻守在重要的堡垒和堑壕内。为了夺取这些外围堡垒，俄军调集了整整一个师的兵力，迅速向这些防御工事的正面和侧面发起了冲锋。与之前一样，他们在冲锋时遭到了土耳其军队炮台上大炮密集猛烈的轰炸和堑壕里步枪持续不断的扫射。土耳其军队的一些参战士兵尽管现在已经非常疲惫，但还是一次又一次地击退了向战壕正面进攻的俄军，给俄军造成了巨大的伤亡。随着夜幕慢慢降临，土耳其军队开始大声欢呼着庆祝胜利。突然，巴什波祖克防守的阵地遭到了突袭，这些非正规军惊慌失措地四散逃命，将重要的阵地拱手让给了俄军。大量俄军士兵冲上前去，进入了阵地上方的堡垒。颇感惊讶的守军难以抵抗，有的撤离，有的在肉搏战中丧命，而俄军士兵还在蜂拥而至，不断扩大战果，最后又占据了另外两座堡垒，并安置了自己的防守部队。

整整一夜，双方都在进行殊死搏斗。星期三黎明来临时，奥斯曼帕夏脸色阴沉，一言不发，内心却暗暗发誓一定要夺回被俄军占领的几处防御堡垒。他命令艾敏和塔希尔帕夏率领20个营前去夺回丢失的山岗。在天刚蒙蒙亮时，战斗就打响了，俄军成了顽强抵抗的一方。他们前一天晚上在所攻占阵地的另一侧匆匆忙忙筑起了简单的防御土墙。尽管如此，土耳其军队还是逐渐夺回了一条又一条的战壕，到正午时分已经在山顶附近顺利地驻扎下来。俄军虽然仍然控制着树木覆盖的山脊及山脊上的几座堡垒，却遭到了土耳其军队总部营地大炮及周边邻近炮台的猛烈轰炸，致使镇守士兵伤亡惨重。

下午2点，土耳其军队已经冲到了灌木丛边，还有一支援军绕到了俄军后方，对他们形成了前后夹击。同样得到大量增援的俄军一次又一次地把勇猛进攻的土耳其军队从双方争夺的阵地上赶了回去。然而，土耳其军队每次撤退不久后，又会高喊着战斗口号冲上去，直到最后在树林的掩护下站稳脚跟。3点，激烈的战斗达到了顶峰。俄军虽然在顽强抵抗，试图守住胜利果实，但最终还是被赶出了防御土墙和战壕。他们已在竭尽全力地战斗，但终归无法抵挡不屈不挠、意志坚定的土耳其军队。大约就在此时，土耳其军队的两个后备营出现在树林阵地的后方。当嘹亮的军号声在炮火轰鸣的战场上响起时，土耳其军队那令人不寒而栗的冲锋口号"安拉"再次回荡在了每一条战线上。土耳其士兵以最快的速度冲向了俄军阵地，将负隅顽抗的残敌赶下了山。俄军士兵扔掉手中的武器，沿斜坡一溜烟跑了下去，把枪炮和所有装备都留在了炮台上。在土耳其军队的追击下，许多奔逃的士兵躺倒在堡垒前面的斜坡上，而有些士兵得以逃脱，依靠的完全是俄军炮台猛烈炮火的掩护。

因此，星期三土耳其军队将其在前一天战斗中丢失的阵地又全部夺了回来。星期四和星期五的部分时间里，俄军的大炮从东北一侧不断地向土耳其军队的指挥部营地有气无力地轰炸着，但最终没有获得任何战果。

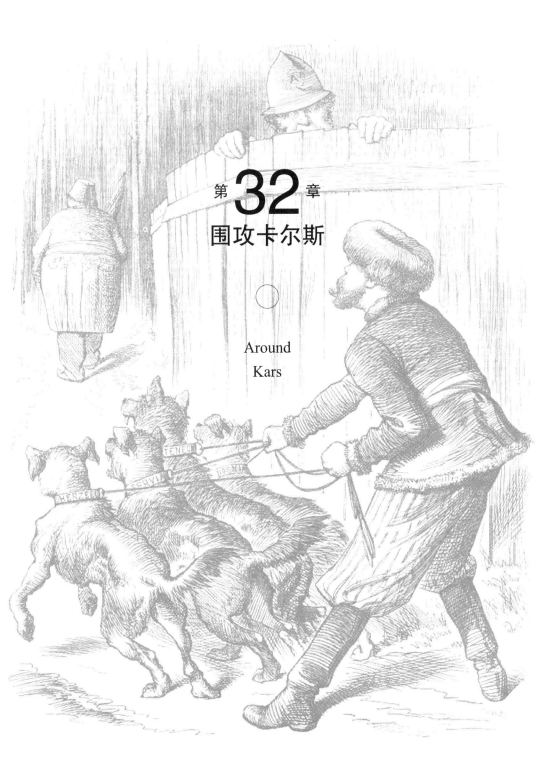

第 32 章

围攻卡尔斯

Around

Kars

自6月22日的交战之后，我们就没再谈过俄土两国在亚洲战场上的表现。此役，穆赫塔尔帕夏通过反攻俄军左翼，报了在德利巴巴失败的仇。6月24日和25日（星期天和星期一），俄军大举进攻卡尔斯。

塔克摩斯堡（Fort Tachmos）是守卫卡尔斯最坚固的要塞之一。它扼守着通往埃尔祖鲁姆的道路，并与该城西侧的外围堑壕相连。在围攻卡尔斯的过程中，俄军首先集中兵力想攻下塔克摩斯堡。6月24日和25日，俄军增调兵力，再次试图攻占这一军事要塞。土耳其军队则以永不言弃的决心迎接俄军的一次次进攻，在付出惨重的代价后，击退了围攻的俄军。

26日，俄军发动了最大规模的猛攻，但仍未取得满意的结果。土耳其军队则趁俄军遭受挫折、士气低落的时机，大举出击，向他们发起了反攻。一时间，堡垒和堑壕中的所有枪炮齐发，给撤退中的俄军造成了毁灭性打击。

俄军尚未从被击退的阴霾中缓过神，就被土耳其军队的快速冲杀打乱了阵脚，慌乱中还遭到了堡垒中和炮台上大炮的狂轰滥炸。他们慌忙从埃尔祖鲁姆公路逃命，被土耳其军队追击至重炮射击范围内后便停下了脚步。

与此同时，洛里斯·梅利科夫将军和伊斯梅尔帕夏在齐文（Zivin）也展开了一场战斗。双方作战都很顽强，致使战斗一度处于胶着状态，难定输赢。最终，伊斯梅尔帕夏胜出，他以旺盛的斗志率领土耳其军队击败了对手洛里斯·梅利科夫将军，共歼敌4000余人，其中还包括两名师级将领。29日，洛里斯·梅里科夫将军在夜幕的掩护下率军仓皇撤退，将帐篷、弹药和大量补给留给了土耳其军队。

接下来的星期六和星期天，土耳其军队右翼对卡拉基利萨

(Karakilissa)的另一支俄军发起了进攻。俄军在阵地四周挖好战壕，准备拼死抵抗。星期天下午，土耳其军队指挥官在猛烈炮火的掩护下，率领全部兵力向俄军阵地发起了冲锋。士兵们高喊着"安拉"的战斗口号，以迅雷不及掩耳之势扑向了俄军阵地。土耳其军队如此迅猛的冲锋完全超出了俄军的意料。惊恐万状的守军士兵停止射击，扔掉武器，弃阵而逃，根本顾不上伤亡的队友。在土耳其军队的一路追击下，许多俄军士兵被俘。星期天晚上，俄军烧毁了自己的营帐，继续撤退。他们把步枪、弹药和所有拖累他们的东西都扔进了河里，并炸毁了弹药库，将大量包括面粉、饼干和其他食品在内的物资留在了身后。

切尔克斯人在侧翼紧紧追赶着撤退的俄军，俘虏了一些掉队的士兵，给俄军造成了一些额外损失。法伊克帕夏从巴亚济德赶来，试图拦截这支俄军；穆萨帕夏紧紧追着俄军左翼；穆赫塔尔帕夏则将前方的俄军一直赶到卡尔斯平原。

7月6日，穆赫塔尔帕夏巩固了其部队所占领的阵地，之后成功抵达了卡尔斯。此时，卡尔斯城已被轰炸了19天。

在此期间，俄军每天向卡尔斯城发射大约2000枚炮弹，以彰显其威力，但除了克虏伯重炮发射的炮弹，其他炮弹似乎并未给卡尔斯城造成多大破坏。据说，这是因为土耳其炮手总能迅速干扰俄军炮手，让他们误判。阵阵暴风骤雨般的炮弹飞越城堡，落入了后面的墓地。虽然炮弹将成堆的灰尘扬向了空中，猛烈的爆炸不断扰乱着山脚下的地面，但山顶上的城堡主楼几乎没有遭到多大破坏。尽管俄军的围攻战已持续了很长时间，炮火也很猛烈，但卡尔斯城内的士兵和平民伤亡人数仅为130余人，其中包括几名妇女。如果俄军再这样围攻20多天，他们的克虏伯大炮很可能因缺乏弹药而哑火。如果俄军在4月24日通过边境后采取积极有力的军事行动，对卡尔斯发动突袭，那么他们很可能在兵力损失不超过2000人的情况下占领这座小城。同样，如果土耳其在亚美尼亚的军队当时也遭到俄军的突袭，似乎会出现同样的结局，因为当时埃尔祖鲁姆城只有6门重型反围城火炮进行防御，相对来说更易占领。显然，俄军参谋长盖曼（Guyman）的失算让埃尔祖鲁姆躲过了一劫，他认为俄军用不了20天就可以攻破卡尔斯城，并说服梅利科夫将军改变了他原来快速突袭埃尔祖鲁姆的想法。后来，梅利科夫将军发现，守城的土耳其将士英勇无畏，作战顽强，他们永不言弃、坚守阵地的精神令人钦佩。震惊之余的梅利科夫将军转而向阿尔达汉发起了突袭。阿尔达汉城守军人数较少，指挥官能力较弱，容易被攻破。由于大多数俄国间谍都是亚美尼亚人，对土耳其人恨之入骨，希望借俄军的力量消灭土耳其人，因此为了尽快实现这样的愿望，他们像大多数人一样，以传播虚假消息的方式来表达心中的愿望。他们声称，阿尔达汉城内的驻军只剩下一半口粮，不可能再坚持两个月时间。事后看来，传言与事实大相径庭，阿尔达汉城内的驻军和居民所遭受的苦难并不比亚美尼亚民众平常所遭受的苦难大。但当时甚至连土耳其人自己都相信了这些传言，尽管阿尔达汉有可能得到充足的物资，也有可能一直抵抗到整个战役结束。实际上，一支小规模的部队就可以轻松地封锁阿尔达汉。即使在梅里科夫将军进入土耳其边境20天之后，如果能坚持穿越索汉里达格山脉，就可以将土耳其军队的穆希尔封锁在巴德甘德山谷（Valley of Bardegand）里。这样一来，尽管其阵地固若金汤，俄军还是会迫使穆希尔在大约两个星期后投降，毕竟他每天只能得到少量补给。但事实是，在长达两个多月的时间里，俄军一直畏首畏尾，在军事行动上拖沓保守。反过来说，这并不意味着土耳其军队就有远见卓识和非凡的军事组织能力，他们不过是把蛮族部落赶到了战场上去与俄军作战。这也足以证明这个尚武民族强大的战斗力，如果给这些野蛮人配上高效的指挥官，他们行动迅速、骁勇善战的品质一定会让那些认为奥斯曼人不堪一击的人刮目相看。

特古卡索夫将军在率军向俄国边境撤退时，还有一个比较棘手的任务，即保护为了躲避巴什波祖克和库尔德人的残酷迫害而从阿拉什格德（Alashgerd）山谷逃出来的3000户亚美尼亚家庭。最终，他成功地将这些逃亡者和他部队中的伤病员都安置到了安全的地方。当然在这种情况下，俄军是无法放开手脚去击退追击他们的敌军的，因此他们的后方在不断地遭受着土耳其士兵的骚扰。将所有亚美尼亚逃亡者安顿好后，特古卡索夫将军才消除了后顾之忧，率领着为数不多的手下于8日下午5点抵达了伊格德尔（Igdyr）。在伊格德尔得到补给并得知卡尔博拉坎（Kalbolaikan）将军已于7日率部赶赴巴亚济德后，特古卡索夫将军便率领自己的队伍前去与其会合。10日上午8点，特古卡索夫将军率领8个步兵营（包括24门大炮）、15支哥萨克中队和4支骑兵中队向围攻巴亚济德城的一支1.3万人的土耳其军队发起了进攻。经过8小时的炮击后，俄军击退了敌人，占领了控制该城的高地，还缴获了4门大炮及大量弹药和物资。土耳其军队则丢下自己的伤病员匆匆撤离了阵地。

8月19日，俄军从苏迪克拉村（Suediklar）向穆赫塔尔帕夏的右侧阵地进发，显然打算像以前一样重新侵入土耳其的亚洲地区。他们拆了帐篷，毁掉营地，做好了挺进土耳其的一切准备。俄军的兵力情况如下：40个步兵营、10支骑兵团及96门大炮。战斗于早上7点打响，俄军3个步兵师在36门大炮的支援和掩护下，向土耳其军队在纳希尔吉（Nakhirdji）固守的阵地发起进攻。该阵地由一座堡垒及其前方挖出的几条半圆形战壕构成。俄军指挥官没有像往常那样让士兵们暴露在敌人的火力之下。面对土耳其军队极具杀伤力的大炮，俄军指挥官显然不想让士兵成批去送死。穆赫塔尔帕夏在得到一个师的增援后，开始指挥土耳其军队慢慢向前突击。不久，土耳其步兵迅速冲向山下的俄军，但俄军撤了回去，并在午后停止了射击，将土耳其军队留在了山脚下。

很快，俄军另一个师又开始向土耳其军队的左翼阵地推进。穆赫塔尔帕夏立即下令从中路守军中派兵前去增援侯赛因帕夏镇守的左翼阵地。哈迪杰师（Haddij）已经占领山头，穆斯塔法·图菲克（Mustapha Tewfik）的两个师与雷希德帕夏的部队也被派去支援他。切夫克特（Chevket）帕夏则率领一个旅迂回到俄军后方，伺机发动进攻。与此同时，俄军正在穿越土耳其军队阵地前方的山谷，他们在掩护好自己的士兵和大炮的情况下迅速向前推进。驻守在战壕里的土耳其士兵向逼近的俄军猛烈开火。俄军士兵再次犹豫要不要进攻，尽管从他们的身后就可以隐约看到还有密密麻麻的队友隐藏在各种天然掩体中。到11点时，除中央阵地外，整条战线上的战斗同时打响，土耳其军队占据的左右两个山头遭到了猛烈的炮击。大约中午时分，就在俄军左翼停止射击时，土耳其军队左翼向俄军右翼发起了进攻，沙米尔（Schamyl）的儿子率领切尔克斯人逼向了俄军右翼。土耳其军队一边小心翼翼地向前推进，一边迅速向敌人开火，将他们从山脚下一直赶到了山谷对面。切尔克斯人屡屡发起冲锋，极大地打击了俄军的士

———

气。下午2点，土耳其军队右翼也向俄军发起了进攻。他们一路长驱直入，没有遇到任何抵抗，于是在友军炮火的支持和掩护下继续深入敌阵。不久之后，阵地最左侧的方向传来了大炮轰炸的声音，这说明切夫克特帕夏已经成功抵达俄军的后方。于是，土耳其军队开始了全线进攻。士兵们一边高喊着战斗口号，一边在确保自身安全的情况下向敌人逼近。切尔克斯人则继续向敌人发起一波又一波的冲锋。面对如此阵势，俄军迅速后撤，但并未乱了阵脚。他们已经无法再守住任何阵地。看到大批俄军步兵在撤退后，土耳其炮兵开始向他们猛烈开炮。俄军则在尽可能地全速撤退，却遭到了沙米尔的儿子和切夫克特帕夏部队的侵袭。6点，战斗结束。土耳其军队守住了阵地，俄军则有大约1000名士兵战死沙场。

25日拂晓，穆赫塔尔帕夏率领所有部队向洛里斯·梅里科夫将军驻守的阵地发起了进攻。此次交战之前，土耳其军队的阵地从阿尔帕奇河（Arpatchy River）上的古城阿尼（Ani，现在已成一片废墟）附近一直延伸到卡尔斯附近，土耳其军队的补给都是经卡尔斯要塞运送而来的。然而，土耳其军队主力部队将其左翼部署在了亚格尼山（Yaghny）的一条支脉上。在库鲁克达拉高原上，还有另外一座陡峭的孤山丘——红山（Kizil Tepe，或Red Hill）。这座山丘几乎位于土耳其军队阵地的正中心，洛里斯·梅利科夫将军所建的俄军司令部就在这里。红山上通常驻守有俄军的一个营，配有4门野战炮，因此人们认为该阵地几乎坚不可摧。它居高临下，可以控制周边的平地和洼地，因而成了兵家必争之地，尤其受驻扎在巴什克拉德尼克拉尔军队的重视——该营地距红山北坡只有大约2英里，完全处于其大炮的攻击范围内。

土耳其军队选择在一个明月夜向俄军发起进攻，因为山脉和平原几乎和白天一样清晰可见。8月25日凌晨两三点，一支由大约7000名土耳其士兵组成的队伍趁着皎洁的月光，悄无声息地穿过了黑暗的深谷，在俄军巡逻队毫无知觉的情况下抵达了红山脚下。他们在这里稍做部署后，便突然冲向了驻扎在山顶上的8个俄军连队，同时高喊着"安拉，安拉！"的战斗口号。俄军士兵虽然有些震惊，但并没有退让半步，而是勇敢地与土耳其士兵展开了激战。很快，数百名几秒钟前还端着步枪猛冲的土耳其士兵就躺倒在地，再也站不起来了。然而，冲上来的土耳其士兵越来越多，从两侧包围了俄国守军，并可能对他们形成合围。见此情景，俄军被迫撤向巴什克拉德尼克拉尔的营地，同时成功拖走了他们的4门野战炮。他们在撤退的同时还向其他友军发出了警报。不久就有俄军步兵和骑兵火速赶来救援，并英勇无畏地冲向了山头，意图夺回刚刚丢掉的阵地。然而，俄军虽作战勇猛，却终因寡不敌众，一再被敌军击退。犹如蜂巢一样的山头上挤满了密密麻麻的土耳其士兵；俄军如果继续战斗，就会无一生还，此时，驻扎在库鲁克达拉的俄军主力也被吵醒了。各营、中队与炮兵连，以及弹药队和医疗队集结起来，排成几列纵队，匆匆赶赴战场。很快，红山从上到下被两圈战火和硝烟包围。在岩石堡垒般的山顶上，土耳其士兵人头攒动，在对面山坡的掩护下，用步枪向峡谷里不停地射击。俄军第比利斯团虽然在奋勇穿越峡谷，但未能重新夺回失去的阵地，因为峡谷那边的岩石山坡非常陡峭，夺回阵地的任务几乎无法完成。在土耳其人的队伍中，可以看到一位头戴头巾、身着飘逸长袍的伊玛目。他正在虔诚的穆斯林士兵面前高举双手比画着什么，同时激励他们抵抗俄军的进攻。在战场的其他一些地方，同样可以看到阿訇站在队伍的最前面，用狂热的宗教语言激励胆怯的新兵英勇作战。其中一名阿訇当场中弹而亡。

土耳其军队显然是想通过一次总攻来彻底击溃战斗力大减的对手，因而动用了一切可以想象得到的手段确保最终获胜。几十个营和数以千计的非正规骑兵从山上蜂拥而下，立即投入战斗。从古城阿尼附近到卡巴克山（Kaback Tepe，靠近通往卡尔斯的公路）这一整条长达12英里的战线上，到处都是穆斯林士兵。土耳其军队的3个营和一大队骑兵出现在位于亚格尼山右侧2英里的一座山峰上，企图包抄俄军，然后夺取他们在库鲁克达拉的营地。然而，当俄军由步兵营、骑兵中队和炮兵团组成的联合纵队做好了充分准备，离开营地迎战时，土耳其军队的整体推进就被彻底遏制住了。俄军的战线部署情况如下：位于最左侧的是两个龙骑兵团，然后是德维尔（Devel）将军师部剩下的一个旅；紧挨着的中心阵线是科马洛夫上校指挥的5个英勇的营（他们自攻打阿尔达汉开始就屡经磨难），与他们紧挨着的是面向亚格尼山的掷弹兵师（一个旅投入战斗，另一个旅作后备）；最右边的阵地由3个高加索正规哥萨克骑兵团及其马炮团把守。此外，保护俄军营地的还有许多部队。因为俄军原来各参战部队驻地之间距离较远，所以将所有部队调集到一起抗击土耳其军队花了好几小时的时间，而在此期间，俄军在巴什克拉德尼克拉尔的营地被土耳其军队冲散了。数以千计的马车和手推车将俄军的帐篷和行李辎重等运往库鲁克达拉的营地。在炮兵猛烈炮火的掩护下，俄军步兵向红山发起了数次冲锋，试图重新夺回这一阵地，但均被站在岩石后并肩作战的土耳其守军击退。突然，在俄军最后一次进攻（有两座炮台的大炮在掩护和助攻）后不久，红山顶上升起了浓浓白烟。随后，一道长长的火焰腾空而起，大量马车碎片、士兵和战马的残肢四散飞舞着冲上了云霄。这明显是俄军发射的炮弹引爆了土耳其

土耳其骑兵在卡塞尔耶沃战役中的最后冲锋

军队的弹药库或火药车。不久之后，随着一个又一个团的土耳其士兵相继抵达前线，主要战火逐渐从俄军左翼转移到了中央阵地。显然，今天在亚格尼山前中央阵地上的战斗将决定双方的胜负，因为从双方目前的阵地位置来看，只有土耳其军队有机会逼近俄军营地——俄军营地处于一片开阔地带，周围没有任何天然屏障。然而，就在那里的散兵还没有完全就位，没有加入向敌军发射炮弹的行列之前，中央阵地上科马洛夫上校的一个旅就已经与敌军展开了激烈的步兵战。俄军逐渐控制了局面，将土耳其士兵赶向了平地和坑洼地带，一路将他们追击到阿拉贾（Aladja）山脚下宽阔的苏巴坦（Soubatan）峡谷。在这个对面布满战壕和炮台的峡谷里，战斗停了下来。若不是科马洛夫上校接到了禁止再向前追击的命令，穆赫塔尔帕夏的营地极有可能落入俄军之手。土耳其军队丧失了斗志，停止了进攻，狼狈地向后撤退。阵亡士兵躺满了山谷，幸存士兵则暗自庆幸走出了俄军的步枪射程。出于不同目的，双方按下了暂停键，于下午1点半结束了战斗。

就在中央阵地的战斗进行得如火如荼时，俄军的掷弹兵师也与土耳其军队展开了激战。在一阵精准的炮弹和榴霰弹轰炸之后，交战双方在绵延2英里的战线上展开了持续不断的步枪射击战。硝烟就像清晨的薄雾一样，飘散在交战双方阵地的上空，让他们的射击失去了准头。显然，土耳其军队派出的是精锐部队——几个阿拉伯营。他们已经习惯了在任何战场上都顽强作战，这次也不例外，无疑称得上是苏丹的最佳部队。他们尽管人数众多，表现得也很勇敢，但在不到一小时的激战中最终失去了自己的阵地，被迫退至亚格尼山脚下的掩体后和战壕里。由于缺乏食物和水，再加上像烧红的烙铁一样的太阳在头顶上炙烤了一整天，战斗双方早已疲惫不堪，现在看到他们终于被中间的山丘隔开了，反倒非常开心。步兵们因酷热和连续作战而精疲力竭，不得不停下来稍事休息，而此时的大炮仍在整条战线上轰鸣着，不断向对方的阵地发射着炮弹，只是火力比上午小了很多。最后，土耳其军队3个新的非正规营和1000多名骑兵从其左边阵地的卡巴克山上冲了下来，试图包抄驻守在库鲁克达的俄军。这些疯狂的非正规军骑兵身着奇装异服，一路疾驰而下，结果意外发现有3个高加索哥萨克团挡在了他们的面前。这些哥萨克士兵排成不同队列，静静地站在山谷中，队伍的中间是两个马炮兵连。巴什波祖克骑兵见到这种阵势后，慌忙停下来，端起枪就向敌人射击。在看到敌人甚至没有还击后，他们马上调转方向，全速返回，向等待进攻的同伴传达了一个令人沮丧的消息：夺取库鲁克达拉俄军营地的时机还不成熟。显然，他们判断自己不是俄军骑兵的对手。因此，他们又以骑兵中队的形式集合起来，认为谨慎的做法是在隐蔽炮台的掩护下，坐等敌人前来进攻。俄军的哥萨克团也非常警觉，认为如果盲目发动进攻，很有可能会落入敌人炮兵和步兵的埋伏圈，因而没有主动进攻。因此，下午4点，整条战线上的战斗按照战斗开始时的先后顺序从俄军的左侧阵地到右侧阵地逐渐停了下来。但这样的结果并非好事。俄军虽然以极强的战斗力和非凡的勇气击退了土耳其军队发起的总攻，在战场上与敌人僵持了4个小时后成功地将敌人赶出了他们的阵地，但始终无法从土耳其军队手中夺回最主要的据点——红山。穆赫塔尔帕夏则充分地利用红山的有利地形，在第二天将土耳其军队的整个营地转移到了平原上。这样一来，士兵们就不用像在山上那样遭受夜间寒风的侵袭了。在这里，土耳其军队又开始了其一贯的做法，修筑各种防

埋伏在训练有素的战马后的哥萨克士兵

御工事，尽可能地加固自己的营地。此外，营地的两侧分别有红山和亚格尼山作为天然屏障。土耳其军队投入战斗的兵力包括 30 个步兵营、8000 名非正规军骑兵及 60 门大炮。俄军在人数上则略逊一筹。

在 8 月的剩余时间和整个 9 月里，俄土双方在亚洲战场上都没再采取重大的军事行动，彼此间只发生过零星的冲突。

土耳其军队增强了其左翼的兵力，占领了卡尔斯河上的帕尔吉特（Parget）。10 月 1 日，两军在阿尔帕柴（Arpa Chai）附近发生了一次小规模战斗，以俄军大败收场。一场大战的序幕随即拉开了。10 月 2 日，俄军试图切断土耳其军队与卡尔斯的联系，于破晓时分攻占了大亚格尼山（Great Yaghni Dagh），但未能攻下小亚格尼山。不过，他们还攻占了卡尔斯河上的帕尔吉特和阿克查卡拉（Akchakala），而土耳其军队的右翼不仅抵抗住了俄军的进攻，还将他们一路赶回了阿尔帕柴。在这次战斗中，俄军共伤亡 69 名军官和 3000 名士兵。第二天，俄军左翼几乎没有发生战事，但将士们仍严阵以待。星期四，战斗再次打响。由于缺水，俄军在夜里主动从大亚格尼山上的阵地撤离。土耳其军队攻向了俄军的中心阵地，但被击退了。星期五，双方都没有采取任何重要的行动，但俄军晚上从卡尔斯河上的帕尔吉特撤走了其大部分兵力，只留下了一支由 6 个营组成的先遣部队。

星期六，双方相对平静，没有重要的战事发生。星期天，即 10 月 14 日，拉扎罗夫（Lazaroff）将军的纵队为了对土耳其军队形成包抄之势，攻占了奥尔洛克（Orlok）高地，迫使那里的土耳其军队向卡尔斯和维津科伊（Vizinkoi）方向撤退。鉴于土耳其军队的部分兵力在这次战斗中已经转移，俄军决定对艾哈迈德·穆赫塔尔帕夏的阵地发动总攻，而攻打埃夫利亚斯（Evlias）的坚固山头将是最关键的一役。因此，星期一上午，俄军在一阵精准的大炮轰炸之后，向土耳其军队阵地发起了总攻。下午，海曼（Heimann）将军率领埃里温团、格鲁森团（Grusien）、皮亚提戈尔斯克团（Pjatigorsk）和一个步兵营向埃夫利亚斯山发起猛攻，并成功占领了该山头。这样一来，艾哈迈德·穆赫塔尔帕夏的土耳其军队就被切断了联系，一分为二。向卡尔斯方向撤退的土耳其军队遭到了拉扎罗夫将军所率部队的痛击，随后又被海曼将军的部队一路追击。下午5点，这支土耳其军队已被彻底击溃，伤亡人员不计其数，数千名士兵做了俘虏，4门大炮落入了俄军之手。与此同时，留在土耳其军队右翼的3个师也被完全包围，并被赶出了在阿拉贾山（Aladja）上的阵地。晚上8点，由于伤亡惨重，这支土耳其军队被迫投降。在众多被俘人员中，有7名帕夏。此外，俄军还缴获了32门大炮和大量物资。这次惨败后，穆赫塔尔帕夏将部分兵力留在卡尔斯，之后率余部撤向了埃尔祖鲁姆。

15日的战斗结束后，俄军主力越过维津科伊和奥尔洛克高地，没有攻打右面的卡尔斯，而是向马迪卡尔（Madikars）、萨利卡米什（Sarykamish）和马兹卡（Mazca）的土耳其军队阵地发起了进攻。14日，伊斯梅尔帕夏率领27个营向特古卡索夫将军的阵地发动进攻，意图夺取查法利村（Chafaly），但最终被击退，被迫回到了自己的阵地上。16日晚，伊斯梅尔帕夏率军撤离了在山脚下的阵地，但在撤离的过程中遭到了特古卡索夫将军部队的追击。18日，特古卡索夫将军率军攻占了先前由土耳其军队占领的萨拉（Sara）高地。不过，伊斯梅尔帕夏随后成功与穆赫塔尔帕夏会合。穆赫塔尔帕夏虽然兵力大减，但仍占据着位于卡尔斯和埃尔祖鲁姆之间山路上的泽温（Zewin）这个防御良好的阵地。11月4日，俄土两军在埃尔祖鲁姆附近的戴夫博云（Deve-

Boyun）相遇，随即发生了激战。穆赫塔尔帕夏被击溃后，退到埃尔祖鲁姆，却在那里被俄军严严实实地围困了起来。

阿拉贾山战役结束后不久，俄军便开始向卡尔斯发起围攻。土耳其军队试图从该城的东南方向突围，但被击退了。俄军乘胜加紧围攻，步步紧逼，最终抓住战机向土耳其军队发起了总攻，一举攻占了卡尔斯城。

总攻于11月18日（星期天）开始。经过12小时的激战后，大约1.5万名俄军士兵爬上陡峭的岩石，翻过防御土墙，突破城墙，成功攻占卡尔斯城，迎头痛击与他们数量相当、负隅顽抗的土耳其军队。土耳其士兵要么被击毙，要么被迫缴械投降。原定于13日的攻城战由于天气原因被推迟到了18日。俄军主要对南面的堡垒发动了猛攻。拉扎罗夫将军指挥俄军右翼攻打驻守在一处陡峭岩石高地上的哈菲兹帕夏部。格拉贝（Grabbe）伯爵率领一个俄军掷弹兵团攻打中央的坎利-塔比亚、3座塔楼和主城堡。阿达汉旅和另一个俄军掷弹兵团分别在罗普（Roop）和科马洛夫将军的率领下组成左翼，攻打北面的英格利斯堡（Fort Inglis）。

实际上，对土耳其军队中央阵地的进攻从11月17日（星期六）晚上8点就开始了。科拉特·格拉贝伯爵在率部第一次向坎利-塔比亚堡发动进攻时就中弹阵亡了。晚上11点，第三十九团的克瓦德米奇（Kwadmicki）上尉第一个冲进了堡垒。他手中的宝剑在与敌人拼杀时都被击飞了，衣服也被刺得破破烂烂。次日清晨，坎利-塔比亚堡向俄军投降，3座塔楼也几乎在同一时间投降。

土耳其军队的大本营绥瓦里堡和哈菲兹帕夏堡均被攻克。星期天上午，拉扎罗夫将军的部队甚至攻占了卡拉达格堡（Fort Kara Dagh）。其他要塞，特别是东面的阿拉伯-塔比亚堡（Arab-Tabia）和西面的托哈克莫克-塔比亚堡（Tohakmok-Tabia），一直顽强地抵抗到8点。然后，得以逃脱的守军士兵都向埃尔祖鲁姆方向逃去了，但不久便被龙骑兵和哥萨克人追上，押回来做了俘虏。

卡尔斯这座要塞及300门大炮、大量物资、武器弹药、现金等全部落入了俄军之手。在这次战斗中，土耳其军队有5000名士兵伤亡，1万名士兵被俘，众多士兵投降。俄军大约伤亡2700人。俄军士兵只缴获了少量战利品，放过了安分守己的市民和妇孺。洛里斯·梅利科夫将军指挥了白天的战斗，迈克尔大公也在现场督战。星期天上午11点，洛里斯·梅利科夫将军进入了卡尔斯城。

第 **33** 章
古尔科纵队在索非亚附近
穿越巴尔干山脉

The
Passage
Of
The
Balkans
Near
Sophia
By
Gourko's
Column

普列文的沦陷对土耳其军队而言无疑是一场巨大的灾难，因为他们不仅失去了最精锐的部队，还可能失去了一些最优秀的将领。但即便如此，土耳其军队也绝不像人们普遍认为的那样，再也无力阻挡俄军的攻势。土耳其军队还远未走到穷途末路的地步，在周边地区仍有10万人的兵力：希普卡山口有3万人的兵力，索非亚和阿拉巴-科纳克（Araba-Konak）山口附近有2万人的兵力，君士坦丁堡也有1.5万人的兵力。此外，他们在亚洲还有一定规模的后备军。尽管目前和整个战役期间土耳其军队都缺少重型火炮，但他们的轻型武器和弹药供应充足。土耳其拥有富饶的土地，尽管战争破坏了马利察河谷的大量良田，但土耳其军队的粮草完全能得到保障。俄军兵力是土耳其军队的两倍，对战争充满了必胜的信心，但他们想要从普鲁特河赶到巴尔干半岛，就需要经历500英里的长途跋涉，而他们的必经路线也被多瑙河一分为二——浮冰把河上所有的桥梁都冲毁了。此外，俄军还需翻越一连串崎岖不平的山脉。当时正值12月中旬，已经下了很多雪，预计后续会有更多雪天。保加利亚的冬天经常会出现10华氏度的低温。俄军只有两条较好的行军路线，即西斯托瓦至希普卡和普列文至索非亚的公路，而其余道路都已泥泞不堪。土耳其军队只要有一位领袖，一位像穆拉德一世、征服者穆罕默德或苏莱曼大帝的伟大领袖，就完全可以利用这些给俄军造成不便的自然条件抵消与俄军在兵力上的差距。但不幸的是，自16世纪以来，土耳其再没出现过如此杰出的领袖。现在，土耳其军队总司令就是那个八九月间在希普卡战斗中损失了1.5万人的苏莱曼帕夏。最近，他率领的土耳其军队在洛姆河的战绩同样令人不忍直视。后来，他又被苏丹匆忙召回，于12月19日返回君士坦丁堡，接受苏丹任命，担任土耳其军队在鲁梅利亚的总指挥，主要负责巴尔干山脉沿线的防御。在洛姆河执行任务的土耳其军队，除一部分被安置在拉兹格勒（Razgrad）和奥斯曼巴扎尔的前哨要塞外，其余兵力则经艾多斯（Aidos）和斯利夫诺（Slivno）迅速撤回了巴尔干山脉以南。此外，土耳其在阿德里安堡积极修建大规模的防御工事，并努力从亚洲组织征募大批新兵。

一般认为，如果在一条很长的防线（比如长长的山脉或大河）上分散部署相对孤立的部队，那么这样的防守部队即使兵力再强，也很难防守成功，因为敌人一旦调集多处的优势兵力集中向该防线上的某一处阵地发起围攻，就会在其他部队赶来救援之前击溃该阵地的守军。所有军事作家都一致认为，防御这样一条很长的战线的正确做法是，在各个关卡部署小分队放哨，而将守军的主力部队部署在后方的某个中心位置。一旦敌人真正的进攻方向明确后，守军主力就可以从中心位置出发，在敌人的部队尚未全部越过山脉或河流之前痛击其先头部队。阿德里安堡本身就是一处易守难攻的坚固阵地，现在周边又有许多防御工事正在修建，从这里可以通过公路前往索非亚、希普卡、斯利夫诺和艾多斯，而通过铁路便可3天之内到达索非亚，两天到达希普卡，一天到达斯利夫诺。但苏莱曼帕夏并未将大部队部署在阿德里安堡，而是做了一件史无前例的蠢事，即在整条山脉防线上部署了相互孤立的部队。他在阿德里安堡只留有一支不到1万人的队伍，却将希普卡和索非亚周边的驻军分别增加至4万人，并且是将2.5万人部署在阿拉巴-科纳克山口，1.5万人部署在索非亚。当率领另外2万多人赶往索非亚救援时，他在菲利波波利附近遇到了从阿拉巴-科纳克全线撤退的土耳其军队。会合后的土耳其军队在那里被俄军击溃，被迫翻越罗多彼山脉，向爱琴海方向逃亡。

　　将索非亚山谷与马利察山谷分隔开的山系与巴尔干的主要山系一样峻崎，宽阔的马利察山谷实际上完全处于群山环绕之中。如果土耳其能有一位将军像拿破仑在1814年战争中所做的那样，在该山谷集结约15万人的兵力，利用山谷内的交通，快速击溃一支入侵的敌军纵队，转而击溃另一支分散在较远处入侵的敌军纵队，最后再退守至防御坚固的阿德里安堡，并将其打造成像普列文那样的防守重镇，那么俄土战争至少可以延长到第二年夏天，而作为军事大国的土耳其也不会在1878年轰然倒下。不过，如此快速的调兵遣将需要有一支优秀的正规骑兵报信，好让指挥官随时了解敌军动向。但遗憾的是，和缺少优秀的将领及其他军需品一样，土耳其军队也缺少一支优秀的骑兵。

　　现在让我们将目光转向俄军方面。普列文的沦陷解放了俄军11万人的兵力，其中2.5万名罗马尼亚将士将留守多瑙河沿岸。但在普列文沦陷后，塞尔维亚立即向土耳其宣战，并派出了兵力相当的队伍参战。除较小的盟军外，俄军共有8个半师，即第四师、第九师和掷弹兵团、近卫军第三师、前线第二师和第三步枪旅。这些队伍均可立即作战。那么，俄军应该采取怎样的作战计划呢？

　　托德莱宾（Todleben）将军认为，土耳其军队自然会将重兵集结在阿德里安堡附近，而俄军即使穿过了巴尔干山脉，也只能在寒冬季节望而却步；再加上背后连绵起伏的山脉，俄军的军需补给不可能维持太久。因此，他建议俄军采取谨慎的军事行动，即先将部队驻扎在巴尔干山脉以北山脚下各主要道路的冬季营地，然后调集大批兵力前往鲁斯丘克，对其频繁围攻。在冬季，俄军可以先攻下鲁斯丘克；待春季来临，部队休整好，并且后方有了铁路保障物资运输后，他们就可以翻越巴尔干山脉，彻底粉碎该山脉与君士坦丁堡之间所有土耳其人的抵抗。

然而，在攻陷普列文之前的一段时间里，尼古拉大公已经下定决心要在冬季穿越巴尔干山脉，而不顾严寒季节、道路不畅和补给不足等因素带来的种种困难，尽管这个想法并未得到除古尔科和斯科别列夫将军以外的其他将领的强烈支持。与所有战争一样，在这场战争中，纯粹的军事战略必须服从于更高的政治考量，而从政治方面考虑，俄军极有必要迅速向前推进，因为如果将行动推迟到来年春天，土耳其军队就有时间重整旗鼓，并且更重要的是，整个战局就有可能因受到极其复杂的外交因素的影响而发生改变，包括在无法达成和谈的情况下，英国可能会成为土耳其的盟友。因此，尼古拉大公决定不惜一切代价在土耳其军队尚未得到休整之前发动进攻。

于是在普列文沦陷后，尼古拉大公立即下令将第九师和近卫军第三师派往奥尔哈尼，将第四师和第三步兵旅派往希普卡，命令第二师取道洛夫查和蒂尔诺瓦奔赴鲁斯丘克，命令掷弹兵师待在希普卡后方作为后备部队。在这种情况下，古尔科纵队有84个营（6.5万人），希普卡的拉德茨基纵队有74个营（5.6万人），皇太子纵队有72个营（5.5万人），每支纵队都配有骑兵和炮兵。第三师将从洛夫查出发，越过特洛伊山口，与古尔科纵队会合。此外，还有部署在蒂尔诺瓦城前的第十一师和部署在多布罗加的图拉真长城沿线由齐默尔曼率领的第十四师作后备部队。

古尔科纵队的任务是在阿拉巴-科纳克山口击败土耳其军队，夺取索非亚，然后沿古罗马大道从索非亚经菲利波波利斯向阿德里安堡挺进；拉德茨基纵队的任务是在希普卡山口击败土耳其军队，然后越过该山口向前挺进，与古尔科纵队在阿德里安堡前会师，而皇太子纵队的任务是指挥所有留在巴尔干山脉北部的部队，在首席工程师托德莱宾将军的协助下，保护俄军的通信和交通免遭来自周边土耳其人的破坏，并继续执行围攻鲁斯丘克的计划。冬季战役开始时俄军部署情况如下表所示。

◆冬季战役开始时俄军部署情况

指挥官	古尔科			拉德茨基		
军	近卫军	第九军		第八军	第四军	
步兵师	第一步兵师一部分	第五步兵师	第三步兵师一部分[1]	第九步兵师	第十六步兵师	第二十四步兵师
	第二步兵师一部分	第八十一步兵师		第十四步兵师	第三十步兵师	
	第三步兵师一部分					
步枪旅	第一步枪旅			保加利亚步枪旅	第三步枪旅	
					第四步枪旅	
骑兵师	第二骑兵师	第四骑兵师，由高加索哥萨克骑兵和顿河哥萨克骑兵组成			第一骑兵师	
总计	84.5 个营 =65000 人 54 个中队 =6000 人 256 门步兵火炮 =9000 人 24 门骑兵火炮 =1000 人 小计 81000 人			74 个营 =56000 人 18 个中队 =2000 人 240 门步兵火炮 =7500 人 12 门骑兵火炮 =500 人 小计 66000 人		

备注 1：第十一团、第十二团及第十团的一个半营。

◆续 表

指挥官	皇太子			齐默尔曼、加涅茨基、戴林鲍森与卡佐夫				塞米卡 [6]	
军	第十二军	第十三军		第十四军	掷弹兵军	第十一军		第七军	第十军
步兵师	第十二步兵师	第一步兵师一部分	第三十二步兵师	第十七步兵师	第二步兵师	第十一步兵师	第八步兵师一部分 [5]	第十五步兵师	第十三步兵师
	第三十三步兵师	第三十五步兵师	第二步兵师一部分	第十八步兵师	第三步兵师一部分	第二十六步兵师		第八十六步兵师	第八十四步兵师
步枪旅	……			……				……	
骑兵师	第十二骑兵师	第八骑兵师, 由顿河哥萨克骑兵组成 [2]	第一哥萨克骑兵师	第十一骑兵师	第九骑兵师, 由顿河哥萨克骑兵组成 [4]		第七骑兵师一部分 [7]	第十骑兵师	
			第七骑兵师一部分 [3]	第十三骑兵师					
总计	72 个营 =54500 人 60 个中队 =6500 人 288 门步兵火炮 =9000 人 36 门骑兵火炮 =1500 人 小计 71500 人			76.5 个营 =58000 人 92 个中队 =10000 人 320 门步兵火炮 =10000 人 60 门骑兵火炮 =2500 人 小计 80500 人				48 个营 =40000 人 28 个中队 =8000 人 192 门步兵火炮 =6000 人 18 门骑兵火炮 =1900 人 小计 55900 人	

备注 2: 该师由顿河哥萨克骑兵第三十一团、第八十六团、第八十七团和第三十九团组成, 于 1 月中旬在斯科别列夫将军的指挥下, 从希普卡山口越过巴尔干山脉, 在菲尔波波利与古尔科将军的部队会合。

备注 3: 只有一个旅。

备注 4: 一个旅, 该旅由第二十四团和团三十团组成。

备注 5: 一个团 (第九团) 和半个团 (第十团的一半), 总共四个半营。

备注 6: 由该军官指挥的部队组成了"海岸军", 大部分驻扎在敖德萨, 在克里米亚和多瑙河下游有分遣队。

备注 7: 只有一个旅。

普列文于 12 月 10 日沦陷后, 被安排增援古尔科纵队的部队开始了如下行军计划: 14 日近卫军第三师出发, 16 日第九师出发。在此之前, 天空一直阴雨绵绵, 偶尔还有雪花飘落, 所以行军的道路状况非常糟糕。18 日起, 巴尔干地区正式进入了冬季, 天气已相当寒冷。随

俄军运输车队受阻

着冬季来临，一场暴风雪持续了5天，其间几乎没有间断过。19日和20日夜间，气温更是降到了3华氏度。随后，道路上便交替出现了光滑的冰面和直径达10英寸的冰冻泥块，其坚硬程度甚至足以抵挡火炮车轮的碾压。所有马匹的马蹄铁都没有尖钉，补给马车的草原小马干脆都没有上蹄铁。结果，每到一个山头，马车都需要士兵用手推上去。

就是在如此困难的条件下，各增援部队从普列文一路行军75英里，于12月20日至23日陆续抵达了奥尔哈尼。

古尔科将军的兵力约为6.5万名步兵、6000名骑兵及280门各种型号的火炮。

与他对阵的土耳其军队总共约有3.5万名步兵、约2000名正规骑兵、众多巴什波祖克及约40门火炮。其兵力部署情况如下：香达尼克（Shandarnik）和阿拉巴–科纳克阵地有2.5万人和15门火炮，因为那里是公路穿越山脉的必经之地；卢蒂科瓦（Lutikova）和斯拉蒂扎（Slatitza）均有5000人和4门火炮；索非亚有1万人和15门火炮。

古尔科的作战计划是，利用兵力优势在每个阵地前留下一小部分驻军，然后调集一支强大的纵队翻越巴尔干山脉，沿公路向土耳其军队主阵地的左翼发动进攻；另外派遣两支规模较小的纵队在主力纵队的两翼行军，以保护主力纵队免遭来自索非亚、卢蒂科瓦或斯拉蒂扎的土耳其军队的攻击。为此，古尔科将81个半营（其中3个营驻扎在弗拉扎）分成了九路纵队，并为他们配备了130门步兵大炮和20门骑兵大炮，其余炮兵则作为预备部队待命。士兵们接到命令，往行军背包里装满了硬面包和牛羊肉，以保证25日至30日的口粮。九路纵队的情况分别如下：

第33章
古尔科纵队在索非亚附近穿越巴尔干山脉

————

1.部署在卢蒂科瓦公路上的希尔德－舒尔德纳纵队共有9个营、32门步兵大炮、7支骑兵中队和6门骑兵大炮。

2.部署在公路以西高地上的舒瓦洛夫伯爵纵队共有12个营和24门步兵大炮。

3.驻扎在公路以东的奥尔登堡亲王纵队共有8个营和28门火炮。

4.部署在斯拉蒂扎前方的布洛克少将纵队共有5个营、2支骑兵中队和2门火炮。

上述4支纵队的兵力不到总兵力的一半,听命于克里德纳将军,主要任务为坚守阵地,观察敌情,轰炸土耳其军队阵地,并在敌军撤退时进行追击。

负责进攻的主力部队由3路纵队组成,在工兵开路后,首尾相连向敌军阵地挺进,分别是:

5.尤奇(Eauch)少将率领的先头部队共有13个营和11支骑兵中队,以及16门步兵大炮和4门骑兵大炮,计划于12月25日凌晨5点从亚拉奇(Yratches)出发,翻越山脉,然后在库里亚克(Curiak)停留至26日凌晨4点,再突进至埃莱兹尼察(Eleznitza),占据马林内(Malinne)公路边上的阵地。

6."第一编队"共有8个营、16门火炮和5支骑兵中队,按计划紧跟先头部队,于12月26日在拉兹达尼(Razdanie)占据左侧阵地。

7."第二编队"共有10个营及8门火炮,紧跟第一编队,按计划于12月26日在斯托尔尼克(Stolnik)占据阵地,作为第一编队的后备军。这两个"编队"组成近卫军第三师，由卡塔利（Kataley）中将负责指挥。

为了保护主力纵队右翼——

8.威廉米诺夫（Wilhelminof）中将率领一支由6个营和16支骑兵中队，以及8门步兵大炮和8门骑兵大炮组成的纵队从一条古道翻越乌玛加斯山（Umargas），于26日进入齐拉瓦（Zilava）后迅速进入防御阵地，阻挡可能从索非亚或卢蒂科瓦赶来的敌军。如果先头部队在埃莱兹尼察受阻（土耳其军队在那里部署了一两个营），就从后方向土耳其军队发动进攻。

9. 丹德维尔（Dandeville）少将指挥的由9个营和6支骑兵中队，以及8门火炮和6门骑兵大炮组成的纵队从埃特罗波尔（Etropol）出发，翻越巴巴山（Baba），封锁土耳其军队右翼及后方，并于26日进入卡马利（Kamarlee）平原。

一旦进入索非亚和卡马利平原，俄军各路纵队的骑兵就可以向菲利波波利和其他要道迅速前进，一边侦察敌情一边切断敌军的电报线路。

12月23日命令的主要内容如上所述。根据该命令，主力纵队的31个营和16个骑兵中队应该携带44门火炮于36小时内行军32英里，并翻越一座海拔1800英尺的山。所有这些军事部署都是根据工兵营营长的报告做出的。报告称这条道路适合运输火炮，这一观点也得到了俄军总指挥的认同——他曾亲自走过这条道路。不过，他们过于乐观了。即使是路况最好的地方坡度也达到了16度，最差的地方甚至高达33度，并且弯道半径仅有10码。不仅如此，整条道路的路面还覆盖着半冻的冰雪或霜冻的泥土。

———

结果俄军发现，马匹在这样的行军路线上根本发挥不了作用。于是，他们被迫从马车上卸下了武器弹药，改为人力搬运。士兵们将绳索系在马车和火炮上，由100名到150名士兵前拉后推着大炮和弹药箱前行。第一门火炮于12月26日上午运抵山顶，而最后一门则在30日才运达。

为了下南坡（那里的积雪每天下午融化，晚上又冻成光滑的冰面），士兵们在马车两侧各系了两根缰绳，其中每侧一根的另一端要固定在道路上。先将两侧绳索中的各一根从前面道路边的树桩或灌木绕一圈固定好后，再松开另外两根绳索，让马车慢慢向前滑行至前面两根固定绳索完全伸展的地方，然后重复上述的操作。有士兵尝试只用两根绳索往下放马车，但失败了，因为在陡峭的冰坡上，如果不借助戳在地上的棍子或灌木的帮助，他们根本无法站立。通过这种方法转运物资虽然偶有绳子松动的情况，但物资大多会被树桩挡住。只发生过一起因绳索断裂而造成的严重事故，导致1人死亡、3人重伤。在整个转运过程中，没有一辆马车丢失或损毁。

士兵们一天12小时都在拖运大炮，休息时就睡在没有帐篷和毯子的雪地上，饿了就靠坚硬的饼干和肉干充饥——肉干还不一定总能吃到，每次只能吃个半饱。他们的耐力和意志是何等强大啊！从地图上看，工兵开辟的道路通向了下面的一条山谷。这条山谷的谷口距土耳其军队位于阿拉巴-科纳克的阵地左翼已经不远了。士兵们沿着山谷一路向西行进，在到达库里亚克后，再向南拐，前行2英里后再次拐向西边，一路前行经过波托普（Potop），再到达埃莱兹尼察，最终向南进入了索非亚平原。山顶和库里亚克山谷之间的大部分道路都被驻守在香达尼克阵地上的土耳其军队监视着。此外，土耳其军队还在波托普和埃莱兹尼察部署了一两个营的兵力，其前哨阵地就位于山谷拐弯处的山顶上，可俯瞰库里亚克和波托普。

近卫军第一师第一团，即普列奥布拉任斯基团（Preobrazhensky Regiment）打头阵，并于24日夜间越过山脊，抵达了库里亚克。25日晚，高加索的哥萨克骑兵越过了山脊；27日凌晨，波赫（Pauch）纵队的科兹洛夫团（Kozloff，即第一百二十三团）也带着4门火炮翻过了山脊。第一百二十三团将一个营留在山谷，驻扎在公路谷口处的高地上；其他两个营则穿越库里亚克，翻过山谷和波托普之间的山脉，还在波托普与一支土耳其军队交火，并将他们赶回了索非亚平原。

27日中午时分，普列奥布拉任斯基团攻占了库里亚克前面的山头，这里曾是土耳其军队的前哨阵地。然后，该团连夜行军，攻占了尼亚杰索沃村（Nyagesovo）左侧（东边）的阵地，并对那里加强了防御，与土耳其军队在塔斯克森（Taskosen）的阵地隔谷相望。高加索的哥萨克骑兵则进入塔斯克森山谷，切断了这里与索非亚之间的通信线路，并截获了一列从索非亚开往阿拉巴-科纳克的、共200多节车厢的运粮货车。在接下来的两天里，士兵们都忙着拖运火炮。与此同时，右翼的威廉米诺夫纵队在浪费了两天时间发现原行军路线仍无法通行的情况下，又找到了一条新路线，并通过该路线将火炮运到了库里亚克，但他们付出的艰辛一点都不比主力纵队少，甚至更多。左翼的丹德维尔纵队成功翻越了山顶，但在下山途中遭遇了可怕的暴风雪，致使相当一部分火炮被埋在了大雪堆里。这种情况下再行军是不可能的了，他们历尽千辛万苦，于12月29日返回了埃特罗波尔。其间，53名士兵被冻死，810名士兵因受冻而落下了终身残疾。

不过，主力纵队取得了很大的进展。30日，所有火炮及零部件都已运抵库里亚克山谷，并且组装完毕。同一天，土耳其军队放弃了在卢蒂科瓦公路上的阵地，扔下4门火炮，逃向了索非亚。其殿后部队在逃亡途中被高加索哥萨克骑兵一路追杀，略有伤亡。随后，俄军又制订了31日的作战计划。

索非亚平原是一片略微倾斜的椭圆形地带，长约25英里，宽约10英里，四周有海拔为1500英尺到2500英尺的群山环绕。索非亚市就位于这片平原的西南角。普列文公路在离开索非亚市后，沿平原的东侧延伸，经过小巴尔干山脉的一条支脉，继续向北延伸，穿过马林内村和拉兹达尼村，通向达尼亚杰索沃。这条支脉的另一侧是一片直径约3英里的草地，其东边的界线就是巴尔干山脉向南延伸的支脉。公路在塔斯克森村附近越过这一南延支脉后，便下坡进入了第二片直径约为5英里的草地——卡马利平原。这里是土耳其后备军的主要营地，也是其储备物资弹药的地方。该平原的北面是一道陡然升起的山脊，土耳其军队的阵地就设在上面的阿拉巴-科纳克山口。平原东南面的道路通往斯拉蒂扎，还可通往菲利波波利公路边上的佩特里切沃（Petricevo）和伊希蒂曼（Ichtimann）。

土耳其军队在马林内和拉兹达尼只设有一个前哨站。但普列奥布拉任斯基团抵达后，哨站士兵便弃阵而逃。不过，在塔斯科森，土耳其军队似乎做好了严防死守的准备。他们在那里部署有10个营（大约5000人），占据了村庄后方公路两侧的堑壕，在北边的山坡上设有三重防御工事，山顶还配有4门火炮。为了攻占该阵地，俄军进行了如下部署：

1.劳赫（Rauch）将军率领10个营，在8门火炮的加持下，向阵地发动正面进攻，同时左翼部队向山上发起冲锋。

2.库洛夫（Kourloff）少将率领10个营，外加8门火炮，经切坎塞沃（Cekansevo）向右绕道，占领塔斯科森后方的山头，两支骑兵则继续向右深入，进入卡马利平原。

3.由卡特利将军指挥的12个营，携带20门火炮作为后备军在劳赫部队后方大约2英里的公路上待命。

4.瓦斯蒙德（Vasmund）上校指挥下的3个营驻守在道斯基奥伊村（Dauskioi），保持着劳赫部和舒瓦洛夫部之间的联系。

5.在同一天（30日），威廉米诺夫将军率领5个营，携带8门火炮，经埃莱兹尼察进入亚纳（Jana），并于次日占领了几英里外的阵地，以便观察索非亚的敌军动向。高加索的哥萨克骑兵也并入了威廉米诺夫的纵队。

各路纵队在31日天亮前就开始按上述路线行军了。上午9点，劳赫纵队的8门火炮已经就位，距离土耳其军队的炮台大约有1800码。不久，俄土双方的火炮便展开了对攻。与此同时，普列奥布拉任斯基团和步枪旅的两个营开始踏着厚厚的积雪前行，绕过山脉后，来到了劳赫纵队的左翼。

右翼的库洛夫纵队从切坎塞沃村出发后，在距离土耳其军队阵地大约2000码的地方遭到了猛烈的阻击。200多名将士在交战中丧生，包括指挥沃尔希尼亚团（Volhynia Regiment）的米尔科维奇（Mirkovitch）将军。由于完全暴露在隐藏在山上岩石后面的土耳其军队的火力下，处在开阔地带的俄军士兵被迫缓慢向前推进，向前冲几码后，就得赶紧卧倒在雪地里。下午2点左右，他们才推进到距土耳其军队500码的地方，而这时的土耳其军队早已逃走。

骑兵的先头部队在逼近卡马利平原时遭遇了埋伏在一些战壕内的土耳其步兵的阻击，被他们的火力压制了回去。结果，这支骑兵一整天都无所作为。

与此同时，普列奥布拉任斯基团和步枪旅为避开敌人的火力，在山脉左侧匍匐前进，于下午3点左右从土耳其军队炮台的右后方（北方）逼了过来，而在这时，土耳其军队趁着厚厚的云层笼罩山顶，将火炮撤到公路上后，放弃了整个阵地。不过，他们在后方大约一英里的一条横跨公路的山脊上又占据了一个防御条件绝佳的阵地。此时已是下午4点左右，天色渐渐暗了下来，俄军士兵也已疲惫不堪。因此，指挥官下令让他们在塔斯科森背后的高地上露宿休整。

到了夜间，哨所的守卫有些松懈，因为一连7天的艰苦行军已经让将士们的身体几乎到了极限。此外，周围浓雾弥漫，起到了一定的掩护作用。

第二天（1月1日）早上，俄军仍未发现土耳其士兵。各路纵队于上午8点至9点开始行军，劳赫部经公路前进，卡特利率领近卫军第三师兵分两路翻越右侧的山脉前行。

古尔科于上午10点左右到达卡马利平原时，看到一支大约1万人的土耳其殿后部队正在翻越多尔尼卡马利后面的山脊，向通往佩特里切沃的道路行进。与此同时，一支骑兵侦察队越过阿拉巴-科纳克的公路向前推进，与北面赶来的克鲁德纳纵队的先头部队会合。土耳其军队放弃了阿拉巴-科纳克的所有防御工事，穿越巴尔干山脉的通道已完全打通。

　　卡特利纵队于中午时分在多尔尼卡马利追上了土耳其军队，但殿后的两三百名土耳其士兵躲在村庄的篱笆和房屋后顽强抵抗，土耳其军队的主力部队则安全地撤离了。

　　土耳其军队放弃了他们在卡马利平原的医院，包括由来自红十字会和红新月会英国外科医生护理的约1000名伤病员。他们放弃的还有大约600顶帐篷、500多万发子弹及大量压缩饼干。土耳其军队还在香达尼克放弃了10门火炮，因为在奥尔登堡亲王炮兵连的密集轰炸下，这些火炮已无法撤走。

　　在同一天（即1月1日），驻索非亚的土耳其军队出动了大约5000人的兵力，向威廉米诺夫将军的纵队发起了突袭。威廉米诺夫在戈尔尼布加罗夫村前方平原边上的一座低矮的山顶上部署了3500人。土耳其军队向前逼近时，俄军已匆忙挖好了一排战壕，每个战壕足以容纳8到10名士兵。俄军士兵非常镇定，在等到土耳其士兵离他们只有大约100步的距离时，才向他们开火，然后跟他们拼起了刺刀。土耳其士兵对这种凶猛的冲杀猝不及防，片刻后便军心大乱，狼狈地向索非亚逃去。在这次战斗中，土耳其军队共有800名士兵阵亡，1600名士兵受伤；俄军共失去了6名军官和243名士兵。由于威廉米诺夫纵队的兵力有限，他们并没有对撤退的土耳其军队展开追击。

　　1月1日晚，俄军做出了如下部署：劳赫率领16个营，携带26门火炮，于凌晨2点离开塔斯科森，沿公路向索非亚进发。卡特利率领近卫军第三师的16个营，携带16门火炮，继续追击土耳其军队，在布诺瓦（Bunova）与丹德维尔纵队会合。丹德维尔纵队在第二次尝试中成功穿越了附近的山脉。舒瓦洛夫和奥尔登堡伯爵纵队将位于沙丹尼克对面的山头阵地的火炮撤离后，下山进入平原地区，并在马林内附近宿

俄国前线士兵的伙食

营。希尔德-舒尔德纳纵队挺进卡马利平原，并在那里宿营。近卫骑兵的2个旅前往佩特里切沃，从侧翼向土耳其军队发动攻击，另一个旅则乘机占领索非亚以东5英里的菲利波波利公路上的阵地。

在上述行动进行的同时，7万磅的硬面包已由预备部队里的炮兵连马匹通过工兵道路驮运过了山区。这些面包加上土耳其军队逃走时留下的饼干，可以让俄军的军粮维持到1月4日（包括4日）。自1月4日，俄军的军粮便开始由马车通过公路运输了。

劳赫纵队按照命令向前推进，在行军25英里后，于2日下午来到了索非亚以东5英里的伊斯克尔（Isker）桥。土耳其军队在这里部署了3个步兵营和1个骑兵团，他们在抵抗了大约一小时后，放火点燃了拉兹迪姆村（Razdimme），并试图将伊斯克尔桥烧毁。然而，他们还没来得及点火，普列奥布任斯基团就已从左侧约1英里的冰面上渡过了伊斯克尔河，直接威胁他们的后方。于是，土耳其军队开始向城内撤去。

第二天，俄军对土耳其军队阵地进行了一次侦察，发现他们有5座坚固的大型碉堡，控制着各条交通要道。此外，土耳其军队还有数条新挖的战壕和新筑的炮台，配有约1.2万人的守军和15门至20门火炮。奥尔登堡亲王的8个营和16门火炮从马林内调了过来，并已部署就绪，准备5日向土耳其军队发起进攻。威廉米诺夫率领8个营，配备12门火炮，出现在了土耳其军队的北面；劳赫则率领20个营，配备42门火炮，准备沿普列文公路向土耳其军队发动主攻。根据以往的作战经验，俄军这番突击胜负难料，即便能够成功，也会有超过5000人的损失，关键还会极大削弱整个队伍的士气。幸运的是，由于土耳其军队在3日夜间放弃该阵地，向杜布尼察（Dubnitza）方向撤去，因此俄军已经不必再发动这次进攻了。土耳其军队像往常一样，在撤离时放弃了所有帐篷、大量弹药和约1600名病伤员。此外，他们还留下了约800万份的口粮，包括面粉、硬面包、大米、糖、咖啡、盐，以及大量燕麦和大麦等食物。这些再加上索非亚山谷丰富的干草和成群的牛羊足可以给古尔科将军的部队提供一个多月的伙食。

古尔科纵队在奥尔哈尼和索非亚之间的军事行动持续了11天，共损失了32名军官（包括3名将军）和1003名士兵。

攻占索非亚是一次意义非凡的军事行动，因为这意味着在隆冬时节俄军成功穿越了巍峨的巴尔干山脉。进攻方和防守方在兵力上的比例约为3：2；防守方的兵力分散在好几处阵地上——几乎都是位于山顶的阵地，只在后方（索非亚）留有少量预备部队。俄军指挥官派遣少量兵力在各分散阵地前吸引土耳其军队的注意力，而将一支强大的纵队派向了土耳其军队主阵地（阿拉巴-科纳克）和预备部队（索非亚）之间的山区。此举直接导致了土耳其军队在阿拉巴-科纳克阵地的败局，其守军将士匆忙向后方撤退。俄军又派出了一支纵队，打算在敌人撤离的道路上对他们进行截击，但该纵队在山区遭遇了暴风雪，被迫收兵回营。土耳其军队这才避免了被俘或全军覆没的命运。

如此行动能否成功在很大程度上取决于行动本身是否保密，执行是否迅速。从实际情况看，俄军在行动的保密方面做得很好，因为土耳其军队对俄军工兵为其主力纵队修建行军道路的情况一无所知。此外，土耳其军队指挥官一直坚信，在如此严寒的季节里要穿越这样一座积雪覆盖的山脉，除了走主要公路，选择其他道路都是行不通的，这种认识也增加了俄军行动的保密性。但在谈到行动的执行速度方面，俄军就不太成功了，因为通过工兵道路运送火炮是一件极其困难的事情。古尔科将军原本的命令是要求其纵队于26日到达山脉南坡的山谷中，但事实上他们直到30日才完全抵达。在这4天的时间里，俄军的行军并不顺畅，一半火炮在山脉的一侧，另一半火炮则在山脉的另一侧，整支队伍也或多或少地分散了开来，一旦遭到敌军攻击，他们便无法撤退。此外，山脉的侧面还有一条山谷，这条山谷远离舒瓦洛夫的右翼纵队，直接通向俄军主力纵队下山的道路。当时俄军正在下山，士兵尚未集结完毕，这是土耳其军队袭击古尔科纵队左翼的绝佳机会。但土耳其军队并未抓住这次战机，如果当时他们这样做了，那么现在的战局就会是另一种结果。

在迫使土耳其军队从阿拉巴-科纳克撤退后，古尔科将军派出一个师的步兵和两个旅的骑兵对撤退的土耳其军队进行追杀。他没有给部队留出任何休息的时间，便率领剩余部队迅速向索非亚方向挺进。就在古尔科准备向索非亚发起进攻的时候，守城的土耳其军队撤出了该城。另一支纵队的骑兵在穿越山脉时遇到了巨大的困难，该纵队本来是要去阻击撤退的土耳其军队，并对其侧翼发动袭击的，结果却毫无斩获，因为骑兵每次赶到时都延误了战机。虽然步兵紧追不舍，但因为山路狭窄，土耳其军队还是借助部署在山路两边高地上小股部队的掩护，安全地撤退着。土耳其军队就这样不时地阻碍俄军前进的步伐，为自己的撤退争取了更多时间。在一次交火中，骑马冲在队伍前面的师长卡特利将军和一名旅长中弹身亡。

俄军于1月4日进入了索非亚，获得了几天的休整时间，这样的休整对他们接下来继续向前推进是绝对必要的。土耳其军队放弃了大约800万份口粮，有面粉、大米、大麦、盐、糖、咖啡及少量硬面包和

俄国一支小分队正在吃饭

腌牛肉。[①]此外，他们还留下了所有的帐篷、400多万发子弹和大量的草料。1600名伤病员也留在医院里没有得到转移，由来自英国各急救协会的外科医生负责照料。在土耳其军队放弃索非亚之前，医院里的伤病员一度达到了7000至9000人。但后来土耳其军队下令，所有能够行走或爬行的伤员及市内的所有土耳其人都务必尽快撤离，迅速向杜布尼察方向逃亡。

　　虽然大量补给品落入了俄军之手，但其中的硬面包少之又少，而硬面包对需要继续前进的古尔科纵队来说必不可少。一列满载硬面包的补给列车从奥尔哈尼的俄军补给站出发，经阿拉巴-科纳克山口疾驰而来。补给列车一到，古尔科就向士兵们分发了6天的口粮及尚未屠宰的牛羊。随后，他下达了向菲利波波利进军的命令——将于1月9日执行。

---

① 根据戈尔科的报告，仅面粉就超过了3万吨。——原注

第**34**章

古尔科纵队挺进菲利波波利
及在周围的一系列战役

Gourko's
Advance
To
Philippopolis
And
The
Battles
Near
That
Point

在讲述古尔科纵队从索非亚向菲利波波利挺进之前，有必要简要介绍一下两地之间的地形特征。索非亚平原虽然位于巴尔干主山脉以南，却是多瑙河流域的一部分，因为其所有排水最终都汇入了伊斯克尔河。伊斯克尔河源自索非亚以南约30英里萨马科夫（Samakoff）小镇附近海拔超8000英尺的里拉山脉（Mount Rilo），向北流经索非亚盆地，切穿巴尔干山脉，形成了著名的伊斯克尔峡谷。里拉山向东北和西北方向延伸出了两条支脉，分别与巴尔干的主山脉相连，这两条支脉也形成了多瑙河流域与爱琴海流域之间的分水岭。里拉山还向东偏南方向延伸出了第三条支脉，即罗多彼山脉（Rhodope Mountains）。位于罗多彼山脉和巴尔干山脉之间的便是宽阔的马利察平原，即古代的色雷斯平原，该平原的东侧就是阿德里安堡。图拉真（Trajan）修建的古罗马大道穿过索非亚，翻越其东侧的分水岭，蜿蜒穿过至今仍被称为图拉真关（Trajan's Gate）的峡谷，进入鞑靼巴扎德吉克上方的马利察平原，再沿马利察河前行150英里便到达了阿德里安堡。

穿越巴尔干山脉到达索非亚后，面临的问题当然是继续沿这条道路行军。通过在塔斯科森的军事行动，古尔科纵队将土耳其军队切割成了两支分队，但两支土耳其军队都安全撤退了。驻守阿拉巴-科纳克山口的土耳其军队越过山脉，到了位于马利察河的一条支流托波尔尼察（Topolnica）河畔的佩特里切沃镇，而驻守索非亚的土耳其军队则从西南绕道，经拉多米尔镇（Radomir），之后向东行军至萨马科夫镇。东边的土耳其军队约有2万人的兵力，西边的土耳其军队约有1.5万人的兵力。此外，他们还得到了从周边地区抽调过来的2万人的援军，这些援军是通过铁路转运过来的。

和援军一道而来的还有苏莱曼帕夏。他于1月5日左右接过了整个土耳其军队的指挥权，随后对整支军队沿通往分水岭的道路进行了部署。新到援军的大部分部署在图拉真关附近的伊希蒂曼的后方，沙基尔（Shakir）帕夏的队伍部署在奥特卢克约伊（Otlukioi）和佩特里切沃的右侧，而索非亚的守军则部署在左侧的萨马科夫。土耳其军队最右翼和最左翼之间虽然相距近40英里，但交错的山谷使彼此间的交通十分便利。位于图拉真关隘口的阵地地势险要，但其两侧都可以被沿后方蜿蜒的山谷而来的敌军轻易攻破。古尔科的作战计划就是如此，他将俄军分成了四路纵队，其中不包括第三师的部分兵力，因为他们要沿巴尔干山脚前去卡尔洛沃（Karlovo）接应该师其余正在通过图拉真关穿越巴尔干山脉的人马。

俄军的四路纵队情况如下：

右路纵队为威廉米诺夫中将率领的第九师的8个营及12支哥萨克中队，并配有12门火炮。他们按计划于1月7日直接从萨马科夫公路离开索非亚，力争实现如下两个行动目标：首先，切断从拉多米尔撤退的土耳其军队分队的退路（但他们未能实现该目标）；其次，经巴尼亚向图拉真关的土耳其军队阵地左翼和后方推进。

中路纵队为中将舒瓦洛夫伯爵率领的30个营、12支骑兵中队和全部近卫军，并配有76门火炮。他们按计划沿主干公路进军，抵达伊希蒂曼后，向图拉真关土耳其军队的阵地发动正面进攻。

左路纵队为中将克鲁德纳男爵率领的近卫军其余人马和他自己第九师的部分兵力，共24个营、16支骑兵中队，并配备58门火炮。他们按计划由佩特里切沃向奥特卢克约伊推进，然后沿一条路况良好的道路直抵鞑靼巴扎德吉克。他们的任务是威胁土耳其军队阵地的右翼，并对撤退的敌军予以截击。

第四路纵队为希尔德-舒尔德纳中将率领的由6个营组成的一支小分队，配有8门火炮。他们奉命沿托波尔尼察河谷前进，保持舒瓦洛夫和克鲁德纳纵队之间的联络，争取绕到土耳其军队右侧阵地的后方。俄军还在索非亚留下了一支由8个营、8支骑兵中队和14门火炮组成的小分队，为各路前进的纵队殿后，同时守护在此夺取的物资。

1月11日上午，俄军的各路纵队抵达了上文提到的土耳其军队阵地前。但紧接着土耳其军队方面收到了一个误传的有关停战的消息，所有土耳其军队的分支队伍都通过哨站向俄军派出了一名谈判代表，称他们收到了来自君士坦丁堡战争部的命令，要求他们停止与俄军的敌对行动，因为据说俄国方面已经同意双方停战。但不久尼古拉大公便向俄军发来电报称，虽然他预计会有停战提议，但目前尚未收到正式通知，因此军事行动决不能有丝毫拖延。土耳其军队误传的消息让威廉米诺夫纵队的行动延误了24个小时，但除此之外并未给俄军造成其他影响。

11日，威廉米诺夫纵队向萨马科夫发动进攻，成功夺取了该镇。不过，有150名俄军士兵在战斗中丧生。

10日，土耳其军队收到了希普卡山口被攻占，以及驻扎在那里的整个守军被俘的消息。这促使苏莱曼帕夏做出了必须将土耳其军队迅速撤离的决定。11日上午，土耳其军队撤出了以图拉真关为中心的一整条山脉防线的阵地。他们的右翼部队和部分中央阵地部队在鞑靼巴扎德吉克会合后，立即继续朝菲利波波利方向撤退。

驻扎在萨马科夫的土耳其军队左翼部队在撤退时则和俄军展开了行军速度竞赛。俄军希望舒瓦洛夫纵队通过伊希蒂曼公路，首先抵达马利察河谷，切断土耳其军队左翼部队的退路。但是，土耳其军队先于俄军抵达了马利察河谷，因为俄军在结冰的山坡上运送火炮时不得不再次用人力拖上拖下，大大影响了其行军速度。1月12日下午，舒瓦洛夫的先头部队从山区小径踏上维特雷诺瓦村（Vetrenova）的主干道时发现，撤退的土耳其军队的后方就在前方几英里与他们行军道路平行的另一条道路上，即从萨马科夫通往鞑靼巴扎德吉克的道路上。俄军领头的一个团被派往了那条道路，但他们只追上了土耳其军队的辎重队，截获了300辆牛车。1月13日早上，该团在土耳其军队后面紧追不舍，但仍落后他们约5英里。舒瓦洛夫纵队的另外12个营则沿着主干道挺进到了距鞑靼巴扎德吉克约3英里的地方。在那里，他们发现了由富阿德（Fuad）帕夏率领的土耳其军队中央纵队的一部分人马，大约有8000人，占据了托波尔尼察河后面一处坚固的阵地，并摆开了防守架势，要为土耳其军队另一支纵队进入萨马科夫公路争取时间。俄军目前的兵力还不足以向土耳其军队阵地发动进攻，因此除了与前哨站小规模交火外，没有采取更大的行动。下午，克鲁德纳纵队从左侧山区会合而来后，俄军准备第二天向还在坚守阵地的土耳其军队发起围攻。但土耳其军队一如既往地趁着夜色放弃了阵地。因此，1月14日早晨，俄军重新开始了追击敌军的行动。

指挥有方的富阿德帕夏率领2万士兵作为土耳其军队的后卫部队

统一有序地撤退。土耳其军队没有沿主干公路行军，因为那样他们就有可能被俄军的骑兵追上，并被拖住一段时间，最终被随后追赶而来的俄军步兵彻底消灭。因此，富阿德帕夏率领土耳其军队迅速渡过马利察河后，摧毁了河上的桥梁，命令步兵沿铁路线行军，炮兵沿乡间小路行军，并调集约1500名骑兵殿后掩护，而这些骑兵也表现得非常出色。俄军于1月14日天亮前就出发了，舒瓦洛夫纵队走的是主干公路，克鲁德纳纵队走的是左侧的一条支路，威廉米诺夫和希尔德-舒尔德纳纵队跟在他们的侧后方行军。下午5点左右，舒瓦洛夫纵队的先头部队在连续行军30英里后，于距阿达基奥伊村（Adakioi）约3英里的铁路线上追上了土耳其军队的殿后队伍。俄军在这里蹚过了200码宽、3英尺深、布满浮冰的马利察河后，穿过了村庄。但逃跑的土耳其军队已把他们甩开了大约有1英里，再加上天色已晚，只有8个营兵力的舒瓦洛夫先头部队也没敢贸然全力追击。当晚，大部分骑兵（共28个中队）在距菲利波波利约4英里的卡尔洛沃公路和马利察河之间的地带宿营；克鲁德纳纵队在位于骑兵右侧的塞拉皮查（Celapitza）宿营，在他们身后同一条路上宿营的是席尔德-舒尔德纳纵队，而威廉米诺夫纵队则在后方约12英里的铁路线附近宿营。

第二天（1月15日）凌晨，舒瓦洛夫麾下已有12个营，另外20个营正沿公路集结而来。天亮后，舒瓦洛夫率军离开了阿达基奥伊村，很快就发现了前面撤退的土耳其军队。筋疲力尽的土耳其军队已无法在夜间继续撤退，只得在一条深不见底的小河后面驻扎下来。但这里的地形对土耳其军队特别有利，小河从他们左边的卡拉泰尔村（Karatair）穿过卡迪基奥伊（Kadikioi）后面的一座小山，一直延伸到了艾朗利村（Airanly），而结有薄冰的整条小河都不适合转运火炮。该阵地右侧则是一大片覆盖着浮冰的沼泽地。

舒瓦洛夫立即调兵遣将，向土耳其军队开了火，并向古尔科将军（其司令部位于马利察河另一侧，大致与艾朗利村隔河相望）报信称，他前面有一支约1.5万人的土耳其军队，驻扎在一处地形有利的阵地上。他称，如果得到命令，他可以攻下该阵地，但会付出相当大的伤亡代价，故请求上级指示。古尔科将军于上午10点左右给他传回来命令，让他不要发动进攻，只需保持火力牵制敌军即可；与此同时，他会派遣其余部队绕到土耳其军队的右翼，切断他们与菲利波波利的联系。

为此，古尔科做了如下部署：

1.克鲁德纳纵队以近卫军第三师为先头部队立即向前方9英里（或战线左侧）的菲利波波利挺进。

2.希尔德-舒尔德纳旅（第17团和第18团）跟随芬兰团渡过马利察河抵达艾朗利村，将那里的土耳其军队赶走，并绕到土耳其军队阵地的右侧。

3.普列奥布拉任斯基团和西蒙诺夫斯基团（Simeonoff）佯攻土耳其军队在卡迪基奥伊的中央阵地。

4.掷弹兵团、保罗团、莫斯科团和步枪旅继续向土耳其军队左翼开火，尽可能将敌人牵制在原地。

5.威廉米诺夫纵队沿铁路前进，迅速赶往舒瓦洛夫纵队的右侧。

清晨，当俄军的骑兵逼近菲利波波利以东的马利察河时，土耳其军队发现再继续向菲利波波利方向撤退下去是不会有什么好出路的。因此，他们被迫就地迎战追击而来的俄军，力争为越过罗多彼山脉向南撤退的其他土耳其军队打好掩护。

苏莱曼帕夏的总兵力为100个营，即有5到6万名士兵。但这天早上，他本人却率领1万到1.5万名士兵从斯塔尼马卡（Stanimaka）以及由此通往东南方向的道路，翻山越岭后逃走了。但他其余的兵力在到达斯塔尼马卡之前就被俄军截断了，只好转投成为福阿德帕夏部队的右翼。这样一来，福阿德帕夏的兵力达到了约3.5万人。

与此同时，舒瓦洛夫纵队一整天都在与前方的土耳其军队保持着激烈交火的状态。不过，他的右翼战况有些吃紧，但他并没有过分担心，因为他预计威廉米诺夫纵队随时都可能沿铁路线前来与他会合。但直到下午4点左右，威廉米诺夫的部队都没有到达，而此时大批的土耳其骑兵却出现在了卡拉泰尔与卡拉德门（Karadermen）之间。舒瓦洛夫担心自己的侧翼在夜间会处于危险之中，于是决定向卡拉泰尔村的土耳其军队左翼发动进攻，把他们赶出该阵地。这次进攻任务由保罗团执行，他们涉水渡过了村前的小溪，经过短暂的交火后，占领了卡拉泰尔村。不久之后，夜幕降临，威廉米诺夫纵队也在此时赶了过来。

在另一侧，芬兰团于下午2点左右在骑兵团战马的驮运下渡过了马利察河，将土耳其军队赶出了艾朗里村。但希尔德-舒尔德纳纵队直到下午5点左右才赶了过来，他们随后在芬兰团渡河点以东约一英里的一处浅滩上同样以战马驮运的方式渡过了河。然而，该团无法绕过土耳其军队的侧翼前进，因为前方是一片无法通行的稻田。当天只有舒瓦洛夫纵队与土耳其军队发生了激战，战斗中约有300名士兵阵亡。

与此同时，克鲁德纳纵队中的近卫军第三师下午早已逼近菲利波波利，并进入了该城河北岸的地区。但他们发现，连接该城南北两岸的大桥已被完全摧毁，而对岸又有土耳其军队步兵驻守，因此无法涉水过河。除准备了一些架桥的材料之外，他们当天并没有什么大的作为。

部分骑兵已绕过菲利波波利城，到达了该城以东5英里的马利察河段，但尚未渡河。

1月15日，与舒瓦洛夫纵队作战的只是福阿德帕夏率领的土耳其军队后卫部队，大约有1.5万至2万人。苏莱曼帕夏麾下的其余部队，大约为3.5万到4万人，已在苏莱曼亲自率领下于1月12日或13日抵达了菲利波波利。14日，苏莱曼在看到俄军骑兵已在城南活动后，知道从大路向阿德里安堡撤退是不可能了，于是决定从大路以南的其他道路逃跑。为此，他将一部分部队派往菲利波波利以南4英里的马科瓦村（Markova），自己则率领其余部队沿着通往斯坦尼马卡村（Stanimaka）的道路前行，翻越山脉后便可前往阿德里安堡或正南方向的爱琴海的某个港口。苏莱曼是在15日开始撤离的，而当时卡迪基奥伊附近的战斗正进行得如火如荼。

15日和16日夜，福阿德帕夏放弃了之前占领的阵地，穿过希尔德-舒尔德纳纵队营地与山脉之间的地带，在德门德尔村（Dermendere）附近的山脚下占据了一处阵地。

威廉米诺夫纵队于其后沿山脚一路追踪；希尔德-舒尔德纳纵队沿铁路线前行，打算绕到其右翼；舒瓦洛夫纵队则沿着铁路线穿过稻田沼泽后，从其右翼转向了其正面。但是希尔德-舒尔德纳纵队在抵达科马特村（Komat）后，由于疲劳过度，暂时停下了步伐，并未向土耳其军队右翼逼近，而此时的福阿德帕夏则将部队集中到了德门德尔村附近，并于下午3点左右向俄军最右翼的威廉米诺夫纵队发起了猛烈攻击。这支俄军正是1月1日在索非亚附近的戈尔尼布加罗夫村痛击土耳其军队后将其击退的那支队伍。这一次，他们又采取了1月1日那天的战术，即隐蔽在山脚和山脊的岩石后面，等到土耳其士兵进入100码的射程范围内后，才用排枪瞄准他们疯狂射击。这次俄军又取得了不错的战果。土耳其军队发动了3次进攻，但每次都被击退。最后，土耳其军队只得撤退，付出了600人阵亡的代价，而俄军的阵亡人数仅为60左右。

很显然，福阿德发动这次进攻的目的是为了转移俄军的注意力，逼他们抽调左翼兵力前去援助其右翼，这样他就可率部脱身赶往斯坦尼马卡公路，与苏莱曼的队伍会师。但福阿德失算了。舒瓦洛夫确实派了两个团前去援助威廉米诺夫纵队，但希尔德-舒尔德纳纵队和克鲁德纳纵队的战斗力都未遭到任何削弱。

但希尔德-舒尔德纳纵队并未在16日绕到福阿德队伍的右翼。因此，福阿德率部再次于夜间沿山脚移动了大约4英里，并在贝莱兹尼察村（Beleznitza）附近占据了一处新阵地。

而在同一天（1月16日）上午，古尔科将军亲自前往菲利波波利侦察了一番后发现，俄军不可能迅速在河上架起一座桥以代替土耳其军队之前烧毁的那座桥，由此达到行军目的。于是，他立即派近卫军第三师沿河而下，行至三四英里外的最近的渡口，随后又命令近卫军骑兵师第二旅用战马将士兵们驮运过河。该师过河后立即向南朝着斯坦尼马卡的公路挺进，苏莱曼的部队前一天就是从这条路撤退的。

下午4点左右，近卫军第三师第一旅在距菲利波波利5英里的卡拉加奇村（Karagatch）附近逼近了这条路。卡拉加奇村由一支苏莱曼的后卫部队占领着，他们兵力并不少，并配有18门火炮。但俄军还是立即向他们发动了攻击，在损失了260人后攻占了该村庄，并缴获了土耳其军队全部18门火炮。之后，土耳其军队在得到增援后，向俄军发起了反扑，试图夺回该阵地，但最终没有成功。不过，该师第二旅在渡马利察河时有所延误，黄昏时仍未赶到。由于兵力较弱，且阵地暴露（苏莱曼的主力部队就驻扎在前方几英里远的斯塔尼马卡），第一旅旅长非常谨慎，连夜将队伍和缴获的18门火炮撤回到了几英里外的阿赫兰村（Ahlan），并在那里与第二旅成功会师。

然而，苏莱曼帕夏还在率部继续撤退，福阿德帕夏也只能自求多福了。15日和16日夜，福阿德率部撤退到了贝莱兹尼察，与在卡拉加奇村被切断的苏莱曼后卫部队会合到了一起。

古尔科在派出骑兵追击苏莱曼后，准备全力围歼福阿德：右翼有马尔科瓦附近的威廉米诺夫纵队，中路是贝莱兹尼察的舒瓦洛夫和希尔德-舒尔德纳纵队，左翼为卡拉加奇村附近的丹德维尔纵队（近卫军第三师）。

1月17日一整天，福阿德都在背靠大山作战。上午，他把兵力集中到右翼，拼死一搏，希望能击退这边的俄军，杀出一条通往斯坦尼马卡公路的血路来。但他们被击退了回来，在俄军的轮番攻击下，损失了更多火炮。下午3点左右，希尔德-舒尔德纳纵队向奇夫特里克（Tchiftlik）前方发起了进攻。与此同时，威廉米诺夫的纵队也沿着山脚向马尔科瓦的土耳其军队左翼逼近。土耳其军队已无力继续抵抗，于是放弃了阵地，分散成若干小股队伍，穿过雪地向山顶上爬去。俄军一直追击到夜幕降临，后来因为地形复杂，逃窜的敌人又比较分散，所以便放弃了对他们的追击。

1月18日，古尔科将军在菲利波波利附近重新集结部队，派出了两支骑兵纵队追击撤退的敌人。一支为追击福阿德部队的高加索哥萨克骑兵旅，他们在追杀的过程中斩杀了一些逃兵，最后经过蜿蜒的山路到了山的另一边，并于27日抵达了阿德里安堡南边的德莫蒂卡（Demotika）。另一支骑兵由近卫骑兵和一个顿河哥萨克骑兵旅组成，他们取道斯坦尼马卡，一路追击苏莱曼的部队，并于19日在一处非常陡峭的山坡上经过短暂交战后，将5个土耳其军队步兵营驱散，缴获了他们护送的40门火炮。

古尔科率军从索非亚挺进菲利波波利直接导致了苏莱曼帕夏麾下五六万土耳其军队全军覆没。俄军总共缴获了114门火炮（其中96门于公开战斗中缴获），俘虏了约2000名土耳其士兵，获得了土耳其军队的所有行李、数千支火枪以及大量弹药和作战工具。土耳其军队在菲利波波利周边的系列战斗中损失了将近5000人的兵力，在荒凉的罗多彼山脉分散撤退时，因冻死、饿死或逃走等原因，队伍每天都在减员。大约在1月28日，这支狼狈的土耳其军队开始在伊诺斯附近的爱琴海海岸集结，那里有一支舰队在等待运送他们，舰队指挥官为前英国海军军官曼索普·贝伊（Manthorpe Bey）。大约4万将士被运往了加利波利和君士坦丁堡。苏莱曼帕夏被逮捕，准备接受军事法庭的审判。①

从索非亚转战菲利波波利，古尔科纵队的损失如下：

---

① 军事法庭于1878年12月宣判了判决结果，苏莱曼遭到羞辱性惩罚，被判15年监禁。——原注

	军官	士兵
阵亡	7	220
受伤	34	989
总计	41	1209

我们已经介绍了古尔科纵队冬季战役的前两个阶段，即从奥尔哈尼挺进索非亚，再从索非亚转战菲利波波利。现在，俄军的作战总部和驻扎在希普卡的部队之间的联系已经打通，古尔科纵队自然就成了向前不断推进的俄军的右翼纵队，俄军的各路纵队现在都处于可以相互照应的距离之内。在进一步介绍俄军的整体推进之前，有必要讲述一下其他纵队穿越巴尔干山脉的情况。

第 **35** 章
在希普卡山口大败土耳其军队

Capture
Of
The
Turkish
Army
At
Shipka
Pass

———

正如前文所述，古尔科纵队经由索菲亚翻越巴尔干山脉的行动只是普列文沦陷后俄军确定的总体进攻计划的一部分。进攻计划的其他部分还包括强攻希普卡山口及派遣一小支纵队突破特洛伊山口。

突破特洛伊山口的纵队由卡佐夫（Kartzoff）将军指挥，仅由第三师的两个团组成，不过还有第三步枪旅的一个营和两个顿河哥萨克团（第二十四团和第三十团）为其增援。特洛伊山口附近的巴尔干山脉几乎比所有其他地方的山脉都要高，只有通过原始的丛林小道才能翻越山脉。土耳其军队在山口建有两三个小型碉堡，部署了约2000的兵力（与部署在斯拉蒂扎的兵力差不多）来扼守这些道路。1月4日，卡佐夫纵队开始登山，他们只带了8门火炮，每门火炮拆解后放在雪橇上，需要由24头水牛、1个步兵连以及1支哥萨克中队才能拉上山去。卡佐夫将队伍分为了3个分队，每个分队大约9个连，每个连约有1500人。他们于5日下午爬上了山顶，对土耳其军队的碉堡进行了一番侦察。在接下来的两天里，他们在碉堡东侧发现了一条可以掉转方向的路线，并把火炮拉到了碉堡的前方阵地。7日，土耳其军队碉堡的正面遭到了的炮击，一路步兵从东侧绕过碉堡，从其后方下了山。与此同时，另一路步兵则从正面向碉堡发起了攻击。土耳其军队见状纷纷弃阵，逃散到了小巴尔干山区。俄军伤亡不到100人。

两天后，与古尔科纵队一起越过巴尔干山脉的第三师其他人马抵达了斯拉蒂扎，随后又接到命令前往与卡佐夫纵队会合。发现土耳其军队已放弃了沿途的阵地后，他们便继续前进，在卡尔洛沃附近与卡佐夫纵队会合。14日，第三师全师沿公路向菲利波波利挺进，并与古尔科纵队取得了联系，古尔科命令他们沿马利察河以北的公路向哈斯基奥伊（Haskioi）进发。

———

在希普卡山口，俄土两军正处于对垒状态。5个多月来，俄军一直在英勇地守卫着在战争初期就打下的阵地。现在，俄军通过这里时非常顺畅。

斯科别列夫将军率领第十六和第三十师以及第三步枪旅和第四步枪旅于1月初抵达了加布罗瓦。这样，除炮兵和骑兵外，拉德茨基麾下可以调遣的营就达到了74个（约5.6万名步兵）。但在这些队伍中，于11月下旬抵达希普卡高地暂时接替第十四师的第二十四师在随后的暴风雪和严寒中遭到了重创，光是冻死的士兵就多达数百人。实际上，该师已被严寒彻底击垮了。截至12月25日，全师共有6013人因冻伤或严寒天气造成的疾病而无法执行战斗任务，他们实际上已丧失了战斗力，不得不撤回加布罗瓦进行休整。不过，拉德茨基麾下的其余队伍仍秩序井然。

拉德茨基的强突计划是将整个部队分为3支纵队，其中一支纵队由他亲自指挥，留在山口上的工事里，另外两支纵队从工事两翼绕行翻越山脊之后，分别从敌人阵地的南北两个方向同时向他们发动进攻。拉德茨基自己指挥的纵队由第十四步兵师和第九师的第三十五团组成。斯科别列夫指挥的右翼纵队由第十六师、第三步枪旅（共3个营）、7个保加利亚营和第九顿河哥萨克团组成，并配有6门山地火炮和6门4磅火炮，总战斗力为22个营、6支骑兵中队和12门火炮。斯科别列夫纵队的任务是通过从兹克伦诺德雷沃村（Zclenodrevo）通往山顶的小路（距秃头山上土耳其军队阵地的左翼仅有大约2.5英里）翻越山顶后，下山坡进入通贾（Tundja）山谷中的伊梅特利村（Imetli），然后再在这里向左转，向希普卡村的防御工事发动进攻。米尔斯基亲王指挥的左翼纵队由第九师的第三十三团、第三十四团和第三十六团、第三十师、第四步枪旅、一个保加利亚营、第二十三顿河哥萨克团组成，并配有 6 门山地火炮、8 门 4 磅火炮以及 8 门 9 磅火炮，总战斗力为 26 个营、6 支骑兵中队和 22 门火炮。米尔斯基纵队的任务是离开特拉夫纳村（Travna），沿小路翻越塞尔基（Selky）山后，进入通贾山谷中的古塞沃村（Gusevo），然后再在这里向右转，与斯科别列夫纵队会合后，向希普卡村的防御工事发动进攻。

本次行动定于 1 月 5 日上午开始。根据计划，两支侧翼纵队应于 7 日傍晚抵达山谷，并于 8 日上午开始向敌军阵地发动进攻。

两支纵队都没将火炮固定在炮车上，而是放在雪橇上拉着前行。但士兵们很快就发现，即使这样也无法将火炮运上山去。因此，他们都将大型火炮留在了山底，只拉着小型山炮行军。在他们必经的山路上，有很多地方的积雪已深及 10 英尺。

驻扎在圣尼古拉山顶大本营的拉德茨基可以清晰地看到两支纵队翻下山坡要进入山谷中的两个村子的情况。

两支纵队于 5 日开始行军。米尔斯基纵队于上午出发，斯科别列夫纵队于傍晚出发，因为前者需行进的距离几乎是后者的两倍。米尔斯基纵队行军途中没有遇到任何抵抗，于 7 日下山进入了山谷的古塞沃村，将土耳其军队的前哨赶走后，派第三十师的一个旅占领了古塞沃以东 4 英里的马格利斯村（Maglis），以保护纵队左翼和后方的安全。7 日，斯科别列夫纵队在下山时则遇到了一些麻烦。土耳其军队发现情况不妙后，匆忙占领了俄军必经之路所在山脊上的一排战壕。为了把这些土耳其军队赶走，斯科别列夫纵队耽搁了不少时间，直到 7 日其先头部队才占领了伊梅特利村。

8 日上午是预定的向土耳其军队阵地发动进攻的时间，拉德茨基将军在圣尼古拉山上焦急地等待着其他两支纵队出现在下面的山谷中。上午10点左右，米尔斯基纵队从古塞沃村附近的山地走了出来，于中午时分部署完毕后，他们开始向希普卡村方向发起了进攻。斯科别列夫纵队没有出现在山谷中，但从他们所在方向的山坡上传来了隆隆的炮声，他们正在半山腰上与土耳其军队交战呢。大约中午时分，通信兵赶来，将斯科别列夫纵队遇到的困难向拉德茨基进行了汇报。拉德茨基向斯科别列夫传回命令，让他将纵队先在山谷中集结起来，9日上午再从后方攻打希普卡，如果可能的话，要与米尔斯基纵队取得联系，联合作战。他还通知斯科别列夫，第一骑兵师已赶赴他那里进行增援。与此同时，米尔斯基也听到了左侧的炮声，但并未看到有俄军出现。最后，炮声消失了，还是没看到友军出现。由于左翼得不到保护，米尔斯基纵队单独向土耳其军队发动进攻显然对自身不利。但在前一天晚上，米尔斯基收到了拉德茨基的明确命令，要求他今天早上开始进攻。因此，他率领第四步枪旅在小型山炮连和第三十三团的掩护下，冲向了敌军阵地。第三十四团、第三十六团和第一百一十七团组成了第二条进攻线。第一百二十团留在古塞沃，看护行李辎重。前晚已占领左翼马格利斯的第一百一十八团和第一百一十九团则奉命向卡赞利克（Kazanlyk）挺进。

经过短暂的激战后，米尔斯基纵队夺取了约阿尼纳（Janina）和哈斯基奥伊村。但在哈斯基奥伊村后面有一道小山脊横跨道路，上面布满了射击掩体。米尔斯基纵队在这里被猛烈的火力压制住了，第三十三团的上校也受了重伤，进攻方出现了动摇。

随后，第三十六团被派往支援在右翼进攻的第三十三团，第三十四团被派往支援在左翼进攻的步枪旅。第一百一十七团的一个营被派往卡赞利克方向，保护俄军的左翼，只有该团的另外两个营留作了预备队。小型山地炮兵连推进到距离土耳其军队阵地约700码的地方后，开始向对方开炮，其中一发炮弹幸运地引爆了土耳其军队的一个弹药箱。随后，俄军冒着敌人的炮火，急速向前推进，一举攻陷了土耳其军队战壕，缴获了3门火炮，俘虏了100多名土耳其士兵。

就这样，俄军推进到了土耳其军队的最后一道防线前，直接面对着希普卡村南面山丘上的一系列防御工事和碉堡。但天色已晚，俄军经过一天战斗早已疲惫不堪，弹药也几乎耗尽了，当晚攻克这些防御工事是不大可能的。然而，土耳其军队此时却发起了反扑，以铺天盖地之势扑向俄军，但很快就被俄军精准的射击退了回去。

虽然米尔斯基亲王在傍晚时分得知第一百一十八团和第一百一十九团已进入卡赞利克，而且没有发现任何敌人，但其纵队的处境却并不轻松。其纵队的左侧没有友军保护，后方是几乎无法撤退的高山，而正前方仅200码开外的地方就是敌人的阵地，而他觉得单凭自己纵队的力量是无法攻克该阵地的。于是，米尔斯基亲王向拉德茨基将军汇报了他目前的危急处境，称他的纵队与人数占优的敌人已鏖战了一整天，队伍减员十分严重，弹药也已几乎耗尽，除非得到增援部队，否则他就必须开始考虑撤退的事情了。拉德茨基将军传话回来，让米尔斯基纵队再坚持24个小时；斯科别列夫纵队很快就将从左翼赶来增援他们；拉德茨基本人也将在次日早上指挥中路纵队从正面进攻敌军阵地，以分散土耳其军队的兵力。可不幸的是，第二天一早，狂风大作，漫天飞舞的冰雪颗粒就像浓雾一样，遮天蔽日。拉德茨基根本就看不到山谷里发生的情况，只能听到有猛烈的枪炮声从那边传来，这说明土耳其军队已经开始向米尔斯基纵队进攻了。拉德茨基立即做好了战斗准备，希望能给米尔斯基减轻一些压力。他派出第五十五团和第五十六团以及第三师的部分兵力沿公路前进，向右侧圣尼古拉山前的土耳其军队战壕发动攻击。当时的路况对进攻极为不利，而且在浓雾中士兵们根本就无法看清十码以外的情况。尽管如此，他们还是在中午到下午2点之间通过正面进攻夺取了土耳其军队的前两道战壕，同时付出了惨重的代价，共有1700多人阵亡。占领这些战壕后，这部分俄军就停留在那里，无法再向前突进，直到下午从斯科别列夫纵队那里传来消息称，土耳其军队已全部投降。

而同一时间的山谷中，雾并不算太大。土耳其军队在一大早就向米尔斯基纵队的右翼发起了进攻，但并未给俄军造成多大的影响。之后，他们又转攻俄军左翼，同样收效甚微。随后，米尔斯基纵队左翼发起反击，突破了土耳其军队的第二个阵地（缴获了两门火炮），占领了希普卡村。这就切断了该部分土耳其军队前往卡赞利克公路的通道，但土耳其军队在希普卡村后仍有一处阵地，阻挡了米尔斯基纵队前进的步伐。但这时，暂停进攻的米尔斯基纵队却听到左侧谢诺沃村（Shenovo）方向传来了巨大的欢呼声。这是斯科别列夫纵队在击溃敌军后发出的欢呼声，他们的胜利意义重大，决定了驻守希普卡整个土耳其军队失败的命运。

如上所述，斯科别列夫纵队在从圣尼古拉山南面下山坡时遭遇了阻击。土耳其军队在1月7日匆忙占领了伊梅特利村东北处的一处山脊，从侧面切断了斯科别列夫纵队的行军路线。如此一来，土耳其军队在下午晚些时候就完全阻止了斯科别列夫纵队前进的步伐。斯科别列夫亲自赶到队伍前面探查情况，发现手下的士兵们匍匐在地上，被敌人驱散，却不开枪还击。他询问原因时，士兵们回答道，就算还击也没用，因为他们的子弹射不到敌人的阵地，敌人的阵地与他们之间隔着一条宽约1500码的峡谷。就在他们说话之时，参谋长肩部中弹，受了重伤。斯科别列夫立即调来了第六十三团的一个连，这是他在离开普列文之前用从土耳其军队那里缴获的皮博迪-马提尼步枪组建的一个连。但该连士兵尚未开火，土耳其军队已停火，撤回了山脊之后。随着夜幕降临，战斗停止了。俄军沿小路分散开来，在雪地里驻扎了一夜。

第二天一早，第六十三团和第六十四团组成的先头部队继续前进，上午9点抵达了伊梅特利村，发现有土耳其军队占据了该村东南面的一座山丘。第六十四团随即向山丘发起了猛攻，赶走了那里的土耳其军队。

上午11点左右，斯科别列夫从在山顶放哨的哨兵那里得到的情报称，米尔斯基纵队正在向希普卡村挺进，并向敌人发起了进攻，那个方向还传来了枪声。但是斯科别列夫对这份情报的真实性有所怀疑，认为一定是哨兵将土耳其军队队伍误当作了俄军的纵队，而且枪声似乎是从圣尼古拉山方向传来的。斯科别列夫还向上级汇报称，他无法及时将兵力集结到山谷中，无法于8日向敌人发动进攻。拉德茨基在收到他的汇报后，马上向他下达命令，要求他于9日再发动进攻，但在所有兵力集结完毕之前最好不要贸然进攻。斯科别列夫没有与米尔斯基直接联系（米尔斯基只派了两支哥萨克骑兵中队与他联系，而且他们并未进入卡赞利克以外的地方），也没有得到米尔斯基纵队已经参战的确切消息。因此，斯科别列夫严格遵守命令，将两个团留在伊梅特利，等待其余部队到达。因此如前文所述，米尔斯基不得不在没有援助的情况下于8日坚持战斗。

下午，第六十一团成功下山，抵达了伊梅特利。随后，斯科别列夫下令让第六十三团和第六十四团向谢诺沃村方向推进了一段距离。但是他的纵队中仍有队伍没有翻过山来，因此他还不能向谢诺沃村发起进攻。夜间，俄军步枪旅和保加利亚步枪旅也赶到了伊梅特利，但从第六十二团传来消息说，他们无法将火炮拖过山来。斯科别列夫传话给他们，让他们先将大炮留在后方，连夜行军，无论如何都要在次日早晨赶到伊梅特利。

9日天亮前，抵达伊梅特利的部队已整装待发，但斯科别列夫仍在等待第六十二团到来。在得知第六十二团已在下山后，他将他们列为了预备部队。上午10点左右，斯科别列夫派第六十三团的部分兵力前去赶走右侧山丘（谢诺沃村以西）上的土耳其军队，因为他们威胁到了俄军的左翼。俄军虽然赶走了敌人，但损失惨重。同时，斯科别列夫还向右翼派出了部分骑兵，他们不久后就与米尔斯基纵队取得了联系。

最终一切准备就绪后，斯科别列夫开始组织兵力，准备向谢诺沃的土耳其军队阵地发动进攻。在最前面发起冲锋的是第六十三团和保加利亚步枪旅，紧跟在他们后面的是第六十一团、第六十四团和步枪旅。随着激昂的军乐响起，俄军的作战团迅速冲向了敌阵，他们纪律严明，没有人胡乱开枪。但俄军付出了巨大的损失，军乐团也损失惨重。即便如此，他们依然奋勇前进，快接近敌军阵地后，士兵们高呼着口号疯狂地冲了上去。第六十三团的士兵一开始还有些犹豫，但面对冲到最前线、身先士卒的上校，他们在其无畏精神的感召下也奋不顾身地冲向了敌阵。

俄军冲入敌阵不久后，喊杀声和枪声突然间消失了，取而代之的

穿军装的整队士兵

是令人窒息的寂静，这种寂静持续了好几分钟。事实上，双方在这段时间内用刺刀展开了激烈的近身肉搏战。最终，俄军获得了胜利，躲在防御工事中的土耳其营放下手中的武器投降了，其余的土耳其部队则开始向希普卡方向逃窜。就在斯科别列夫准备下达追击令时，一名土耳其军官找到他，以驻守希普卡土耳其军队指挥官维西尔（Vessil）帕夏的名义称，他将率领所有土耳其军队向俄军投降。1.2万人在谢诺沃缴械投降，斯科别列夫一边向拉德茨基汇报这一情况，一边立即下令解除他们的武装。因为另一半土耳其军队仍在守卫山上的阵地，可能会拒绝服从其长官的投降命令，而赶去援助驻守希普卡村的土耳其军队，从而引发另一场激战。直至午夜，解除土耳其军队武装的工作才完成，斯科别列夫纵队得以休整。

此次投降的土耳其军队共有41个营，总计3.6万人，其中6000人为伤病员。俄军共缴获了93门火炮（包括12门迫击炮）和10面军旗。但俄军也付出了惨重代价，具体数据如下：

	军官	士兵
阵亡	19	1103
受伤	116	4246
总计	135	5349

在此次的伤亡人员中，1700人来自拉德茨基纵队，1500人来自斯科别列夫纵队，2100人来自米尔斯基纵队。只有37个营（约2.5万人）实际参战，所以伤亡比例大约为22%。

在夺取希普卡山口的战役中，俄军所展现出来的英雄气概要远超古尔科纵队在夺取阿拉巴-科纳克山口战役中的表现。尽管拉德茨基纵队在对敌人阵地的正面进攻中损失惨重，并且表面上看没有取得任何战果，但如果没有此次进攻，土耳其军队就极有可能在大雾的掩护下撤出山区，集结到希普卡村，从米尔斯基纵队和斯科别列夫纵队之间突围出去，逃往南方。尽管米尔斯基纵队在与斯科别列夫纵队取得联系之前就向土耳其军队发动了进攻，没有按照作战计划行动，但如果他们8日在古塞沃按兵不动，土耳其军队很有可能会发现他们，然后开始撤退。最后，斯科别列夫在山谷将队伍集结完毕后，立即向敌人发动了猛烈进攻，这也是俄土战争中最精彩的攻坚战之一。这次战斗推翻了人们从这场战争（尤其是普列文战役）中得出的结论——由现代后膛炮防御的阵地无法攻克。

与驻守阿拉巴-科纳克山口的土耳其军队一样，驻守在这里的土耳其军队似乎也坚信，寒冷的天气、厚厚的积雪以及难行的山路（他们占据的道路除外）等恶劣条件一定会让俄军的行动半途而废。但斯科别列夫纵队居然翻越了卡拉加山（Karadja Mountain），卡拉加山与土耳其军队阵地左侧的秃头山之间隔着一条不足1000码宽的山谷。一般认为，土耳其军队应该在卡拉加山顶设立哨站，但他们并没有这样做。斯科别列夫纵队的行军路线距离伍迪山（Woody Mountain）上的土耳其军队堡垒不到2英里，但他们一路都畅通无阻。土耳其军队很有可能确实发现了一些俄军士兵，因为当斯科别列夫的先头部队于7日接近伊梅特利时，在他们发现土耳其军队已占领了那里的同时，土耳其军队也发现了他们，但可能并不认为这些俄军只不过是少数侦察兵而已。俄军此前曾对同一方向进行过侦察，但正是这次侦察才让警觉的土耳其军队及时在谢诺夫村和希普卡村筑起了面向西南和东南的防御工事。哈斯基奥伊和伊梅特利附近的战壕都是土耳其军队在发现俄军的行动后连夜挖好的。

　　这场战役的一个显著特征是，米尔斯基和斯科别列夫都被迫将所有火炮（除了威力不足的小型山炮）留在了身后，从而在没有任何炮火掩护的情况下攻克了敌人的防御工事。

第36章
进军君士坦丁堡及冬季战役述评

The
Advance
To
Constantinople
And
Remarks
On
The
Winter
Campaign

　　如前文所述，土耳其军队在巴尔干山脉的防线已全面崩溃。在希普卡，一支3.6万人的土耳其军队被击溃；在菲利波波利，另一支5万人的土耳其军队被驱散，之后翻越山脉逃向了爱琴海。

　　攻陷希普卡的消息刚传到尼古拉大公的司令部，他就迅速率部赶至加布罗瓦，翻过山，然后在卡赞利克成立了新的司令部。在第二十四师和保加利亚步枪旅向后方押送俘虏的同时，即刻向阿德里安堡挺进的准备工作也已就绪。1月13日，司令部下达了如下命令：

　　1.古尔科将军率领由近卫军、第九军、第三师以及斯科别列夫将军指挥的一支5000名特种骑兵部队组成的右翼纵队兵分两路向阿德里安堡挺进。左路沿马利察山谷的公路前进，右路翻越哈斯基奥伊南面的山脊，抵达阿德里安堡南面的德莫蒂卡，以切断此地与爱琴海之间的联系。

　　2.中路纵队由三部分组成：斯特劳科夫（Stroukoff）将军率领的第一骑兵师先行，中间是由斯科别列夫将军率领的先头部队（包括第十六师、第三十师、第三步兵旅和第四步兵旅），加涅茨基（Ganetzky）将军率领的掷弹兵团殿后。斯特劳科夫按计划于1月13日离开卡赞利克，派一个团占领叶尼-扎格拉（Yeni-Zagra）后，率余部以最快速度穿过埃斯基-扎格拉（Eski-Zagra），抵达铁路枢纽和马利察大桥所在的特尔诺瓦（Trnova），占领该重要据点（下达该命令的那天，菲利波波利战役尚未打响，苏莱曼帕夏仍有可能撤向阿德里安堡，或从该地得到援助）。斯科别列夫则要尽快跟上斯特劳科夫的步伐，于15日离开卡赞利克抵达特尔诺瓦，之后再沿马利察河直抵阿德里安堡。

加涅茨基的任务是率部协助第十六师、第三十师和第八军的炮兵穿越希普卡山口，然后在卡赞利克附近集结，跟上斯科别列夫的队伍。实际上，他们就是中路纵队的预备队伍。

3.拉德茨基将军率领左翼纵队（即第八军）立即从叶尼-扎格拉向延博利（Yamboli）挺进，从那里下到通贾河谷，再到达阿德里安堡的北面和东面。离开皇太子军一段时间的第八骑兵师按计划于蒂尔诺瓦集结，穿过埃莱娜-特瓦迪扎（Elena-Tvarditza）山口，在斯利夫诺附近回归其所属军队。

4.第十一军在德林豪森（Dellinghausen）将军的率领下于蒂尔诺瓦附近集结，穿过埃莱娜-特瓦迪扎山口后，前往延博利，以保护拉德茨基纵队的左翼和后方。同时，他们要派侦察队沿山脚通往艾多斯进行侦察，尽量与齐默尔曼率领的第十四军会合。拉德茨基的一个团留在延博利，等待第十一军。第二十四师将战俘押送到多瑙河后，要立即赶往延博利，加入德林豪森纵队。

5. 由巴尔干山脉以北的所有部队（齐默尔曼将军的部队除外）组成的皇太子纵队按计划向鲁斯丘克、拉兹格勒和奥斯曼-巴扎尔挺进，力争夺取这些地方，并在鲁斯丘克-瓦尔纳铁路沿线建起自己的阵地。

6.齐默尔曼将军麾下的多布罗加支队按计划向前推进，力争夺取巴扎德吉克，在普拉瓦迪（Pravady）切断舒姆拉和瓦尔纳之间的铁路，尽量打通打耳班山口与驻扎在艾多斯的德林豪森纵队取得联系。为了掩护其右翼，齐默尔

押往俄国的土耳其俘虏

曼将派出一部分兵力留在西里斯特里亚侦察敌情。

这就是俄军1月13日下达的所有进攻命令，但在大部分军队行动取得突破性进展之前，土耳其军队已经签署了他们一直在争取的1月31日的停战协定，而这时的古尔科和斯科别列夫纵队正斗志昂扬地以最大速度向前推进。斯科别列夫的骑兵队伍在斯特劳科夫将军的指挥下于13日离开了卡赞利克，14日抵达了特尔诺瓦村前。15 日，这支俄军袭击了守卫该村及大桥的土耳其军队（由一个步兵营和大约5000名武装居民组成），将他们驱散后，占领了那里的大桥和火车站等地，还切断了那里的通信和交通。此外，他们还缴获了土耳其军队遗弃的6门克虏伯火炮。

斯科别列夫纵队于同一天（1月15日）离开了卡赞列克，在40小时内强行军55英里，于16日夜间至17日凌晨抵达了特尔诺瓦。随后，斯科别列夫立即派斯特劳科夫部先发，沿马利察河谷前往赫尔曼利（Hermanli），将那里的巴什波祖克赶走后，占领了那里。18日，斯科别列夫将步兵调往赫尔曼利，将骑兵派往了穆斯塔法帕夏。19日，在得知由几个土耳其军队步兵营护送大批土耳其逃亡者的车队正从哈斯基奥伊前往赫尔曼利的情况后，斯科别列夫派出了第六十三团和第十一步枪营，让他们在赫尔曼利以西切断他们的去路。但这支俄军却遭到了土耳其军队护卫队和武装逃亡者的攻击。一番激烈的交火后，俄军阵亡50人，但土耳其军队护卫队被他们击溃，纷纷逃往山区，大篷车队（2万多辆，载有20万人）中的健壮者也跟着逃之夭夭，将老弱病残和婴儿留在雪地里自生自灭。逃亡的队伍长达数英里，俄军根本无法保护他们，大部分人的财物都被邻近村庄的保加利亚人劫掠一空，无力逃走的人遭到了他们屠杀。

同一天（1月19日），斯特劳科夫率部抵达了穆斯塔法帕夏，傍晚时分收到了保加利亚信使从阿德里安堡传来的消息。消息称，目前城内民众人心惶惶，土耳其军队已放弃了该城，他们在炸毁火药库后，开始向君士坦丁堡方向撤退，土耳其居民也从城内及周边的村庄开始逃离。20日白天，斯特劳科夫率领骑兵师继续前进，占领了阿德里安堡，恢复了城内秩序，设立了临时政府。22日，斯科别列夫率领步兵进驻阿德里安堡后，立即派斯特劳科夫率部继续向君士坦丁堡挺进。

土耳其帝国曾经的古都、目前的第二大城市就这样不攻自破了。该城周围的山丘上建有一系列规划周密、规模宏大的防御工事，但并未全部竣工。驻守该城的土耳其军队约有1万人，由艾哈迈德·埃尤布帕夏指挥。

与此同时，古尔科率领的右翼纵队从1月18日至21日一直都在菲利波波利休整，部分服装得到了修补，还获得了一批口粮。22日，古尔科留下一个旅的兵力驻守菲利波波利后，率余部向阿德里安堡进军。该城已于同日被斯科别列夫纵队占领（古尔科于23日得到了该消息），所以古尔科纵队没有必要再前往德莫蒂卡了，只需沿公路继续向阿德里安堡行军即可。27日，全部人马集结到了那里，古尔科本人于25日先行抵达。尼古拉大公及其司令部也于26日抵达了阿德里安堡。

与此同时，俄土双方的停战谈判也在进行中，但土耳其人拒绝接受停战协定中的条款。因此，俄军做好了立即向君士坦丁堡进军的准备，并为此做出如下部署：

1.由斯科别列夫率领的先头部队沿铁路线前进，侦察布尤克（Buyuk）至切克梅杰（Tchekmedje）之间的土耳其军队防线，选择其最薄弱之处，尽全力发动攻击。

2.由古尔科率领的右翼纵队挺进到海滨城市罗多斯托（Rodosto），再根据情况前去攻打加利波利或君士坦丁堡。第三师前往马利察河口的伊诺斯，阻止任何敌人在此处登陆。

3.由拉德兹基率领的左翼纵队从26日抵达的基尔克-基里萨（Kirk-Kilissa）出发，沿北面公路向君士坦丁堡进发。

4.由加涅茨基率领的掷弹兵团作为预备队伍留在阿德里安堡附近待命。

1月31日，此次军事行动取得了巨大进展。斯特劳科夫率领的骑兵作为斯科别列夫纵队的先头部队于29日在一场小规模战斗（整个战役的最后一战）中攻下特乔鲁（Tchorlu），并在那里驻扎了下来。斯科别列夫率领大部队驻扎在了特乔鲁后方30英里的卢莱-布尔加斯（Lule-Bourgas）。第三师驻扎在伊诺斯；拉德茨基纵队驻扎在基尔克-基利萨；古尔科纵队则刚从阿德里安堡出发。1月31日深夜，土耳其代表接到君士坦丁堡的命令，在停战协定上签了字。

协议中的有些条款确实引人注目。土耳其人最终在协议上签字表明，他们对未能获得英国的援助失望透顶。要不是对英国的援助抱有希望，他们绝对不会发动这场战争，而会完全听命于俄国人。现在，他们明确接受了如下初步的和平条款：

1.将保加利亚建成"一个自治的附属公国，拥有自己的基督教政府和国民自卫队。"

普洛斯蒂的罗马尼亚牧师
用面包和葡萄酒祝福沙皇

2.承认黑山独立，并补偿部分领土。

3.承认罗马尼亚和塞尔维亚独立，并保证其应有的领土。

4.在波斯尼亚和黑塞哥维那实行政府改革措施。

5.向俄国支付战争赔款。

停战协定写明，土耳其军队应立即交出多瑙河沿岸要塞卫丁、鲁斯丘克和西里斯特里亚，可以撤回其战争物资或将其出售给俄军；土耳其军队应撤离贝尔格莱吉克（Belgradjik）、拉兹格勒和巴扎德吉克。土耳其军队需撤出布尤克-切克梅杰防线（君士坦丁堡的最后一道防线）阵地，但俄军不可乘机占领；土耳其军队需退到库尤克-切克梅杰防线之后，俄军可前进到恰塔尔贾（Tchataldja）防线之前，两军之间保持约10英里的中立区。俄军应占领黑海沿岸的布尔加斯和米迪亚两个港口，享有在这里集结军队的权利。土耳其军队应解除对黑海港口的封锁。

布尤克-切克梅杰半岛与君士坦丁堡一样，拥有得天独厚的地理位置，易守难攻。该半岛位于黑海和马尔莫拉海之间，宽不过20英里，其中的12英里还被从两岸向内陆延伸的一大片湖泊占据。在剩余的8英里中，至少有一半是难以通行的沼泽地，另一半则是无法穿越的灌木丛。在湖泊、湿地、沼泽和灌木的后面，是连接两片海的一道连绵的山脊，高度从400英尺到700英尺不等。在这道山脊上，除外围壕沟和射击坑外，土耳其军队还正在修建30多个大型碉堡，大多集中在防线的中央地带，根据地形情况分成了不规则的三列。这些防御工事只完工了一半，但仍能为步兵提供很好的掩护，可以配备大约150门攻城火炮和更多野战炮，可容纳6万人到7.5万人的驻军。因为防线的两侧都是大海，敌人无法发动侧击或包抄战。可以说，该防线坚不可摧。驻扎在防线上的土耳其军队实际上约为3万人，包括从伊诺斯经海路运来的苏莱曼帕夏的残部、从阿德里安堡撤来的艾哈迈德·埃尤布的队伍以及战争期间一直驻扎在君士坦丁堡的一些后备军。整支土耳其军队由刚从亚洲战场返回的加齐·穆赫塔尔（Ghazi Moukhtar）帕夏指挥，此前，他率领的部队在亚洲全军覆灭。因为该防线的地理位置得天独厚，战线也相对较短，各个碉堡之间可以比较容易地相互支援，因此这里3万人的作战能力要比当时驻守普列文的6万人的作战能力还要强。但停战协定让这些土耳其军队失去了用武之地，俄军不战而胜。

与此同时，君士坦丁堡与阿德里安堡之间的铁路已开通，双方立即在阿德里安堡就和平条约展开了谈判。斯科别列夫纵队就驻扎在恰塔尔贾的前方，即停战协定中所提"中立区"的分界线上；古尔科纵队挺进到了特乔鲁和罗多斯托；拉德茨基纵队紧随其后，驻扎在其左翼；加涅茨基的掷弹兵进驻阿德里安堡和德莫提卡；德林豪森纵队前往占领了黑海各港口。还在巴尔干山脉以北的托德列宾将军接替了停战协定达成后便返回俄国的皇太子的指挥权，率部于2月20日未经围攻便成功进入鲁斯丘克。齐默尔曼纵队占领了西里斯特里亚和巴扎德吉克。

但在2月12日，驻扎在爱琴海上的英国舰队穿过达达尼尔海峡，驶向了君士坦丁堡。英国政府声称，他们这么做完全是为了保护在君士坦丁堡生活的英国臣民的生命和财产安全。英国大使曾根据《巴黎条约》要求土耳其宫廷批准他们这一行动，却遭到了拒绝。英国政府随后利用几个月前在其他情况下获得的准入许可，无视《巴黎条约》规定，派遣舰队通过了海峡。对此，土耳其政府提出了抗

圣彼得堡军事招待会

议，但并未以武力反对。他们的做法还是很明智的，因为以4艘大型铁甲舰（"亚历山大"号、"毁灭"号、"苏丹"号和"阿喀琉斯"号）为主力的英国舰队实力超群，可以直捣土耳其炮台，将其彻底摧毁。

圣彼得堡的沙皇一收到英国人该行动的消息，便立即给尼古拉大公发电报，令其率领部分俄军进驻君士坦丁堡。与此同时，戈尔查科夫亲王向欧洲列强致函称，俄军进驻君士坦丁堡的目的与英军舰队抵达那里的目的相同，即保护居住在那里的基督教徒的生命和财产安全。然而，众所周知的是，君士坦丁堡当时并不存在骚乱，民众的生活也未受到任何威胁。在这座宗教信仰复杂的城市里，民众的生命财产安全与其他时期并无不同。

尼古拉大公收到电报后，立即与土耳其苏丹展开谈判，希望能和平占领君士坦丁堡周边的部分地区。几天后，双方达成了一项口头协议。根据该协议，1月31日的停战协定略做修改，允许俄军占领距君士坦丁堡城墙约6英里的马尔马拉海边的圣斯特凡诺村（San Stefano）以及该村左侧（即北面）的一些村庄。

因此，土耳其军队撤退到了君士坦丁堡附近。2月23日，尼古拉大公及其参谋在一支哥萨克步兵团和卫队的陪同下，乘火车离开阿德里安堡，于24日下午抵达了圣斯特凡诺。近卫军的普列奥布拉任斯基团也于同日从罗多斯托赶来。随后，更多部队陆续抵达这里。3月，近卫军第一师和第二师的师部设在了圣斯特凡诺，第三师的师部设在了库尤克-切克梅杰。斯科别列夫纵队的总部设在了圣斯特凡诺村以北12英里的圣乔治村，而拉德茨基纵队的总部则设在了恰塔尔贾村。

此时（3月中旬），俄军面前的土耳其军队仅约3万人。他们本可以从圣斯特凡诺和圣乔治的营地轻松进入君士坦丁堡。但到了5月下旬，情况发生了巨大的变化。土耳其军队成功集结了一支10万人的军队，并在城市周围修建了一系列坚固的防御工事——从马尔马拉海岸的马克里基奥伊一直延伸到博斯普鲁斯海峡和黑海之间的贝尔格莱德森林。

3月3日下午5点，俄土双方根据上述条件签署了《圣斯特凡诺条约》。

关于冬季战役的评论

1877年至1878年，俄国的出兵计划是：渡过多瑙河、占领周边的堡垒、击溃土耳其野战军、越过巴尔干山脉直抵阿德里安堡。然而，整个计划在第一阶段计划（渡过多瑙河）完成后便突然停止了。造成这种结果的原因有二：其一，俄军当时的兵力严重不足；其二，奥斯曼帕夏率军及时赶来，阻止了俄军右翼的侵入。在消灭这部分土耳其军队之前，俄军不可能再向前挺进。因此，在随后的5个月时间里，对土作战一度陷入了瘫痪状态，俄军没有取得任何进展。

在前文中，我已尽力忠实且准确地叙述了这种情况，而俄国人也坦率地承认，正是他们所犯的一些错误才导致了这种状况。显而易见，任何尊重事实的人也会持同样看法。俄国人对自己过于自信，而对敌人又过于蔑视，发动战争时只动用了结束战争所需军队的一半兵力参战。战争初期，俄军缺乏实战经验，经常在未经侦察敌情的情况下，贸然向敌人发起进攻，7月20日希尔德-舒尔德纳纵队攻打普列文就是一例。此外，俄军的兵力部署过于分散，经常以劣于守军的兵力

尼古拉大公与俄军军官在圣彼得堡

攻打处于坚固堡垒中的他们，进攻中还缺乏战术配合。这些都是俄军在战争前两个阶段失策的表现，不仅延误了战机，还导致大量将士英勇就义。

但是俄军在攻陷普列文、歼灭奥斯曼帕夏的军队后，整个战局发生了根本性转变。自伟大的拿破仑战争以来，19世纪的战争中再无其他战争可与想法大胆、执行有力、结果完胜的俄军冬季穿越巴尔干山脉的战争相提并论了。俄国要永远感谢决定发动冬季战役的尼古拉大公，也要感谢战场上指挥作战的古尔科、拉德茨基和斯科别列夫3位将军，更要感谢所有坚韧不拔的众多俄军将士，是他们的巨大付出才保证了战役的胜利。

这场冬季战役从1877年12月10日普列文沦陷开始，到1878年1月31日阿德里安堡停战协定签署结束。在这51天的时间里，俄军共跋涉400多英里，穿越最低气温可达10华氏度的崇山峻岭之间，在深达3英尺到100英尺的积雪中艰难行军。他们共参加了3场系列战斗，每场战斗都持续了两天至4天，完全俘虏了一支近4万人的土耳其军队，驱散了另一支超过5万人的土耳其军队，缴获了213门火炮，以及大量轻型武器、辎重、帐篷和各种物资，包括数以百万计的子弹和口粮。最后，俄国还迫使土耳其接受了其提出的和谈条件，将其从独立军事国家的名单中永久除名。俄军以不到2万人的损失实现了这一目标，其中约一半人战死沙场，另一半则因恶劣的气候条件而身亡。

尽管人们对俄军在战争初期和围攻普列文时所犯的错误多有批评，然而这场俄国对土耳其的战争从整体上而言仍应当算是近代史上最为辉煌、最具成果的战争之一。

在被称为当代军事奇迹的1870年的普法战争中，普军在人数上胜过法军，正如本次战争结束时俄军在人数上胜过土耳其军队一样，不过土耳其士兵的勇气却是当时法军士兵无法相比的。普军通过巧妙的行动，在梅斯包围了巴赞（Bazaine）的部队，在色当（相当于普列文和希普卡）俘虏了麦克马洪（MacMahon），然后向法国首都巴黎逼近。1871年1月28日，在宣战后的6个月零9天，法国向普鲁士投降。在俄土战争中，阿德里安堡停战协定则是于宣战9个月零7天后的1月31日签署的。在上述的两次战争中，被征服者都完全听命于征服者。不过，法国有强大的生命力，农业和制造业资源丰富，民众勤劳节俭，且拥有熟练的生产技能。所以，法国在短短的几年内又重新跻身于世界强国之列，令世界为之震惊，而土耳其不仅没有上述的资源，还是一个由拥有相互冲突信仰的多民族组成的国家，占统治地位的民族从未成功同化过其他民族，甚至都没有尝试去这样做。土耳其所有民族的活力也因统治阶级的堕落而遭到了严重破坏，因此这个国家注定永无再次崛起之日。不过，在一段时间内，土耳其会得到其他大国的保护和支持，但这些大国这样做完全是为了自身利益。当人们发现这种外部支持完全无效时，就会用新政府接替现有政府来管理国家。作为一个独立政府，欧洲部分的土耳其已不复存在，尽管苏丹还可以在博斯普鲁斯海峡的欧洲一侧生活许多年。这就是1877年至1878年俄土战争的结果。

在长期和平后爆发的其他战争中，像1848年和1859年的战争，都没有太大的军事意义。克里米亚战争就是一场旷日持久的围城战，也许算是真正意义上著名的围城战；虽然该围城战在一定时间内给守城方造成了政治上的羞辱，但并未提升攻城方的军事声誉。

1866年的奥地利战争足以向奥地利人证明，媾和是他们最明智的

———

选择。但这场战争持续时间太短，无法与1870年的普法战争和1877至1878年的俄土战争相提并论。

1861年至1865年的美国南北战争也难与欧洲的战争相提并论，因为交战双方来自同一种族，战斗素质也大体相当，也因为作战范围过大，发动军事行动非常困难，还因为从一开始便没有训练有素、规模可观的军队参战。因此，美国南北战争不可能出现像法国和土耳其战场上发生的那种迅速且具有决定性的军事行动。英勇果敢的格兰特（Grant）发动的维克斯堡（Vicksburg）战役堪比拿破仑于1796年发动的系列战役，被载入了史册；谢尔曼（Sherman）发动的亚特兰大战役和海上进军，以及格兰特和谢尔曼于1865年春的联合行动，将永远被当作巧妙指挥大规模军队作战的范例，而李（Lee）将军因在里士满保卫战中的优秀表现而跻身于伟大将领之列。但在这场内战中，交战双方成败参半，战争结束并不是勇敢的军事行动促成的，而是实力较强一方彻底击溃实力较弱一方的结果。

正是俄军发动的冬季战役才彻底摧毁了土耳其的军事力量。冬季通常会让军事行动陷于停顿状态，那俄军又是如何克服各种困难的？现在，就让我们来详细分析一下吧。

俄军士兵几乎无穷无尽的耐心和耐力是他们最终获胜的主要原因。从战争发动之初一直到战争结束后的一段时间里，俄军士兵从未见过自己的背包，因为这些背包都留在了巴尔干山脉以北。他们在冰天雪地里行军、战斗和睡觉，在华氏零度的温度下涉水过河。他们没有毯子，冰冻的地面也根本不可能搭起帐篷来。夏季用过的半破旧的帐篷被剪成了布条，用来捆绑即将破掉的靴子。尽管俄军会让士兵们尽可能住进村庄的小屋中，但总有至少一半的士兵不得不露宿户

俄军的冬季军营生活

外。他们晚上穿的衣服和白天穿的一样，与夏天穿着不同的只是多加了1件大衣、1件羊毛夹克和1条羊毛围巾或1个羊毛围脖。他们的食物是1磅硬面包和1磅半硬牛肉，这些需要从公路运来；他们需要背着6至8天的口粮行军打仗（口袋里还装满了备用子弹）；士兵们不止一次是在没有吃早餐、甚至24小时内都没有进食的情况下进行战斗的，但表现得非常出色。即便面对如此艰苦的作战条件，没有一位士兵不服从军令的，他们个个都精神饱满，行军途中掉队的人数也比在刚刚过去的夏季战役时少得多。

冬季战役中常见的那些难以克服的困难通常可以分为如下3类：

1.士兵和战马所需粮草的供应。

2.弹药、衣物、营帐等物资的供应和运输。

3.士兵和战马患病及其他身体伤害。

我将尽力说明俄军是如何克服或解决这些困难的。

首先，说一下食物供应问题。初冬时节，除满足当地居民基本生活需求外，保加利亚北部的牧草和面粉已所剩无几。不过，牛羊供应仍有富余。这些牛羊都是各位上校用团部的军粮基金（即"汤钱"）购买的，价格一般由买卖双方相互协商，但300磅到350磅重的牛最高价格限定为20金卢布（15.6美元），30磅到40磅重的羊最高价格限定为一个半银卢布（1.1美元）。如果农民拒绝以更低价格出售，上校有权以上述价格强制征购，因为这样的价格已比战前市场价格高出了四分之一至三分之一（实际上，许多团部都成功地以更便宜的价格买到了牛羊，尤其是在战争初期）。俄军在牵走牛羊时会支付现金，这让农民们非常放心，于是他们不再隐藏自己的牛羊，而是将其牵到俄军营地出售。在夏秋两季，西斯托瓦的仓库里已储存了大量硬面包和喂马的干草。但是多瑙河上的桥梁要么是在12月18日至23日的暴风雨中被冲毁了，要么是因为结冰而无法通行。当时，除了几艘充当渡船的蒸汽拖船之外，两岸之间没有其他交通方式。1月初，河面冰层变厚后，马车就可在冰上行驶了，但这种交通方式还是存在一定危险的。到了2月，冰层就破裂了。因此，在12月15日至1月25日俄军主动作战期间，可以说多瑙河两岸之间就已没有交通往来。俄军唯一的补给站就是西斯托瓦的仓库，但他们从这里也只能得到硬面包，其余食物就来自于从土耳其军队那里夺取的土地和缴获的物资。实际上，俄军一直是在凭借快速果敢的行动以战养战。他们在奥尔哈尼缴获了1000吨口粮，在索非亚缴获了4000吨口粮，在卡赞利克缴获了1000吨口粮。这些缴获来的粮食主要有面粉、大米、大麦、豆子、盐和燕麦，以及少量咖啡、糖、硬面包和腌肉。但是这些粮食不便携带，最后都成了留守的卫戍部队的口粮，而快速突进的先头部队反倒必须吃硬面包，可遗憾的是，土耳其军队仓库中的硬面包非常少。因此，这种面包只能从上文提到的西斯托瓦仓库运来。至于像茶、糖、酒、醋、粥、卷心菜之类的食品对士兵们而言简直就是奢望，但他们就是靠吃硬面包和牛羊肉获得了最后的胜利。斯科别列夫纵队在从阿德里安堡到恰塔尔贾的行军中，有一段时间甚至连硬面包都没有。但拥有非凡组织能力的斯科别列夫让沿途每个村庄都搭起了面包房，让农民为士兵们一次烤出足够吃一两天的软面包带着上路。士兵们就是靠这种方式渡过了难关。在接到停战通知，队伍就地休整后，他才又开始想其他办法了。

巴尔干山脉以南地区盛产牛羊、粮食和草料，尤以索非亚河谷和

俄军的营地生活

———

马利察河谷为最。土耳其人一直到最后一刻还在享用这里的资源，当他们在撤离时想彻底摧毁这片富饶的土地，但为时已晚。他们放火点着了撤退路线上几乎每一个村庄，但是房屋和垛口上都布满了厚厚的积雪，阻止了火势的蔓延。紧随土耳其军队之后赶来的俄军迅速将大火都扑灭了。如果土耳其人像1812年的俄国人那样，坚壁清野，我们可以想象会出现怎样的结果。事实上，从1877到1878年，俄军主要是通过从多瑙河南岸的仓库中获得硬面包的方式，解决其口粮的。当然，他们有时候也靠从土耳其军队那里夺取的土地和物资过活。

其次，再说一下物资供应问题。俄军放弃了携带帐篷或衣物的努力，尽管他们可能曾考虑过要这么做。士兵们仍然穿着最初参加战役时所穿的衣服，从夏天到秋天一直都没有换过。他们的行囊放在马车上，一起留在了巴尔干山脉以北，实际上那些行囊里也没有多少东西。他们虽然在奥尔哈尼从土耳其军队那里缴获了一批衣物，但也仅够一两个团的士兵穿。每次战斗结束后，他们都会剥去土耳其军队阵亡士兵的衣服，穿到自己身上，但这也只是杯水车薪。每逢休整时，士兵们都会争分夺秒地缝补自己的衣服。即便如此，战争结束时，大多数士兵看上去都狼狈不堪，他们的大衣和裤子被营地的火苗烧出了洞，靴子裂开了口，只好用麻袋片和帆布片包裹起来。

至于弹药，炮兵能够自行解决，无需其他运输工具。离多瑙河最近的炮兵阵地在桥梁被破坏之前通过通往齐姆尼察（Zimnitza）的铁路获取弹药。之后，他们再将这些弹药运送到下一个炮兵军营。依此类推，直到将弹药运送到最前线的炮兵军营。例如，古尔科纵队就在西斯托瓦、戈尔尼-杜布尼克（Gorni-Dubnik）、奥尔哈尼和索非亚都有自己的炮兵军营。此外，炮兵队伍数量非常庞大，正常情况下是每千人配备4门火炮，由于士兵人数不断减少，而火炮数量保持不变，实际上是每千人配备有6门至7门火炮。这样的配置超出了实际需要。古尔科纵队中的炮兵有一半留在了巴尔干山脉以北，直到他们到达圣斯特凡诺很久以后，炮兵才与大部队会合了起来。

前文讲过，斯科别列夫和米尔斯基纵队在希普卡翻越巴尔干山脉时，炮兵没有跟随。斯科别列夫纵队进发时，每千人只携带有约两门火炮，其余炮兵要等到合适时机再与大部队会合。

步兵的子弹有克伦克式40发或伯丹式60发两种，分别装在两个弹匣中。此外，每位士兵的口袋里还装有30到40发子弹。另外，平均每位士兵还有100发的备用子弹，由驮马运送。这样，每位士兵可用的子弹有将近200发，但他们并未用完，而为了应对突发情况，在西斯托瓦和巴尔干山脉之间的公路上还行驶着几辆装满弹药的货车，不过没等这些弹药派上用场，俄土双方已达成了停战协定。

俄军从土耳其军队那里缴获了数百万发子弹，但这些都是口径为45的皮博迪-马提尼步枪专用子弹，而俄军用的是口径分别为42和60的伯丹步枪和克伦克步枪。因此，这些子弹对俄军毫无用处。攻陷普列文后，斯科别列夫将军获准用缴获的皮博迪-马提尼步枪组建了一个团。然而，在对土作战中俄军并没有时间大规模改装使用该武器，而指望缴获土耳其军队的弹药来使用也非明智之举。

最后，我们来谈一下士兵和战马的健康问题。在行动之前的12月18日至23日的暴风雪中，古尔科纵队约2000人因冻伤失去了战斗力。在随后的行动中，丹德维尔的队伍又损失了约1000人。在希普卡，第二十四师同样因一场暴风雪损失了6000多人（占其兵力的80%），当时已彻底失去战斗力。开始正式行军后，又有几百人在严寒中冻死或冻僵，但因此死去的人并不像夏天因酷暑和腹泻而死去的人那么多，所以并不特别引人注意。进入马利察河谷后，气候就没有那么恶劣了，尽管天依然很冷，降雪也较多，但患病士兵人数并不多。尽管如此，在这次行军中，俄军不仅食物非常糟糕，还缺少衣物，这为他们在随后的5月于圣斯特凡诺暴发的伤寒埋下了种子。这场可怕的疾病一度让5万名士兵（占附近驻军全部兵力的45%）住进了医院。

谈及战马，由于骑兵总是走在队伍的最前面，找到了充足的草料，所以战马的状态保持得相当不错。但炮兵的马匹状况就不一样了，10月在戈尔尼-斯图登（Gorni-Studen）接受检阅时，这些马个个都精神饱满，但来年2月抵达圣斯特凡诺时，它们已经瘦得皮包骨了，尽管当时它们是被精挑细选出来行军的（没被选中的马匹则和大量火炮留在了巴尔干山脉以北地区）。炮兵部队马匹的行军非常艰难，因为一路几乎都是光滑的冰面，所以它们经常摔倒，也经常受伤。由于总是和步兵同行，所以他们总是发现所到村庄的草料早已被前面骑兵的战马吃光了。人们甚至怀疑这些马匹的饲料中有相当一部分都进入了饥肠辘辘的炮手嘴里。所有辎重都留在了巴尔干山脉以北，只有军官的少数行李由几匹驮马驮着，而士兵们除了塞进大衣口袋的东西，再没有其他行李——背包里是他们的口粮。

唯一跟随部队行军的车辆是少数几辆救护车。它们负责将每次战斗中的伤员送往最近的村庄，随后由医务部门来接走这些伤员，用乡村马车将他们送往索非亚、菲利波波利、阿德里安堡与卡赞利克等地的大医院。

简而言之，俄军士兵凭借非凡的耐心和耐力克服了冬季战役中的各种自然困难。他们在指挥官古尔科和斯科别列夫不懈的精神鼓励下，毅然决然地将所有妨碍行军的辎重都抛在了身后。尽管天气恶劣，但除了生存所需最低限度的食物及战斗所需的必要武器弹药，他们什么都没有带。

出版后记：烽火燃史鉴 文库启新章

当历史的烽烟在书页间重新升腾，当金戈铁马之声穿透时空在耳畔回响，我们深知，一套名为"烽火文库"的战争史丛书，其意义远不止于知识的传递。它是一座精心构筑的桥梁，横跨浩瀚的时间长河与广袤的地域分野，将尘封的战争史诗、跌宕的人类命运与今日的思索紧密相连。此刻，吉林出版集团股份有限公司北京图书出版事业部怀着敬畏之心，将这套丛书郑重呈献于读者面前。

一、烽烟万里，照见历史纵深

"烽火文库"，如同一幅精心绘制的战争历史长卷：《从太平洋到多瑙河的万里狂飙：蒙古帝国扩张史》带我们驰骋于欧亚大陆的广阔疆场，剖析冷兵器时代巅峰的军事组织与震撼世界的征服狂潮，见证蒙古帝国的兴盛与衰落；《君士坦丁堡深仇400年：俄土战争（1877—1878）》则聚焦黑海与巴尔干半岛，揭示地缘政治、宗教文明与民族主义在两大帝国激烈碰撞的复杂图景；《冰雪屠场：拿破仑远征俄国的死亡行军》以凛冽的笔触刻画了军事天才遭遇的严酷自然与战略溃败，成为帝国陨落的经典寓言；《欧罗巴的悲剧：经济危机、绥靖政策与第二次世界大战的爆发》深入剖析了和平愿景如何在经济崩溃与政治妥协的泥沼中滑向深渊，警示后世和平的脆弱；《自由的危机：全球视角下的英国内战史》则跳出本土叙事，将一场决定宪政体制的斗争置于全球殖民扩张与思想激荡的大背景下重新审视，等等。这些著作，主题各异，时空交错，却共同指向战争这一人类历史中最为暴烈也最富启示性的现象。它们不仅呈现了宏大的战役进程与关键转折，更致力于挖掘驱动战争的政治、经济、社会、文化及人性的深层动因，展现冲突如何塑造国家、颠覆秩序、淬炼文明。

二、跨越藩篱，搭建理解之桥

　　将如此厚重且视角各异的世界战争史名著引入国内，我们深知责任重大。本丛书恪守"尊重原著精髓"之铁律：一是遴选专业译者精研细作，力求译文既准确传达原著严谨的学术内核与深邃的历史洞见，又兼备中文的生动流畅，使读者在沉浸阅读中把握历史脉络；二是针对原著中涉及的特殊历史背景、文化术语或人物事件，我们审慎添加了必要的译注。这些注释如同路标，旨在扫清阅读障碍，拓展背景知识，帮助读者更顺畅地深入历史情境，理解原著深意。在此，我们必须郑重说明：书中承载的，是原作者基于特定历史语境、文化土壤及其个人学术视角的叙述与观点。吉林出版集团北京图书出版事业部作为出版方，其职责在于忠实呈现这些多元的历史声音，以供读者研究与思考。书中的某些表述、论断、评价或立场，不可避免地带有其时代烙印或个人色彩，仅代表原作者观点，不代表出版单位立场。我们深信，今日读者拥有开阔的视野与独立的判断力，必能审慎甄别，以批判性思维汲取其中真知灼见，扬弃其时代局限，从而获得更为丰富和深刻的历史认知。

三、以史为鉴，烛照未来之路

"烽火文库"的立意，绝非沉溺于对战争暴力的猎奇，更非宣扬征服与仇恨。我们期望，当读者合上书本，耳畔的烽火号角逐渐平息，心中升腾的是对历史的敬畏、对和平的珍视以及对人类命运的深刻思索。战争是极端的压力测试场，它无情地暴露人性的光辉与幽暗、制度的韧性与缺陷、决策的智慧与愚妄。阅读这些著作，如同手握多棱的历史棱镜，折射出权力博弈的残酷逻辑、文明兴衰的复杂轨迹，以及在绝境中迸发的人性勇气与智慧光芒。

历史没有简单的答案，但蕴藏着无尽的启示。"烽火文库"愿成为读者探索历史迷宫的一盏灯，理解当下世界格局的一面镜，思考人类和平与发展前路的一块基石。我们期待这套丛书能激发更多理性探讨，促进跨越时空的对话，让历史的经验与教训真正服务于构建一个更可期的未来。

丛书首辑付梓，仅是一个开端。我们将继续秉持专业与热忱，在世界战争史乃至更广阔的历史学术领域深耕细作，不断为"烽火文库"注入新的优质内容，使其真正成为一座连接古今、沟通中外的坚实知识桥梁。

谨以此书，献给所有敬畏历史、关切当下、思考未来的读者。